La Vérité sur Lorin Jones

Texte intégral

Couverture : Edward Hopper
Room in Brooklyn, 1932 (détail)

Titre original : *The Truth about Lorin Jones*
(Little, Brown)

ISBN : 2-86930-412-9
ISBN 1re publication : 2-86930-199-5
ISSN : 1140-1591

La Vérité sur Lorin Jones

Qui est donc Lorin Jones, cette jeune femme disparue mystérieusement à Key West en 1969 et dont l'œuvre de peintre a peu à peu sombré dans l'oubli ? A cette question, Polly Alter, une jeune historienne de l'art new-yorkaise, a décidé de répondre, non sans mêler ses propres préjugés à son entreprise biographique. D'emblée, elle est convaincue que l'une des raisons de l'éclipse brutale de Lorin Jones est due au chauvinisme et à l'égoïsme des hommes de son entourage. Polly Alter trouve cette analyse d'autant plus justifiée, qu'après un divorce, elle se retrouve elle-même au centre d'une réflexion féministe sur sa propre vie. Au fil de ses interviews, qui contredisent peu à peu sa vision préconçue des choses, Polly Alter connaît toutes les surprises du biographe. De l'identification passionnée, son enquête policière tourne à l'obsession puis au rejet de son personnage. Les deux vies parallèles de Polly Alter et Lorin Jones, au lieu de converger, divergent progressivement.

Derrière le titre ironique de son roman, Alison Lurie montre l'arbitraire et les prétentions ridicules de tout biographe à vouloir déchiffrer la « vérité » d'une existence donnée. Dans *Liaisons étrangères*, elle tenait la chronique jamesienne du malentendu anglo-américain et confrontait le snobisme des intellectuels américains à la coquetterie provinciale britannique. Dans *La Vérité sur Lorin Jones,* l'arrogance d'une biographe new-yorkaise est soumise au regard du volontarisme féministe des années 70, et ce, avec une drôlerie, une subtilité et une tendresse inimitables. A la fois roman policier, parodie biographique et roman postféministe, *La Vérité sur Lorin Jones* confirme le génie comique d'Alison Lurie.

Alison Lurie est l'auteur de sept romans dont Liaisons étrangères *(Prix Pulitzer 1985). Elle enseigne la littérature anglaise à Cornell University et partage son temps entre New York, Londres et la Floride.*
La Vérité sur Lorin Jones *a obtenu le Prix Femina étranger 1989. Alison Lurie a publié un essai sur la littérature enfantine,* Don't tell the Grown-ups (Ne le dites pas aux grands, *Rivages*), *et travaille à un recueil de nouvelles.*

Alison Lurie

La Vérité sur Lorin Jones

Traduit de l'anglais
par Sophie Mayoux

Rivages

Pour Barbara Epstein

On dit que la chouette était la fille du boulanger. Seigneur ! Nous savons ce que nous sommes, mais point ce que nous pourrions être.

Hamlet

1

Polly Alter aimait bien les hommes mais elle avait cessé de leur accorder la moindre confiance et n'avait plus guère affaire à eux. Le mois passé, à l'occasion de son trente-neuvième anniversaire, elle s'était aperçue brusquement que sans jamais avoir cherché ce résultat de façon délibérée, elle ne voyait plus que des femmes. Médecin, dentiste, comptable, thérapeute, « banquière » : dans sa vie, toutes ces professions se mettaient désormais au féminin. Et c'était aussi à des femmes que l'unissaient les liens d'amitié les plus étroits. Elle faisait ses courses dans des magasins tenus par des femmes, où elle était servie par des femmes, et lorsque sa doctoresse lui prescrivait des médicaments, elle allait les chercher au coin de Broadway et de la 87e Rue, chez une pharmacienne, malgré le détour que cela lui imposait. Il lui arrivait de ne pas parler à un homme adulte pendant plusieurs jours d'affilée.

Quand son mari était parti, dix-huit mois plus tôt, Polly n'avait pas imaginé que sa vie prendrait cette tournure. Malgré son chagrin et sa colère, elle avait savouré à l'avance les joies aventureuses que lui réservait ce célibat retrouvé. Mais ses amies et les médias l'avaient bien prévenue : on ne trouvait pas à New York d'hommes de plus de trente ans fréquentables, rien que des maris et des affreux. Elle avait refusé de sortir avec les maris, quant aux autres rencontres, elles avaient été si désastreuses qu'elle riait maintenant en y repensant, même si sur le coup il lui était arrivé de pleurer de déception et de rage. Au bout de six mois environ, elle s'était rendu compte qu'elle préférait de beaucoup rester à la maison et regarder la télévision avec son fils Stevie, alors âgé de douze ans, ou bien aller se promener avec ses amies.

Récemment encore, Polly avait parlé à des hommes sur son lieu de travail. Mais comme le musée venait de lui accorder six mois de congé, elle n'avait plus besoin d'y aller, sauf pour consulter les ouvrages de la bibliothèque. Trois mois auparavant, le sort lui avait été favorable : on lui avait octroyé une bourse et elle avait reçu une avance d'un éditeur pour écrire un livre sur le peintre américain Lorin Jones, née en 1926, morte presque inconnue en 1969 ; en partie grâce à elle, cette artiste était en passe de devenir célèbre.

Cette commande tombait à propos ; son opportunité avait même quelque chose de surnaturel. Polly n'avait jamais rencontré Lorin Jones, mais elle avait avancé toute sa vie dans son sillage. Lorin avait grandi dans un faubourg de New York ; Polly (vingt ans plus tard) dans un faubourg avoisinant. Elles avaient toutes deux fait leurs études à Westchester ; après la fac, elles avaient toutes deux habité Bank Street, dans le West Village. Leurs chemins s'étaient sans doute croisés plusieurs fois. Quand Polly était bébé, et que sa mère la promenait dans les rues de White Plains, peut-être avaient-elles rencontré Lorin, se promenant elle aussi avec sa mère. Par un chaud après-midi d'été, pendant que Polly faisait des pâtés de sable à Rye Beach ou qu'elle pataugeait dans les eaux tièdes du Sound, son sujet d'étude actuel se bronzait peut-être non loin de là, à moins qu'elle ne fît des croquis. Plus tard, quand elle commença à visiter les musées et les galeries de New York, Lorin pouvait très bien se trouver dans le public au même moment qu'elle ; elle s'acheta peut-être des collants en même temps que Polly, à Bloomingdale, et il put leur arriver de prendre ensemble le bus de la Huitième Avenue ou d'assister à la même projection de film au Modern Museum.

Les photos de Lorin Jones remontant à cette époque montraient une jeune femme d'une beauté saisissante, dans le style dit « existentialiste » mis à la mode en France par Juliette Gréco après la Deuxième Guerre mondiale : pâleur fantomatique, cheveux sombres s'écoulant jusqu'aux épaules en vagues épaisses, frange opaque, hautes pommettes, immenses yeux noirs bordés de cils soyeux. Elle avait une silhouette à la Modigliani, les membres longs, les seins hauts, et s'habillait généralement en noir. Polly ne pouvait pas regarder ces photos sans avoir un sentiment de déjà vu. Bon sang, elle était sûre d'avoir rencontré cette femme quelque part, Dieu sait quand. Il aurait fallu un signe, ce jour-là : un carillon sonore, un éclair fulgurant qui l'aurait avertie que leurs vies seraient intimement liées !

L'éclair fulgurant vint plus tard : au cours de l'été 1970, un an après la mort de Lorin Jones. Polly passait alors sa lune de miel au Cap Cod. Dans la pension de famille où elle logeait, elle descendit un matin prendre le petit déjeuner ; sur le mur, au-dessus de la desserte en pin noueux, baigné d'argent par la lumière réfléchie qui venait de la baie, était accroché un tableau, un des paysages semi-abstraits de Lorin. « Voilà ! C'est ça ! » s'était-elle écriée à voix presque haute, le regard, la conscience entière aspirés par les voiles et les tourbillons de couleur.

« Voilà comment je voudrais peindre », dit-elle un peu plus tard à l'homme qu'elle venait d'épouser, par-dessus une table chargée de muffins et de confitures aux pêches et aux prunes. « Il voit le monde de la même façon que moi. » Bêtement, alors qu'elle se considérait déjà comme une féministe, Polly avait pris « Lorin » pour un nom d'homme ; elle croyait encore que tous les grands peintres étaient des hommes. Que de temps perdu à cause de cette erreur ! Si elle avait su la vérité, sans doute aurait-elle tout de suite fait des recherches plus approfondies sur Lorin Jones, qui serait sortie de l'oubli beaucoup plus rapidement. Rien que d'y penser, cela la mettait en colère.

Il faut dire que beaucoup de choses mettaient Polly en

colère. Dès son enfance, son tempérament volcanique lui avait causé des ennuis. Elle était sujette à des explosions brutales et imprévisibles, et se calmait en général tout aussi rapidement, n'ayant plus rien d'autre à faire que rougir et se confondre en excuses.

Mais parfois, même si toute apparence de rage avait disparu, le feu intérieur n'était pas éteint, et une obstination profondément ancrée l'empêchait d'admettre qu'elle avait été grossière ou qu'elle avait mal agi.

Par exemple, pour que Polly entre en fureur, il lui suffisait de penser à ce que les hommes, les institutions masculines, le système sous domination mâle avaient fait à Lorin de son vivant, et pendant des années après sa mort : exploitée en tant que femme, elle avait été négligée en tant qu'artiste. Le plus rageant, le plus désolant, c'était que Lorin ne s'était jamais doutée qu'elle allait devenir célèbre. Elle n'avait pas prévu qu'elle serait la vedette surprise de la première exposition organisée par Polly au musée : « Trois Américaines », et que les prix de ses tableaux allaient atteindre des hauteurs astronomiques. Elle ne savait pas qu'une grande galerie new-yorkaise allait bientôt offrir à ses œuvres la totalité de ses cimaises, qu'un livre entier allait être consacré à sa biographie.

Non : Lorin était morte en 1969 d'une pneumonie virale, dans un hôpital de Floride, plus ou moins oubliée. Si elle avait pu voir ce qui se profilait à l'horizon ! Si seulement elle avait vécu un peu plus longtemps ! Le nouveau féminisme l'aurait sauvée : elle aurait trouvé des amies, des alliées, un soutien, le courage de continuer. Chaque fois que Polly y pensait, elle éprouvait une poussée de rage et un sentiment de regret douloureux, déchirant.

Au cours d'une rêverie assez fréquente, elle remontait le temps jusqu'en 1968 ou 1969, et partait à la recherche de Lorin Jones. Elle prenait l'avion jusqu'en Floride, une voiture jusqu'à Key West, repérait la petite maison d'Aurelia Lane, frappait à la porte. Lorin sortait, semblable au dernier cliché noir et blanc surexposé : toujours belle, mais pâle, émaciée. Son visage était blanc au milieu d'un nuage flou de cheveux sombres ; l'expression de ses yeux était cachée par une bande d'ombre. Elle s'appuyait contre une des colonnes de la galerie, à la peinture écaillée par le soleil, et croisait ses bras maigres et nus devant sa chemise d'homme blanche, une de ses longues mains tenant une cigarette dont montait un panache de fumée. « Merde ! » lui disait Polly. « Soignez-vous, ménagez-vous un peu. Il faut que vous arrêtiez de fumer, que vous dormiez davantage, que vous mangiez mieux, que vous demandiez à un médecin ce qu'il pense de votre toux. Vous ne pouvez pas lâcher prise maintenant ; vous êtes un très grand peintre. Vous allez faire partie de l'histoire de l'art. Je vous en prie, Lorin ! Il faut tenir. »

Mais Lorin ne répondait pas. Elle ne répondrait jamais : elle était morte et enterrée. La seule possibilité qui restait à Polly, c'était de retrouver tout ce qui la concernait et de le raconter de son mieux, sans faire de cadeaux à personne.

On saurait alors la vérité, et la vie de Lorin serait alors justifiée, et retrouverait son intégrité ; et la vie de Polly aussi. Peut-être même qu'aucune autre artiste américaine n'aurait plus jamais à subir les épreuves qui avaient été infligées à Lorin.

Si Lorin Jones avait eu des amies loyales, comme Jeanne, l'amie de Polly, l'une d'elles aurait pu effectuer réellement la démarche que Polly faisait en rêve. Mais jusqu'à présent Polly n'avait pu retrouver aucune femme qui ait été liée étroitement à Lorin dans les dernières années. Il devenait de plus en plus évident qu'après la fin de son mariage elle n'avait pas eu d'amis proches, ni d'amies ; visiblement, c'était quelqu'un de sauvage, de solitaire, ou du moins l'était-elle devenue (Polly imputait à son mari l'essentiel de cette évolution) ; à la fin de sa vie, elle vivait presque en recluse. Cela avait sans doute contribué à sa mort précoce, et de plus, la tâche de sa biographe en avait été rendue bien difficile.

Peut-être Polly n'avait-elle pas eu grand-chose à faire avec les hommes depuis quelque temps, mais ça n'allait pas durer.

Dans les six mois à venir, elle allait devoir en interviewer plusieurs, et pas n'importe qui : ceux-là mêmes qui avaient découragé, dénigré, exploité, négligé Lorin Jones. En dernière instance, c'était par leur faute que le monde était privé à jamais des tableaux magnifiques que Lorin aurait peints si elle avait vécu.

On comptait au nombre de ces personnages :

1) Le marchand de Lorin Jones, un nommé Paolo Carducci, homme d'un certain âge et d'une grande suavité, fondateur et propriétaire de la Galerie Apollon, qui avait refusé d'exposer les œuvres de Jones à partir de 1964.

2) Le professeur Leonard Zimmern, demi-frère de Lorin, qui n'avait pas l'air très attaché à sa sœur, puisqu'il reconnaissait l'avoir à peine vue au cours des dernières années de sa vie. Mais après sa mort, il s'était empressé d'aller à Key West ramasser ses tableaux invendus, dont il était l'héritier légal.

3) L'ex-mari de Lorin, le célèbre historien et critique d'art Garrett Jones, qui s'était comporté en vieux monsieur charmant et prévenant lorsque Polly avait organisé son exposition, prêtant volontiers tableaux et photographies, facilitant les contacts avec d'autres collectionneurs. A l'entendre, Garrett avait toujours fait de son mieux pour aider Lorin dans sa carrière. Mais certains indices semblaient témoigner du contraire. Au cours de leur mariage, Lorin participa à des expositions de groupe à la galerie Apollon en 1954 et 1955 ; en 1957 et 1960, deux expositions personnelles rencontrèrent un succès certain. Une autre exposition eut lieu en 1964, un an après sa séparation d'avec Garrett ; ensuite, plus rien. Aucune preuve ne permettait à Polly d'affirmer que l'ancien mari de Lorin avait délibérément saboté sa carrière, mais ça ne lui aurait vraiment pas été difficile.

4) L'homme avec qui Lorin avait vécu après la rupture de son mariage, un ex-hippie, poète raté, du nom de Hugh Cameron, qui, après avoir emmené Lorin à Key West, la quitta alors qu'elle était malade, peu avant sa mort. Polly n'avait jamais rencontré Cameron, mais elle avait beau-

coup entendu parler de lui.

Bien sûr, rien ne garantissait que tous ces hommes seraient le moins du monde prêts à admettre leur culpabilité ; sans doute mentiraient-ils effrontément par amour-propre et souci de préserver leur réputation. Si Polly avait réellement eu le choix, elle n'aurait eu aucun contact avec eux. Mais comme personne d'autre ne savait ce qui s'était passé, il allait falloir qu'elle les amène à lui dire la vérité sur Lorin Jones.

La meilleure façon d'y parvenir faisait précisément l'objet d'une discussion entre Polly et son amie Jeanne, dans l'appartement désordonné de Polly, à New York, par une chaude soirée de la fin de l'été. Polly était encore assise à la table de chêne ronde, les coudes posés de chaque côté d'une chope artisanale en terre brune, son petit menton carré appuyé sur ses poings. Jeanne, qui avait confectionné le savoureux dîner (poulet froid, taboulé, concombres au yaourt et, pour finir, sorbet au citron) était affalée au milieu d'un tas de coussins, sur le canapé, et fumait une de ses éternelles cigarettes. Jamais elle ne se tenait debout si elle pouvait se poser, jamais elle ne s'asseyait si elle pouvait s'allonger.

Si l'on avait indiqué à un observateur extérieur qu'une de ces deux femmes était lesbienne, il aurait tout naturellement désigné Polly. Pourtant, avant de se lier d'amitié avec Jeanne, Polly ne s'était guère interrogée sur ce qui pouvait se passer quand deux femmes faisaient l'amour ; mais ses cheveux courts et en désordre, son visage dénué de tout maquillage évoquaient un probable mépris des artifices féminins. Quant à son costume, chemise de bûcheron à carreaux, jean, sandales Birkenstock éraillées, c'était l'uniforme des « gays » de New York, hommes et femmes, cet été-là, et cela renforçait son allure de garçon manqué.

Jeanne, qu'une attirance érotique poussait vers les individus de son sexe depuis l'âge de huit ans, était, elle, une femme douce, toute en rondeurs et en blondeur, qui semblait sortir d'un tableau d'Ingres ; poudrée et fardée avec délicatesse, elle portait un tee-shirt rose à décolleté arrondi et une jupe Laura Ashley à motifs fleuris. Sa voix était haute et mélodieuse, et aucune de ses amantes n'avait jamais eu l'idée de l'appeler Johnny. Etre lesbienne, pour Jeanne, cela voulait dire s'éloigner autant que possible et le plus vite possible de la bisexualité, et non s'en rapprocher. Il lui semblait naturel, pour une femme qui aimait les femmes, de fuir physiquement la masculinité sous toutes ses formes. Séparatiste, elle s'efforçait d'éviter tout rapport avec le sexe opposé ; elle trouvait fort décevant que le *college* de Long Island où elle enseignait l'histoire et les études féminines se soit récemment ouvert aux hommes.

Tout en se méfiant des hommes, Jeanne ne partageait pas le point de vue de Polly sur la façon de traiter avec eux. Lorsqu'il était impossible de les éviter, elle conseillait d'avoir recours à la ruse. Polly, elle, préférait instinctivement l'affrontement. Elle était justement en train de dire qu'elle n'avait pas l'intention, lorsqu'elle ferait ces interviews, de dissimuler ses sentiments.

« Oui. Evidemment, ça ne m'étonne pas de toi. » Jeanne poussa un petit soupir indulgent. Selon elle – et peut-être n'avait-elle pas tort – Polly n'aurait pas été maintenue pendant cinq ans au poste subalterne de conservatrice-adjointe si elle avait accepté de dissimuler ses sentiments.

« C'est l'attitude qui me paraît la plus naturelle. »

« Bien sûr, ça paraît naturel », reconnut Jeanne ; son intonation donnait à entendre que la nature n'était pas vraiment ce qui se faisait de mieux. « L'affrontement, ça te paraît toujours naturel. Mais si tu veux obtenir des résultats, il faut que tu gardes ton sang-froid. »

Jeanne adjurait souvent Polly de garder son sang-froid, de se calmer, de ne pas s'échauffer comme ça ; mais les résultats n'étaient pas toujours probants. Elle ne donnait pas, quant à elle, une impression de sérénité froide : sa température apparente se situait dans la moyenne, aux environs d'une chaleur modérée. Aux yeux de la plupart des hommes, c'était une femme facile à vivre, aussi gentille que jolie. Mais elle cachait au plus profond d'elle-même une répugnance qui remontait à une enfance marquée par les privations et les mauvais traitements.

« Ecoute, Polly », raisonnait-elle en tirant sur sa cigarette. « Tu sais qu'il va falloir que tu passes des heures, peut-être même des jours, avec des gens. Si tu veux qu'ils te parlent, il faut absolument que tu les empêches de deviner ce qui se passe dans ton esprit. »

« Je ne suis pas sûre d'en être capable. »

« C'est vrai que ça ne va pas être facile », continua Jeanne. « Je te connais. » Elle sourit. Elle avait plusieurs années de moins que Polly, mais prenait pourtant ordinairement à son égard, et à l'égard de toutes ses amies intimes, une attitude de mère expérimentée. « J'ai l'impression que pour toi, le meilleur choix que tu pourrais faire serait de parler aussi peu que possible. La prochaine fois, tu mets ton magnéto en marche, tu poses tes questions, et quelles que soient leurs réponses, tu te contentes de hocher la tête et de faire de grands sourires. Tu les laisses déblatérer et s'enfoncer tout seuls... Et pour ce qui est de s'enfoncer, je suis sûre qu'ils vont le faire. »

« Je ne sais pas. » Polly fronça les sourcils et repoussa sa lourde chope, éclaboussant la table de café tiède.

« Comment ça, tu ne sais pas ? »

« Ce que tu viens de dire... ça ne colle pas, pour moi. Il y a quand même des siècles que les femmes sourient aux hommes et leur disent des mensonges. Il serait peut-être temps d'arrêter ces conneries, non ? J'ai bien l'intention de montrer que je sais ce que ces mecs ont fait à Lorin Jones : comme ça, ils ne pourront pas tourner autour du pot. »

« Tourner autour du pot ? » Jeanne rit. « Tu auras beau faire, ils ne s'en priveront pas. Mais si tu veux les faire tomber dans le pot, il faut y mettre du miel. »

« Je ne peux pas enjôler les gens, ça n'est pas dans ma nature. Je tiens à ce qu'ils sachent d'où je parle. »

« Oh, Polly ! » soupira Jeanne. « Tu sais quel est ton problème ? Tu crois encore, au fond de toi, que si on arrivait à faire comprendre aux hommes ce que nous éprouvons, ils seraient étonnés et contrits. Ils se repentiraient, ils s'amenderaient, et tout le monde vivrait heureux pour toujours. Ce qu'il faut que tu voies, c'est qu'ils comprennent déjà parfaitement ce que nous éprouvons. Et ils n'en ont rien à F-O-U-T-R-E. » Jeanne ne disait jamais de grossièretés, elle les épelait, lettre par lettre, comme si un enfant invisible avait été là, l'oreille tendue.

« Ouais », marmonna Polly. Elle reconnaissait que Jeanne décrivait correctement son point de vue, mais elle ne partageait pas ses conclusions.

« Il faudra que tu sois sur tes gardes sans relâche. Et préparée au pire. »

« Ah bon ? Comment ça, au pire ? »

« Je sais comment sont les hommes. » Jeanne posa sa cigarette et se tourna vers son amie. « Je sais qu'ils vont tous essayer de te séduire, au sens figuré. Ou peut-être même au sens littéral. »

« Oh, tu exagères ! » Polly secoua la tête.

« Si, si. Il y a deux raisons : la première, c'est qu'ils vont tous se retrouver dans ton livre. Naturellement, ils vont vouloir laisser dans l'histoire de l'art la meilleure image possible. »

« Tu as peut-être raison », dit Polly, mesurant soudain sa puissance. « Mais ça ne veut pas dire qu'ils vont me draguer. »

« Ça ne me surprendrait pas », assura Jeanne. « De la part de certains d'entre eux, en tout cas. C'est comme ça que les hommes fonctionnent. La deuxième raison pour qu'ils te draguent, c'est que c'est la réaction masculine traditionnelle face à une femme jolie et seule. Qu'elle soit homo ou hétéro, c'est pareil. Une femme qui n'a pas besoin des hommes, ils sont prêts à tout pour la détruire, pour prouver qu'elle n'existe pas. Quand ils découvrent quelqu'un dans ton genre, ou dans le mien, ils se disent entre eux : “Ce qu'il lui faut, c'est une bonne baise”. »

« C'est vrai de certains hommes, mais... »

« Tu te rappelles ce qui est arrivé à Cathy quand elle était dans le Vermont ? Si Ida n'était pas revenue du village à temps, leur plouc de voisin, que Cathy trouvait si gentil, l'aurait plus ou moins violée. Il aurait sûrement dit qu'elle le cherchait, parce qu'elle lui offrait toujours d'entrer prendre un café quand il avait fini de tondre leur pré. »

« Ouais », dit Polly. « Mais je ne me sens quand même pas très menacée. Paolo Carducci a plus de soixante-dix ans et il est cardiaque ; quant à Garrett Jones, il a plus de soixante-dix ans et il est marié. » Elle rit.

« C'est vrai, mais d'après ce que tu m'as dit, il avait une sacrée réputation, dans le temps. Fais attention, c'est tout. » Jeanne écrasa délicatement sa cigarette dans sa soucoupe.

« Très bien, je ferai attention. »

« Bon. Je vais me dépêcher de rentrer à Brooklyn avant que les agresseurs se mettent au boulot. » Jeanne poussa un grand soupir.

« Tu peux dormir ici, si tu veux », proposa Polly. « La chambre de Stevie n'est plus occupée. » Elle soupira à son tour : Stevie, âgé maintenant de treize ans, venait de partir rendre visite à son père dans le Colorado.

« Merci. Ça me ferait très plaisir : c'est si tranquille, ici. Mais ce soir, je ne peux pas. Je pense que Betsy va appeler. »

Jeanne se leva ; son expression, habituellement sereine, était maintenant tendue et anxieuse. Elle s'était récemment liée à une jeune femme mariée qui enseignait à mi-temps dans son *college* et dont le mari était, d'après Jeanne, névrosé et brutal.

« Bonne chance », dit Polly.

« Merci », répondit Jeanne, l'air distrait. « Une autre fois, peut-être ? »

Seule, Polly mit le taboulé restant dans un bol qu'elle couvrit d'une feuille de plastique transparent. En ouvrant le frigo pour ranger le bol, elle fut forcée de se rappeler qu'elle allait devoir trouver un usage pour le beurre de cacahuètes, la gelée de raisins, le pain de mie, le lait, le

Pepsi et les saucisses que Stevie avait laissés. Elle ne pouvait pas les garder pour lui comme elle l'aurait fait d'ordinaire parce que cette fois-ci, son absence allait durer plus longtemps : il ne reviendrait pas avant la fin de l'automne. C'était une décision tout à fait rationnelle, et Polly le voyait bien. Stevie aurait ainsi l'occasion de mieux connaître son père ; quant à elle, elle serait plus libre de voyager et de mener des recherches pour son livre. Mais irrationnellement, elle supportait très mal la situation. Il n'y avait que vingt-quatre heures que son fils était parti, et il lui manquait déjà terriblement.

Et qu'allait devenir Stevie pendant son absence ? Levant les yeux de l'évier, Polly regarda au loin, bien au-delà de la vitre sale, dans la direction du Colorado. Son horizon était limité, car si l'immeuble donnait sur Central Park West, son appartement n'était pas situé de ce côté-là, et se contentait, en guise de vue, d'un autre immeuble couleur caca d'oie et d'un terrain vague jonché de verre cassé, où poussaient des arbrisseaux rabougris.

Quand Stevie regardait par les fenêtres de la nouvelle maison de son père, dans le Colorado, une demeure à l'architecture raffinée que l'on apercevait clairement à l'arrière-plan d'une photo du jeune garçon prise au début de l'été, au lieu de voir un mur crasseux et des tas de détritus, il aurait devant les yeux un ample paysage de montagnes et de plaines, et un ciel où flotteraient de longs nuages évoquant les photographies d'Ansel Adams. Que penserait-il alors de New York et de cet appartement ? Lui sembleraient-ils étouffants, sales, perdrait-il toute envie d'y revenir ?

Selon Jeanne, c'était une bonne idée que Stevie passe quatre mois dans le Colorado. Elle estimait qu'il avait besoin d'acquérir une certaine maturité ; elle trouvait aussi que l'investissement affectif de Polly à son égard était trop important. A son avis, on avait tort de s'attacher trop fortement aux enfants du sexe masculin, ou d'avoir des liens trop étroits avec eux, puisque inévitablement ces enfants étaient voués à devenir des hommes, donc des étrangers.

Mais Jeanne avait beau dire, Polly ne pouvait pas voir en Stevie un étranger. Il était différent de la plupart des hommes : dès sa naissance, il avait été élevé selon des principes non sexistes, bercé par la lecture de contes modernes qui les mettaient en application, il avait pu jouer à la poupée, il avait vu des femmes-médecins et des femmes-dentistes. Pendant des années, son émancipation vis-à-vis de tout préjugé avait inspiré à Polly la plus vive fierté. Lorsqu'il partit faire de courts séjours avec son père – à Noël, pour les petites vacances de printemps, pour quinze jours en juillet – elle retint son souffle, craignant qu'il revienne imprégné de déplorables idées patriarcales ; mais rien de tel ne s'était produit. Que se passerait-il cependant quand il serait exposé à ces microbes psychologiques pendant presque quatre mois ?

Jeanne ne comprenait pas ses sentiments à l'égard de Stevie, et ne les comprendrait sans doute jamais, se disait Polly, parce qu'elle n'avait pas d'enfants. Elle ne comprenait pas non plus ce que c'était que le mariage ; tout ce qu'on investissait dans cette relation, le temps que l'on passait à s'efforcer désespérément d'arranger les choses. Souvent, lorsque Polly racontait une parole prononcée naguère par Jim, un acte qu'il avait commis, elle voyait une expression particulière, où se mêlaient l'amusement et l'impatience, effleurer le visage doux aux traits arrondis de Jeanne. « Tu étais un peu lente, non ? Un peu sotte ? » : voilà ce que signifiait cette expression.

Et si Jeanne avait raison ? pensa Polly en rinçant une assiette. Et si l'enfant qu'elle aimait était d'ores et déjà en train de se transformer en homme comme les autres ?

Cette foutue civilisation était pavée de dangers. Les magazines, les livres, les quotidiens, la télévision regorgeaient de propagande sexiste, explicite ou implicite, et désormais, Polly ne serait plus là pour la signaler à Stevie. Certains de ses copains étaient déjà contaminés : elle en avait perçu les symptômes. Quant au père de Stevie, Jim Meyer, c'était à bien des titres le compagnon le plus dangereux qu'il eût pu avoir, parce que son sexisme était extrêmement bien caché. Après tout, Polly elle-même, toute adulte qu'elle était, s'était laissée prendre à ce piège. Pendant quatorze ans, elle l'avait pris pour un homme honnête, généreux, sensible, non machiste.

Jim Meyer avait fait son apparition un après-midi dans la salle des ventes où Polly travaillait à l'époque. C'était un homme de haute taille, bien bâti, à peu près du même âge qu'elle, avec des traits réguliers et de grands yeux gris bordés d'une peau transparente et ombrée, ce qui lui donnait l'aspect d'un mondain blasé et las de vivre, apparence absolument infondée, devait-elle découvrir. (Stevie avait hérité de cette caractéristique ; même après neuf heures de sommeil, ils avaient tous les deux l'air d'avoir passé la nuit debout.)

Jim était venu organiser la vente de tableaux et de meubles du dix-neuvième siècle appartenant à sa grand-mère, qui partait en maison de retraite ; il s'agissait d'objets de valeur, mais pas très intéressants. Il plut aussitôt à Polly, pas seulement à cause de son charme physique, mais parce qu'il était courtois. Comme il était évident qu'elle travaillait pour vivre, qu'elle n'était pas une fille de la haute venue se divertir en attendant de faire un beau mariage, la plupart des gens à qui Polly avait affaire sur son lieu de travail la traitaient comme une dactylo ou même comme une bonne. Mais Jim se comporta avec prévenance et même avec déférence ; il devait s'avérer incapable d'être impoli avec quiconque.

Malgré l'attirance qu'elle éprouvait pour Jim Meyer, Polly ne pensait pas qu'une relation durable se nouerait entre eux, sa réticence étant inspirée en partie par la profession de Jim, qui faisait de la recherche médicale. Ayant vécu des années avec un scientifique, son beau-père Bob Milner, elle en avait tiré une conclusion erronée : ces hommes, à son idée, étaient tous comme des icebergs, invisibles aux neuf dixièmes et essentiellement composés de glace. Elle n'éprouva aucun sentiment d'optimisme quand Jim se mit à revenir sans cesse à la salle des ventes sous les prétextes les plus divers ; elle supposa qu'il voulait revoir les tableaux et les meubles de sa grand-mère avant leur disparition définitive. Cela la rendait à la fois triste et impatiente de le voir aussi attaché à ces objets ; pourtant, elle avait déjà vu d'autres déposants réagir de la même façon.

« Ce grand tableau, vous savez, celui du naufrage, il était accroché au-dessus de la table du hall dans la maison du Maine, à côté du baromètre », lui dit-il un jour pour la deuxième fois. « Vous voyez là, dans le coin, cette femme qui se noie et qui hurle, et la grosse vague qui va l'emporter ? Quand j'étais petit, je m'imaginais toujours que j'étais sur le côté du tableau, dans un bateau à rames, et que j'allais lui jeter une corde... »

« Dites-moi... » Polly ne put s'empêcher d'interrompre le récit ; pourtant, le catalogue dans lequel figurait cette peinture était déjà chez l'imprimeur. « Pardonnez mon indiscrétion, mais pourquoi vendez-vous ce tableau, si vous l'aimez tant... ? Je veux dire », poursuivit-elle devant le silence de Jim, « vous ne pourriez pas vous arranger avec votre grand-mère ? Par exemple, faire estimer le tableau et le lui racheter petit à petit ? »

« Ça se pourrait, j'imagine. Mais le problème, c'est que je n'ai pas l'impression d'avoir droit à une peinture pareille. Sa place est dans un musée, dans un endroit où les gens l'apprécieront comme il convient. Moi, je n'y connais rien en peinture. »

« Qu'est-ce qui vous fait croire ça ? » demanda Polly en détournant son regard du naufrage pour regarder Jim dans les yeux.

« Je n'en sais rien. Ça doit être ma mère qui l'a remarqué la première. "Jim, c'est un scientifique" : elle répétait toujours ça. "Il ne comprend rien à l'art." »

« C'est idiot. Ecoutez, c'est pas comme ça que ça se passe. Y a pas une race spéciale de privilégiés qui méritent de posséder des tableaux parce qu'ils sont vachement sensibles et conscients. Si vous aimez ce tableau, vous devriez le garder. »

Jim Meyer ne laissa absolument pas voir que cet argument l'avait convaincu, ce qui était bien dans son caractère ; mais le lendemain, à la vive irritation du patron de Polly, il retira de la vente trois des tableaux de sa grand-mère. Il invita aussi Polly à dîner pour la remercier ; et ce fut ainsi que tout commença.

Jim plut à toutes les amies féministes de Polly : il était gentil, beau, bien informé, visiblement fou d'elle, et respectait son travail. Quand elle lui révéla qu'à l'époque du lycée et du *college* elle avait elle-même songé à devenir peintre, il parut impressionné et enthousiaste. C'était foutrement dommage qu'elle n'ait jamais eu le temps de s'y mettre, dit-il.

Comme Polly devait l'expliquer plus tard à sa thérapeute, elle se sentit alors, pour la première fois depuis presque vingt ans, vraiment heureuse, en sécurité. Jim ressemblait à l'idéal d'une femme libérée. Il lisait les livres et les articles que Polly lui prêtait et approuvait leurs conclusions ; dans le cadre de son labo, il soutenait l'embauche et la promotion des femmes. Il essayait des plats insolites, et allait avec Polly découvrir l'œuvre d'artistes novateurs.

En retour, Polly s'efforçait de ne choquer ni les collègues ni la famille de Jim par son langage, et de ne jamais perdre son sang-froid. En fait, Jim supportait ses explosions avec tant de patience qu'elle finit par y renoncer. Il était aussi intéressant de se fâcher contre lui que de taper sur le fauteuil en forme de poire bourré de petites billes de polystyrène : il ne répliquait pas, il ne la contredisait pas, il s'affaissait tout simplement et semblait se vider de sa substance.

Il n'y avait qu'un problème : elle avait beau aimer Jim, se fier à lui, il lui arrivait de ne pas le trouver excitant. Il faisait l'amour avec tendresse et affection, mais parfois, elle éprouvait presque un certain ennui.

Pendant des années, Polly s'appliqua à ne rien remarquer, et y parvint. Elle s'accusa de n'avoir pas su rejeter le stupide mythe adolescent du Mâle Désirable, l'image romanesque du beau ténébreux : téméraire, têtu, indiscipliné. Le jour, elle ricanait de ces fadaises, en déplorant de voir certaines de ses amies y souscrire. Mais parfois, au cœur de la nuit, allongée près de Jim Meyer, écoutant son ronflement régulier, discret, elle sentait revenir le vieux fantasme, et se laissait emporter dans des contrées torrides balayées par le vent, baignées d'une lumière étrange, dont son mari ne soupçonnait même pas l'existence.

Jim était d'une fidélité totale, contrairement à Polly, qui, à deux reprises, son mari étant parti assister à un congrès, se retrouva avec un homme peu fréquentable dans un lit où les vents torrides l'avaient poussée. Après ces aventures, elle s'en voulait terriblement, se sentait exaspérée et coupable. Elle aurait souhaité une révélation suivie d'un pardon ; mais elle avait assez de bon sens pour se rendre compte qu'en se confessant, elle ferait du mal à Jim, plus encore qu'elle ne se ferait du bien.

Polly continua à travailler à la salle des ventes après son mariage, mais forte des encouragements de Jim, elle voulut croire de nouveau qu'elle était une artiste. Quatre mois avant la naissance de Stevie, elle quitta son travail et tenta de se remettre à la peinture. Elle dégagea la plupart des cartons qui encombraient la petite pièce étroite, éclairée au nord, destinée lors de la construction de l'immeuble à servir de chambre de bonne, et elle y installa son chevalet.

Mais elle avait attendu trop longtemps. Elle ne pouvait rester debout pendant des heures d'affilée sans souffrir d'épuisement et de douleurs aux jambes ; son ventre gonflé s'alourdissait encore plus. En position assise, elle avait du mal à atteindre le chevalet. Les muscles de ses bras et de ses jambes vibraient comme de vieux élastiques ; elle s'énervait et finissait par se fâcher. Elle vint à bout d'une ou deux toiles, mais ces tableaux lui parurent laids, malhabiles, sans signification.

Polly crut que les choses s'arrangeraient après l'arrivée du bébé, mais il n'en fut rien ; pourtant Jim lui payait une femme de ménage et participait à part égale aux tâches restantes. Il passait autant de temps que Polly avec leur fils.

Stevie était un gamin adorable ; mais il consommait une grande partie de son énergie intérieure. Quand elle retournait à l'atelier après l'avoir allaité, changé, câliné, elle avait perdu son élan spontané ; elle se mettait à étaler la peinture mécaniquement, à gâcher une œuvre qui avait bien commencé.

En plus, c'était ennuyeux de rester à la maison toute la journée, de ne parler qu'à Stevie et à la femme de ménage, qui semblaient avoir l'un et l'autre le même âge mental, environ quatre ans ; Stevie, bien sûr, se montrait précoce. Elle aurait voulu être encore en contact avec le monde artistique new-yorkais ; elle aurait voulu se servir de sa tête, discuter avec des adultes. Quand Stevie entra à la maternelle, elle prit un emploi à temps partiel au musée, et quelques années après, travailla à plein temps. Elle se remit à assister à des conférences, à préparer des catalogues, à monter des expositions, à voir des artistes, des marchands, des collectionneurs, des critiques. Elle peignit de moins en moins, et finit par s'arrêter tout à fait. L'atelier continua à porter ce nom, mais redevint une pièce de rangement.

Quand Stevie serait un peu plus grand, quand il aurait moins besoin d'elle, se disait Polly – et racontait-elle à tout le monde – elle reprendrait son activité artistique. Entretemps, sa vie, sans être très excitante, était distrayante et comblée, son mariage était solide. Du moins le croyait-elle. Au printemps de l'année passée – Stevie avait alors douze ans – tout était tombé en pièces. Un soir, alors que Polly prenait une douche après le travail, Jim fit irruption dans la salle de bains. Elle sut aussitôt qu'il s'était produit un événement exceptionnel, peut-être même horrible : Jim témoignait toujours d'un tel respect pour son intimité ! Elle éprouva d'abord un sentiment de soulagement et de joie quand elle comprit qu'aucun désastre n'était survenu. Bien au contraire, on offrait à Jim un poste important assorti d'un budget de recherche conséquent, dans le Colorado. Avec une ardeur que Polly ne l'avait pas vu manifester depuis des années, il ouvrit les bras, étreignant à la fois sa femme et le rideau de douche jaune à motifs abstraits, et s'exclamant qu'il n'en revenait pas : bon Dieu, jamais il ne s'était attendu à un pareil coup de veine.

Pendant quelque temps, Polly partagea son euphorie. Elle avait un peu l'impression de stagner ; Denver, ce serait l'aventure, le changement. Ça lui ferait du bien de sortir de Manhattan, de quitter cette ville encombrée, ruineuse, sale, dangereuse, où la situation empirait d'année en année. Et, comme disait Jim, ça serait épatant pour Stevie : il pourrait se faire de vrais copains et avoir une enfance américaine normale – ce qui voulait simplement dire, pensait maintenant Polly, qu'il aurait le genre d'enfance que Jim avait eue.

Puis, peu à peu, elle se rendit compte qu'elle ne trouverait jamais d'emploi correct à Denver. Jim y voyait "la chance de sa vie" ; dans son enthousiasme, un tel cliché ne lui faisait pas peur. Mais Polly ne pouvait pas y voir la chance de sa vie à elle. En plus, Jim n'était pas du tout forcé d'aller à Denver. Il s'entendait bien avec ses collègues, il avait un bon labo, des crédits corrects. Elle venait, elle, d'obtenir une augmentation au musée et elle travaillait à une exposition importante (« Trois Américaines »). Etait-il juste de lui demander de renoncer à tout cela ?

Jim, apparemment, trouvait ça juste. Si Polly ne dénichait pas tout de suite un emploi, elle pourrait se remettre à peindre. C'était ce qu'elle avait toujours voulu, non ? De toute façon, il gagnerait assez d'argent pour qu'elle n'ait plus besoin de travailler. Ils pourraient vivre à l'aise, voyager, avoir une aide ménagère à plein temps. Polly reconnaissait qu'elle avait le désir de peindre (cet aveu était-il sincère ou mensonger ? Elle n'en savait rien, même maintenant) mais c'était justement une bonne raison de rester à New York, où se trouvaient les artistes, les galeries et les collectionneurs.

Alors qu'elle croyait encore le problème en cours de discussion, Jim rentra à la maison un après-midi et annonça qu'il avait pris une décision unilatérale.

« Je ne peux pas continuer à les faire attendre, Polly »,

expliqua-t-il en s'asseyant brusquement dans un fauteuil Art Déco à dossier étroit où personne ne se mettait jamais. « J'ai appris aujourd'hui que si je ne prenais pas le boulot de Denver, ils allaient le proposer à Frank Abalone. Bon Dieu, ce mec-là va tout foutre en l'air. Il s'est fait un nom dans certains cercles, mais en réalité, il est bidon, sauf que personne ne peut le prouver. Personne n'ose seulement essayer, après le tour de salaud qu'il a joué à son assistant de labo, à Los Angeles. Tu te rappelles cette histoire ? »

« Oui, je me rappelle », dit Polly, debout dans le salon, tenant à la main la scarole qu'elle avait entrepris de laver. « Mais dis donc, c'est quand même pas à toi de te sentir responsable de ce qui arrive dans Dieu sait quel labo de Denver. »

« Justement, je suis responsable », dit Jim. « C'est mon métier. » Il déglutit, regarda un moment la moquette beige, puis leva les yeux. « De toute façon, j'ai dit à Ben que j'acceptais cet emploi. »

« Tu lui as annoncé que tu démissionnais, comme ça, tout de go ? » Polly dévisagea son mari, regarda le fauteuil où personne ne s'asseyait jamais et se dit : “C'était un signe. J'aurais dû m'en douter.”

« Je n'avais pas le choix, Polly. Il va falloir qu'ils trouvent quelqu'un pour me remplacer aussi vite que possible. »

« C'est pas vrai ! » Polly éleva la voix ; elle fut sur le point de jeter sa salade à la tête de son faux-jeton de mari. « Merde... Je croyais que tu comprenais ma position. Nom de Dieu, tu m'avais dit que... je te croyais prêt à faire n'importe quoi pour moi ! »

« Mais c'est vrai, je t'assure », insista Jim. « N'importe quoi, sauf ça. »

Les semaines qui suivirent furent horribles. Lentement mais implacablement, comme une tache d'huile sale qui remonte à la surface d'une toile de peintre mal préparée, l'appartement de Central Park West s'encrassa, assombri par la défiance. Polly et Jim, une fois au lit, discutaient pendant des heures, allongés l'un à côté de l'autre, se touchant à peine ; ces longues conversations étaient de plus en plus épuisantes. Enfin, à deux ou trois heures du matin, ils faisaient l'amour dans la lassitude et le désespoir. Elle restait ensuite immobile aussi longtemps que possible, se disant confusément, dans son demi-sommeil, que Jim ne pourrait pas la quitter tant qu'elle le retiendrait à l'intérieur de son corps.

Ce fut à ce moment-là que Polly se mit à suivre une psychothérapie. Elle ne savait pas encore que son mariage était au bord de la rupture ; tout ce qu'elle savait, c'était qu'elle avait discuté avec Jim de son départ pour Denver jusqu'à ce que l'un et l'autre fussent à bout de forces, et que maintenant elle ne décolérait pas, alors que Jim était de plus en plus silencieux et renfermé. Elle voyait bien qu'il devenait nécessaire de parler à une tierce personne, de mettre au jour leurs sentiments ; c'est ce qui la décida à prendre un rendez-vous chez Elsa pour eux.

Mais aussitôt mis au jour, leurs sentiments prirent des proportions effrayantes et les dressèrent l'un contre l'autre. Polly découvrit que Jim n'était qu'une baudruche d'un égoïsme affligeant, l'esprit si étroit qu'au bout de trois séances, il refusa de remettre les pieds chez Elsa, sous prétexte qu'elle était contre lui. Polly, quant à elle, tint bon, et Elsa l'aida à traverser les pires mois de sa vie.

Elle comprit peu à peu qu'elle avait été trompée. Derrière ses faux airs accommodants et aimables, son mari n'était qu'un chauviniste mâle comme les autres. Pire que les autres : eux, au moins, ils étaient francs. Jamais on n'aurait entendu Jim dire que les femmes étaient écervelées ou irrationnelles, jamais il ne faisait le malin, jamais il ne criait. Dans un article qu'elle lut plus tard, elle trouva une définition qui lui correspondait : c'était un « agressif-passif », un mari du XXe siècle appliquant la tactique sentimentale d'une épouse victorienne. Tout en faisant exactement ce qu'il voulait, il s'arrangeait pour donner à Polly le mauvais rôle.

Jim refusait purement et simplement tout affrontement. Quand elle hurlait, qu'elle se mettait à jeter des objets à travers la pièce, il restait triste et muet, et c'était exaspérant. Il n'élevait presque jamais la voix, de sorte que tout le monde le croyait extraordinairement bon, patient, d'une maturité remarquable. C'était Polly qui avait l'air d'être dans son tort, qui avait l'air égoïste, infantile, déraisonnable. C'était Polly que Stevie considérait comme responsable des ennuis de ses parents. (« Pourquoi est-ce que tu cries toujours après papa ? ») Polly vit sa propre mère s'opposer à elle. (« Enfin, chérie, on croirait entendre un de ces étudiants extrémistes qui causent tellement de problèmes à Bob en ce moment. »)

Pendant ce temps, Jim affichait un teint blême, un air hagard, l'implorait de changer d'avis et de venir avec lui, lui promettant, à cette condition, tout ce qu'elle voulait : un atelier à elle, des voyages fréquents à New York et en Europe. Les six premiers mois où ils furent séparés, ayant expliqué à tout le monde qu'il s'agissait d'une séparation « à l'essai », il ne cessa de téléphoner, d'écrire, de supplier. Il finit par feindre de comprendre son point de vue : (« Bien sûr, tu es forcée d'agir dans l'intérêt de ton art, dans ton propre intérêt. »)

Ce premier été passé seule à New York fut terrible pour Polly. La rage et la dépression la dévoraient. Sans Elsa, elle aurait sans doute craqué, ou alors elle aurait cédé et serait partie pour le Colorado. Au cours des quelques premières semaines, elle n'eut même pas Stevie avec elle. On l'avait envoyé chez sa grand-mère, pour lui éviter de voir partir son père avec la moitié des meubles.

Vide de meubles, l'appartement, cet été-là, manqua aussi de présences amicales. Toutes les connaissances de Polly, à l'exception de Jeanne, avaient pris le parti de Jim, et même si les gens étaient prêts à voir Polly, elle n'avait pas envie de les voir, elle. Ils se disaient neutres, mais ils n'arrêtaient pas de répéter à Polly que Jim était un type exceptionnel, et qu'elle aurait mieux fait de rester avec lui même si cela la forçait à quitter le musée, parce que les hommes bien étaient plus rares que les bons boulots. Si elle avait vraiment de l'affection pour lui, insistaient-ils, elle reviendrait sur sa décision. Ils lui disaient qu'elle faisait beaucoup de mal à Jim alors qu'il avait tant d'amour pour elle ; il ne s'en remettrait sans doute jamais. (Quelle blague ! Quatorze mois après son installation à Denver, Jim était déjà remarié.) Elle s'aperçut en discutant avec Elsa qu'au cours des quatorze dernières années, elle s'était entourée d'un groupe d'amis différents : plus fortunés, plus conservateurs sur le plan politique et menant souvent une vie conjugale des plus conventionnelles. Elle se considérait comme une féministe, mais elle s'était éloignée de la plupart des membres de son ancien « groupe de prise de conscience », qui ne s'entendaient pas avec Jim ; elle ne les voyait plus qu'une ou deux fois par an, et toujours en tête à tête. « Aujourd'hui, j'ai déjeuné avec Yvonne la terrible », racontait-elle déloyalement en se servant du surnom qu'elle avait inventé pour le faire rire. « Sans blague ? » répondait Jim, souriant d'avance. « Et qu'est-ce qu'elle mijote ces temps-ci ? » Sans même s'en rendre compte, Polly avait épousé l'idée que Jim se faisait d'eux-mêmes, et d'elle en particulier, une conception qu'il avait imposée en douceur, sans insister. Elle avait trahi ses vieilles amies pour lui ; elle s'était trahie elle-même. Elle était à son tour devenue conventionnelle. Elle ne s'en était pas aperçue parce que ça s'était passé très lentement et parce qu'elle se laissait avoir par des détails superficiels. Elle s'était crue différente des épouses des autres chercheurs, collègues de Jim, parce qu'elle s'exprimait librement, parfois même grossièrement, portait des blouses mexicaines brodées, des bijoux africains, cuisinait des fricassées au riz complet, et malgré l'appartement de Central Park West, malgré l'abonnement à *New York Magazine,* qu'elle lisait le jour même de son arrivée, pendant que des magazines moins conformistes, *Ms* ou *Mother Jones,* traînaient sans être ouverts des semaines durant dans le panier d'osier de la salle de bains. Sans doute que tout ce temps-là, les amis de Jim s'étaient discrètement moqués d'elle.

Sa pire découverte, cet été-là, fut qu'elle était incapable de peindre : à croire que Jim, en lui souhaitant de réussir dans ses entreprises artistiques, l'avait maudite. Seule dans son atelier, au milieu des cartons de jouets et de vêtements d'hiver mis à l'écart, elle regardait fixement des toiles qui semblaient se réduire à des amas hideux de couleurs évoquant des aliments renversés ou vomis : un œuf à demi battu répandu à terre, ou de la pizza régurgitée. Le départ de Jim semblait avoir détruit sa volonté créatrice. Et même si elle était parvenue à terminer quelque chose, les débouchés de son travail auraient été nuls. Le style libre, plastique, qu'elle avait acquis pendant ses études, n'était plus à la mode. Aucune galerie n'acceptait de peinture abstraite, de nos jours, sauf de la part d'artistes déjà célèbres. On recherchait les champs de couleurs, les surfaces aux arêtes vives, ou le réalisme photographique.

Parfois, seule dans l'appartement, incapable de travailler, Polly s'abandonnait au vertige de la rage ; les jurons, le verre brisé, les larmes cuisantes avaient pour écho, cependant que juillet chauffé à blanc cédait la place à août, un climat déplorable : orages de chaleur, vent brûlant chargé de poussière qui n'allégeait en rien la touffeur de l'air. Et Elsa était partie en vacances. Mais en définitive, ce fut sa rage qui sauva Polly du désespoir. Ce caractère coléreux qu'elle s'était évertuée à réprimer pendant des années devint pour elle une source de force. Nom de Dieu, elle avait raison d'être en colère. Que le diable emporte Jim Meyer et le monde entier ! Un soir, tandis que le tonnerre grondait dans l'air torride, seule chez elle, ayant refusé pour la deuxième fois de retrouver le mari d'une amie pour « déjeuner » avec lui, elle décida de ne plus essayer de plaire aux hommes.

Cette résolution eut aussitôt d'heureux effets. Quel soulagement de ne plus scruter les visages lors des cocktails ou des vernissages dans l'espoir de repérer, qui sait, une personne intéressante et disponible ! (De toute façon, la chasse était toujours vaine.) Ce fut un soulagement de cesser de transformer sa figure et son corps ; de manger tout ce qui lui chantait ; de jeter les chaussures pointues, à la mode mais inconfortables, les tubes et les flacons de graisse et suie colorées dont elle n'avait cessé de s'enduire le visage, tout en s'affirmant féministe.

En quelques semaines, Polly changea d'aspect, ou plutôt revint à son aspect précédent. A l'école, à la fac, on la disait « mignonne » : elle était petite, robuste, bien bâtie et plutôt ronde. Ses cheveux bouclés, coupés courts, étaient drus et ébouriffés, son teint était naturellement éclatant, elle avait de grands yeux noisette, une expression animée et sensuelle, une vivacité de jeune chien. Cette personnalité ancienne réapparut, à peine endommagée par les années. Elle marcha d'une allure résolue, chaussée de souliers à talons plats, cessa de se raser les jambes, renonça à aller chez le coiffeur et ne chercha plus à maigrir avec des régimes de famine. Dans la rue, les hommes continuaient à lui lancer des regards intéressés, excités ; elle n'en avait cure. Elle n'était pas encore prête à sortir avec quiconque ; peut-être ne le serait-elle jamais. Cette phase de sa vie était peut-être révolue.

Le mois d'avant, lors de leur dernière séance, Elsa avait laissé entendre qu'elle finirait peut-être par avoir de nouveau un mode de relation positif avec les hommes. Mais Polly n'y comptait pas. Même si elle rencontrait un homme apparemment fréquentable, ça ne servirait à rien. Si elle ne pouvait faire confiance à Jim, quel homme serait digne de confiance ? En fin de compte, elle n'avait jamais rien retiré de bien de ses rapports avec les hommes, à part le plaisir érotique. Et Polly commençait à pressentir que le plaisir érotique n'était que l'appât placé dans un piège, une façon d'attirer l'écureuil dans la cage afin qu'il – ou elle – puisse passer le reste de sa vie à trottiner dans un moulin en fil métallique, essoufflé d'amour et de peur.

PAOLO CARDUCCI

propriétaire et directeur de la galerie Apollon à New York, ancien marchand de Lorin Jones

– Oui, en 1954. Comme vous le dites, elle avait deux petites huiles dans notre exposition collective de Noël, cette année-là.

– Les deux œuvres se sont vendues très vite. Evidemment, comme elle était inconnue, les prix étaient très bas. Mais je pense que ça l'a quand même beaucoup encouragée.

– Oui, par Garrett, en effet. Mais naturellement, si je n'avais trouvé aucun intérêt à son travail, ça n'aurait pas fait la moindre différence.

– Ma foi, c'est difficile à dire. Ces intuitions ont quelque chose de très intime, d'impalpable. Mais j'avais raison, vous le voyez bien, n'est-ce pas ?

– Deux aquarelles et une grande huile en 1955 ? Sûrement, ça doit être exact. Mais je demanderai à mon assistant, Jacky Herbert, de vérifier dans nos dossiers et de vous donner tous les détails.

– Oui, sans doute, on peut dire que les expositions individuelles ont été réussies.

– Non, je ne crois pas que tout ait été vendu. Mais globalement, ça s'est plutôt bien passé. Mais là aussi, vous pourrez demander des précisions à Jacky.

– C'est une question assez délicate. A vrai dire, elle ne me semblait pas encore prête à une nouvelle présentation au public.

– Non, je ne dirais pas que c'était en raison du trop petit nombre d'œuvres disponibles.

– Bon, je serai franc avec vous : oui. Comme le dit Garrett, la qualité de ses œuvres avait nettement baissé. Et une galerie comme celle-ci a une réputation à soutenir, vous devez bien vous en rendre compte.

– Il est difficile de répondre à cette question. Je crois que je voyais apparaître une certaine confusion, un côté indécis, une série d'expériences qui me semblaient ne mener nulle part.

– Bien sûr, c'était peut-être temporaire, mais malheureusement...

– Naturellement, vous êtes libre de vos opinions. Mais je crois que l'on convient généralement, en ce qui concerne ses tableaux de la dernière période...

– Comment je l'explique ? Eh bien, c'est triste à dire, mais cela arrive parfois chez certains artistes. Le début est brillant, mais l'œuvre ne s'installe pas dans la durée. Prenez, par exemple...

– Oui, à vrai dire, je crois en effet que cela se produit plus souvent chez les femmes.

– Non. En réalité, et pour être tout à fait honnête, j'estime qu'il n'y a jamais eu de femme artiste de tout premier ordre.

– Certes, Cassatt a fait de belles choses, mais même ses meilleures productions sont quelque peu référentielles, ne trouvez-vous pas ? Et si vous la comparez à ses contemporains, à ses maîtres : Manet, Renoir... Enfin, franchement...

– O'Keefe ? Elle est très en vogue à l'heure actuelle, je sais bien. Et elle avait une personnalité remarquable. Mais entre nous, Miss Alter, est-ce qu'il n'y a pas là quelque chose d'un peu forcé, d'un peu artificiel ? Ces à-plats lisses, ces pastels crémeux, ça m'a toujours rappelé les réclames américaines des années trente, personnellement.

– Non, j'étais vraiment heureux de présenter les œuvres de Lorin. Elle avait un talent incontestable, et ses tableaux étaient accessibles. On ne peut pas toujours remplir sa galerie de chefs-d'œuvre, vous savez.

– Bien sûr, il existe de nombreuses anomalies dans le cours naturel des choses. Je n'irai certes pas prédire qu'il ne s'en présentera jamais. Mais pour l'essentiel, je pense que c'est contraire à l'ordre des choses. Il en est de même en musique et au théâtre. On a connu de merveilleuses interprètes, oui. Des cantatrices, des concertistes, des danseuses, des actrices : pour la femme il est tellement naturel de se montrer ! Mais pour ce qui est de composer des œuvres musicales ou des pièces de théâtre... Vous le savez aussi bien que moi, non ?

– En littérature, c'est vrai dans une certaine mesure. Mais en somme, écrire un roman ou un poème, c'est une façon de se produire en public, non ? Et il est tout de même rare de rencontrer des œuvres d'une qualité réellement supérieure. Vous comprenez, cela va contre l'ordre naturel. Une vraie femme, la mienne, par exemple, ne cherche pas à créer des œuvres d'art : elle est une œuvre d'art.

– Oui, je connais cet argument.

– Je vous en prie, ne déformez pas ma pensée. Je n'ai pas parlé des critiques ; malheureusement, il y a des siècles que les femmes excellent dans la critique.

– Si cela vous chante de le penser, vous avez toute liberté.

– Je regrette, il m'est vraiment impossible de répondre à cette question.

– Je n'en ai pas la moindre idée ; je ne vais pas rester là à entendre ma profession se faire insulter.

– Très bien, Miss Alter, j'accepte vos excuses. Mais à mon grand regret, je ne peux plus vous consacrer un instant, j'attends un client.

– Essayez toujours d'appeler ma secrétaire la semaine prochaine. Elle pourra peut-être mettre au point un autre rendez-vous.

2

Deux semaines après, dans un de ces bistrots du West Village qui font de leur mieux pour ressembler au jardin d'une maison de campagne, avec leurs murs poncés à la sableuse, leur mobilier en pin massif, leur lierre et leurs géraniums roses, Polly faisait face au demi-frère de Lorin Jones, le professeur Leonard Zimmern. C'était la première fois depuis des mois qu'elle mangeait au restaurant en tête à tête avec un homme, et l'idée ne venait pas d'elle. Elle avait proposé d'interviewer Zimmern dans son bureau de l'université, mais il avait refusé, alléguant le risque d'interruptions incessantes. Peut-être, mais ça aurait quand même eu un aspect plus professionnel.

Ayant été en rapport avec lui à l'époque de l'exposition « Trois Américaines », Polly savait que Lennie Zimmern était un personnage difficile, revêche, enclin aux remarques acerbes. Il était grand, maigre, son menton s'ornait d'une barbe grise pointue, comme celle des hommes dépeints par les miniatures élisabéthaines. Ses sourcils sombres lui donnaient un air théâtral, il avait des traits marqués et une expression ironique, pleine de finesse. Pour l'instant, il s'était montré plutôt aimable ; mais cela n'avait rien d'étonnant. C'était le plus proche des parents encore vivants de Lorin Jones, et il était donc propriétaire de tous les tableaux qui n'avaient jamais été vendus ; il avait tout intérêt à voir leur renom s'accroître, et par suite leur cote sur le marché.

Dès qu'on leur eut servi le café, Polly ouvrit un carnet à spirales où elle avait inscrit une liste de questions toutes prêtes, rangées de la plus anodine à la plus perfide, selon le conseil que lui avait donné une amie, journaliste professionnelle. Puis elle disposa son magnétophone sur le napperon en plastique orné d'une vue du château de Warwick. Lennie, comme tous ceux qu'elle avait interviewés jusqu'à présent, regimba légèrement à la vue de cet appareil. Il se carra sur sa chaise et se redressa, lui faisant face plus franchement.

Pendant un moment, tout se déroula plutôt bien. Lennie répondit sans hésitation aux questions faciles, indiquant des dates, des adresses, précisant les noms des membres de la famille et des établissements scolaires. Mais lorsque Polly lui demanda des détails sur les parents de Lorin Jones, il se mit à parler plus lentement et à donner des réponses brèves, inutilisables (« Désolé, je ne me souviens pas... Non, vraiment, je ne sais plus... C'était il y a longtemps... »).

« Ne pouvez-vous rien me dire de plus ? » demanda-t-elle, aussi persuasivement que possible. « Vous me disiez que vous alliez assez souvent voir la famille de votre père ? »

« Pas si souvent que ça. C'était loin de Queens, et ma mère ne tenait pas spécialement à ce que j'y aille. » Il sourit d'un air amer.

« Mais vous vous rappelez quand même comment c'était là-bas ? »

Lennie eut un petit sourire tordu, qui ne s'adressait pas vraiment à Polly, et secoua la tête.

« Vraiment ?... J'ai du mal à le croire. » Elle attendit, mais il haussa simplement les épaules et avala une gorgée d'*espresso*. « Je commence à avoir l'impression que vous ne voulez pas me voir écrire sur votre sœur », dit-elle enfin, sentant pour la première fois son intonation échapper à son contrôle.

« Je ne veux pas, en effet, que vous donniez des détails personnels comme ceux sur lesquels vous vous êtes renseignée. A mon avis, il est beaucoup trop tôt pour une biographie de type analytique. »

« Mais vous avez dit... Vous avez accepté... » Gardant à l'esprit ce qui s'était passé avec Paolo Carducci, elle essaya de réprimer l'indignation qui perçait dans sa voix. Jeanne avait raison ; elle n'obtiendrait rien de cette façon.

« J'ai accepté le principe d'un ouvrage consacré à Laura, c'est vrai, mais je supposais que vous aviez le projet d'étudier ses tableaux, de développer ce que vous aviez esquissé dans le catalogue. »

« Bien entendu, j'ai l'intention d'examiner les tableaux », dit Polly, en s'efforçant de garder son calme.

« Il me semble que vous devriez vous concentrer là-dessus. » Lennie eut un sourire irritant. « Sur le côté professionnel de sa vie. »

Ne me dites pas sur quoi je dois me concentrer, pensa Polly, exaspérée. Mais elle feignit la docilité et s'informa des premières années de Lorin Jones. Enfant, faisait-elle preuve de talent artistique, avait-elle remporté des prix, ses parents et ses professeurs avaient-ils reconnu ses aptitudes, l'avaient-ils encouragée ? « Oui, je pense », répondait Lennie, sans donner le moindre détail.

« Vous ne m'aidez pas beaucoup, vous savez ! » dit-elle enfin.

« Je sais bien. Je fais de mon mieux, mais rappelez-vous que nous n'avons pas grandi ensemble ; et j'avais presque cinq ans de plus que Laura. Il a fallu qu'elle termine ses études et qu'elle vienne vivre à New York pour que nous fassions vraiment connaissance. »

« Vous ne l'avez donc pas vraiment connue quand elle était petite ? » dit Polly, en essayant de donner l'impression qu'elle y croyait.

« Non. Mais je pense que personne ne la connaissait bien. Laura était extrêmement timide, vous savez. Surtout avec ses aînés. Quand j'allais voir mon père chez lui, elle était le plus souvent dans sa chambre, ou bien dans le jardin, où elle jouait à la poupée sous les lilas. Ou elle inventait des histoires qu'elle se chantonnait à elle-même, ou alors elle dessinait... Oui, je me rappelle qu'il lui arrivait de dessiner, en effet. »

« A votre avis, c'était une enfant heureuse ? »

« Heureuse ? » Le regard de Lennie dépassa Polly et le mur en briques décapées du restaurant pour se perdre dans un espace indéfinissable.

Il va me répondre, pensa Polly. Elle s'appliqua à ne rien dire de plus. Mais Lennie posa de nouveau les yeux sur elle, il avait l'air dur et résolu.

« Comme je crois vous l'avoir déjà indiqué, dit-il avec

une ironie appuyée, je ne vois pas à quoi riment de telles questions. Comment peut-on savoir en quoi consiste le bonheur pour autrui ? »

« Bien sûr », approuva Polly, qui n'était pas d'accord.

« De toute façon, à mon avis, ce n'est pas important qu'un artiste ait été heureux ou non dans son enfance. Ou à l'âge adulte, d'ailleurs. » Il eut un rire sans joie. « Et quand bien même Laura aurait été malheureuse ? Vous aurez beau en parler à tout le monde maintenant, cela ne lui fera pas le moindre bien. Et des gens qui sont encore vivants risquent d'en souffrir. »

« Des gens qui sont encore vivants ? » demanda Polly, pensant aussitôt aux principaux persécuteurs de Lorin Jones. « Faites-vous allusion à son marchand ou à Garrett Jones ? Ou bien à Hugh Cameron ? »

« Je ne fais allusion à personne. Ma phrase avait une portée générale. »

Menteur, vous mentez, se dit Polly, rageuse ; au prix d'un effort énorme, elle parvint à se dominer.

« Je vois. »

Lennie eut un petit rire amer. « Si vous voulez tout savoir, je ne pensais à aucune de ces personnes. Sans doute pensais-je plutôt à moi-même. Je ne suis pas pressé de lire que j'ai été méchant avec ma petite sœur. »

« Parce que vous avez été méchant avec votre petite sœur ? » demanda-t-elle d'un ton aussi désinvolte que possible.

« De temps en temps, comme la plupart des garçons, je suppose. » Son regard se perdit de nouveau dans le lointain. Laisse-leur assez de corde, murmura dans sa tête la voix de Jeanne, et ils se pendront tout seuls.

« Eh bien, continuez », reprit sèchement Lennie, utilisant la fameuse corde comme un fouet, plutôt qu'à la manière d'un nœud coulant. « Qu'est-ce que vous attendez ? »

« Rien... Je... »

« Si vous comptez sur de succulentes révélations, de belles histoires d'enfant brimée, laissez tomber. » Il lui décocha un sourire moqueur. « C'est ce que vous espériez, pas vrai ? Vous aviez les yeux qui vous sortaient de la figure. »

Les mains de Polly s'agrippèrent à son carnet ; elle serrait les poings.

« Ne répondez pas à mes questions si vous n'en avez pas le désir », dit-elle avec toute la politesse qu'elle parvint à rassembler – et ça n'en faisait pas beaucoup.

Lennie cessa de sourire. « Permettez-moi de préciser ma position, voulez-vous ? » dit-il d'une voix lasse de conférencier. « Je ne suis pas préoccupé au premier chef par ma propre réputation, (cause toujours mon bonhomme, pensa-t-elle) mais je trouve réellement odieuse cette mode actuelle qui consiste à tout dire sur la vie privée des artistes et des écrivains. La littérature n'y gagne rien lorsque nous apprenons qu'un tel trompait sa femme ou le fisc. Peu importe. Ce qui compte, c'est le texte, l'œuvre. »

Polly protesta : « Mais si nous en savons plus sur la vie d'un artiste, cela nous donne généralement des éléments sur son œuvre. »

« C'est vous qui le dites. Cela se produit-il si souvent que ça ? Si vous voulez mon avis... »

« Oui, bien sûr », mentit-elle.

« Je pense que cette manie de révéler les détails les plus intimes, les plus gênants, sur les gens célèbres est une conséquence de la jalousie. Il faut les montrer détraqués ou malheureux, car cela amortit la colère que nous inspirent leurs dons et leur renommée. Pour supporter de savoir que Van Gogh ou Virginia Woolf étaient géniaux, contrairement à nous, nous nous répétons sans relâche qu'ils souffraient terriblement, qu'ils étaient même atteints de psychose. »

« Vous avez sans doute raison », acquiesça Polly, plaçant la formule passe-partout suggérée par Jeanne pour ce genre de situations. Dans sa bouche à elle, ces mots semblaient peu crédibles, usés jusqu'à la corde ; mais Lennie ne parut s'apercevoir de rien.

« Ce n'est pas seulement le cas des artistes et des écrivains. C'est pareil pour toutes les célébrités. Nous prenons plaisir à entendre parler de la beauté de ces gens-là, de leurs dons, de leur fortune, de leur réussite ; mais nous voulons aussi qu'on nous raconte leur enfance malheureuse, leurs périodes de misère noire, leur alcoolisme, leurs peines d'amour. Et même comme ça, il subsiste des traces de jalousie, sauf si la personnalité en question connaît une fin tragique. Notre désir réel, c'est donc de les voir se suicider, ou se faire tuer, ou périr dans des conditions abominables : excès de boisson, drogues, cancer. A ce moment-là notre jalousie et notre haine sont assouvies, de sorte que notre amour peut être pur. »

« Possible », dit Polly, rejetant *in petto* cette théorie. Elle n'éprouvait à l'égard de Lorin Jones ni envie, ni haine. Elle l'aimait et l'admirait. Possible que ça se passe comme ça pour des gens comme vous, pensa-t-elle.

« Mais mon livre ne va pas être dans ce style-là », ajouta-t-elle à voix haute.

« Ah bon ? Dans quel style va-t-il être, Polly ? » Lennie se pencha par-dessus la table, braquant sur les yeux de Polly le regard de ses propres yeux sombres et brillants et lui décochant un sourire pénétrant. « Je sais, fit-il avec jubilation, il va s'agir d'une mise en cause intransigeante du système patriarcal. C'est ça, non ? »

Polly fut tentée, tout d'abord, d'envoyer Lennie au diable et de sortir. Mais elle se retint. Il fallait qu'elle reste en rapport avec lui, entre autres choses parce qu'il détenait tous les droits liés à l'œuvre de Lorin Jones. Et il le sait, pensa-t-elle, furieuse.

Lisant sur son visage qu'il avait deviné juste, Lennie sourit de plus belle. « Lorin, ce génie méconnu détruit par la dictature des mâles, voilà où vous voulez en venir, pas vrai ? »

« Et alors ? » explosa Polly. « Mais évidemment, ce n'est pas votre façon de voir, j'imagine ? » ajouta-t-elle sur un ton plus détaché, essayant de parler aussi calmement que cet homme exaspérant.

« Je ne sais pas quelle est ma façon de voir », répondit

Lennie après une pause. « Tout ce que je sais, c'est que rien n'est aussi simple. »

Comme Polly pouvait difficilement aller contre cette vérité première, elle ne répondit pas. Pendant quelques instants, le magnétophone murmura sans rien enregistrer d'autre que le fracas des assiettes, le brouhaha de voix diffuses, la rumeur de la circulation dans une rue de Manhattan.

« Ecoutez, Polly », reprit enfin Lennie, d'une voix maintenant dépourvue d'ironie ; son sourire était empreint d'une condescendance affectueuse que rien, dans leur relation, ne l'autorisait à éprouver. « Cela fait maintenant quelque temps que je vous connais. Je voudrais vous donner un conseil. Oubliez votre idée d'écrire une biographie de ma sœur. Vous n'avez besoin que de ses tableaux pour produire un bon livre. En plus, au train où vous allez, vous finirez par faire sur Laura des découvertes que vous auriez préféré ne pas faire. »

Vous voulez dire des découvertes que vous auriez aimé que je ne fasse pas, pensa Polly. Elle émit un bruit inarticulé, excès de gaz s'échappant après toute la pression qu'elle avait exercée pour empêcher sa fureur de s'exprimer.

« Réfléchissez-y. » Lennie la regarda droit dans les yeux et posa sur la sienne une main noueuse, basanée, couverte de poils sombres. « D'accord ? »

Polly retira sèchement sa main. « D'accord, j'y réfléchirai », dit-elle en se jurant de ne pas le faire.

Mais dans l'autobus, pendant le long trajet qui la ramenait chez elle, Polly ne put éviter d'y réfléchir ; ou plutôt, elle songea à Lennie Zimmern. Comment osait-il lui dire ce qu'il fallait qu'elle écrive ? Comment osait-il essayer de la séduire ? Et en plus, ce n'était pas la première fois. A plus d'une reprise, elle avait surpris Lennie en train de lui couler ce même regard, étudié, intense, teinté d'érotisme ; un regard qui lui disait : Qu'en pensez-vous ? Le plus exaspérant dans cette affaire, c'était que Leonard Zimmern était exactement le genre d'homme égocentrique et impérieux avec qui Polly, jadis, avait eu des aventures. Et bien qu'elle ne l'eût jamais encouragé le moins du monde, on eût dit qu'il le savait, et qu'il pouvait, à tout moment, se brancher sur sa névrose.

Car c'était une névrose, Polly le savait maintenant ; un problème qui prenait racine aux jours anciens de son enfance. S'il avait été possible de tirer des leçons de l'expérience, elle aurait appris à se méfier de ce type d'homme trente ans auparavant, en observant son père, une personne sur qui on ne pouvait absolument pas compter. Il en était à sa troisième femme, la mère de Polly ayant été la première. Peut-être eût-il mieux valu, pensait Polly, que son père sorte complètement de sa vie lorsqu'elle avait quatre ans ; elle se serait sans doute mieux accommodée d'une telle situation. Mais tout au long des cinq années qui suivirent, Carl Alter ne cessa de resurgir de façon irrégulière et imprévisible pour emmener sa fille passer la journée avec lui. Et Bea, la mère de Polly, la forçait toujours à le suivre. Elle avait lu quelque part que n'importe quel père, ou presque, était préférable à une absence totale, et elle croyait presque tout ce qu'elle lisait si l'auteur était un homme portant le titre de docteur.

Polly s'était bien souvent mutinée, comme si elle avait su qu'elle était vouée à souffrir de ces rencontres. Elle rechignait, se rebellait, quand son père apparaissait à la porte de leur maison. Même après son coup de sonnette, elle boudait dans sa chambre, refusant délibérément de revêtir la « jolie robe toute propre » disposée sur le lit. Sa mère l'appelait obstinément, la voix de plus en plus perçante, de plus en plus anxieuse ; elle finissait par monter s'occuper de Polly, à qui elle enlevait son tee-shirt et son jean, après quoi elle brossait comme elle pouvait ses boucles brunes emmêlées puis lui enfilait de force la belle robe fraîchement repassée, tout en suppliant à mi-voix sa fille d'être raisonnable, de jouer le jeu.

Le plus souvent, Polly se prêtait gauchement aux efforts de sa mère. Mais quelquefois, sans même la sentir venir, elle avait une crise de nerfs. Son visage devenait brûlant, sa tête se remplissait brusquement de mouches, de gros taons noirs et bruyants comme on en voyait à la ferme de ses grands-parents, qui bourdonnaient et piquaient, et elle s'entendait hurler : « Je ne veux pas y aller ! Je ne veux pas ! » Et elle se retrouvait par terre sans savoir comment, à hurler et à gesticuler. Aujourd'hui encore, ces mouches venaient parfois bourdonner dans sa tête, Polly le savait bien, et il leur arrivait de s'assembler en un essaim menaçant.

Dès que Polly était enfin prête, Bea, d'une bourrade légère, la faisait sortir de la pièce et elle descendait lourdement l'escalier couvert d'un tapis fané aux rayures pelucheuses, affichant une expression aussi fâchée et désagréable que possible. Et Dieu sait qu'elle parvenait à prendre l'air fâché et désagréable : avec son petit menton têtu, ses sourcils sombres et droits, son teint coloré, le visage de Polly, même dans son enfance, se prêtait bien aux humeurs maussades.

Marchant derrière son père sur le trottoir poussiéreux, éraflant délibérément ses souliers vernis à boucles contre les blocs de ciment soulevés par le gel, Polly refusait même de le regarder. Elle se traînait aussi lentement que possible vers sa mocheté de vieille bagnole pourrie, un coupé Ford d'avant-guerre que le propriétaire précédent avait barbouillé en jaune crayeux avec de la peinture pour les murs : on surnommait ce véhicule Le Péril Jaune. L'arrière servait à son père de corbeille à papiers et à linge sale, et on y trouvait toujours un amoncellement de boîtes de bière vides, de paquets de Camel avec leur cellophane froissée et leur papier d'argent, de vieux journaux, des chaussettes, des serviettes et des chemises grisâtres.

Polly feignait de ne pas voir le sourire et le geste galant de Carl Alter lorsqu'il tenait ouverte à son intention la portière du Péril Jaune. Elle voulait le faire souffrir, elle s'en rendait compte aujourd'hui : le punir d'être un père aussi minable, de lui infliger une journée dégueulasse, de ne pas être venu la voir plus tôt, de l'avoir laissée tomber. Elle était forcée de sortir avec lui, à cause, disait Bea Alter, des "clauses juridiques de l'accord". Si elle refusait, croyait plus ou moins Polly en ce temps-là, on risquait de les arrêter, elle et sa mère, et de les mettre en prison. Mais elle n'avait pas l'intention d'apprécier quoi que ce soit de ce que son père allait lui montrer, lui dire, ou lui donner. Point, à la ligne.

Ensuite – et à chaque fois, le même processus se reproduisait – son père entreprenait de lui faire la cour. Jamais, depuis lors, Polly n'avait été courtisée avec autant d'habileté, de charme, d'imagination et de patience indulgente – sans doute cet art s'était-il perdu, et tant mieux. Son père ne faisait jamais la moindre réflexion sur son air coincé ou sur sa mauvaise humeur. Il bavardait sans cesse dans la voiture, racontant des blagues et des anecdotes, sifflotant, chantant :

Sur la neige blanche et glacée
Une voix étrange a lancé :
« Où t'en vas-tu, Polly ma belle
Avec tes perles et tes dentelles ? »

Il ne semblait jamais remarquer qu'elle ne répondait pas, ni qu'elle restait roulée en boule, l'air grincheux, les bras collés au corps, aussi loin de lui que possible sur la banquette couverte d'une grossière rabane effilochée qui lui grattait toujours les jambes.

« Hé, Polly ma belle, regarde ce fou de chien roux qui court en rond... t'as vu, là, sur le camion, cette drôle d'enseigne ? » lançait Carl Alter tandis que Le Péril Jaûne, dans les râles et les toussotements de son pot d'échappement à bout de course, cahotait le long de Mamaroneck Avenue. Ou bien : « Comment vas-tu, yau de poêle ? » disait-il, apparemment indifférent au silence obstiné de sa fille. Et elle, de son côté, fermait les yeux de toutes ses forces, serrait les dents pour se retenir de répliquer : « Et toi, la matelas ? » Elle jurait de ne pas céder.

Mais à la fin, elle ne tenait jamais le coup. Son père

renouvelait sans cesse son stock de plaisanteries ; il inventait toujours des activités étonnantes. Elle lui résistait longtemps, mais en vain ; un éclat de rire lui échappait à l'issue d'une histoire à dormir debout ; ou, sans l'avoir voulu, elle se retrouvait courant à ses côtés, poursuivant les pigeons devant le tribunal, aux cris de : « Vas-y, Polly ma belle ! Si tu en attrapes un, ils te laisseront le garder ! » Quelle occupation absurde pour un adulte, pensa-t-elle quelques années plus tard ; comme il devait avoir l'air stupide, cet homme dégingandé aux vêtements fripés qui courait après un pigeon au milieu des feuilles mortes en agitant ses longs bras, tandis que Polly trottinait derrière lui, l'air sans doute tout aussi stupide. C'est impossible d'attraper un oiseau. Alors, pourquoi criait-il à la cantonade : « Bravo, Polly ! T'as failli l'avoir, ce coup-ci ! »

De toute façon, il applaudissait tous ses faits et gestes, même les plus bêtes. Sur la plage de Rye, quand elle détacha d'un coup de dents le bout de son cornet en gaufrette et se mit à aspirer la glace à la fraise par le trou, tout en faisant délibérément un bruit épouvantable, procédé que sa mère avait en horreur, son père ne parut pas choqué. Non, il dit simplement : « Ça, ça a l'air marrant ! Comment tu t'y prends ? » Sur quoi il s'avéra si bouché, si comiquement incapable et maladroit, que Polly ne put s'empêcher de rire. Des années après, elle se rendit compte qu'il avait certainement fait l'imbécile délibérément pour l'amuser.

Son père l'emmenait d'un lieu bizarre à un autre ; souvent, le but de leurs promenades était dicté par son emploi du moment. Il écrivait des romans policiers, et un jour, expliquait-il à Polly, il allait être riche et célèbre, mais pour l'instant, il se débrouillait tant bien que mal, et malgré tous ses efforts, il arrivait à peine à joindre les deux bouts. C'est grave, demandait Polly, si on ne joint pas les deux bouts ? Oui, très grave, répondait son père, et malgré son sourire amusé, Polly se représentait avec inquiétude le terrible combat pour joindre les deux bouts : l'homme dont chaque main tirait sur les extrémités de deux cordes trop courtes, s'efforçant désespérément de les mettre en contact, avait le visage de son père, ses traits peu marqués, ses grands yeux bruns, ses cheveux noirs ébouriffés.

Carl Alter emmena Polly dans une école où il était maître suppléant, dans les bureaux d'un magazine de Mount Vernon qui publiait des photos de dames nues, dans les parties secrètes de la bibliothèque de New Rochelle où l'on reliait à neuf les livres usagés et où régnait une odeur de colle et de poussière. A l'époque où il conduisait un taxi à White Plains, il la laissait s'asseoir sur le siège avant, à côté de lui. Il travailla pendant un certain temps comme représentant des Brosses Fuller ; il sillonnait les petites rues en vendant des balais, des têtes de loup et des brosses à cheveux à des dames qui habitaient des maisons de bois à deux étages où le portrait de Jésus était accroché au-dessus du canapé. Son père prenait pour leur parler une voix convaincue et reconnaissante, bien différente de sa véritable voix. Elles l'appelaient « jeune homme » et donnaient à Polly des friandises et des boissons auxquelles elle n'avait pas droit chez elle : des biscuits fourrés à la figue, des gaufrettes garnies d'une pâte pastel et poudreuse, du thé glacé qui laissait au fond du verre un dépôt de sucre humide et gris. Carl Alter n'appliquait pas les mêmes règles que Maman, ni sur la nécessité d'une alimentation nutritive, ni sur les distances à garder avec des inconnus, à qui il fallait éviter de parler, et surtout ne rien dire de personnel. (« Oui, m'dame, cette grande fille-là, c'est ma fille, incroyable, non ? Elle vient de gagner un prix à l'école, pour la meilleure affiche commémorative de la fin de la guerre. »)

A la fin de l'après-midi, Polly se sentait complètement perdue. Elle remontait dans Le Péril Jaune, se coulait sur le chaume effrité de la banquette et se laissait aller contre son père tandis qu'il reprenait Mamaroneck Avenue : comme il était costaud, quelle chaleur réconfortante il dégageait sous la vieille veste en velours côtelé aux coudes rapiécés de cuir luisant ! Quand il parlait, elle tournait vers lui un visage éclairé par ce grand sourire émerveillé qui était depuis toujours leur caractéristique la plus attrayante à tous les deux.

Mais une fois qu'ils étaient installés dans leur box favori du café de Main Street, devant un Coca à la cerise pour Polly, et une bière pour Carl Alter, il commençait à s'agiter sur la banquette, à fouiller du regard toute la salle. S'il voyait des gens qu'il connaissait, il les appelait et leur faisait signe de venir les rejoindre. Et même s'il ne voyait personne, il cessait d'entendre ce que Polly lui disait. Vite, trop vite, il ramassait sa monnaie sur le bois humide de la table et disait à Polly de finir son verre, car sa mère allait se demander où diable elle était passée.

Sur le chemin du retour, son père restait presque silencieux : tout au plus sifflait-il doucement un air monotone. Il poussait le moteur à fond et dédaignait les feux orange, comme s'il avait été pressé de se débarrasser de Polly. Quand il arrêtait la voiture devant la maison, il ne se donnait parfois même pas la peine de descendre pour lui ouvrir la portière ; il tendait simplement le bras et actionnait la poignée en chrome piquetée de rouille. « Salut, Polly ma belle, on se revoit la semaine prochaine, à la même heure », disait-il, mais c'était souvent un mensonge.

Lorsqu'elle eut commencé sa thérapie, Polly se rendit bien compte qu'elle n'avait jamais cessé d'être amoureuse de son père, au long de toutes ces années, et furieuse contre cet homme qui l'avait abandonnée, qui l'avait contrainte à grandir dans une famille où elle n'avait pas sa place. Elle se disait que seuls la poursuite, l'effort de devoir faire sa cour, peut-être même le sentiment nouveau d'être rejeté, avaient stimulé l'intérêt de Carl Alter. Dès lors qu'il fut certain de l'amour de sa fille, il commença à ruer dans les brancards ; en fait, elle l'ennuyait. Les hommes étaient comme ça. Ils auraient fait n'importe quoi pour vous persuader de leur donner votre tendresse et votre confiance, de renoncer pour eux à votre indépendance, d'adopter ce qu'ils appelaient autrefois « le rôle féminin » (peu d'entre eux, de nos jours, auraient osé employer ce terme). Et une fois que vous étiez bien coincée, une fois que vous aviez tourné le dos à toute solution de rechange et que vous vous retrouviez désarmée et dépendante, soit économiquement, soit affectivement, soit sur les deux plans à la fois, ils prenaient le large aussi vite que possible.

Avec l'aide d'Elsa, Polly était lentement parvenue à pardonner à son père, au moins sur le plan intellectuel, pour la façon dont il l'avait traitée dans son enfance. Elle s'était exercée à penser qu'il n'était lui-même guère plus qu'un enfant : vingt-deux ans à la naissance de Polly, six mois tout juste, ô scandale, après le mariage précipité de deux étudiants qui se connaissaient à peine. Polly avait à peine un an quand Carl Alter fut appelé sous les drapeaux ; deux années s'écoulèrent encore avant qu'il ne revienne chez lui pour de bon. Elle était forcée de reconnaître que bien des jeunes gens, dans une situation pareille, auraient choisi d'oublier l'existence même de leur fille.

Mais Polly n'arrivait toujours pas à pardonner à son père son comportement ultérieur, après le mariage de sa mère avec Bob Milner et leur installation à Rochester. Elle ne lui pardonnait pas de ne pas lui avoir écrit plus souvent, de n'être venu la voir que deux fois par an – et encore. Carl Alter vivait à Boston en ce temps-là, mais ça n'était quand même pas si loin que ça, pensait-elle souvent, en ouvrant l'atlas et en traversant du bout du doigt les étendues vertes du Massachusetts et la surface rose de l'Etat de New York. Ce n'était pas comme si elle avait été au Texas ou en Alaska.

Le temps avait passé, et Polly avait décidé que son père pouvait venir à Rochester ou pas, ça lui était bien égal. De toute façon, il était pénible, avec ses promesses en l'air, son instabilité professionnelle, ses vêtements fripés et ses bagnoles pourries. (Le Péril Jaune avait succombé, mais il avait été remplacé par des véhicules du même ordre, La Peste Noire et La Baleine Blanche.) Elle trouva ça très bien quand il alla travailler pour un journal local, dans une petite ville de Californie, de l'autre côté d'un vaste damier d'Etats de toutes les couleurs : elle n'avait plus du tout à se préoccuper de lui.

Quand Polly se retrouva au lycée, elle comprit que Carl Alter, non content de limiter ses visites au minimum, ne contribuait en rien à son entretien. Ça la mettait en rage que sa mère n'éprouve aucune colère.

« Je ne vois pas pourquoi tu veux que je lui écrive », protesta-t-elle un jour. « Je ne vois même pas comment tu peux le supporter après la façon dont il nous a traitées. »

« Allons », dit Bea Milner avec un sourire-soupir caractéristique. « Ce n'est pas de sa faute, tu sais. Carl n'a jamais eu d'argent, il n'en aura sans doute jamais. »

« C'est de sa faute s'il t'a épousée puis abandonnée », insista Polly.

« Ma chérie. Tu te trompes. Ce n'était la faute de personne. Nous étions si jeunes, tous les deux, nous ne pensions pas à l'avenir. Ce sont des choses qui arrivent. »

Réflexion typique des processus mentaux de sa mère, songeait Polly pendant que l'autobus traversait laborieusement Colombus Circle. Bea Milner était l'exemple même de la femme non libérée. Les hommes et leurs désirs avaient toujours priorité auprès d'elle. Quand Bob Milner lui avait proposé de l'épouser, elle ne s'était sans doute même pas demandé ce que cela ferait à sa fille, pas plus qu'elle ne s'était souciée des conséquences fatales de ce mariage sur sa carrière. Et, comme les vertueuses héroïnes de la littérature victorienne, elle était incapable de rancune, surtout à l'égard d'un homme ; elle était d'une mansuétude exaspérante. Un étudiant en deuxième année fait un enfant à une étudiante en première année, ce qui la force à interrompre ses études, après quoi il la quitte, la laissant assumer toute seule vingt ans d'efforts et de dépenses, et elle réagit en disant : ce sont des choses qui arrivent.

Pendant des années, Polly avait cru que les erreurs de sa mère lui avaient enseigné tout ce qu'elle avait besoin de savoir. Au lycée, elle voulait être peintre ; elle s'appliqua pourtant à finir son premier cycle d'études supérieures, puis à passer un diplôme d'histoire de l'art ; elle n'avait pas l'intention de finir en supersecrétaire, comme Bea. Et quand elle commença à sortir avec des garçons, elle prit garde à ne pas se faire mettre enceinte.

Mais ayant oublié son premier et douloureux attachement, Polly se trouvait condamnée à le répéter. A de multiples reprises, elle se lia avec des hommes sur qui on ne pouvait pas compter. Ils étaient juifs en général, et ils se mêlaient souvent d'art ou de littérature, comme Carl Alter. Ou, bien entendu, comme Leonard Zimmern.

*
* *

Chez elle, elle trouva tout dans l'état où elle l'avait laissé le matin : lit défait, vaisselle sale dans l'évier, le *Times* de la veille sur le plancher du salon, et un climat général poussiéreux et désertique.

Désertique, l'appartement ne l'était pas seulement au sens affectif ; et ça, c'était la faute de Polly, la conséquence de son mauvais caractère. L'année passée, au cours de cet horrible printemps, Jim avait demandé s'il pouvait expédier son bureau dans le Colorado, et Polly avait hurlé qu'il pouvait bien prendre tout ce qui lui chantait, elle s'en balançait. Jim avait certainement compris qu'elle parlait sous le coup de l'énervement, mais il l'avait prise au mot. Tout en disant qu'il espérait la voir bientôt suivre le mouvement, il décampa pour Denver avec presque la moitié des meubles, une des deux lithographies signées de Rauschenberg et le petit Frankenthaler qu'ils s'étaient offert en cadeau de mariage. Après son départ, l'appartement avait pris l'aspect d'une victime d'accident : ses murs portaient des cicatrices de poussière là où s'étaient dressés des bibliothèques et des secrétaires, et plus haut, on voyait des rectangles blêmes, marqués en leur centre par la trace noircie d'un clou, telles des plages de peau d'où les pansements ont été arrachés alors que les plaies qui les trouent ne se sont pas refermées.

Encore maintenant, les pièces restaient à moitié vides. Polly avait lu peu de temps auparavant qu'après un divorce, le niveau de vie de l'homme s'élevait en moyenne de soixante dix pour cent, tandis que celui de la femme baissait de moitié. Pour elle, ça n'avait pas été aussi grave ; mais même avec la pension que recevait Stevie, elle n'avait pas pu remplacer la plupart des objets pillés, et elle avait congédié l'aide ménagère cet été, quand elle avait quitté son travail. Tant qu'elle avait eu Stevie, le mobilier ne lui avait pas vraiment manqué, mais maintenant...

« Je veux récupérer mes tableaux et mes meubles ! » s'exclama-t-elle. « Je veux récupérer mon fils, nom de Dieu ! » Voilà qu'elle soliloquait. On dit que ça arrive aux gens qui vivent seuls : ils deviennent excentriques. Polly avait remarqué également que ses sautes d'humeur étaient de plus en plus spectaculaires : un jour, elle se sentait en pleine euphorie, et le lendemain, elle sombrait au fond du gouffre, comme sur des montagnes russes, avec le même vertige et la même angoisse.

Stevie n'était absent que depuis quinze jours, mais elle en avait déjà plus qu'assez de vivre seule. Et ça ne faisait que commencer. Pendant les trois mois à venir, elle allait errer, complètement déprimée, dans ce grand appartement vide, et elle n'aurait même pas à aller au musée. Rien ici ne bougeait si Polly n'y touchait pas ; personne ne parlait, sauf si Polly parlait toute seule, ou allumait la radio pour remplir les pièces des voix animées de gens totalement sourds. Quand elle répliquait à leurs propos, qu'elle insultait l'homme qui venait de proférer une publicité particulièrement débile, ou acclamait un participant de l'émission « Tout bien considéré », ils ne répondaient pas ; elle aurait aussi bien pu ne pas exister. Polly n'était pas folle, elle savait qu'ils ne l'entendaient pas ; mais cette situation la mettait quand même mal à l'aise, lui donnant le sentiment déroutant d'avoir disparu.

Maintenant que Stevie était parti et qu'elle avait quitté le musée, rien ne se passait, jour après jour, sauf les interviews pour son livre ; rien en tout cas qui valût la peine d'y réfléchir sérieusement. Parfois la vie de Lorin Jones lui semblait plus réelle que la sienne.

Si quelqu'un d'autre, n'importe qui, vivait ici, songea Polly, ça irait mieux ! Et presque aussitôt elle pensa à quelqu'un qui avait besoin d'un logement : Jeanne. Au début de l'été, l'immeuble où elle habitait était passé en copropriété et elle avait été forcée de déménager. Pour le moment, elle était installée plutôt mal que bien en sous-location, à Queens : deux pièces minuscules, basses de plafond, en sous-sol, dont elle évoquait souvent en soupirant les radiateurs bruyants, les murs décrépis et les invasions de cafards.

Jeanne visitait sans arrêt des appartements, mais on avait de plus en plus de mal à se loger, même en dehors de Manhattan : avec son minuscule salaire d'enseignante, les seuls logements qu'elle pouvait se permettre étaient encore plus désagréables que l'endroit où elle se trouvait maintenant.

Et si Jeanne s'installait là pendant l'absence de Stevie, du moins tant qu'elle n'aurait rien trouvé de définitif ? Elles se tiendraient compagnie, et cela leur ferait faire des économies ; ce détail avait son importance, puisque Polly n'allait plus toucher de pension pour Stevie. C'était absurde d'avoir deux appartements à entretenir, de préparer chacune de son côté des repas solitaires ; quelle perte de temps ! Surtout que Jeanne était une fine cuisinière. C'était une idée de génie, et Polly ne voyait aucun argument à y opposer, sauf... (elle grimaça et laissa la poêle à frire qu'elle était en train de récurer retomber dans l'eau de vaisselle)... sauf ce que les gens allaient en penser.

Depuis le départ de Jim, Polly n'avait eu aucune liaison sérieuse ; une seule personne, Stevie, avait compté dans sa vie. Si Jeanne emménageait maintenant avec elle, certains de ses amis supposeraient qu'elles avaient des relations sexuelles et que Polly, à son tour, était devenue lesbienne. Ça lui était si souvent arrivé de dire qu'elle pensait en avoir fini pour de bon avec les hommes ! Elle avait même déclaré quelquefois qu'elle regrettait de ne pas être homo, parce que le comportement des lesbiennes en couple lui semblait plus correct que celui des hétéros.

Et dans le Colorado, qu'est-ce qu'ils en penseraient ? Stevie n'aurait pas l'idée de se demander si sa mère était lesbienne, mais cette pensée viendrait certainement à Jim, qui connaissait Jeanne et ne l'aimait guère. Jim confierait ses soupçons à sa nouvelle femme, une personne que Polly n'avait jamais rencontrée mais qu'elle détestait, naturellement. Oui, t'as peut-être raison, dirait cette femme odieuse. Ça ne m'étonnerait pas ; d'après ce que tu m'as dit, Polly n'a jamais supporté les hommes.

Qu'ils aillent tous au diable ! se dit Polly en frottant la poêle avec une vigueur renouvelée. Elle n'allait pas se mettre à organiser sa vie en fonction de l'opinion de Jim, ou de quiconque.

PROFESSEUR MARY ANN FENN

Université du Connecticut

– C'était il y a si longtemps. Je l'avais presque oubliée, en fait. Et puis... il s'est passé quelque chose de très bizarre, et d'un peu douloureux. Comme je vous l'ai dit dans ma lettre, je suis venue à New York l'hiver dernier, pour une réunion de travail. Et je suis allée à votre exposition, « Trois Américaines ». J'étais très prise, mais j'ai tenu à y aller, parce que ça m'intéressait. Je pense que les femmes artistes ont des choses à nous dire à tous. Des choses nouvelles et importantes.

– Eh bien, je passais d'une salle à l'autre, et je me suis retrouvée devant les tableaux de Lorin Jones. Ils m'ont paru attirants. Originaux. Les couleurs étaient intéressantes, subtiles. Mais à mes yeux, c'étaient des abstractions, et l'art abstrait ne m'a jamais emballée.

– Et puis j'ai lu le titre d'une peinture : *Princesse Elinore des Prés Blancs*. J'ai eu un choc. A l'école primaire, quand j'avais huit ou neuf ans, nous nous étions inventé des identités de contes de fées, ma meilleure amie et moi : j'étais la Princesse Miranda des Hautes Forêts et elle la Princesse Elinore des Prés Blancs. Je me suis dit, est-ce que par hasard... ? Bon, soit cette Lorin Jones était mon amie Lolly Zimmern, soit c'était une coïncidence incroyable.

– J'ai reculé, j'ai examiné le tableau pour y trouver des indices, et j'ai vu tout à coup que les taches de peinture vert pâle, tout en bas, pouvaient évoquer de l'herbe, et que les points blancs et jaunes qui parsemaient le vert ressemblaient à des pâquerettes. Au-dessus, les taches grises plus grosses pouvaient passer pour des nuages. Et au milieu, le fouillis de bâtonnets, de ronds, de voiles colorés était vraiment une bonne représentation de l'aspect d'un arbre si on est monté dedans et que le vent souffle fort. Ça aurait pu être un château de conte de fées, aussi bien. Et ça collait, parce que nous grimpions aux arbres et que nous nous racontions que c'étaient des châteaux.

– Oui, ou alors des navires, quelquefois. J'avais oublié tout ça, mais là, dans la galerie... comme le pavé inégal chez Proust, vous savez ? ... Tout m'est revenu, des souvenirs vieux de... mon Dieu, ça doit faire cinquante ans. Le ciel d'été, brûlant, presque blanc, et la sensation que ça donnait de s'accrocher aux branches rugueuses et tachetées du pommier, et les petites pommes vertes, dures et brillantes, comme des bonbons acidulés. Et le vent qui nous secouait, et nous, on disait que c'étaient les vagues de l'océan. Et les nuages qui passaient dans le ciel étaient des poissons. Toutes sortes de poissons : des baleines, des bancs de marsouins, des maquereaux. Oui, surtout des maquereaux, parce qu'à l'école, on nous avait dit que certains nuages ressemblaient à des maquereaux.

– Il fallait que je m'en assure. J'ai pour ainsi dire couru jusqu'au rez-de-chaussée, sans même attendre l'ascenseur, et j'ai acheté le catalogue. Pas de doute : Lorin Jones, née en 1926 à White Plains, Etat de New York. Ça ne pouvait être qu'elle. J'ai trouvé ça merveilleux, et j'ai commencé à penser à ce que j'allais faire : lui écrire un mot, lui dire que j'avais vu ses tableaux... Je demanderais au Musée de faire suivre ma lettre, et nous nous retrouverions enfin, cinquante ans après.

– Et puis j'ai continué à lire : les études suivies par Lolly, les expositions de ses œuvres ; ensuite j'ai tourné la page, et j'ai lu une liste de toutes les collections où se trouvaient ses peintures. Ensuite, j'ai lu : Morte en 1969, à Key West, Floride. Je me suis mise à pleurer, au beau milieu du hall du musée. Il a fallu que j'aille m'asseoir sur la banquette près de la porte. J'étais bouleversée à l'idée que je n'avais pas su ce qu'elle devenait, que je n'avais jamais essayé de reprendre le contact. Je n'avais rien fait du tout.

– Mais oui, nous avions été grandes amies pendant

deux ans. Et puis en dernière année d'études primaires, les parents de Lorin l'avaient brusquement retirée de notre école, Westwind School. Du jour au lendemain, elle avait disparu.

– Non, je ne sais pas pourquoi. Des années après, ma mère m'a dit que quelque chose s'était passé cet automne-là, au pique-nique de la Fête des Parents, après que nous étions rentrés chez nous. Il y avait eu un incident. Elle ne savait pas exactement ce qui s'était passé, mais elle avait entendu dire que Lolly avait eu très peur de quelque chose. Ou de quelqu'un.

– Une histoire sexuelle, ou du moins c'est ce qu'elle laissait entendre. Mais je ne sais pas si c'est vrai. Ma mère avait tendance à presque tout voir en termes sexuels.

– Mais oui, tout le monde l'appelait Lolly à l'époque. C'est comme ça que je pense à elle maintenant. Lolly Zimmern, dix ans. Elle est dans le pommier, et de là elle voit tout ce que vous pouvez voir dans ce tableau, en écartant les branches et en regardant entre les feuilles. Le vent emmêle ses cheveux noirs et ondulés, souffle sur sa figure maigre au teint pâle.

3

« Puis-je vous aider ? » Un jeune homme frêle, incolore, qui semblait avoir lui-même besoin d'aide, traversa comme un fantôme la pénombre qui baignait la Galerie Apollon et s'approcha de Polly Alter, ruisselante de pluie, dont la cape en tissu caoutchouté s'égouttait sur le parquet ciré.

« J'ai rendez-vous avec Jacky Herbert. A dix heures. » Polly vérifia l'heure sur sa montre, tendant son poignet mouillé de façon à lui permettre de constater, s'il le désirait, que l'heure était déjà passée de dix minutes.

« Je regrette, mais je crois que Monsieur Herbert n'est pas encore arrivé. »

« Dans ce cas, il va falloir que je l'attende », dit-elle sans chercher à dissimuler son agacement. Elle lui tourna le dos et se dirigea vers la devanture de la galerie, une baie vitrée dégoulinante, assombrie par la lumière grise d'une journée trempée d'octobre, de sorte que, regardant au-dehors, on se croyait devant un aquarium. De gros poissons métalliques aux yeux d'insectes se pressaient sur Madison Avenue et se disputaient la préséance en grognant, tandis que des parapluies multicolores semblables à des fleurs sous-marines se déplaçaient et s'évitaient en sautillant.

Polly était fâchée contre Jacky Herbert, mais surtout contre elle-même. Après avoir interviewé Paolo Carducci, le propriétaire de la Galerie Apollon, et bien que leur conversation tendue n'ait pas été réellement concluante, elle avait tardé à demander un autre rendez-vous. Elle risquait, maintenant, de ne plus jamais avoir l'occasion d'interviewer Carducci : il avait eu une attaque qui, aux dernières nouvelles, l'avait laissé à demi paralysé et presque incapable de parler. Avec un homme fragile de presque quatre-vingts ans, elle aurait dû être plus prudente : ne pas perdre son sang-froid, ne pas laisser passer un jour sans agir. Il faudrait, maintenant, qu'elle se contente de Jacky, le directeur suppléant de la galerie, qui n'avait commencé à travailler là que peu avant la dernière exposition de Lorin Jones.

De plus en plus en colère, de plus en plus impatiente, elle s'écarta de la fenêtre et alla examiner une collection sans intérêt de natures mortes formalistes. Vue de l'extérieur, la galerie Apollon, qui avait été naguère l'une des plus renommées de New York, n'avait pas beaucoup changé d'aspect depuis que Polly y était allée pour la première fois, vingt ans auparavant. Toujours établie au-dessus d'un luxueux magasin d'antiquités, entre la 70e et la 80e rue Est, on y servait toujours des express préparés par une énorme machine aux formes tarabiscotées. Mais au cours des deux dernières décennies, la galerie avait peu à peu perdu sa position dominante. Des marchands d'art aux dents longues avaient repris des étages entiers de gratte-ciel de la 57e rue, quand ils n'occupaient pas des entrepôts de Soho offrant assez de surface au sol et aux murs pour exposer les œuvres les plus volumineuses et les plus agressives. La Galerie Apollon, de son côté, s'en était tenue à des œuvres qui pouvaient, en comparaison, passer pour de la peinture de chevalet. Elle représentait encore de nombreux artistes à la réputation bien établie, elle avait des clients fidèles et riches, mais elle n'était plus à l'avant-garde de l'art américain.

« Polly ! » héla Jacky Herbert. Il contourna le bureau du réceptionniste et s'avança vers elle sur la pointe des pieds, démarche caractéristique qui donnait une impression de vitesse ne correspondant à aucune réalité objective. « Quel plaisir de vous voir ! » Jacky, comme toujours, était élégamment vêtu ; son costume, sa chemise, sa cravate, de différentes nuances de gris pâle et satiné, lui collaient à la peau comme un pelage de phoque. Et il avait l'air parfaitement sec ; soit il était déjà là depuis longtemps, soit il était arrivé en taxi, au lieu d'attendre l'autobus sous l'averse comme l'avait fait Polly. « Comment va la vie ? » Il se pencha, frotta sa joue rasée de près, parfumée d'une eau de toilette citronnée, contre celle de Polly et lança des petits bruits de baisers façon poisson rouge.

« Très bien, merci. » Polly ne fit pas de bruit de baiser, elle trouvait ce genre de manifestation grotesque ; de plus, Jacky l'avait fait attendre presque un quart d'heure sans raison valable. « Et vous ? »

« Oh, ça peut aller. » Jacky écarta la question d'un geste. C'était un homme corpulent aux cheveux blonds grisonnants, aux mains blanches et dodues ornées de bagues ; ses yeux gris et rusés manquaient d'éclat, et son profil harmonieux mais marqué par les ans évoquait une impératrice romaine. On disait que dans sa jeunesse, il avait été d'une grande beauté. Les mauvaises langues attribuaient sa remarquable collection d'art moderne aux charmes qu'il avait su, à l'époque, déployer et peut-être même mettre sur le marché. Quoi qu'il en soit, Jacky menait maintenant une vie presque irréprochable avec un pianiste de concert à la retraite, nommé Tommy.

« Et Monsieur Carducci, comment va-t-il ? »

Jacky fit un petit claquement de langue et secoua lentement la tête.

« Est-ce qu'on pense qu'il va guérir ? »

« Le médecin ne veut pas se prononcer. » La grande figure blême de Jacky frémit. « Je suppose qu'il n'en sait rien. Mais je dois dire que Paolo avait vraiment mauvaise mine quand je suis allé le voir, avant-hier. »

« C'est désolant », dit Polly qui n'en pensait rien.

« Il nous reste l'espoir, voilà ce que je me dis. Enfin... » Il se força à sourire. « Que diriez-vous d'une toute petite tasse de café ? »

« D'accord. Je veux bien. »

« Merveilleux ! » dit Jacky, prononçant d'une voix triste ce mot insignifiant. Il agita une nageoire, faisant signe à Polly de le suivre à l'arrière de la galerie.

« Un instant, je vais vous aider », ajouta-t-il en voyant Polly se débattre pour sortir de sa cape imperméable. « Mon Dieu, elle est absolument trempée ! » Il secoua le rectangle de toile caoutchoutée d'un air désapprobateur.

« Bon, je vais accrocher ça juste à côté du radiateur, et ça sera tout sec quand vous repartirez. Vous ne voulez pas me donner aussi ce foulard mouillé ? »

« D'accord ; merci bien. » Elle lui tendit un chiffon rouge et noir ruisselant. Jacky le disposa soigneusement, bien que toute son attitude exprimât de façon indéfinissable un certain dégoût, par-dessus un châssis à relier.

« Allons donc dans mon bureau, nous n'y serons pas dérangés... Parfait. Alan ! » lança-t-il au jeune homme incolore. « Deux express, s'il vous plaît. Et pas d'appels pendant une heure sauf si c'est un acheteur sérieux. »

« Alors, comment ça se passe ? » dit-il en fermant la porte et en avançant à l'intention de Polly une chaise Eames. Il se pencha vers elle par-dessus le bureau, découvrant d'un sourire ses grandes dents blanches aux couronnes parfaites.

« Oh, assez bien. » Polly ne sourit pas ; le comportement de Jacky, qui s'inquiétait de son bien-être avec autant de prévenance que si elle avait été une cliente éventuelle, loin de l'attendrir, la rendait encore plus soupçonneuse. Qu'est-ce qu'il pouvait bien vouloir lui vendre ?

« Ah, comme je suis content ! Vous savez, Paolo me disait avant son attaque... En fait, je crois qu'il a été un peu étonné que vous ne reveniez pas le voir. Il se demandait si vous avanciez. Et il me disait que peut-être nous devrions essayer de mettre dans le coup un écrivain plus expérimenté. » Jacky remua les mains d'un air de regret. « Mais j'ai dit non, il faut que ça soit quelqu'un qui ne s'intéresse pas à trop de choses différentes. Quelqu'un qui peut prendre le temps d'interviewer tout le monde : d'aller à Wellfleet voir Garrett, de descendre aux Keys parler avec cet affreux Hugh Cameron. Et je suis convaincu qu'il faut une femme, en plus ! Polly convient parfaitement. Voilà ce que je lui ai dit. » Jacky sourit. « Oh, c'est magnifique, Alan. » Il prit la « toute petite tasse de café » qui, dans sa grande main pâle, avait vraiment l'air toute petite.

« Je vous remercie », dit Polly à contrecœur. Pourquoi Jacky lui racontait-il ça ? Pour la flatter, pour la convaincre qu'il était dans son camp ? Pour lui donner un sentiment d'insécurité, afin qu'elle se sente dépendante de lui ? ou les deux ?

« Du sucre ? »

« Oui, je vous prie. » Polly tendit sa tasse, puis porta à ses lèvres le café fumant et avala avec nervosité. Comme Jacky Herbert était un homme, elle se méfiait automatiquement de lui. C'était, de plus, un marchand d'art, et comme la plupart des gens qui travaillent dans des musées, elle avait des réticences professionnelles vis-à-vis des marchands. Elle savait que Jacky, en ce moment même, s'efforçait de rassembler le plus possible de toiles de Lorin Jones, en prévoyant de les vendre au prix fort dans dix-huit mois, quand le livre de Polly sortirait ; à vrai dire, il ne cachait pas ses intentions.

Par ailleurs, Jacky (à la différence de Paolo Carducci) avait toujours chanté les louanges de l'œuvre de Jones. Plus d'une fois, il s'était reproché devant Polly de ne pas avoir fait quelque chose plus vite pour ses peintures.

Et puis, comme tant de gens dans l'univers artistique new-yorkais, Jacky était homo, et Polly, en général, n'avait pas de rapports de méfiance avec les homosexuels. De toute évidence, certains d'entre eux, Jacky par exemple, auraient préféré naître femmes, s'ils avaient eu le choix. En plus, elle sympathisait avec eux parce que, comme elle, ils étaient trop souvent attirés par des types infréquentables.

« Vous avez interviewé Lennie Zimmern, paraît-il », reprit Jacky après le départ de son assistant. « Pas facile, j'imagine ? » Il fit une grimace entendue.

« En effet, pas trop facile. Il est contre les biographies à caractère personnel. »

« Evidemment. » Jacky pouffa. « Ça ne lui dirait rien qu'on écrive la sienne, j'imagine. Et qui d'autre avez-vous vu ? Avez-vous rencontré, comment s'appelle-t-elle déjà, Marcia, la veuve du père ? »

« Je l'ai vue rapidement. Je n'ai pas appris grand-chose, en fait. Vous savez, Lorin Jones n'a jamais vécu avec elle ; visiblement, elles n'étaient pas très proches. Je ne sais pas si je vais me donner le mal de la revoir. »

« Il me semble que vous pourriez le faire. » Jacky se pencha vers elle.

« Je ne sais pas... D'après une amie à moi, qui travaille pour le magazine *Times,* on a toujours intérêt, si possible, à revenir pour une deuxième interview. En apportant un cadeau, pour que la personne se sente votre obligée. »

« Excellent conseil », approuva Jacky. « J'imagine que Marcia aurait bien des choses à vous dire, si elle voulait. »

« Peut-être. A propos, je voulais vous demander quelque chose. Comment se fait-il qu'il n'y ait pas une seule peinture de Lorin Jones dans son appartement ? Je le savais déjà, puisque nous le lui avions demandé au moment de l'exposition, mais c'est bizarre, vous ne trouvez pas ? »

« Non, pas vraiment », répondit Jacky. « Marcia m'a raconté qu'après la mort de son mari, Lorin était venue reprendre tous les tableaux qu'elle avait entreposés chez eux, et les avait fait expédier en Floride. Sauf, bien sûr, *Qui vient ?* »

« Oui, je me rappelle. » Les tableaux de Lorin Jones avaient souvent des titres mystérieux, ambigus ; une des tâches les plus difficiles de Polly allait être de découvrir leur sens (à supposer qu'ils en aient un).

« Bien sûr, ce tableau-là fait maintenant partie de la collection Palca. Paolo l'a vendu pour Marcia, après la mort de Dan Zimmern. C'était le cadeau de mariage que Lorin leur avait fait, vous savez. »

« Elle ne me l'avait pas dit. » La vérité, rien que la vérité, pensa Polly, mais pas toute la vérité. « Dans ces conditions, ça m'étonne qu'elle ait voulu le vendre. »

« J'imagine qu'elle n'avait pas le choix. Je ne pense pas que son mari lui ait laissé grand-chose. D'après ce que j'ai entendu dire, l'argent ne lui a jamais collé aux doigts. »

« J'aurais aimé rencontrer le père de Lorin. Vous l'avez connu, n'est-ce pas ? » Polly se courba pour ouvrir sa mallette mouillée et en sortir son magnétophone. « Donnez-moi un instant pour mettre cet engin en marche, si ça ne vous ennuie pas. »

Jacky eut une hésitation visible, puis un sourire rapide. « Bon, allez-y. Vous m'avez déjà promis de me laisser revoir la transcription, vous vous rappelez ? Par écrit. » Il pouffa pour estomper la dureté de sa remarque. « Si je suis trop bavard, je pourrai couper plus tard, n'est-ce pas ? »

« Oui, entendu. »

« Bon, allons-y ; quelle question m'aviez-vous posée ? Ah oui, Dan Zimmern. Je l'ai rencontré trois ou quatre fois, c'est tout, quand Lorin a fait sa dernière exposition ici, en 1964. Il était au vernissage, et il serrait des mains à la ronde comme s'il avait été l'artiste en personne ; très fier. Par la suite, il est revenu plusieurs fois. Il amenait des amis, il faisait mousser l'œuvre de Lorin, annonçait qu'elle allait devenir très célèbre. Il leur disait qu'ils avaient intérêt à acheter tout de suite un tableau d'elle, que c'était un investissement. Je crois que dans deux ou trois cas, ça a marché. Mais il ne restait jamais longtemps. D'abord, on ne voyait que lui, et puis d'un seul coup, on ne le voyait plus du tout. »

C'est ça, pensa Polly ; mais lui au moins, il était là. Carl Alter ne s'était jamais déplacé jusqu'à sa seule et unique exposition individuelle, à Rochester, quand elle était en fin d'études au *college*.

« Comment était-il ? »

« Un vieux bien bâti, belle allure, plein de vie. Futé, en plus, je crois, mais il ne comprenait rien à l'art. Le vrai macho. Il en était à sa troisième femme, il avait largement dépassé les soixante-dix ans, mais il n'avait pas les yeux dans sa poche ; le jour du vernissage, il reluquait les filles... »

« Ah ! oui. » Carl Alter aussi en était à sa troisième femme, pensa sa fille.

« Oh ! Polly ! Avant de continuer, je veux vous montrer quelque chose. » Jacky se leva péniblement et ouvrit un placard. « Regardez. Cela vient d'arriver, envoyé par cette charmante femme de Miami dont je vous parlais la semaine dernière. Elle l'a acheté en 1965, dans une petite galerie de rien du tout, à Key West, et elle a fini par décider qu'elle voulait le vendre. » Il souleva une feuille de papier de soie. « Voyez : c'est une aquarelle, une esquisse préalable à un des tableaux de Floride que vous avez exposés, *Blues de la Baie Déserte*. C'est beau, n'est-ce pas ? »

« Oh ! oui. » Les œuvres les plus caractéristiques de Lorin Jones étaient difficiles à rattacher à un style précis, que ce soit la figuration, l'abstraction ou le surréalisme. Même dans ses peintures les moins lisibles, celle-là par exemple, on distinguait des vibrations, des amas, des formes confuses, oiseaux, poissons, fleurs, visages ou silhouettes. Après l'exposition des « Trois Américaines », les artistes auxquels on l'avait comparée le plus souvent étaient Larry Rivers et Odilon Redon. La grande huile, *Blues de la Baie Déserte,* évoquait simplement des strates superposées de rivage, de mer, de ciel et de nuages. Mais ici, dans le tiers inférieur de l'aquarelle, au creux des coulures colorées, on distinguait quelque chose : lézard ou femme noyée ?

« La lumière sur l'océan n'est pas aussi outremer que dans l'huile, vous voyez. Mauve translucide, plutôt. C'est merveilleux, vraiment. » Le visage de Jacky exprimait une adoration intéressée, et pourtant authentique. « Paolo n'apprécie pas les peintures de la dernière période. Moi, je pense qu'il fait une grosse erreur. »

« *Blues de la Baie Déserte,* c'est bien un des tableaux que vous avez refusé d'exposer ici ? »

« Je vous en prie ! » La voix de Jacky monta au moins d'une octave. « Je n'y suis pour rien ; à l'époque, j'étais tout à fait en bas de l'échelle... Mais ce ne serait pas non plus juste de blâmer Paolo, ma chère. »

« Non ? » Polly s'efforça de ne pas laisser transparaître son scepticisme : mais en vain.

« Sérieusement. N'écrivez pas que la Galerie Apollon s'est mal comportée avec Lorin Jones, parce que ce n'est pas vrai. Paolo l'a portée à bout de bras pendant des années, quand elle ne gagnait quasiment rien. »

Polly ne dit rien. J'écrirai exactement ce que j'ai envie d'écrire, pensa-t-elle.

« Je crois qu'il vaut mieux que je vous raconte comment ça se passait, pour que vous compreniez. En confidence, bien sûr. » Jacky jeta un coup d'œil au magnétophone.

« Très bien. » Polly feignit de ne pas remarquer la direction de son regard.

« Je n'ai jamais rien dit de tout ça à personne, en fait. »

« Ah oui ? » Tu parles, pensa-t-elle ; il y avait dans le monde artistique new-yorkais des gens qui surnommaient Jacky « Radio-Amérique ».

« Il faut comprendre. Paolo a fait pour Lorin tout ce qu'il était raisonnablement en mesure de faire, parce que dès le début, il s'est rendu compte qu'elle avait un vrai talent. Mais cette fille lui a causé de ces soucis ! » Jacky secoua lentement sa lourde tête romaine.

« Des soucis, c'est-à-dire ? »

« Eh bien... » Il baissa la voix, mais heureusement, se pencha en même temps en avant ; ainsi le niveau sonore sur la bande resterait le même. « Entre nous, Lorin Jones était très très difficile à vivre. »

« Ah bon ? »

« C'était très difficile de lui parler, d'abord. »

« Elle était très timide », protesta Polly. « Tout le monde sait ça. »

« Certes, mais voyez-vous, il était presque impossible de négocier avec elle. Quelquefois, elle mettait des semaines à répondre aux lettres de Paolo. Ou elle ne répondait pas du tout. En fin de compte, il devait en général s'adresser à Garrett et c'était alors à Garrett de s'occuper de tout. »

« Donc, elle ne venait pas très souvent ici ? » souffla Polly.

« Non, pas souvent. La plupart des jeunes artistes, vous savez comment ça se passe, ils aiment bien passer de temps en temps, ou téléphoner, histoire de vous rappeler qu'ils existent et qu'ils voudraient bien réussir une vente. Mais Lorin, d'après Paolo, jamais. Et elle détestait parler au téléphone. J'ai dû l'appeler une fois : elle chuchotait à voix si basse que j'ai eu du mal à l'entendre. »

C'est ça que tu appelles "difficile", pensa Polly, énervée ; mais elle se tut. Elle commençait à voir que la maladie de Paolo pouvait lui profiter : elle apprendrait peut-être de Jacky ce qu'elle n'aurait jamais su par son patron.

« Mais lors de ses expositions, c'était une tout autre histoire. Impossible de la faire décoller de la galerie. Elle avait son idée sur tout : l'aspect de l'invitation, l'accrochage des tableaux, les personnes à inviter au vernissage. »

Et pourquoi pas, bon Dieu ? pensa Polly. « Ah oui ? » Malgré tous ses efforts, sa voix était glaciale.

« Je vous assure que Paolo reconnaît mieux que personne les prérogatives de l'artiste », se hâta de dire Jacky. « Mais il y a des limites. Lorin a été pour lui la cause de soucis sans fin, dès la toute première fois où elle a participé à une exposition collective ici. Pour quelqu'un de son âge, avoir deux peintures dans une galerie pareille, il y avait de quoi être fou de joie. Mais d'après Paolo, Lorin n'a donné aucun signe de gratitude. Ni d'ingratitude d'ailleurs, il faut l'avouer : c'était à peine si elle lui adressait la parole quand elle venait ici. Toutes les plaintes étaient transmises par son mari : "ma femme ne trouve pas que ce tableau est à sa place à côté du sien", des remarques dans ce genre-là. »

« Et dans ce cas, est-ce que Paolo déplaçait l'autre tableau ? »

« Ma foi oui – très probablement. Garrett Jones, bien sûr, était un critique très très important, à l'époque. Naturellement, Paolo ne désirait pas se disputer avec lui. Sur le plan professionnel, ils avaient une relation d'amitié qui dure toujours, évidemment. Vous savez comment ça se passe. Mais entre nous, les Jones le mettaient à bout de nerfs. "C'est vrai qu'elle ne peint pas mal, me disait-il, mais il existe de bons artistes qui ne jouent pas la prima donna névrosée et infréquentable." »

« Vous ne croyez pas que peut-être... »

« Quoi ? »

« Je me demandais si... Toutes ces exigences, si elles étaient, en fait, venues de Garrett Jones, qui les aurait imputées à sa femme ? »

« Je ne pense pas. » Jacky fronça les sourcils. « Ecoutez, vous avez rencontré Garrett ; pour un critique, c'est quelqu'un d'assez raisonnable. On dit parfois qu'il a une opinion excessivement bonne de lui-même, mais après tout, pourquoi pas ? Son point de vue sur les courants artistiques new-yorkais s'est si souvent vérifié ! »

A moins, pensa Polly, qu'il n'ait imposé son point de vue aux courants artistiques new-yorkais.

« Quant à Lorin, eh bien... enfin, nous savons tous que la plupart des artistes sont un peu bizarres. C'est dans l'ordre des choses, pas vrai ? »

« Certainement », dit Polly, en se rappelant qu'aux yeux de Jacky, elle n'était pas une artiste, ne l'avait jamais été.

« Eh bien, Lorin était vraiment très très bizarre. Et il est arrivé un moment où même son mari ne s'en sortait plus avec elle. »

« Ah oui », dit Polly d'un ton aussi neutre que possible.

« Le gros problème, c'était qu'elle refusait de lâcher ses peintures. Elle acceptait de présenter des œuvres à une exposition, Garrett promettait de faire en sorte qu'elle soit prête à temps, et on ne voyait rien venir. Ça s'est produit Dieu sait combien de fois. Vous comprenez, elle ne pensait jamais qu'une toile était terminée. »

« Ça doit arriver assez souvent, j'imagine », dit Polly en pensant à sa propre expérience.

« Pas si souvent que ça. Quelquefois, oui. Mais avec Lorin, c'était pire, bien pire. Même une fois que ses tableaux étaient accrochés, elle n'arrivait pas à les laisser tranquilles. Ecoutez ce que Paolo m'a raconté : le lendemain de sa première exposition individuelle, il rentre de déjeuner, et s'aperçoit qu'une petite nature morte près de l'ascenseur a disparu. D'abord, il pense qu'elle a été volée.

Mais il découvre finalement que c'est Lorin qui l'a prise ; elle trouvait qu'elle n'était pas au point. L'assistant qui travaillait avec Paolo à l'époque avait essayé de la raisonner, mais ça ne servait à rien. Elle a décroché le tableau et elle l'a emporté, tout simplement. En plus, elle ne l'a jamais rapporté. Mais évidemment, il figurait toujours dans la liste imprimée, et pendant trois semaines, Paolo a été forcé de répondre aux questions qu'on lui posait là-dessus. Vous imaginez comme cela a pu être exaspérant... »

« Hum, oui », murmura Polly, s'efforçant d'avoir l'air compatissant. Mais ce qui lui revenait à l'esprit, c'était une toile rouge et grise, dans le genre de Pollock, qui avait figuré autrefois dans son exposition de Rochester. Dès qu'elle l'avait vue, le jour du vernissage, elle avait regretté de l'avoir laissée sortir de chez elle. Si seulement elle avait eu le courage de la décrocher dès le lendemain, cette horreur ! Ce que Jacky avait dit tout à l'heure était vrai, même s'il n'avait songé qu'à la flatter : c'était elle qui devait écrire ce livre, elle seule pouvait le faire. Plus elle recueillait d'informations, plus elle était sûre de comprendre instinctivement ce que Lorin Jones sentait, ce qu'elle pensait.

« Bref, Paolo a décidé que ça ne se reproduirait pas, et ça ne s'est pas reproduit. Je suppose que Garrett lui a parlé avec fermeté. En tout cas, pendant un certain temps, elle s'est montrée plus raisonnable. Mais ensuite, elle l'a quitté et c'est là que tout a vraiment déraillé. »

« Ah bon ? »

« Les vrais problèmes ont commencé pour son exposition de 64, la dernière. Elle s'est tenue avec plus d'un an de retard, parce que comme d'habitude, Lorin n'arrivait pas à mettre un point final à son travail ; et Garrett n'était plus là pour lui faire entendre raison. Et puis juste après le vernissage, un matin, je suis arrivé à la galerie et j'ai vu Lorin Jones près de la fenêtre, un sac crasseux de Bloomingdale posé par terre à côté d'elle ; elle frottait une des toiles les plus grandes avec un chiffon imprégné de térébenthine et elle la grattait avec un couteau à palette. »

« C'est vrai ? »

« Je vous garantis que j'étais horrifié », pouffa Jacky. « Ce qu'il y avait de pire, c'est que je ne l'avais rencontrée qu'une ou deux fois, et au départ, je ne l'ai même pas reconnue, de la façon dont elle était attifée : un vieux chandail noir crasseux, ses cheveux dans la figure. J'ai cru que j'avais affaire à une clocharde cinglée. J'ai cru que Paolo allait d'abord m'assassiner et ensuite me virer. »

« Et puis que s'est-il passé ? »

« Eh bien, naturellement, je me suis précipité sur elle et je lui ai demandé ce qu'elle foutait là. Au début, elle ne répondait même pas. Je m'apprêtais à appeler la police. Pour finir, elle me dit : “Je travaille à mon tableau”. Dès que j'ai entendu cette petite voix murmurante, j'ai compris que c'était Lorin ! Je n'ai même pas essayé de discuter avec elle. Je suis reparti au bureau en courant, j'ai téléphoné à Paolo et j'ai demandé à Lorin de venir lui parler. Mais il ne l'a pas impressionnée le moins du monde. En fait, il ne pouvait pas y faire grand-chose, légalement. Le tableau appartenait toujours à Lorin. Heureusement, elle ne l'a pas bousillé : nous l'avons vendu la semaine d'après. »

« Et pourquoi diable est-ce qu'elle l'aurait bousillé ? » hurla presque Polly.

« Enfin, ce sont des choses qui arrivent », répondit Jacky, froissé. « Quand même, vous êtes bien d'accord qu'on fignole parfois à l'excès ? »

« Sans doute, oui », concéda-t-elle, contrariée de s'être laissée aller à une telle explosion. Involontairement, elle se rappela la pile de toiles surchargées, boueuses, qui encombraient en ce moment même la baignoire désaffectée du cabinet de toilette attenant à l'ancienne chambre de bonne, dans son appartement de Central Park West. « Et c'est pour cette raison que l'Apollon n'a pas voulu organiser une autre exposition Lorin Jones ? » dit-elle, essayant de donner à cette proposition l'air plausible.

« Non, non, non. Si nous avons cessé de travailler avec elle, c'est pour des raisons plus sérieuses. Vous savez, Lorin est devenue de plus en plus possessive à l'égard de ses propres œuvres. En fait, je crois que c'était vraiment pathologique, pauvre fille. Elle s'est mise à croire que ses tableaux faisaient littéralement partie d'elle-même, et elle ne supportait pas d'en être séparée. »

« J'imagine que beaucoup d'artistes éprouvent ce genre de sensation, en principe », dit Polly. Quant à elle, elle avait souvent rêvé d'une force surnaturelle qui viendrait vider la baignoire et entraînerait la disparition définitive et totale de ses vieilles peintures.

« En principe, oui. Mais ce que cela signifiait en pratique pour Lorin Jones, ce que cela a fini par signifier, c'était qu'elle refusait de vendre. Elle acceptait si l'acheteur était un musée ou un ami ; dans ce cas, elle pouvait retourner voir le tableau quand elle voulait. Mais sinon... » Jacky soupira. « Ce qui a vraiment poussé Paolo à bout, ça a été l'affaire du triptyque de Provincetown. »

« Vous parlez de *Naissance, Copulation et Mort,* dans la collection Skelly ? » Polly connaissait bien ce tableau : il était reproduit en couleur dans le catalogue de « Trois Américaines », on le retrouvait sous forme de carte postale ; c'était à coup sûr une des œuvres les plus importantes de Jones.

« C'est ça. Sauf que sans Paolo, il n'aurait jamais abouti dans la collection Skelly. Dieu sait ce qui lui serait arrivé. » Il soupira. « Voyez-vous, les Skelly ont décidé d'acheter *Naissance, Copulation et Mort* au cours de la deuxième semaine de l'exposition de 64 ; Paolo était vraiment content pour Lorin. Il pensait naturellement qu'elle serait contente de voir une de ses œuvres dans une collection aussi célèbre. Mais non : elle a piqué une crise. Elle avait rencontré les Skelly à ses vernissages et elle les avait trouvés odieux. Elle disait qu'ils ne regardaient absolument jamais les tableaux ; tout ce qu'ils faisaient, c'était se balader de salle en salle en embrassant leurs amis et en parlant d'argent. C'étaient des gens horribles, selon elle, et elle refusait de les laisser posséder quelque chose qui venait d'elle. Quand Paolo lui a dit qu'il était trop tard, elle est devenue blanche de rage. Je crois que si elle avait pu, elle aurait décroché les toiles du mur immédiatement, et qu'elle serait partie avec. Dieu merci, elles étaient beaucoup trop grandes pour ça. »

« Quelle terrible histoire ! »

« N'est-ce pas ? » opina Jacky, comprenant Polly de travers ; ce qui était sans doute une bonne chose. « Et ne vous y trompez pas : Paolo a été très patient avec Lorin. Plus exactement, il a fait tout ce qu'il pouvait raisonnablement faire. Il s'est livré à de véritables acrobaties. »

« Ah oui ? » Polly se représenta Paolo Carducci, ce petit homme frêle au toupet de cheveux gris et permanentés, exécutant un double saut périlleux et atterrissant sur les mains.

« Oui, il a appelé Bill Skelly et lui a demandé avec beaucoup de tact s'ils étaient tout à fait certains qu'ils voulaient acheter le triptyque de Jones ; au cas où ils auraient changé d'avis, il aurait volontiers tiré un trait sur toute l'affaire. »

« Mais je suppose qu'ils n'ont pas été d'accord. »

« Bill a répondu : rien à faire. En réalité, il s'est bel et bien mis en colère. Il s'est dit que Paolo avait eu une offre qui l'intéressait davantage – un musée peut-être – et naturellement, ça lui a hérissé le poil. Pendant quelque temps, ils sont restés en froid. »

« Ah oui ? »

« Mais le pire, ce n'est pas ça. Lorin n'a pas renoncé, même à ce moment-là. Non : elle a fait quelque chose de complètement fou, elle a téléphoné à Grace Skelly et de sa petite voix murmurante, elle lui a offert de racheter le triptyque, commission de vente comprise et tout. Et quand Gracie a demandé pourquoi, Lorin lui a dit. Vous vous représentez sa réaction ? »

« Oui, je crois. » Polly imaginait Mme Skelly, une belle femme aux vêtements coûteux et à la voix forte qui assistait à la plupart des vernissages privés, au musée, apprenant qu'aux yeux de Lorin Jones, elle ne méritait pas de posséder un de ses tableaux.

« Bref, après cette histoire, Paolo n'a littéralement plus

osé accrocher les œuvres de Lorin. Je l'ai supplié de réfléchir ; je lui ai dit que c'était une artiste merveilleuse et qu'il devait faire la part des choses. Je lui ai dit ça et pourtant j'étais dans mes petits souliers, parce que je ne travaillais là que depuis quelques mois, vous savez. »

« Et vous a-t-il écouté ? »

« Hélas, non. Il ne voulait plus rien avoir à faire avec Lorin. Il a été franc : il lui a dit qu'il ne pouvait pas prendre un risque pareil. »

« Dans ce cas, pourquoi n'est-elle pas passée à une autre galerie ? »

« C'est-à-dire que, vous savez... » Jacky rit et s'éclaircit la gorge d'un air contrit. « Les bruits circulent. Et Gracie et Bill – ce sont vraiment des gens charmants, mais ils n'aiment pas être bousculés ou insultés par les artistes ; ils ne s'y attendent pas. Ils n'ont jamais accroché le triptyque, et ils n'ont pas non plus voulu le vendre. Ils l'ont gardé à la cave pendant vingt ans, jusqu'au jour où vous l'avez emprunté pour votre exposition. Et j'imagine que Bill Skelly a pris soin de la réputation de Lorin en ville. C'est bien naturel. On n'insulte pas sa femme sans y laisser des plumes. »

« Alors c'est ça l'histoire... »

« En gros, oui. Mais n'allez pas rapporter ça dans votre livre, surtout. Promettez-moi. Ce serait terrible. D'ailleurs, je ne sais pas pourquoi je vous l'ai raconté. »

Parce que tu es une commère notoire, pensa Polly.

« Promettez, tout de suite. Sur votre honneur de biographe. » Jacky pouffa.

« Entendu », dit-elle.

Debout, humide et titubante, dans le bus qui longe Madison Avenue, Polly ne regrettait pas encore cette promesse. Le récit de Jacky n'avait rien de flatteur pour Lorin Jones : comme Jacky le laissait entendre, il faisait même douter de sa raison. Après tout, dans le passé, les œuvres d'art avaient souvent été achetées, et même commanditées par des collectionneurs dont la conduite et les mœurs laissaient beaucoup à désirer, qu'il s'agisse des Borgia ou de J.-Paul Getty. C'était une réalité de la vie. Tôt ou tard, ces gens mouraient, et les œuvres qu'ils avaient accumulées chez eux devenaient visibles par tous. Exiger que seuls des personnages vertueux et raffinés soient autorisés à acheter des peintures, cela revenait à sélectionner les membres d'un public de théâtre en consultant leur casier judiciaire.

En plus, les Skelly n'avaient rien de particulièrement abominable. C'étaient des collectionneurs importants, administrateurs de son musée. Ils étaient célèbres pour l'intérêt qu'ils portaient aux jeunes artistes, ils étaient prêts à prendre des risques financiers au service de leurs enthousiasmes ; ils prêtaient volontiers leurs nombreuses possessions, et étaient des donateurs généreux. Ce n'était pas de leur faute s'ils avaient la voix forte et une haute opinion d'eux-mêmes.

Et si les Skelly n'avaient pas accroché à leurs cimaises *Naissance, Copulation et Mort,* rien ne prouvait que c'était par rancune. La plupart des grands collectionneurs possédaient des œuvres d'art en si grand nombre qu'il n'était pas question de les exposer toutes à la fois. Même s'ils achetaient les œuvres de débutants, ils préféraient montrer celles d'artistes déjà renommés. Si les Skelly avaient gardé le tableau de Lorin dans leur cave pendant vingt ans, c'était sans doute qu'elle était peu connue, au départ, et qu'ensuite, après sa mort, elle avait sombré dans l'oubli.

De toute façon, l'histoire de Jacky n'était pas nécessairement vraie, pensa Polly en attendant sous une pluie battante le bus de la 86e rue. Jacky tenait à ce qu'elle ait de l'estime pour Paolo Carducci et la galerie Apollon, il voulait la convaincre de leur bienveillance vis-à-vis des artistes. Il était tout à fait capable d'inventer un épisode déplaisant sur Lorin à partir de matériaux anodins, comme un terroriste qui fabrique une bombe dans sa cuisine. Peut-être Jones avait-elle dit un jour qu'elle préférait que ses tableaux aillent dans les musées, c'était bien naturel, non ? Peut-être que personnellement, elle n'appréciait pas beaucoup les Skelly. Et alors ?

Mais que cette histoire soit vraie ou pas, il était avéré que pendant vingt ans Bill et Grace Skelly avaient caché une des œuvres les plus importantes de Lorin Jones. S'ils obéissaient aux diktats de la mode, c'était regrettable, mais pardonnable. Mais si Jacky disait la vérité ? Si c'était une vengeance, parce que Lorin n'avait pas joué le jeu, et n'avait pas manifesté à leur égard cette gratitude fervente sur laquelle ils comptaient, que Polly les avait souvent vus attendre et recevoir des artistes ?

Lorsque l'autobus traversa le parc ruisselant, au niveau de la 86e rue, Polly eut une vision. Elle vit ce que Lorin Jones avait dû voir : toute une série de caves, de resserres, de greniers, de sous-sols sombres et climatisés, dans tout le nord-est du pays. Dans chacun de ces locaux, une ou plusieurs peintures de Jones étaient emprisonnées, bouclées, loin de la lumière et de l'air, loin de tout être qui aurait pu les admirer, les aimer. Elle vit Lorin Jones, mince, pâle, vêtue de noir, frapper aux portes de ces oubliettes à thermostat et hygrostat, et supplier que l'on délivre les œuvres qui y étaient détenues. Massés face à elle, bloquant les portes, une armée de marchands, de conservateurs, de collectionneurs, de critiques ; dans l'esprit de Polly, ils revêtirent les rictus maléfiques des personnages grotesques d'Ensor.

Cette vision bouleversa Polly au point de lui donner un haut-le-cœur ; à moins que son malaise ne vînt des cahots de l'autobus ? Elle devait garder la tête sur les épaules, se dit-elle ; elle ne devait pas se laisser aller à la paranoïa. C'était ce que ses collègues lui auraient dit ; ce qu'elle aurait dit elle-même, quelques semaines auparavant.

Mais ses collègues étaient-ils dans le vrai ? Loin de son travail, loin du monde artistique new-yorkais, de ses transactions, de ses compromis, de ses présupposés, n'accédait-elle pas pour la première fois à une vision claire des choses ?

C'était sans doute ce que Jeanne aurait dit, elle qui se méfiait de toutes les institutions « patriarcales » établies. Jeanne considérait à priori que ces institutions étaient corrompues et qu'il convenait de les fuir, encore qu'il fût parfois nécessaire de collaborer avec elles, tant qu'on n'aurait pas créé des structures de rechange, décentralisées, égalitaires et défendant l'intérêt des femmes. Un mardi sur deux, le soir, elle retrouvait certaines de ses amies dans un appartement de la Première Avenue où elles discutaient de questions de ce genre ; Polly avait été invitée à participer à ces réunions, mais elle ne l'avait pas encore fait.

Jeanne était installée dans la chambre de Stevie depuis trois semaines. Elle avait apporté une quantité d'objets étonnante pour quelqu'un qui avait vécu dans tant de villes et tant d'appartements. Polly avait dû entasser presque toutes les affaires de Stevie dans la chambre de bonne. Mais à ce détail près, c'était un bonheur de l'avoir chez soi. Jeanne était facile à vivre, organisée, compréhensive et juste ; elle avait des talents pour la conversation et c'était une cuisinière raffinée. Quand Polly était seule, elle se contentait généralement de plats surgelés soi-disant « gastronomiques » qui, à l'instar des repas servis dans les avions, avaient un aspect appétissant mais le goût de purée de pommes de terre reconstituée ; et elle se retrouvait toujours à court de serviettes propres, de beurre ou d'ampoules électriques, ce qui la contraignait à galoper jusqu'à la laverie ou au supermarché à des heures impossibles. Jeanne veillait à ce qu'elles ne manquent jamais de rien ; elle garnissait la maison de fleurs, de livres, de chocolats ; ses plantes vertes florissantes vinrent orner le rebord des fenêtres, et son importante collection de cassettes classiques s'ajouta à celle de Polly. Si Polly voulait travailler, Jeanne était silencieuse, discrète ; mais elle était toujours prête à aller dans les magasins, au cinéma, dans une galerie, surtout le samedi ou le dimanche, car ces jours-là le mari de son amie, individu soupçonneux et brutal, était chez lui.

Polly et Jeanne étaient si souvent ensemble qu'Ida, une amie de Jeanne, venait de les surnommer Le Chien à Carreaux et Le Chat à Pois, d'après les personnages du poème enfantin d'Eugene Field :

Le chien à carreaux et le chat à pois
Sont assis tous deux sur la table en bois

On pouvait y voir aussi une allusion à leurs goûts vestimentaires : Polly se couvrait volontiers de tissus écossais ou quadrillés, alors que Jeanne pratiquait les imprimés délicats à l'ancienne. Quand Polly alla lire le poème, elle découvrit que les personnages se battaient comme chien et chat, et pendant quelques jours, elle s'en inquiéta, se demandant si Ida avait mis le doigt sur un conflit potentiel. Mais jusqu'à présent, il n'y avait jamais eu de désaccord sérieux entre elles.

Polly avait aussi cessé de se soucier de Ce Que Les Gens Allaient Penser. Toutes les amies de Jeanne savaient qu'elle était amoureuse d'une femme de Brooklyn Heights, et Polly avait pris soin de le raconter à Jim. Comme d'habitude, il avait réagi avec une neutralité presque distante : « Ah oui ? »

Le seul problème lié à la présence de Jeanne dans l'appartement avait pour nom Betsy. Polly ne détestait pas vraiment Betsy ; mais elle n'avait pas grand-chose à lui dire. L'amie de Jeanne était une jeune femme osseuse, couverte de taches de rousseur, avec des cheveux flous, d'un blond de poupée, et une attitude hésitante et nerveuse. Elle était sans doute jolie ; grande, de longues jambes, un tout petit nez un peu crochu pareil au bec d'un jeune perroquet blanc, une bouche rose et gonflée, toujours entrouverte, comme si elle s'était interrompue après avoir commencé une phrase ; elle le faisait souvent, d'ailleurs. Son peintre préféré était Salvador Dali, et elle ne voyait pas l'intérêt de l'art abstrait : les couleurs étaient parfois jolies, elle le reconnaissait, mais en somme, tout ça manquait de profondeur et de complexité, non ?

Comme le mari de Betsy était de plus en plus soupçonneux (il avait trouvé un mot de Jeanne, trop affectueux pour être ambigu, mais non signé, et il pensait que sa femme fréquentait un autre homme), les deux amantes se rencontraient maintenant à Manhattan. En général, elles occupaient l'appartement dans la journée, quand Polly était absente ; mais la nuit passée, Betsy avait dormi là pour la première fois, et elle avait trompé son mari en lui disant la vérité : qu'elle passait la nuit chez une amie. (« Mais oui, Betsy est là », avait répondu Polly quand il avait téléphoné pour vérifier. « Bien sûr ; un instant, je l'appelle. »)

Evidemment, Polly voulait le bonheur de Jeanne, mais ça la gênait que le bonheur de Jeanne et de Betsy ait pour lieu d'élection la chambre de Stevie, le petit lit de Stevie. La plupart du temps, elle s'efforçait de ne pas imaginer ce qu'elles faisaient ensemble. Sûrement pas grand-chose, pensait-elle en général : elle trouvait ça absurde, presque aberrant, l'idée de ces corps féminins doux et tendres qui se frottaient l'un contre l'autre. Mais la nuit passée, malgré ses efforts, elle n'avait pu s'empêcher d'écouter ; elle se demandait ce que faisaient Jeanne et Betsy, exactement ; et est-ce qu'elles le faisaient dans le lit du bas ou dans celui du haut ? Dans le lit du bas, celle qui était sur le dessus risquait de se cogner la tête – mais entre femmes, peut-être qu'on restait couchées côte à côte, parce que sinon, comment... En haut, il y avait le danger de tomber. Elle restait éveillée, attendant un choc, un cri, un bruit de chute.

En fait, Polly espérait qu'elles avaient utilisé le lit d'en haut, parce que personne n'y avait jamais dormi, sauf, de temps à autre, un copain de Stevie. C'était idiot : quelle différence est-ce que cela faisait, pour Stevie, qui ne saurait jamais, de toute manière, que Betsy était venue ici ? Sans doute – et cela, Polly le comprit à contrecœur – sans doute était-elle envieuse : il y avait plus d'un an qu'elle n'avait fait l'amour à personne, sauf à elle-même, et sans grand enthousiasme.

Quand Polly rentra à la maison, après son entrevue avec Jacky Herbert, elle était encore plus mouillée que lorsqu'elle était arrivée à la galerie, et elle était transie de froid. Jeanne jeta un coup d'œil à son amie et insista pour qu'elle aille tout de suite prendre une douche chaude.

« Bon, d'accord », dit Polly. Il y avait bien longtemps

que personne ne l'avait accueillie, que personne ne lui avait manifesté de sollicitude, et sa première réaction était presque revêche.

« Et je vais te préparer une bonne tasse de cacao. »

« Tu n'es pas forcée de faire ça. » Polly se débarrassa laborieusement de sa cape.

« Je sais que je ne suis pas forcée. » Jeanne sourit. « Mais j'en ai envie. » Elle fila à la cuisine.

« Betsy est partie ? » lança Polly en enlevant ses mocassins trempés.

« Oui. » Jeanne soupira longuement. « Je t'en parlerai quand tu seras réchauffée. »

« Pas trop sucré pour toi ? » demanda Jeanne une demi-heure plus tard.

« Non, c'est parfait. » Polly poussa un soupir de satisfaction. Elle avait pris une douche ; vêtue d'un vieux jean et de sa chemise de bûcheron préférée, installée devant la table de la cuisine, elle buvait du cacao aromatisé à la cannelle et surmonté de crème et mangeait du biscuit sablé à l'écossaise, une des spécialités de Jeanne. « Alors, tout va bien avec Betsy ? »

« Si l'on veut. » Jeanne soupira de nouveau. « Elle dit qu'elle va parler à son mari cette semaine, qu'elle va lui dire que nous nous aimons. »

« Quelle bonne nouvelle ! »

Jeanne ne répondit pas.

« Non ? »

« Si, à condition que Betsy le fasse vraiment. Elle m'a déjà promis une fois qu'elle allait lui parler, tu sais. Mais il ne s'est rien passé. »

« Elle a peut-être peur de lui », suggéra Polly, qui se rappelait la voix du mari de Betsy au téléphone, une voix tendue et cassante.

« Oui, je crois. Mais Betsy dit que non. Elle assure qu'elle avait vraiment prévu de lui dire, mardi. Mais il est rentré avec un rhume épouvantable et elle n'a pas eu le cœur de le faire. Apparemment, quand il est enrhumé, ça dure au moins une semaine. » Jeanne eut un sourire sans joie et se servit encore du cacao, qu'elle versa partiellement dans la soucoupe : une telle maladresse ne lui ressemblait pas.

« C'est vraiment dommage », reconnut Polly. « Enfin, ça prouve que Betsy est très attentive, non ? »

« A l'égard de son mari, oui. » Jeanne remua son cacao d'un air fâché. « Mais il y a trois personnes en cause dans cette affaire, il me semble. »

« En effet. Sauf que, tu sais, je crois qu'elle t'aime vraiment. »

« Oui, je crois. » Jeanne sourit à nouveau, mais d'un tout autre sourire, si empreint de réminiscences sensuelles que Polly détourna le regard. « Je sais que ça va finir par s'arranger : mais je m'impatiente. »

« Je te comprends. »

« Je sais, je suis convaincue que bientôt nous serons ensemble tous les soirs. » Jeanne hocha la tête, acquiesçant à ses propres paroles.

« Tous les soirs ici ? » Polly s'efforça de poser la question d'un ton désinvolte.

« Mais non ; à Brooklyn Heights. Dès que ce fumier sera parti, je m'installerai chez elle, bien sûr. »

« Bien sûr », reprit Polly. Mais dans son esprit, la pensée prédominante était : fini, les conversations intimes. Fini, les tasses de cacao, les sablés maison. Des notes chagrines retentirent en elle : rejet, perte, et aussitôt, un souhait égoïste : pourvu que Betsy n'arrive pas à faire partir son mari de chez elle avant le retour de Stevie ! « Ma chère, j'espère que c'est pour bientôt », mentit-elle, honteuse.

GRACE SKELLY

collectionneuse

– Bien sûr, tout le monde sait que nous avons été les premiers grands collectionneurs à acheter du Lorin. A l'époque, parmi les gens qui comptaient dans le monde de l'art, presque personne n'avait entendu parler d'elle. Il n'y en avait que pour l'Ecole de New York, n'est-ce pas ? La plupart des collectionneurs n'auraient même pas regardé autre chose.

– Non, je n'ai jamais emboîté le pas à la foule. J'aime étudier une œuvre d'art et la juger pour mon propre compte. Si elle me fait vibrer émotionnellement et esthétiquement, l'opinion des autres m'est totalement indifférente. Je suis mes intuitions – et c'est dingue, mais en général, ça marche. Prenez le graffiti art, il y a quelques années, tout le monde disait...

– Ça oui, quand j'ai vu les tableaux de Lorin, ils m'ont fait l'effet d'une bombe. C'était à l'Apollon, à sa dernière grande exposition, en... voyons...

– Ah bon, 1964 ? Il y a si longtemps. J'étais toute jeune à l'époque, une vraie femme-enfant. Mais voilà, j'avais déjà l'œil.

– Ma foi, vous savez comment ça se passe aux grands vernissages. Il y avait un tas de monde, beaucoup à boire, et personne ne faisait très attention à ce qui était sur les murs. Ça ne m'étonnerait pas d'avoir été la seule personne présente à regarder les œuvres. Mais quand j'ai vu ces merveilleuses peintures, j'ai su qu'il m'en fallait une. Et assez vite, j'ai décidé que ça serait forcément le grand triptyque. C'était une œuvre importante, je le savais. Une fois que nous sommes rentrés chez nous, Bill et moi, le tableau continuait à me revenir à l'esprit, comme quand on vient de voir un spectacle, et qu'on a un air qui vous trotte dans la tête, n'est-ce pas ? C'était une obsession, quoi.

– Eh bien, l'énergie cinétique qui s'en dégageait et, euh, l'interaction des valeurs. Et puis il régnait une tension physique entre les trois toiles, une sorte de vibration presque sensuelle. Vous savez de quoi je parle, vous connaissez cette œuvre. *Naissance, Copulation et Mort.* Ça dit bien ce que ça veut dire, n'est-ce pas ?

– Le lendemain matin, j'ai dit à Bill : chéri, j'arrive pas à me sortir ce foutu tableau de la tête. Il a quelque chose de vraiment spécial. Je l'ai ramené à la galerie avec moi. Et quand je lui ai montré tout ce qui se passait dans l'œuvre de Lorin, tous ces événements plastiques passionnants, il les a vus à son tour. Il a vraiment de l'instinct, vous savez, même s'il n'est pas toujours aussi vif à la détente que moi. L'été dernier, à Rome...

– Vous savez, à l'époque, Lorin était partie vivre en Floride, ce qui fait qu'on ne la voyait pas autant qu'on aurait voulu, Bill et moi. Mais nous nous sommes entendus au quart de tour, elle et nous. C'était quelqu'un qui avait une sensibilité vraiment exceptionnelle.

– Oui, je sais qu'elle était timide, avec les inconnus, avec les gens qui ne lui inspiraient pas confiance. Il y a beaucoup de connards et beaucoup d'arrivistes dans le monde de l'art, je le dis avec regret. Mais c'est la triste vérité. Mais quand Lorin savait que les gens avec qui elle était l'appréciaient et comprenaient les tentatives complexes qu'elle effectuait dans sa peinture, elle s'ouvrait complètement.

– Oui, c'est vrai qu'elle détestait être séparée de ses œuvres. Ses tableaux représentaient vraiment beaucoup pour elle ; c'étaient presque ses enfants, à mon avis. Mais évidemment, elle savait qu'elle serait bien accueillie chez nous à Southampton, toutes les fois qu'elle aurait envie de voir *Naissance, Copulation et Mort*. Nous avons l'habitude des artistes en visite, nous savons nous occuper d'eux. Jackson Pollock...

– Non, en fait, elle n'est jamais venue nous voir. Ça fait

sacrément loin des Keys. Et elle s'est vite retrouvée complètement prise par son travail, là-bas ; c'était une telle passion que je crois qu'elle ne pouvait pas s'en arracher. Elle était tellement entière, tellement intense ! Quelle tragédie, mourir si jeune...

– Mais au moins, elle est morte en sachant que son œuvre la plus importante était en de bonnes mains. C'est quand même un tableau central, n'est-ce pas ? Pas seulement dans la carrière de Lorin, mais par rapport à l'ensemble de la peinture américaine des années soixante. Et évidemment, on peut y voir une préfiguration des années soixante-dix. Et même au-delà. Lorin était très en avance sur son temps. Aujourd'hui, tout le monde le sait, mais Bill et moi, nous l'avons vu tout de suite.

– Bien sûr que nous avons dit à Lorin ce que nous pensions d'elle. Plus d'une fois. Les artistes ont besoin d'être encouragés par les gens qui comptent ; ils ressemblent un peu aux enfants, sur ce plan-là. Et je crois que ça l'a vraiment aidée, pendant ces dernières années si difficiles, de savoir l'opinion que nous avions d'elle et de sa peinture. J'en suis convaincue.

4

« Comment ça se passe ? » Jeanne, qui était rentrée un peu tard d'une réunion la veille au soir, et qui s'était réveillée vraiment très tard, entra dans la cuisine à pas feutrés, vêtue d'un long peignoir en chintz fleuri.

« Je ne sais pas trop », soupira Polly. Elle était debout depuis sept heures, tirée du lit comme d'habitude par les roucoulades bruyantes et l'agitation des pigeons dépenaillés qui nichaient sous la corniche de l'immeuble. Après être allée comme toujours courir autour du réservoir, elle avait fait du café et avait entrepris de transcrire les interviews de la semaine passée. « Plus je vois de gens, moins j'y vois clair. On croirait qu'ils ne parlent pas de la même femme. »

« Mais il doit y en avoir quelques-uns à qui tu sens que tu peux faire confiance », suggéra Jeanne avec un bâillement discret.

« Sans doute. Quelquefois je me dis qu'ils me mentent tous, tous ceux que j'interviewe. »

« Ma foi, c'est sans doute vrai, d'une façon ou d'une autre », dit Jeanne d'un ton rassurant. Elle remplit la bouilloire et la posa sur le feu. « As-tu pris ton petit déjeuner ? »

« J'ai bu du café. »

« Ça n'est pas un petit déjeuner, ça. Je vais nous préparer quelque chose de bon. » Elle se mit à ouvrir des placards. « Tu sais que ce n'est pas recommandé, de travailler avec le ventre vide. »

« D'après Jacky Herbert, Lorin détestait les Skelly et elle a refusé de leur vendre son tableau. Ça a fait toute une histoire. Et voilà que Grace Skelly m'assure qu'ils étaient très amis. »

« Tiens, tiens. »

« Alors, qui est-ce que je dois croire là-dedans ? »

« Grand Dieu, je n'en sais rien. Aucun des deux, sans doute. »

« Mais s'il fallait que tu décides, toi ? » Polly se détourna de sa machine à écrire et regarda Jeanne en face.

« Je suppose que j'écouterais Mme Skelly. C'est quand même une femme. Et d'après toi, Jacky Herbert est un bavard impénitent. » A la différence de Polly, Jeanne n'éprouvait aucune sympathie pour les hommes homosexuels. Elle pensait qu'ils étaient pires, si possible, que les hommes dits « normaux », dans la mesure où ils étaient moins exposés qu'eux à l'influence civilisatrice et adoucissante des femmes.

« Oh, je n'en pense pas trop de mal », dit Polly. « Il a toujours pris le parti de Lorin, tu sais, mais il n'est pas arrivé à persuader son patron de continuer à l'exposer. »

« C'est ce qu'il dit maintenant. » Jeanne sourit. « Tu es vraiment une bonne pâte, Polly. Quand tu es partie voir Jacky Herbert, tu éprouvais des soupçons parfaitement plausibles ; et voilà qu'à ton retour, tu sympathises avec lui. On dirait qu'il t'a roulée dans la farine. »

Polly ne voulait pas se laisser entraîner dans une nouvelle discussion sur les risques qu'elle courait d'être « séduite » au cours de son enquête, par ses interlocuteurs obligés. « Mon instinct me dit qu'il y a davantage de vérité dans les paroles de Jacky », reprit-elle. « Mais comment le prouver ? Mme Skelly avait un accent de sincérité, et elle m'a servi un thé formidable, des canapés au saumon fumé et un cake au brandy vraiment étonnant. Mais je ne sais pas pourquoi, je n'ai pas cru un mot de ce qu'elle me disait. »

« Si tu es déjà fixée, pourquoi est-ce que tu me poses la question ? » dit Jeanne, moqueuse, en mettant dans un filtre en papier du café fraîchement moulu.

« Je n'en sais rien, en fait. Je me suis interrogée là-dessus toute la matinée. »

« C'est ce que je vois. » Jeanne sourit. « Mais ne te laisse quand même pas obséder par ce projet. » Elle traversa la cuisine en traînant les pieds ; ayant eu jadis l'ambition d'être danseuse, elle portait encore de vieux chaussons de danse noirs. Périodiquement, elle se remettait à suivre des cours d'aérobic, de « gym-danse », d'« expression corporelle » ou de yoga, qu'elle ne tardait pas à laisser tomber. « Ce n'est jamais qu'un livre, après tout. »

« Je ne me laisse pas obséder ; mais je voudrais que ça soit un travail de tout premier ordre », répliqua Polly.

« Je suis sûre que ce sera le cas. » Jeanne versa des flocons d'avoine à cuisson rapide dans une casserole d'eau bouillante. « Qu'est-ce que tu comptes faire aujourd'hui ? Il faut que je m'occupe d'une façon ou d'une autre, sans quoi je vais passer la journée à ronger mon frein en me demandant ce qui se passe dans la maison de Brooklyn Heights. »

« Alors, c'est aujourd'hui le jour J, hein ? »

« Exact. » Jeanne eut un rire nerveux. La confrontation décisive entre Betsy et son mari avait déjà été remise deux fois : d'abord à cause du fameux rhume, puis à cause d'une crise survenue dans son entreprise, une société d'informatique. Polly s'était demandé si par hasard Betsy ne reculait pas l'heure d'une décision réelle ; mais elle n'en avait rien dit à Jeanne. « J'ai promis de ne pas appeler, mais je la retrouve à six heures pour le dîner ; tout devrait être fini à ce moment-là. »

« Tant mieux. »

« En tout cas, ne m'attends pas ce soir. » Jeanne eut un sourire d'attente joyeuse, puis fronça légèrement les sourcils. « Du moins, j'espère que tout sera fini. Je sais, bien sûr, que Betsy n'éprouve plus aucune tendresse pour ce fumier, tout au plus une sorte de pitié distante. Mais je n'arrive quand même pas à supporter l'idée qu'elle vit avec lui, dans la même maison. Je suis quelqu'un de très jaloux, tu sais », ajouta-t-elle fièrement.

« Vraiment ? » demanda Polly, sceptique.

« Je suis comme ça depuis toute petite », continua Jeanne, campée devant la cuisinière où l'eau bouillait dans la bouilloire. « Tu veux encore du café ? »

« Oui, volontiers. »

« Je me rappelle, à l'école primaire j'étais amoureuse d'une petite fille qui s'appelait Eileen », continua Jeanne. « Elle avait des cheveux châtain-roux aussi brillants que s'ils étaient vernis, et d'immenses yeux verts avec une pointe d'or. Ce qu'il y avait de terrible, c'était que Eileen ne m'aimait pas. Elle m'aimait bien, mais je ne comptais pas pour elle, et je le savais. J'étais au désespoir. »

« Alors, qu'est-ce qui s'est passé ? »

« Eh bien, elle a accepté d'être ma meilleure amie ; il m'a fallu supplier et insister. Mais j'étais quand même jalouse. Je savais que si j'avais manqué pendant deux jours, Eileen en aurait laissé une autre devenir sa meilleure amie : il suffisait de demander. » Jeanne posa sur la table deux bols de porridge avec de la crème et des raisins secs, et elle s'assit en face de Polly. « A la récréation, on jouait souvent à un jeu, derrière l'école », reprit-elle. « On se mettait en rond en se tenant par la main ; une des filles allait au milieu, et nous autres, nous dansions autour d'elle en chantant :

Les lauriers sont coupés.
La belle que voilà
Ira les ramasser.
Sautez,
Dansez,
Embrassez qui vous voudrez. »

La voix de Jeanne suivait la mélodie frêle et pure. « Et la fille qui était au centre choisissait celle qui allait s'y coller. Bien sûr, si c'était moi, je choisissais toujours Eileen. Les bises, normalement, on les donnait sur la joue, mais je m'approchais toujours de sa bouche autant que possible : quelquefois, je débordais un peu dessus, et je faisais semblant d'avoir trébuché. Si une autre personne choisissait Eileen, je la surveillais rageusement. Si j'avais l'impression de voir un vrai baiser, j'avais des envies de meurtre. J'imaginais différentes méthodes pour les tuer ; ou bien j'imaginais un camion en train de les écraser devant l'école, avec leur sang qui se répandait sur le goudron comme une fuite d'essence. »

« C'est vrai ? » dit Polly en mettant du sucre roux sur son porridge. « Les enfants ont souvent une imagination violente, n'est-ce pas ? »

« Je ne savais pas de quoi il retournait, à l'époque. Je n'aurais pas pu expliquer que j'étais amoureuse. C'est un des aspects terribles de l'enfance : tout ce qu'on ressent est déjà très intense, mais on n'a pas de nom pour désigner les sentiments éprouvés. »

« Je vois très bien ce que tu veux dire », approuva Polly. « C'est affreux, parfois. » Pas de cour de récréation pour elle ; un box d'un café de Mamaroneck, et le visage de son père se détournant d'elle pour regarder les amis qui venaient de les rejoindre.

« Tu comprends tout. » Jeanne sourit, puis poussa un soupir. « Bon, bref. Je me disais qu'après le petit déjeuner, on pourrait faire un tour au parc, on dirait qu'il fait beau. J'ai dit à Ida et Cathy que nous passerions peut-être. Et puis à deux heures, bien sûr, il y a ce nouveau film dans la série "Mises en scène de femmes". Qu'en dis-tu ? »

« Vas-y si tu veux », dit Polly. « Moi, j'ai encore deux interviews à transcrire. » Elle se leva.

« Pas le dimanche, quand même ? »

« Et si. Il faut que je les revoie avant d'aller à Wellfleet demain ; elles risquent d'être importantes. » Polly s'assit à son bureau et mit le magnéto en marche. « Il y a beaucoup de connards et d'arrivistes dans le monde de l'art » dit une voix féminine pleine d'autorité ; cela n'étayait pas l'argument de Polly.

« Mais il n'est que dix heures et demie. Tu as tout le temps du monde ! »

« Personne n'a tout le temps du monde », dit Polly résolument. Elle fit pivoter sa chaise et tapa la phrase qu'elle venait d'entendre.

« Doux Jésus. Tu sais bien que c'est une façon de parler. Qu'est-ce que tu as aujourd'hui ? »

« Je n'ai rien », protesta Polly, se demandant pourquoi

elle était d'aussi mauvaise humeur. « Je me préoccupe de mon livre, c'est tout. » Elle perçut le ton pompeux de sa propre phrase et ajouta : « Je vais te dire ce qu'on peut faire. Tu vas voir Ida et Cathy ce matin et je vous retrouve après au cinéma. »

« Tu ne veux pas voir Ida et Cathy ? »

« Mais si, bien sûr », répondit Polly ; en fait, il lui arrivait de se sentir un peu mal à l'aise quand elle était avec les amies de Jeanne et qu'elle s'apercevait que l'ensemble de l'assistance, sauf elle, était composé de lesbiennes. « Mais aujourd'hui, je n'ai pas le temps. »

« Mais elles t'ont invitée. Si tu ne viens pas, elles vont trouver ça, euh, un peu bizarre. »

« Elles vont penser que je travaille, c'est tout. »

« Oui, peut-être. » Petit à petit, le ton de Jeanne devenait moins doux, moins caressant. « Mais elles vont penser que tu travailles, comment dire, exprès. Elles ne sont déjà pas très sûres que tu les aimes bien. »

« Mais si, je les aime bien », assura Polly ; en fait, de toutes les amies de Jeanne, Ida et Cathy étaient celles qu'elle appréciait le moins.

« Elles trouvent que tu dégages une certaine hostilité, tu sais. Surtout Ida. »

« Pourquoi diable est-ce qu'elles ont cette impression ? » Polly repoussa la machine à écrire et planta ses coudes sur le bureau. « J'ai toujours été parfaitement aimable avec elles. Je ne dégage aucune hostilité. »

« Je sais bien. Mais c'est l'effet que tu leur fais. »

Polly faillit gémir. « Si elles me trouvent hostile, ça devrait leur faire plaisir que je ne vienne pas. »

« Peut-être, mais si tu viens, elles ne... »

« De toute façon, c'est un problème abstrait », interrompit Polly. « Je ne sors pas d'ici tant que ces interviews ne seront pas tapées. Je n'arrête pas de me représenter Lorin Jones : elle attend que je me mette au travail. »

« C'est vrai ? » Jeanne eut un sourire indulgent ; elle pensait le plus grand bien des visions et des révélations.

« Oui. Je l'imagine debout, plongée jusqu'aux genoux

dans une masse mouvante de nuages gris et blancs, comme ce qu'on voit dans ses tableaux ; ses longs cheveux noirs sont fouettés par le vent et elle me regarde, et elle se demande pourquoi je n'avance pas plus vite. Parfois, elle me fait un petit signe de la main. »

« C'est vrai », dit Jeanne de nouveau, mais cette fois elle paraissait pensive. « Tu sais ce que je me dis ? » ajouta-t-elle. « Je crois que tu es vraiment un peu obsédée. Je crois que tu es en train de tomber amoureuse de ton sujet. » Elle sourit.

Polly se tourna et leva les yeux vers Jeanne. Sûrement qu'elle plaisantait ; est-ce qu'elle plaisantait vraiment ? « Tu crois que je suis amoureuse d'une femme qui est morte en 1969 ? »

« Je m'interroge sur les sentiments que tu éprouves pour elle, c'est tout. Ça me, comment dirai-je... ça ne me semble pas absolument sain. Ces temps-ci, tu ne penses qu'à Lorin Jones. »

« Enfin, pour l'amour de Dieu, j'écris un livre sur elle ! » expliqua Polly, s'efforçant en vain de parler d'une voix calme.

« Oui, je sais », dit Jeanne avec un soupir résigné, « et je sais que tu veux taper ces interviews. Tu n'es pas forcée de venir chez Ida et Cathy avec moi si tu n'en as pas envie. »

Et comment, que je ne suis pas forcée, pensa Polly ; mais elle se tut.

« Il faudra qu'elles comprennent que je vis avec une droguée du travail, voilà tout. » Jeanne rit gaiement. « Je leur dirai que tu appelleras dès que tu auras fini, d'accord ? »

Seule dans l'appartement, Polly continua à taper pendant une dizaine de minutes, puis elle s'interrompit pour réchauffer son café. Pour la première fois, elle voyait des inconvénients à sa cohabitation avec Jeanne. Elle n'appréciait pas qu'on lui reproche de refuser d'aller chez Ida et Cathy, qui n'étaient pas vraiment ses amies, et se sentiraient sûrement plus à l'aise si elle ne venait pas : ainsi elles pourraient analyser son caractère, comme elles le faisaient toujours avec les personnes absentes. Elles avaient un côté un peu chipie, un peu peste...

Polly grimaça, elle venait de se surprendre à mal parler. Jeanne le soulignait souvent, et elle n'était pas la seule : il existait toute une catégorie de termes de dénigrement réservés aux femmes – « chipie », « peste », « mégère », « garce ». Cette injustice durait depuis assez longtemps.

Elle remit le magnétophone en marche et tapa une autre page, puis s'arrêta, pensant de nouveau à Jeanne. Elle n'aimait pas se faire traiter de droguée du travail, même affectueusement. Elle n'aimait pas qu'on l'autorise à ne pas voir des gens qu'elle n'avait pas envie de voir. C'était... oui, c'était comme si elle avait été encore enfant, avec une de ces mères hyper-protectrices qui veillent sur le moindre détail.

A vrai dire, quand Polly était enfant, elle n'avait pas eu de mère hyper-protectrice. Bea n'avait que vingt ans à la naissance de sa fille, et elle avait assez de mal à se protéger elle-même. Elle s'occupait de Polly à la façon d'une grande sœur ou d'une jeune fille au pair, sans anxiété et en l'encourageant à devenir indépendante dès que possible. Plus tard, lorsque les demi-frères de Polly étaient nés, Bea avait paru tentée de les protéger à l'excès, mais son mari l'avait découragée : il ne voulait pas que ses fils « deviennent des poules mouillées ».

D'après Elsa, l'ancienne analyste de Polly, toute relation étroite entre deux femmes pouvait ressusciter l'attachement primordial à la mère. Sur le plan physique, évidemment, Jeanne n'avait rien à voir avec la mère de Polly : en particulier Bea Milner était bien plus petite. Mais lorsqu'on est enfant, toutes les femmes adultes semblent grandes. Et sur le plan psychologique, des similitudes existaient : comme Bea, Jeanne était douce, féminine, et infligeait fréquemment à Polly d'affectueuses remontrances portant sur son impulsivité, son tempérament coléreux et son manque de tact. Selon Elsa, Polly avait besoin que Jeanne joue ce rôle parce que dans son enfance, elle n'avait pas été suffisamment maternée ; Jeanne, elle, assumait ce rôle parce que c'était une femme extrêmement maternelle, mais sans enfants.

Mais je ne suis plus une enfant, pensa Polly. Je ne veux pas être maternée. De toute façon, j'ai quatre ans de plus que Jeanne ; toute cette histoire est idiote. Elle se servit du café et mit moins de sucre que d'habitude.

Elle se remit à taper à la machine, et tout à coup s'arrêta. Il y avait autre chose qui la gênait, dans les propos tenus par Jeanne : mais quoi ?

Voilà : Jeanne l'avait accusée d'être amoureuse de Lorin Jones. Prise au sens littéral, cette supposition était absurde. Mais si aimer, c'était admirer quelqu'un, y penser sans cesse, s'interroger sur les moindres détails de sa vie, en parler à tout le monde...

Oui. Et imaginer, en regardant sa photo, des scénarios impossibles qui leur permettraient de se rencontrer... Dans la dernière version, il s'avérait que Lorin Jones n'était pas morte ; la personne décédée à Key West était quelqu'un d'autre, tandis que Lorin, depuis quinze ans, vivait et peignait sur une petite île au large du Cap Cod. Polly découvrirait la vérité par un moyen non précisé, en allant à Wellfleet (évidemment, Garrett Jones et sa femme n'en sauraient rien, eux).

Elle louerait un bateau à moteur qui l'emmènerait dans l'île, elle accosterait sur une petite plage de galets, au moment où le soleil se coucherait au-dessus de l'eau. Elle s'engagerait sur un sentier sablonneux et étroit, bordé de chênes rabougris et de genévriers, qui la conduirait à une vieille maison grise couverte de bardeaux, à demi dissimulée par les ronces. La porte du grand atelier de derrière serait ouverte. A l'intérieur, une grande femme mince de presque soixante ans, toujours belle, malgré ses mèches grisonnantes, serait plantée devant un chevalet. Au début, elle s'inquièterait d'avoir été découverte, mais Polly la rassurerait : elle regarderait Lorin dans les yeux, ces yeux sombres frangés de longs cils, et elle lui promettrait de ne jamais révéler son secret.

Un vrai feuilleton télévisé, pensa Polly en secouant la tête avec colère. Mais cette rêverie semblait bien confirmer qu'il y avait du vrai dans les suppositions de Jeanne. Si Polly, jusqu'alors, n'avait jamais pensé pouvoir être amoureuse de Lorin, ce n'était pas seulement parce qu'elle était morte, mais aussi parce que c'était une femme. Il était normal que l'idée en soit venue à Jeanne.

Aux yeux de Jeanne, l'amour et la sympathie entre femmes étaient des sentiments naturels et admirables ; les problèmes commençaient avec les relations hétérosexuelles. D'après elle, c'était fatal, parce que les femmes et les hommes étaient incompatibles sur le plan affectif, et même sur le plan sexuel, sauf dans une acception étroitement mécanique de la compatibilité. L'homme aspirait, de par son instinct masculin, à un jaillissement rapide et anonyme de la semence ; la femme, elle, désirait être choyée longuement, tendrement. C'était pour cela qu'elles connaissaient un tel bonheur tranquille, Betsy et elle.

Il est sans doute vrai, pensa Polly, que lorsque les gens sont de sexe différent, ils ont plus de mal à éviter les malentendus, à ne pas se blesser mutuellement. J'ai eu parmi mes amis beaucoup plus de femmes que d'hommes. Et je me suis sentie plus à l'aise avec elles, je leur ai fait davantage confiance.

A l'exception de Stevie. Rien que d'y penser, Polly se sentit envahie par un brouillard froid et malodorant, un climat de tristesse et d'anxiété qu'elle ne connaissait que trop bien. Son fils lui manquait toujours terriblement.

Elle l'appelait toutes les semaines, mais ça n'arrangeait rien, au contraire. Généralement, la liaison avec Denver était bonne, et la voix de son fils était si claire qu'elle aurait pu le croire dans sa chambre, en train de parler au téléphone-jouet qu'il avait eu pour son huitième anniversaire et dont le câble traversait le hall de l'appartement.

Quelles conversations agréables ils avaient en ce temps-là, Polly sur le tabouret de la cuisine et Stevie allongé sur son petit lit, dans sa chambre, jouant à être dans la jungle ou à bord d'une station spatiale. « Je vais te dire un secret », murmurait-il parfois, et Polly apprenait quelque chose qu'il n'avait pas eu le courage de lui dire en face. « C'est moi qui ai mangé toute la glace à la pistache, mais je te demande pardon. » « Ici le commandant Mercure 5000. Je n'aime pas du tout Mme Mac Gregor, et les autres enfants ne l'aiment pas du tout non plus. » Quelquefois, il demandait : « Dis-moi un secret, maman. »

Maintenant, ils étaient vraiment loin l'un de l'autre, mais ils ne se parlaient pas vraiment.

– Stevie ?

– Salut, maman.

– Comment ça va, mon vieux ?

– Ça roule.

– Et comment ça se passe, à Denver ? Ton école, elle te plaît ?

– Ouais, ça va.

– Tu as eu tes piqûres contre les allergies cette semaine ?

– Oui, oui.

– Est-ce que ça s'est bien passé ? Ça t'a fait mal ?

– Ça a été. Tu sais bien...

– Alors, quoi de neuf par là-bas ?

– Pas grand-chose. J'ai un nouveau jeu vidéo, Les Seigneurs de l'Espace, ça s'appelle.

– Les Seigneurs de l'Espace ?

– Ouais, c'est vraiment super, maman. Il y a huit niveaux d'adresse. Et il y a un monstre synthétisé sur l'ordinateur, tu vois...

Au cours de leurs conversations, les seuls moments d'épanchement de Stevie étaient consacrés à ses dernières acquisitions : des jeux vidéo, des chaussures de marche, des cassettes, des bandes dessinées, un taille-crayon à piles, un sac à dos perfectionné, un duvet, une raquette de tennis d'un modèle nouveau. Polly avait l'impression que la vie de son fils se remplissait d'objets : elle l'imaginait dans la chambre d'amis de la maison de Jim, à Denver – une maison qui lui était inconnue – entouré de tout un matériel qui ne cessait de s'accroître. Le plus souvent, il s'agissait d'objets qu'elle n'aurait pas eu les moyens d'offrir à Stevie et dont il n'aurait pas l'usage à New York.

Polly était si irritée à la pensée de tous ces objets que, la semaine précédente, elle avait demandé à parler à Jim pour se plaindre auprès de lui, lui reprochant de gâter Stevie et d'acheter son affection. Jim avait répondu sur un ton qu'elle connaissait bien et qui l'exaspérait : c'était le ton que l'on prend lorsque l'on a affaire à quelqu'un d'absolument déraisonnable. A l'école de Stevie, tous les enfants avaient ce genre d'équipement, expliqua-t-il ; ils jouaient au tennis, ils faisaient de la randonnée, ils campaient. Si Stevie n'avait pas le matériel voulu, il ne pourrait pas participer aux activités de ses amis ; il serait une sorte de paria.

Une phrase revenait régulièrement dans les propos tenus par Stevie au téléphone : « Ne t'en fais pas, maman, ça colle pour moi. » Evidemment, Polly « s'en faisait » d'autant plus. Cela signifiait peut-être qu'il était malheureux mais ne le lui disait pas parce qu'il ne voulait pas faire de peine à Jim ; cela signifiait peut-être qu'il était heureux mais ne voulait pas lui faire de peine à elle. S'il était vraiment malheureux, ou s'il était vraiment heureux, il reviendrait peut-être à New York en mauvais état psychologique, ou alors il aurait le désir de rester à Denver pour toujours. Et il n'y avait aucun moyen d'élucider la question tant qu'il ne serait pas revenu.

Mais tu ne me dis rien du tout, vieux ! Souvent, Polly se sentait prête à hurler ces mots au téléphone. Elle savait cependant qu'il ne fallait pas le faire : cela risquait de braquer Stevie complètement.

Polly avait essayé de parler de ses soucis à Jeanne, qui s'était montrée compatissante mais pas vraiment rassurante. Peut-être qu'en effet, Stevie ne communiquait pas ses sentiments véritables, lui avait-elle dit. Evidemment, c'était douloureux pour Polly. Mais les garçons étaient comme ça quand ils commençaient à mûrir ; c'était dur, mais il allait falloir qu'elle s'y fasse.

Polly était devant la table de la cuisine, ce soir-là, et mangeait une part du gâteau de Savoie aérien confectionné par Jeanne tout en feuilletant les pages touristiques du *New York Times,* lorsqu'elle entendit son amie revenir de sa rencontre avec Betsy. Elle sut tout de suite qu'il y avait un problème : il était encore très tôt ; de plus, pour la première fois depuis qu'elles se connaissaient, Jeanne avait l'air complètement perturbée, presque affolée. Ses cheveux blonds touffus pendaient en mèches dépeignées et son manteau bleu pâle garni de duvet était boutonné de travers.

« Veux-tu dîner ? » proposa Polly. « Il y a de la soupe à la tomate sur la cuisinière. »

« Je serais incapable de manger quoi que ce soit. » Jeanne se mit à arpenter la cuisine au hasard.

« Qu'est-ce qui ne va pas ? Il y a quelque chose qui ne va pas ? »

« Oh oui ! » Jeanne ouvrit une porte de placard et la claqua. « Elle ne lui a pas dit. »

« Betsy n'a toujours pas parlé de toi à son mari ? »

« C'est cela même. » Jeanne essaya, sans énergie et sans succès, de déboutonner son manteau rembourré.

« Bon Dieu. Je suis désolée. » Polly se leva et alla serrer son amie dans ses bras. A cause du manteau, elle eut l'impression d'enlacer un ballon à moitié dégonflé.

« Je ne peux pas, je n'en peux plus ! » Enfermée dans le ballon, Jeanne s'effondra sur Polly en pleurant. « Ça n'est pas juste. »

« Mais oui... Allons, allons. »

« Elle dit qu'elle ne supporte pas de lui faire du mal. Je lui ai dit : et moi, ça ne te pose pas de problème de me faire du mal ? Et elle a dit, si, mais tu es plus forte que lui. » Jeanne émit un sanglot étranglé.

« Allons, allons », répéta Polly qui se sentait impuissante et indignée.

« Elle jure qu'elle va lui dire bientôt, mais que là, c'était pas le moment. Alors je lui ai dit, c'est quand, le moment ? » Jeanne retrouva tant bien que mal une station debout autonome et essuya d'un revers de main son visage où les larmes avaient dessiné des traînées dans la poudre ; ce geste n'améliora pas son apparence.

« Et Betsy, qu`est-ce qu'elle a répondu ? »

« Qu'elle ne savait pas. Je crois qu'elle se F.O.U.T. de moi. Je crois qu'elle ne lui dira jamais. » Jeanne essaya à nouveau de défaire son manteau, mais ses mains tremblaient encore. « C'était horrible, Polly... je me suis mise dans un tel état... j'ai jeté mon assiette par terre, tout le monde me regardait... » Elle étouffa un sanglot. « Du veau à la parmigiana. »

« Pardon ? »

« C'est ce que j'avais dans mon assiette. Il y en avait partout sur le sol du restaurant. » Jeanne poussa un petit rire désespéré. « Quelle réaction stupide et déplacée, de fracasser de la vaisselle qui ne m'avait rien fait. »

« De temps en temps, on est forcé de faire ce genre de choses », dit Polly.

« Non. C'était horrible. J'ai été horrible. » Jeanne parvint enfin à s'extraire de son manteau et le laissa tomber par terre ; jamais Polly ne l'avait vue faire une chose pareille. « Ce qui se passe, c'est que tant que le mari de Betsy n'est pas au courant de notre relation, je suis dans une position complètement fausse. »

« Bien sûr », approuva Polly.

« Je crois qu'il doit être au courant. » Jeanne se pencha pour ramasser son manteau et le lâcha sur un tabouret d'où il glissa aussitôt. « Au moins inconsciemment. Mais il refuse de l'admettre. » Elle recommença à errer autour de la pièce. « A moins qu'il ne soit trop bête. En tout cas, il sait que Betsy ne l'aime plus. Si elle l'a aimé un jour. » Elle s'affala sur une chaise et jeta autour d'elle un regard égaré. « Il reste du café ? »

« Oui. » Polly ralluma le gaz sous la cafetière.

« Je pense qu'il est peut-être au courant, ou qu'au moins il a des soupçons. Quand je passe chez eux, il fait toujours la tête, il envoie tout valser, il crie à Betsy de se dépêcher de faire à manger, tu vois le genre. »

« Il a l'air odieux. » Polly mit la cafetière à portée de

son amie, ainsi qu'un carton de crème fraîche, la crème épaisse qu'elle préférait.

« Il est odieux. Absolument. » Jeanne hocha la tête, l'air profondément affligé. « Elle a peur de lui, voilà la vérité », ajouta-t-elle en mettant beaucoup de sucre dans sa tasse. « Elle prétend que non, mais je sais ce qu'il en est. Après tout, il l'a déjà frappée. »

« Le mari de Betsy l'a frappée ? »

« Parfaitement. Il lui a flanqué un coup de tapette tue-mouches en pleine figure. Après, il lui a dit que c'était une erreur, qu'il voulait tuer une mouche. Ce genre d'erreurs, je connais : c'était la spécialité de mon frère. » Jeanne leva sa tasse. « Merci. Ça fait du bien. »

« Je vais mettre une autre cafetière à chauffer », proposa Polly.

« J'ai dit à Betsy : ça ne peut pas durer comme ça. Je ne peux pas continuer. Tant qu'elle ne reconnaît pas notre relation publiquement, j'ai l'impression d'être un secret honteux dans sa vie. C'est ce que je lui ai dit. Je lui ai dit : Betsy, ma chérie, je ne peux pas poursuivre cette relation si elle reste clandestine. »

« Et Betsy, qu'a-t-elle dit ? »

« Elle s'est mise à pleurer et elle a dit qu'elle ne savait absolument pas quoi faire. » Jeanne soupira et se tut.

« Alors, qu'est-ce qui va se passer ? » demanda enfin Polly.

« Je ne sais pas. Mais j'ai dit à Betsy que je ne la reverrais pas tant qu'elle n'aurait pas dit la vérité à son mari. Je ne le supporte pas, un point c'est tout. »

Il s'avéra que ce point n'était pas vraiment final. Jeanne passa près d'une heure à boire café sur café, à grignoter du gâteau de Savoie et à pleurer par intermittence, tout en révisant l'historique de sa liaison avec Betsy et en dressant des parallèles entre cette liaison et d'autres qu'elle avait vécues dans le passé. Ce n'était pas la première fois, apprit Polly, qu'elle était trahie, trompée ou blessée. Jeanne élargit alors le champ de sa rétrospective pour relater des avanies du même ordre dont avaient été victimes des amies et connaissances.

Pour finir, elle bâilla, soupira, remercia Polly de l'avoir écoutée et prit d'un pas lourd la direction de son lit. Polly resta assise devant le *Times,* qu'elle n'avait toujours pas lu. Les malheurs de Jeanne lui inspiraient une compassion émue, mais aussi, et surtout, une désillusion mélancolique. Si même entre deux femmes le bonheur était impossible, à quoi tout cela rimait-il...

S'il fallait à tout prix être amoureuse, avec tous les problèmes, toute la déraison que cela impliquait, peut-être valait-il mieux être amoureuse d'un mort ou d'une morte. En aimant une personne morte, on ne risquait pas de subir de blessures sentimentales ; quelqu'un de mort n'allait pas vous critiquer, vous trahir, vous quitter. Et on ne risquait pas non plus de lui faire du mal ; il n'y avait donc pas de culpabilité.

Polly, couchée, sentait le sommeil l'envahir lorsqu'on frappa doucement à la porte.

« C'est moi », dit la voix de Jeanne. « Puis-je entrer ? »

« Bien sûr. » Polly tendit la main vers la lampe de chevet.

« Je ne peux pas dormir », murmura Jeanne. Elle s'assit au bout du grand lit et enveloppa ses pieds dans sa chemise de nuit en flanelle rose à volants. « Je n'arrête pas de penser à Betsy. Je me répète sans cesse les mêmes choses. »

« Je sais ce que c'est. Après le départ de Jim, j'ai eu de l'insomnie pendant des semaines. Dis donc, je crois qu'il me reste du Valium quelque part. »

« J'en ai déjà pris un. » Jeanne laissa échapper un souffle long, ténu, épuisé. « C'est cette chambre, tu sais. Surtout le petit lit. J'arrête pas de me rappeler comment ça s'est passé entre nous, là, dans ce lit. C'est un endroit hanté. »

« Oui. »

« Dis, je pourrais dormir ici, rien que cette nuit ? Je te promets que je ne vais pas gigoter ni faire de cauchemars ;

le Valium devrait commencer à agir rapidement. »

« Euh... oui, bien sûr. »

« Merci. T'es une vraie pote. » Jeanne la serra cordialement dans ses bras, puis elle fit le tour du grand lit et se glissa entre les draps de l'autre côté. Elle tourna le dos à Polly et tira la couverture par-dessus sa tête. Polly se demanda comment elle faisait pour respirer.

Fidèle à sa parole, Jeanne ne mit pas plus de cinq minutes à perdre conscience. Loin de s'agiter ou de se retourner, elle restait paisiblement étendue, sans se manifester autrement que par une respiration douce et régulière et une chaleur animale constante. C'était Polly, maintenant, qui ne cessait de changer de position. Il y avait plus d'un an qu'elle n'avait partagé son lit avec quiconque, et elle était extrêmement sensible à la nouvelle pente du matelas, à la silhouette lourde et chaude qui sommeillait à quelques centimètres d'elle, et au sexe de cet être.

Elle était au lit en compagnie d'une femme ; que ressentait-elle ? De l'agitation ; un certain malaise ; pas d'excitation, pas exactement, mais une tension nerveuse. Peut-être avait-elle envie que Jeanne se tourne vers elle, passe ses bras autour d'elle et la serre de nouveau très fort.

Mais Jeanne était abrutie par le somnifère qu'elle avait pris ; de plus, elle était épuisée, physiquement et affectivement, par sa rencontre orageuse avec Betsy. Et puis, est-ce que Polly avait vraiment envie de faire avec Jeanne ce que Jeanne faisait avec Betsy ? D'ailleurs, de quoi s'agissait-il ?

Ces questions, et d'autres qui leur étaient liées, maintinrent Polly éveillée pendant plus d'une heure ; quand elle s'assoupit enfin, son sommeil inquiet fut entrecoupé de mauvais rêves. Dans le dernier de la série, elle faisait les courses au supermarché local ; mais elle était nue. Elle cherchait dans les rayons quelque chose pour se couvrir. Elle trouva enfin un sac-poubelle en plastique vert ; elle enfila le sac par-dessus sa tête, le sac ne lui arrivait qu'à la taille, il lui tenait chaud et lui collait à la peau, elle ne pouvait pas bouger les bras, elle essayait de les bouger, de hurler, de déchirer le sac, elle était nue, dans les allées des tas de femmes la regardaient, elle poussa une série de cris d'angoisse étouffés, et elle se réveilla au milieu du lit, les bras de Jeanne passés autour d'elle par-derrière.

« Tout va bien, Polly », lui disait Jeanne tendrement. « Tout va bien, ce n'est qu'un cauchemar. »

« Je croyais... » Polly cherchait son souffle comme si elle avait couru. Elle se retourna vers Jeanne, tremblant encore un peu et haletant.

Jeanne, interprétant mal son geste, la serra plus étroitement contre elle. « Tout va bien », roucoula-t-elle. « Est-ce que tu as envie de me raconter... ? »

Dans le noir, Polly secoua la tête vigoureusement. « Non. » Puis, ne voulant pas sembler revêche, elle ajouta : « Merci quand même. Je suis contente que tu aies été là. »

« Moi aussi », dit Jeanne. « Je ne sais pas ce que j'aurais fait sans toi, ce soir. En revenant de Brooklyn dans cet affreux métro, j'avais envie de mourir. J'espérais presque qu'un délinquant fou avec un fusil allait monter. » Elle étreignit Polly ; elle l'enlaçait étroitement, mais sans serrer. Ça ne ressemblait pas à ce qu'elle avait connu jusqu'à présent ; ou plutôt, si, ça lui rappelait les câlins de Stevie quand il était petit, ou ceux de sa mère à elle : chaleur, tendresse, sécurité. Polly poussa un petit soupir et s'abandonna à tant de chaude douceur.

« Heureusement qu'il n'est pas monté », dit-elle.

Elles restèrent immobiles, tranquilles. Les chiffres verts du réveil changèrent sur la table de nuit : 4:23.

« C'est vrai ce qu'on dit, que le sommeil apaise les esprits tourmentés », murmura Jeanne. « Je veux dire, je suis encore complètement malheureuse à cause de Betsy, mais je n'ai plus envie de mourir. » Un petit rire triste.

« Tant mieux. »

4:26, 4:27.

« Je me sens tellement mieux », dit Jeanne en déplaçant une main pour caresser les boucles épaisses qui couvraient la nuque de Polly, au-dessus du col de son pyjama.

« Si tu en as envie, ça me ferait plaisir de t'aider à te sentir mieux toi aussi. »

Peut-être que j'en ai envie, pensa Polly. Si je n'essaie pas, je ne saurai jamais. « D'accord », dit-elle d'une voix incertaine. Elle pivota encore pour se rapprocher de Jeanne et entoura de ses bras la chemise de nuit en flanelle.

« Polly chérie », murmura Jeanne avant de l'embrasser : un long baiser, tendre, de plus en plus profond.

Avec une gratitude un peu gauche, Polly tendit la main vers les cheveux de Jeanne, fins et longs, si différents des siens ; puis elle toucha la chair moelleuse et chaude de son cou, sous le volant de flanelle.

« Oh, que c'est agréable ! » dit son amie. Ses baisers s'étaient faits légers, aériens. « Oh, oui. Recommence ».

SARA SACHS VOGELER

artiste, illustratrice

– Oui, nous avons été de bonnes amies pendant quelque temps.

– C'était vers 1961 ; j'étudiais à Cooper Union, et Laura vivait encore à New York. Je suppose qu'elle était déjà un peu connue, mais moi, je n'avais jamais entendu parler d'elle ; de son mari, oui, bien sûr. Nous nous sommes rencontrées au musée d'Art Moderne ; un type qui étudiait à l'école avec moi travaillait au musée, au guichet d'entrée ; il nous a présentées l'une à l'autre. Mais il a simplement dit « Laura Jones » – je n'ai pas fait le rapport.

– Nous nous sommes tout de suite bien entendues. Il y avait une nouvelle expo, des dessins, et on l'a visitée ensemble. Nous avions, en gros, les mêmes goûts. Ensuite, on a pris un thé au club ; c'était la première fois que j'y mettais les pieds.

– Oui, Laura avait presque dix ans de plus que moi, mais je ne m'en suis pas vraiment aperçue, à l'époque. Elle portait le genre de vêtements qu'elle a toujours porté, un jean taché de peinture, des tennis, un vieux pull noir à col roulé. Pas de maquillage, des cheveux sombres, longs et abondants. Elle avait l'air d'une étudiante, elle aussi.

– Non, elle ne semblait pas particulièrement timide.

– Je ne sais pas. Peut-être qu'elle se sentait à l'aise avec moi parce que j'étais jeune et pas très dégourdie. J'étais une gamine maigrichonne du Bronx, et je ne savais pas me tenir dans le monde.

– Nous nous retrouvions environ une fois par semaine. On allait se promener dans Greenwich Village, on visitait des galeries, on avalait un sandwich, on faisait des croquis au Parc... ce genre de choses.

– Je ne sais pas. Nous parlions de peinture, des œuvres

que nous avions vues, des nouvelles techniques, vous voyez le genre. Je me rappelle que Laura venait de découvrir Piero della Francesca et qu'elle voulait essayer de peindre des fresques avec de la tempera à l'œuf. Ça m'a intéressée aussi, et nous avons fait la tournée des magasins de fournitures pour artistes en cherchant des renseignements là-dessus.

– Non ; ça s'est révélé trop compliqué, et terriblement coûteux.

– Bien sûr, nous parlions aussi d'autre chose : de films, de livres... Et j'ai dû lui raconter les problèmes que j'avais chez moi, avec mes parents qui voulaient à toute force me faire étudier quelque chose d'utile, la comptabilité, par exemple, parce qu'ils avaient peur que je n'arrive jamais à me marier.

– Non, je ne crois pas qu'elle m'ait donné des conseils. Mais elle avait l'art d'écouter, vous savez.

– Etrange, comment ça ?

– Je ne sais pas, peut-être. La plupart des artistes ont un côté étrange, comparés aux autres, vous ne croyez pas ? Je dois être moi-même un peu étrange ; en tout cas, c'est ce que mon mari me dit.

– Eh bien, par exemple, il y avait beaucoup de choses très ordinaires que Laura n'aimait pas, qu'elle détestait, en fait, et j'étais du même avis.

– Tout un tas de choses. Impossible de me les rappeler toutes, maintenant : la télé, les cabines téléphoniques, Fernand Léger, Stuart Davis, la « jelly » qui tremblote avec des bouts de fruits pris dedans, les hommes coiffés de feutres marron, les montres à bracelet métallique... tout ça, pour nous, c'était l'horreur.

– Eh bien, ce qui s'est passé, c'est qu'elle est venue à Cooper Union pour voir un tableau sur lequel je travaillais. Des gens l'ont vue, là-bas, et ils m'ont appris ensuite qu'elle était mariée à Garrett Jones, qu'elle avait exposé ses œuvres à la galerie Apollon, qu'on avait dit du bien d'elle dans *Art News*.

– Elle ne m'en avait pas du tout parlé. Elle m'avait dit

qu'elle était mariée, mais sans me dire à qui. J'avais supposé que ça devait être quelqu'un de plus âgé, et d'assez fortuné, mais elle ne voulait pas parler de lui. Je me disais que ça n'allait peut-être pas trop bien.

– Oui, ça m'a fait un drôle d'effet. Je ne comprenais pas pourquoi Laura ne m'avait même jamais dit qu'elle avait une galerie. J'ai une autre vision des choses, maintenant : je crois que sa réussite la gênait peut-être. Elle pensait peut-être qu'elle ne la méritait pas, d'une certaine façon. Je veux dire, elle savait certainement qu'elle méritait de réussir, mais elle pensait peut-être qu'elle n'y serait pas arrivée aussi vite sans l'aide de son mari.

– Elle ne m'a jamais dit grand-chose de mon travail, pour autant que je me souvienne. Il y avait un dessin d'une souris qu'elle aimait bien, mais c'était plutôt une amusette. Je l'avais fait pour l'anniversaire de ma nièce. La plupart de mes tableaux étaient abstraits, à l'époque : des grandes toiles. C'est drôle, tout de même : je n'y avais jamais pensé, mais une dizaine d'années après, après avoir eu moi-même des enfants, je me suis remise à dessiner des animaux pour eux, et ça a fait prendre à mon œuvre une tout autre direction. Ma dernière exposition...

– Oui, nous sommes allées chez elle deux ou trois fois, quand Garrett Jones n'était pas là, et elle m'a montré certaines des petites toiles qu'elle peignait à l'époque, ces semi-abstractions florales qu'aujourd'hui tout le monde compare à Redon.

– Ça m'a coupé le souffle. J'ai tout de suite su que son avance sur moi était énorme.

– Je ne sais pas si Laura avait d'autres amis d'un âge plus proche du sien. Je ne les ai jamais rencontrés. Les artistes importants de sa génération, les Rauschenberg, Johns, Rivers, Frankenthaler, je ne crois pas qu'elle les voyait. A New York, elle rencontrait les peintres d'un certain âge, les valeurs sûres, et puis les marchands, les collectionneurs, les critiques. Et les parasites, les ignobles. En tout cas, c'est l'impression que j'ai eue.

– Oui j'ai essayé une ou deux fois de l'inviter à déjeuner avec quelques-uns d'entre nous après les cours, mais ça n'a pas marché. Laura s'est figée, et mes amis l'ont crue prétentieuse. Ce qu'il y a, c'est qu'elle prenait la peinture au sérieux, et qu'elle était vraiment très forte, mais aucun d'entre eux n'était prêt à le reconnaître. Ils voyaient seulement que c'était la femme de Garrett Jones et qu'il aidait sa carrière. Après, ils disaient des choses du genre : tu parles, moi aussi, j'exposerais à la galerie Apollon, si je couchais avec lui.

– Non, pas vraiment. Je ne l'ai rencontré qu'une fois, à un happening. Vous vous rappelez les happenings ?

– Celui-ci avait lieu dans la piscine d'un gymnase new-yorkais. C'était un bon décor pour ce genre de spectacle : un grand espace vide en sous-sol, avec un carrelage Art Déco et une acoustique bizarre. Il y avait là un public varié : étudiants, artistes, musiciens, quelques collectionneurs et quelques mondains, parce que ça devenait à la mode. Avec deux autres étudiantes, nous étions assises sur le carrelage au bord de la piscine, à attendre que ça commence, et j'ai vu Laura entrer avec un homme d'un certain âge, qui était certainement son mari. En plus, mes amies l'ont reconnu. Laura s'est arrêtée devant nous, elle a dit bonjour et elle nous a plus ou moins présentées. Elle était habillée comme je ne l'avais jamais vue auparavant : beaucoup d'allure, en longue jupe noire avec un châle ancien en soie à franges et des pendants d'oreille en argent.

– J'étais un peu nerveuse. C'est-à-dire qu'à l'époque, Garrett Jones avait un pouvoir incroyable dans le monde de l'art, et je savais que pour mes amies, il représentait la bourgeoisie dominante : l'ennemi, quoi. En plus, il avait l'âge d'être mon père.

– Eh bien, en fait, ils ont juste dit bonjour, et ils sont allés plus loin, pour s'installer sur des sièges pliants qui étaient réservés aux personnalités, je suppose. Et le happening a commencé. Deux ou trois fois au cours de la soirée, j'ai regardé dans leur direction pour voir comment ils réagissaient. Laura semblait intéressée, je l'ai vue sourire, mais de toute évidence, son mari était écœuré. Et puis en plein milieu, quand ils ont apporté des seaux de poissons qu'ils ont balancés sur le public en nous éclaboussant, Garrett Jones est sorti, en traînant plus ou moins Laura derrière lui.

– Je crois que ça m'a ennuyée qu'elle le suive. Elle avait une sorte de prestige, à mes yeux, et je voulais qu'elle soit à la hauteur, vous comprenez ? Quand on s'est revues, je n'ai pas su comment lui en parler, alors je n'ai rien dit, et elle non plus.

– Non, pas beaucoup. Après, nous nous sommes éloignées peu à peu l'une de l'autre. D'abord, Laura était de moins en moins souvent à New York. Garrett Jones la traînait jusqu'au Cap Cod, et elle restait absente des mois d'affilée. Nous nous envoyions des cartes postales de peintures que nous aimions, généralement. Quand je me suis mariée, elle m'a envoyé ce dessin que je vous ai montré, où on voit un gros oiseau m'emporter au-dessus de New York. A cause du nom de famille de Dave, vous comprenez.

– Je lui ai écrit quand notre premier enfant est né, mais je n'ai eu aucune réponse. Bien plus tard, j'ai appris qu'elle était morte en Floride, à peu près à cette époque-là. Elle n'a sans doute jamais reçu ma lettre.

– J'étais vraiment bouleversée ; pourtant, ça faisait des années que je ne l'avais pas vue. Je fondais en larmes à chaque fois que je pensais à elle. Evidemment, j'étais de nouveau enceinte ; je crois que ça rend toujours hypersensible. Quand le bébé est né, c'était une fille et on l'a appelée Laura, plus ou moins à cause d'elle. De toute façon, j'ai toujours aimé ce prénom.

– Non. Je voudrais bien qu'on ait les moyens de s'en offrir un, mais elle est si chère maintenant, et avec les études de quatre gamins à payer...

– Je crois qu'à long terme, d'avoir épousé Garrett Jones, ça n'a fait aucun bien à la peinture de Laura. Ça l'a coupée d'artistes qu'elle aurait dû connaître, et de leur côté, ça les a amenés à la... euh, à la dédaigner. C'était l'avènement du pop art, et il s'est vraiment montré stupide à ce sujet ; pour lui, c'était une forme d'art vulgaire et commerciale. Il était incapable de voir plus loin que ses héros, des gens dans le genre de Rothko, Motherwell, Kline. Plus tard, bien sûr, il a soutenu à fond d'autres tendances – les à-plats monochromes, les surfaces colorées à arêtes franches – mais à ce moment-là, il était déjà séparé de Laura.

– Le problème c'est que sans Jones, la peinture de Laura aurait pu évoluer différemment, être plus contemporaine. Il l'entourait, quoi, et il la coupait du monde. Elle était vraiment très forte, mais son œuvre échappait complètement au courant principal ; pour ainsi dire, ça n'avait rien à voir avec ce qui se passait à New York dans les années soixante.

– Oui, je crois que je lui en tiens rigueur. Aujourd'hui encore.

5

Une secousse, une bascule inquiétante sur l'aile, et le petit avion d'intérêt local mit le cap sur le sud, prenant la direction de Provincetown au-dessus d'un océan semblable à une plaque huileuse de tôle ondulée. Polly, qui n'avait que deux compagnons de voyage, retint son souffle. On va peut-être tomber, pensa-t-elle. Je n'écrirai jamais mon livre, je ne reverrai jamais Stevie, ni Jeanne. Ça paraissait impossible : à peine quelques heures auparavant, dans ses vêtements de voyage, elle s'était assise sur le lit dans lequel son amie – son amante ? – sommeillait au milieu d'un fouillis de couvertures, de draps, de flanelle à volants fleuris, semblable à une rose ébouriffée et moite.

« Je pars pour l'aéroport », annonça Polly, espérant qu'elle allait s'éveiller.

« Hein ? » Jeanne s'étira langoureusement et entrouvrit un œil noisette aux cils pâles.

« Je vais à Wellfleet, voir Garrett Jones. »

« Ah oui. »

« Au revoir. » Polly se pencha ; Jeanne tourna la tête et lui fit un baiser tendre et somnolent.

« Reviens vite », murmura-t-elle.

Reviens vers quoi ? s'interrogeait maintenant Polly. Le baiser de Jeanne avait-il été amoureux ou seulement amical ?

Ce qui s'était passé la nuit dernière, cette chose bizarre, incertaine, délicieuse, était-ce le début d'une relation sérieuse, ou n'était-ce qu'un accident ? Polly n'en savait rien, et si elle mourait maintenant, elle n'en saurait jamais rien.

De nouveau, l'avion hoqueta, s'inclina brutalement de côté et se redressa. Dans l'estomac de Polly, le repas avalé à la cafétéria de l'aéroport (café glacé léger et trop sucré, sandwich au fromage ramolli) fit un bond et envisagea de s'échapper par la sortie la plus proche. Elle pensa qu'elle allait être malade en plein ciel ; puis, comme le joujou volant basculait de nouveau, elle pensa qu'elle allait périr noyée, enfermée dans la carlingue métallique – à moins qu'elle ne meure d'emblée à la suite du choc même, en tombant dans l'eau ? La peur et la haine de Garrett Jones lui firent serrer violemment les mains sur sa ceinture de sécurité. Qu'avait-il eu derrière la tête, en prétendant que la compagnie Cape Air était absolument sûre ? Sans doute voulait-il la faire arriver à Provincetown dans un état d'ébranlement nerveux, afin qu'elle soit trop secouée pour l'interroger. Ou peut-être espérait-il que son avion tomberait avant de se poser à Provincetown. Elle aurait dû s'en tenir à son premier projet : louer une voiture et partir de Boston par la route. Cela aurait mis plus longtemps et coûté plus cher, mais elle serait arrivée à Wellfleet vivante et en bon état.

A part recommander ce vol épouvantable, Garrett Jones n'avait rien fait, au long de toutes les années où Polly l'avait connu, qui lui valût sa défiance. A l'époque de « Trois Américaines », il s'était montré, elle devait bien l'admettre, infailliblement courtois et serviable. Il avait envoyé au musée plusieurs œuvres de son ex-femme, et il avait donné des informations sur les lieux où d'autres peintures se trouvaient ; dans certains cas cruciaux, il avait persuadé des collectionneurs réticents de prêter des pièces pour l'exposition. Plus tard, il rédigea pour le catalogue une brève note pleine de sensibilité sur l'œuvre de Lorin. Ce texte ne faisait cependant aucune allusion à un divorce ou même à une séparation entre Garrett et sa femme. « Ça ne me paraît pas être réellement en rapport avec le sujet », avait-il expliqué calmement quand Polly, au vu des épreuves, avait soulevé le problème.

Quand Polly apprit à Jones qu'elle songeait à écrire un livre sur Lorin, il réagit avec enthousiasme et prévenance. Il la recommanda pour la subvention, et lui proposa de fournir des photos, des lettres et les noms et les adresses de gens qu'elle pourrait désirer interviewer. Enfin, sa femme actuelle et lui l'avaient invitée à leur rendre visite à

Wellfleet avant qu'ils ne ferment la maison et ne rentrent à New York pour l'hiver ; ainsi, Polly pourrait voir le cadre où Lorin Jones avait vécu et travaillé.

Mais Garrett Jones avait beau coopérer et faire des grâces, Polly avait le sentiment qu'il ne faisait pas le poids, en dépit de son âge, de sa taille et de sa corpulence tout à fait estimables. Elle lui rendait bien vingt-cinq kilos et pourtant, dans cette compétition inégale, il allait falloir qu'elle gagne, quitte à livrer une guerre psychologique.

Car elle ne se faisait pas d'illusions : pendant vingt-quatre heures, ça allait être la guerre. Sans doute Garrett Jones ferait-il le maximum pour se présenter sous son meilleur jour et pour dissimuler les traces des dommages infligés à Lorin et des jours malheureux qu'elle avait vécus à Wellfleet. Polly devait l'empêcher de réussir son coup ; elle devait crever l'écran de ses platitudes raffinées. La patience et le tact inlassablement recommandés par Jeanne avaient leurs limites. A en juger par ce qui s'était passé lorsqu'elle avait déjeuné avec Jones à New York, cette attitude inciterait seulement son interlocuteur à lui raconter un tas d'anecdotes sans intérêt sur un ton aimable et content de lui. Au bout du compte, elle serait contrainte de le bousculer, de l'affronter.

Il n'y avait pas vraiment de raison de s'évertuer à être gentille, parce que d'ici dix-huit mois environ, quand le livre de Polly sortirait, Garrett Jones cesserait en tout état de cause de lui adresser la parole. Si elle avait vraiment beaucoup de chance, il serait mort ; après tout, il avait soixante-treize ans. Sinon, elle serait dans le pétrin. Jones n'avait peut-être pas aujourd'hui autant de pouvoir qu'autrefois dans le monde de l'art, mais son prestige était encore énorme. S'il y tenait, il pouvait porter un coup sérieux à sa carrière. Mais ce risque-là, Polly avait décidé qu'elle devait le prendre.

Dans des cahots à soulever le cœur, l'avion-joujou atterrit à l'extrémité du Cap Cod et s'arrêta enfin entre des bosquets de chênes rabougris et poussiéreux. Dans Central Park, octobre flamboyait encore de ses couleurs ; ici, le paysage dénudé et cendreux était prêt pour l'hiver.

Titubante, en proie à une légère nausée, mais soulagée d'être vivante, Polly, en descendant de l'avion, fut accueillie par un fort vent contraire et avala une grande goulée d'air froid et salé. Traînant son sac de voyage vers la minuscule aérogare, elle crut d'abord que Garrett Jones n'était pas venu à sa rencontre. Puis elle le reconnut, déguisé en vieux loup de mer : blue-jean, blouson coupe-vent, casquette à visière.

« Salut, Polly ! Ravi de vous voir ! » cria-t-il dès qu'elle fut à portée de voix. Avant qu'elle ait pu s'échapper, il posa les deux mains sur ses épaules et colla sur sa joue un baiser humide. Furieuse, elle leva le bras qui tenait son fourre-tout en toile et s'essuya la figure du revers de la main.

« C'est tout ce que vous avez comme paquetage ? »

« C'est tout. »

« Vous voyagez léger, hein ? Admirable, pour une femme. Un instant, permettez-moi... » Sans attendre la réponse, Garrett Jones lui arracha son sac de la main et, malgré son âge, prit la direction du parc de stationnement d'un pas énergique de marin en virée.

« Alors, comment va la vie ? » lança-t-il, jovial, en tournant vers Polly un visage buriné, bronzé par le soleil et le vent, tandis qu'elle s'efforçait de le rattraper.

« Très bien, merci. »

« Votre vol s'est bien passé ? » Il eut un sourire qui lui parut maléfique.

« Très bien, merci », répéta Polly, résolue à ne montrer ni faiblesse ni peur. Elle était déconcertée, telle la commandante d'une armée d'Amazones qui, s'étant préparée à faire la guerre sur terre, se trouve contrainte à une bataille navale. Elle avait toujours vu Garrett Jones en complet-veston ; à ses yeux, c'était un homme des villes, plus à l'aise sous un toit que dans la nature, et Polly aurait dû en retirer un avantage. Il avait toujours témoigné avec elle d'une politesse un peu distante : il l'appelait Miss Alter. Il affectait maintenant d'être quelqu'un d'autre, une personne ayant avec elle des rapports différents, plus intimes. A coup sûr, il le faisait exprès, pour la troubler, l'égarer.

En souriant – à moins que ce ne fût un rictus ? – Garrett Jones lança le sac de Polly, petit mais pesant, à l'arrière d'un vieux break Volvo vert, claqua le hayon, et se dirigea vers la portière côté passager pour l'ouvrir. Polly détestait que l'on ouvre les portes pour elle. Elle pensait que ce geste apparemment inoffensif était en fait hostile ; il avait pour but de poser implicitement qu'elle était plus faible que Garrett Jones et de faire d'elle son obligée. Mais elle étouffa sa protestation : il était peu recommandé, tactiquement, de déclencher trop tôt les hostilités.

« Par quoi voulez-vous commencer ? » demanda Jones en s'installant à côté d'elle. « Je vous aurais volontiers proposé un tour en mer, il fait un temps idéal pour ça, mais mon bateau est déjà en cale sèche pour l'hiver. Je pourrais essayer d'en emprunter un à nos voisins, si ça vous tente. »

Polly se renfrogna. Accepter une promenade en mer par grand vent avec Garrett Jones, c'était lui donner une chance de terminer ce que la compagnie Cape Air avait commencé : la rendre malade, vulnérable, peut-être la mettre au bord de la noyade. « Non, merci, monsieur Jones, ne vous donnez pas cette peine. »

« Garrett, je vous prie ! » Il posa sa main sur le bras de Polly et la regarda avec un sourire hypocrite qui se voulait paternel. « Et j'espère que je peux vous appeler Polly ? »

« D'accord », dit-elle d'un ton revêche, en remarquant qu'à ce genre de question, il était difficile de répondre par la négative.

« Parfait. Si la navigation ne vous dit rien, mon autre idée était de vous balader un peu aux environs, de vous montrer quelques-uns des lieux situés entre ici et Wellfleet que Laura a utilisés dans ses tableaux. »

« Oui, ça me plairait », dit Polly.

« Alors, allons-y. » Garrett mit pleins gaz et s'engagea sur la route, manipulant le volant comme s'il avait tenu la barre d'un voilier, et il fonça dans les dunes à toute allure. Polly se demanda s'il essayait de la terrifier en conduisant de cette façon, mais puisqu'il se mettait lui aussi en danger, elle estima qu'il n'y avait pas lieu de s'inquiéter.

« Là. » Il arrêta la Volvo au sommet d'un monticule herbeux. « C'est ici que Laura a fait les esquisses préliminaires de *Déposition*. A peu près à cette époque de l'année, il me semble. Voulez-vous descendre ? Ça vous permettra de mieux voir. »

« Bon. »

Garrett Jones commença à faire le tour pour ouvrir la porte à Polly ; mais elle n'avait pas l'intention de se laisser faire, très peu pour elle, et avant qu'il n'arrive au but, elle était hâtivement sortie de la voiture, claquant la porte derrière elle. Un point pour moi, pensa-t-elle. Elle s'adossa à la carrosserie, recevant en pleine figure les rayons du soleil déclinant et les rafales de vent, et regarda, les yeux mi-clos, le déroulement des collines sableuses, les pins maritimes tordus, semblables à des *bonzaïs* géants, le croissant d'argent aplati qui était tout ce qu'on voyait de l'océan. Il était plus clair que jamais pour elle que *Déposition,* la plus grande des trois œuvres abstraites que Garrett Jones avait prêtées au musée pour l'exposition, était en réalité un paysage.

Lorin Jones était ici, et elle a peint ce qu'elle voyait, pensa-t-elle. A cette saison, peut-être même à cette heure-ci, dans l'après-midi, avec cette lumière rasante venant de la gauche. J'ai mis mes pieds dans l'empreinte des siens ; désormais, l'espace et le temps me relient à elle. Et pourtant, je suis séparée d'elle pour toujours. Une vague de deuil et de désir submergea Polly, comme si la mer, les broussailles, la cabane, le sable, s'étaient dissous et projetaient sur elle un fin crachin de larmes irritantes.

« Vous vous rappelez ce tableau, *Déposition »,* dit Garrett, appuyé comme elle contre la voiture.

« Naturellement », répondit Polly, agacée d'avoir été arrachée à sa rêverie.

« Dans ce cas, vous reconnaîtrez ce creux dans les dunes, et la cabane, là-bas, avec un toit violacé. On aurait pu s'attendre à ce qu'elle se soit écroulée, mais ces vieilles baraques du Cap sont résistantes. »

Je suis vieux, mais je suis résistant, entendit Polly ; ne vous attendez pas à me faire craquer. Elle se dit que sa tenue de marin d'opérette émettait le même message. Le costume disait aussi : je suis à l'aise ici, c'est moi qui commande ; le Cap Cod m'appartient.

« J'aimerais photographier la vue, si ça ne vous ennuie pas. »

« Bonne idée. » Il s'écarta, la laissant, cette fois-ci, ouvrir toute seule la portière.

« Déposition », dit-elle en remettant l'appareil dans son sac fourre-tout. « Dites-moi, savez-vous par hasard ce que ça signifie – pourquoi a-t-elle donné ce nom au tableau ? »

« Aucune idée. » Garrett Jones sourit largement. « Vous savez, Laura avait toujours des problèmes de titres. Quand elle était coincée, elle fermait les yeux et elle ouvrait un livre. Comme ma tante Mabel qui demandait à sa Bible de lui servir de directeur spirituel. Sauf que Laura, en général, consultait le dictionnaire Webster : elle l'ouvrait et posait le doigt sur un mot, ou quelquefois sur deux mots, et le tour était joué. J'imagine que dans ce cas, ça a pu se passer comme ça. Ça n'a pas forcément un sens. »

« Moi, ça me semble assez approprié », protesta Polly en citant ses notes. « Déposition : déclaration que fait sous la foi du serment la personne qui témoigne en justice. Un tableau c'est ça, non ? Ou ça devrait l'être ? »

« Euh, oui, peut-être. » Garrett Jones posa sur elle un regard scrutateur, étonné. Encore un point pour moi, pensa Polly. Elle révisa mentalement sa liste de tableaux de Lorin Jones, se demandant lesquels avaient reçu des titres pêchés au hasard dans un dictionnaire.

Faucon Pèlerin. Oxyde de Carbone. Rouget Grondin. Périsperme. Aller. Oui, possible. Mais pas *Tout en sachant que la guerre est finie, ils continuent de se battre*.

« Evidemment, il pourrait y avoir d'autres façons de lire ce titre », continua Garrett, surmontant sa surprise. « Dans *Déposition,* il y a l'idée d'un objet qu'on a enlevé, déposé. On peut aussi penser à la saison où ce tableau a été peint, la fin de l'été. Il peut y avoir une référence à une abdication de la nature qui renonce au pouvoir, comme quand on dit "Le roi a été déposé". Etes-vous d'accord ? »

« Oui-oui », concéda Polly.

« Mais nous ne saurons jamais quel sens ce titre avait pour Laura. »

« Sans doute. » Vous, en tout cas, vous ne saurez jamais, songea-t-elle en silence.

Quand la voiture s'engagea sur Marsh Road, à Wellfleet, Polly avait vu quatre emplacements censés avoir inspiré des tableaux de Lorin ; aucun n'était aussi évident que le premier, car au fil des années passées sur le Cap, les œuvres de Lorin étaient devenues de plus en plus abstraites. Partout, Polly avait pris des photos. Son système digestif était plus ou moins revenu à la normale, et son humeur était bien meilleure. Tout ce qu'elle regardait – les endroits signalés par Garrett Jones, mais aussi le reste – tout semblait la rapprocher de son sujet : la lumière limpide et froide, les dunes, les pins, les roseaux, formes d'une concision orientale, les couleurs assourdies, la calligraphie des arbres dépouillés, d'un noir tirant sur le vert. Elle se sentait envahie par un sentiment euphorique de déjà vu : presque à chaque virage, elle voyait un spectacle qui lui semblait magiquement familier.

« La vue est belle, n'est-ce pas ? » rugit l'ancien mari de Lorin, cherchant à couvrir le bruit du vent. Ils longeaient à ce moment-là une étendue marécageuse où poussait une herbe jaunie, coupée par la lame scintillante d'une baie agitée de vagues. « Au fait, il faut que je vous dise. Abigail est désolée, elle ne peut pas se joindre à nous ce soir. Elle a une urgence, autour de je ne sais quel article sur les plantes d'intérieur. »

« Oh, quel dommage », répondit Polly, proférant d'un ton vague cette formule insincère sans détourner les yeux du paysage. Elle n'avait rien contre Abigail Jones, une jolie femme fanée d'une cinquantaine d'années, pigiste pour des magazines féminins, qui n'avait pas grand-chose d'intéressant à dire sur elle-même et rien du tout sur Lorin Jones. Mais si Polly devait affronter le mari d'Abigail, il serait plus facile et plus agréable de le faire en l'absence de celle-ci.

« Vu que je ne suis pas un grand cuisinier, je me suis dit qu'on pourrait dîner dehors. Il y a un assez bon restaurant de fruits de mer à Eastham qui est encore ouvert à cette saison. Qu'en pensez-vous ? »

« Excellente idée », dit Polly : stratégiquement, elle avait sans doute avantage à faire face à Jones sur terrain neutre.

« Parfait. Eh bien, voilà la bête. » Dans un crissement de sable et de gravier, il s'engagea dans une allée bordée de lilas aux feuilles rousses.

Malgré sa phrase de présentation, la maison de Garrett Jones, où avait jadis demeuré Lorin, n'avait rien de monstrueux. Elle était plus grande que Polly ne l'avait imaginée d'après les photos ; au lieu de se dresser au milieu des champs, elle était entourée de bosquets bien entretenus.

A l'intérieur, on ne voyait pas grand-chose qui évoquât soit l'art, soit Lorin Jones. Il y avait bien quelques petits tableaux contemporains de qualité, y compris une œuvre de Lorin qui avait figuré dans l'exposition de Polly, mais dans les pièces où ils étaient accrochés régnait un ordre qui n'avait rien de naturel. La décoration trop lourde, dans le style colonial américain, était vraisemblablement due à Abigail Jones, car les pièces offraient une ressemblance frappante avec les photos en couleur qui illustraient un de ses articles dans *Homes and Gardens*.

« Le salon... La salle à manger... Le bureau... Notre chambre à coucher. » Garrett Jones fit visiter à Polly le rez-de-chaussée.

« Très joli », se sentit-elle forcée de dire. « Mais ce n'est pas du tout ce que j'imaginais. »

« Evidemment, c'était très différent quand Laura vivait ici. La maison tombait presque en ruines quand je l'ai achetée, en 1949, et il n'y avait pas de jardin, à l'époque, rien que de hautes herbes folles qui poussaient jusqu'aux murs. Et évidemment, l'aile supplémentaire n'avait pas été bâtie. Les premières années, nous n'avions même pas l'électricité. Abigail a fait des merveilles... Montons, maintenant, je vous ferai voir l'atelier de Laura. » Il montra le chemin, gravissant plutôt lentement et lourdement l'escalier raide et étroit.

« Nous y voilà. Plutôt petit, pour un atelier, mais dans toute la maison, c'est le seul endroit où l'on dispose d'un éclairage nord direct. Il ne reste pas grand-chose du temps de Laura, j'en ai peur. C'est la chambre de Robbie, notre plus jeune fils, maintenant, mais il est à Choate où il fait ses études, bien sûr. Excusez le désordre. »

Polly était habituée à des désordres bien pires. Cette chambre-là, au moins, paraissait habitée par un être humain ; il était rassurant de voir un peu de fouillis et des traces d'usure, voire de saleté, sur les rayonnages couverts de livres, de maquettes d'avions, de coquillages, d'articles de sport ; des posters représentant des yachts et d'illustres joueurs de tennis étaient punaisés sur le mur en pente, près de la fenêtre mansardée. Comme si un aimant l'avait attirée, Polly traversa la pièce, ouvrit un rideau en velours gris côtelé, et regarda au loin, à travers les carreaux anciens de verre à bulles, de teinte verdâtre, dans la direction de la mer embrumée.

« Vous reconnaissez la vue ? » La voix de Garrett Jones résonnait à ses oreilles. « Laura l'a peinte et repeinte, évidemment. On la retrouve dans *Faucon Pèlerin,* dans *Strates,* dans plusieurs autres tableaux. »

« Je la reconnais », dit Polly en s'écartant.

« Elle a fait beaucoup d'esquisses à partir des fenêtres de l'étage. J'en ai gardé quelques-unes ; je vous les montrerai plus tard. Si vous venez par ici, dans le vestibule, par exemple, vous verrez... »

A contrecœur, Polly suivit Garrett Jones et l'écouta mettre en évidence les vues qui avaient inspiré différentes peintures, sans cesser un instant de souhaiter qu'il s'en aille pour la laisser seule avec ces paysages.

« Et maintenant, je voudrais vous montrer votre cantonnement. »

Garrett jeta le sac de Polly sur un grand lit à baldaquin, dans une chambre d'amis où un ordre laborieux présidait à l'arrangement des gravures anciennes, des tables en bois tourné et des tapis au point noué. « Vous y voilà. Si vous voulez faire votre toilette, c'est en face. » Il indiqua la direction voulue d'un bras déployé sur toute sa longueur, comme un capitaine de vaisseau qui montre un objet à l'horizon. « Au fait, je vous ai sorti quelques vieilles photos que j'ai retrouvées. Elles sont sur le bureau. »

« Merci. »

« J'ai supposé que vous seriez contente d'avoir une demi-heure pour vous reposer et vous changer pour le dîner. Après quoi nous décollerons vers six heures, ça vous va ? »

« Très bien, ça me va », acquiesça-t-elle, posant les yeux sur son pantalon en velours côtelé, sa chemise à carreaux et son pull-over à grosses mailles : comme si elle allait s'endimancher pour aller dans un restaurant du Cap Cod avec Garrett Jones !

Dès qu'il eut descendu l'escalier, Polly alla dans la salle de bains, souleva le couvercle des toilettes, garni de tissu éponge rose – on s'en serait douté – et s'assit, moins assurée qu'auparavant. Elle venait de se rendre compte qu'en la promenant, en portant son sac, en l'hébergeant, Garrett Jones avait institué un code tacite : elle était censée se conduire en invitée polie. En un mot, il la tenait. Eh bien, elle allait devoir oublier ses bonnes manières.

En traversant le vestibule, Polly se sentit de nouveau attirée par la même force magnétique, vers l'atelier de Lorin et sa fenêtre. Elle contempla de nouveau les bandes d'ocre pâle, de gris, de bleu que créait la superposition horizontale de la pelouse, des prés, des marais, de la mer et du ciel balayé de traînées nuageuses ; comme dans plusieurs des tableaux peints par Lorin à cette période, on pouvait y voir des strates géologiques. Les rochers, dans ces œuvres, semblaient parfois tranchés à la verticale, ce qui se produit aussi dans la nature. Mais de là, de l'autre côté de cette fenêtre, on voyait aussi une entaille sombre coupant des couches d'admirables couleurs claires : le haut tronc gris d'un orme mort.

Lorin Jones ne détestait pas ce lieu, comme l'avait laissé entendre son amie Sally Vogeler ; elle l'aimait, pensa Polly. Ici, dans cette maison, au cœur d'un paysage lavé par la lumière, elle sut qu'il en était ainsi.

Lorin s'est tenue là où je me tiens, pensa-t-elle. Elle a vu ce que je vois ; elle a ressenti ce que je ressens, tandis que je descends au plus profond des couches géologiques de sa vie. Joyeuse, inquiète, déconcertée ; émue par la beauté du lieu, opprimée par la lourde présence de Garrett Jones au rez-de-chaussée.

Polly frissonna soudain, comme sous l'effet d'un courant d'air : elle avait la conviction que Lorin Jones, qui s'était tenue si souvent près de cette fenêtre, était maintenant derrière elle. Ce n'était pas une idée totalement nouvelle : elle avait déjà ressenti auparavant la présence de l'esprit de Lorin, mais il s'agissait d'une métaphore, d'une présence purement intérieure. La sensation, maintenant, était plus réelle, plus forte. En se retournant, elle vit presque le fantôme flou de Lorin s'évanouir dans l'ombre : la chevelure sombre et emmêlée, les yeux écarquillés de somnambule. Elle cligna des yeux ; l'image se dissipa, se perdit dans la forme des meubles, les motifs du papier peint, et enfin disparut.

Une vague savonneuse de désir roula sur elle. « Lorin. » Elle murmura le nom à mi-voix. « Lorin... je suis ici. »

Au rez-de-chaussée, une porte claqua. Polly sursauta ; n'étant pas prête à retrouver tout de suite la compagnie de Garrett Jones, elle battit en retraite.

De retour dans la chambre d'amis, elle prit les photos qu'il avait laissées à son intention. Trois d'entre elles, floues, surexposées, représentaient des groupes de personnes vêtues de tenues de sport démodées. Non sans difficulté, elle parvint à repérer Lorin Jones, mais elle ne put reconnaître personne d'autre. Sur la dernière photo, plus grande, plus nette, on voyait un petit bateau à voiles. Lorin, debout, se tenant au mât, était partiellement cachée par la voile ; elle portait une chemise blanche ouverte sur un maillot de bain foncé. Sur le pont, plus près de l'objectif et plus au point, un homme vêtu d'un slip de bain souriait sous le soleil. Il était robuste, beau, blond – le genre d'homme qui attirait immédiatement les femmes, le genre qui aurait bien pu attirer Polly elle-même, avant qu'elle ne comprenne ce qu'il en était. Pouvait-il s'agir de Hugh Cameron, pour qui Lorin avait quitté son mari ?

Non, bien sûr que non. Elle le reconnaissait maintenant – Garrett Jones lui-même, trente ans en arrière, sans doute. Polly ressentit un malaise physique, comme si on lui avait passé un film à reculons et en accéléré. Cette photo éclairait cependant un mystère qu'elle n'avait jamais élucidé : la raison pour laquelle Lorin avait pu épouser Garrett.

Elle arrivait maintenant à repérer Garrett Jones sur les autres photos : grand, large d'épaules et de torse, et sur les quatre instantanés, une mèche blonde lui tombait dans les yeux. Elle s'aperçut que ce signe distinctif existait toujours : Garrett n'avait pas perdu ses cheveux, et il avait encore en travers du front la même mèche indisciplinée, grise aujourd'hui au point d'être presque blanche. Pour son âge, il avait encore belle allure.

Pourquoi Garrett tenait-il à ce qu'elle voie ces photos, où son sujet à elle était, dans l'ensemble, flou, à peine visible ? De toute évidence, il voulait qu'elle sache, qu'elle écrive que lorsque Lorin avait épousé Garrett Jones, c'était un homme au physique remarquable ; qu'ils étaient, selon la formule de Jacky Herbert, un beau couple.

Est-ce qu'elle allait écrire ça ? Eh bien, oui, car cela semblait vrai ; de plus, cela expliquait ce mariage. Lorin Jones était un génie, mais c'était aussi une femme. Pourquoi n'aurait-elle pas, comme Polly, commis au moins une erreur sérieuse dans un élan de passion ?

« Pas de sauce sur ma salade, merci. »

« Ah oui, c'est vrai. » Garrett gloussa un peu, l'air

contrit. « J'aurais dû me rappeler », ajouta-t-il, laissant entendre mensongèrement en présence du serveur que Polly était une amie proche ou une parente, alors qu'en réalité, ils n'avaient partagé qu'un déjeuner. Et sans doute le serveur le croyait-il, se dit Polly, agacée : ils avaient bien tous deux un air de famille, avec leurs traits un peu épais et leur silhouette robuste.

Depuis presque une heure, sur la route de Eastham puis dans ce restaurant luxueux, Polly appliquait les conseils de Jeanne et prenait garde de se montrer impolie. Elle s'était résignée à voir Garrett Jones changer de rôle et de costume, le vieux loup de mer buriné se transformant en yachtman aristocratique (blazer bleu marine, chemise quadrillée, foulard en indienne) et elle n'avait fait aucune réflexion sur sa façon de conduire aventureuse. Elle l'avait laissé exclure tout partage de l'addition (« Impossible. Je ne veux même pas y penser. Voyons, c'est un plaisir pour moi. ») Elle avait écouté une série d'anecdotes sur différents peintres célèbres qu'il avait connus, sans lui faire remarquer qu'elle en connaissait déjà plusieurs. Elle avait maintenant l'habitude de voir les personnes interviewées sortir du sujet pour raconter leur propre vie ; mais Garrett portait vraiment très loin ce genre de digression.

Pour se calmer, Polly but une nouvelle lampée du vin blanc coûteux que Garrett avait tenu à commander et dont il avait déjà bu la moitié. Par ailleurs, il avait pris du homard grillé, le plat le plus cher de la carte. Si elle avait su qu'il payait, elle aurait, elle aussi, commandé ça, au lieu de prendre de la morue au gratin. Polly ne pouvait pas expliquer au serveur qu'elle n'était ni l'amie ni la parente de Garrett Jones, mais elle pouvait le lui montrer. Sans faire le moindre effort de discrétion, elle sortit son magnétophone de son sac et le posa sur la nappe à carreaux rouges et blancs. Il allait comprendre que c'était une interview.

« C'est votre magnétophone ? » demanda Garrett dès qu'ils furent seuls.

« En effet. »

« Ah. Vous voulez vraiment vous en servir maintenant, pendant le repas ? »

Evidemment que je veux m'en servir, pensa Polly, exaspérée ; ou je ne l'aurais pas sorti. Mais elle se contenta de dire : « Il va sans doute s'écouler un temps assez long avant que notre dîner arrive. Et vous m'avez déjà dit tant de choses sur l'art et les artistes que j'aurais voulu enregistrer ! Je ne peux pas manquer la suite. » Jeanne serait fière de moi, pensa-t-elle sans trop savoir si elle, elle était fière d'elle-même.

« Oui, mais... »

« D'ailleurs, vous commenciez justement à parler de Bennington Collège, où vous avez rencontré Lorin. Comment cela s'est-il passé ? » Elle appuya sur ENREG.

« Je ne me rappelle pas précisément », dit Garrett, après avoir marqué une pause pendant laquelle Polly le vit se demander s'il n'allait pas refuser de continuer.

« Elle suivait un de vos cours, n'est-ce pas ? »

« Euh, oui. » Garrett but une rasade de vin et capitula. « La Tradition du Moderne, mon grand cycle de conférences ! Mais ce fut beaucoup plus tard que nous avons vraiment fait connaissance. Lorsque Laura était en dernière année. »

« Ah bon ? »

« Je l'avais vue pendant les cours, évidemment. Mais ce sont ses tableaux que j'ai vraiment remarqués, d'abord, à l'exposition des travaux d'élèves à la fin de sa première année. J'avais été réellement frappé par ce qu'elle exposait : c'était si fort, si original, si différent de ce que produisent en général les étudiants débutants... Et quand j'ai mis le nom en rapport avec le visage, j'ai été encore plus étonné. »

« Etonné, pourquoi ? »

« Vous savez, Laura était frêle, timide, éthérée. Pas du tout la personne que son travail m'avait fait imaginer. Pour moi, c'était stupéfiant de voir cette jeune fille discrète et belle peindre de cette façon. »

Oui, c'est ça, pensa Polly. Vous croyez que les femmes

talentueuses sont des Amazones laides et bruyantes. « Et puis, vous avez commencé à vous fréquenter à ce moment-là ? »

« Non. Pas à ce moment-là. L'année scolaire s'est terminée et elle est rentrée chez elle. Mais je dois reconnaître que j'ai pensé à elle tout l'été. A l'automne, nous nous sommes revus à l'exposition des enseignants et nous avons un peu discuté, et puis Laura est venue consulter dans mon bureau un ouvrage d'iconographie qui n'était pas en bibliothèque. Je me suis aperçu, à ce moment-là, qu'elle était non seulement pleine de talent, mais intelligente et capable de s'exprimer clairement, une fois qu'on arrivait à entendre ce qu'elle disait de sa petite voix chuchotante. Et ces qualités-là, on ne les rencontre pas toujours chez les artistes, même doués. Vous avez dû le constater. » Garrett sourit.

« Je sais ce que vous voulez dire », approuva Polly, qui avait eu maille à partir avec des artistes stupides et silencieux. L'année passée, elle avait eu affaire à un sculpteur dont l'« exposé » pour le catalogue semblait rédigé par un illettré.

« En même temps, vous comprenez, elle avait l'air... Comment dirais-je ?... perdue dans la vie. Elle était vierge, bien sûr. Mais à part ça, c'était le genre de fille... vous auriez eu presque peur de la laisser traverser la rue, tant elle était rêveuse, innocente, vulnérable. Si consciente, en tant que peintre, du monde qui l'entourait, dont elle était par ailleurs si inconsciente. Vous prendrez du Meursault ? »

« Pas tout de suite, merci », dit Polly. La langue de Garrett semblait se délier ; peut-être était-il utile, pour elle, qu'il boive le plus de vin possible. « Vous aviez donc déjà eu l'idée de l'épouser », murmura-t-elle.

« Non, pas encore. Je ne me suis même pas rendu compte que nous étions en train de tomber amoureux. » Il s'arrêta, faisant tourner le verre dans sa grosse main rouge.

« Vous ne l'avez pas tout de suite su », souffla-t-elle.

« Non. » Il y eut une autre pause, un peu plus longue,

interrompue par le léger ronflement du magnétophone. Elle essaya encore :

« Et alors... »

Garrett resta silencieux, les yeux fixés bien au-delà de Polly. Vous aussi, vous aimiez Lorin, pensa-t-elle sans pouvoir s'empêcher d'éprouver un sentiment de sympathie, et vous l'avez perdue.

Oui, continua-t-elle en pensée, durcissant délibérément son cœur, et comment l'avez-vous perdue ? « Mais vous avez quand même fini par savoir que vous étiez amoureux, et vous avez décidé de vous marier », suggéra-t-elle.

« Non. » Semblant faire un grand effort, Garrett arrêta à nouveau son regard sur Polly. « Je ne voyais pas si loin que ça. Nous étions simplement dévorés par ce qui nous arrivait, nous nous dévorions l'un l'autre – je n'ai pas l'impression que les jeunes éprouvent des sentiments aussi forts, aujourd'hui. »

Les jeunes ? pensa Polly. Lorin était jeune, mais vous, vous aviez trente-cinq ans.

« Ces yuppies qu'on voit partout, maintenant, ils sont si rationnels, si calculateurs. Ils ne savent pas aimer impulsivement, avec romantisme, sans penser au lendemain. »

« Non », approuva Polly, se demandant si aux yeux de Garrett Jones elle passait pour une yuppie calculatrice et rationnelle.

« Mais nous, c'est comme ça qu'on s'aimait. Il a fallu que le printemps se termine, pour que je me rende compte que Laura allait bientôt avoir son diplôme et que je risquais de ne jamais la revoir. »

« Ah bon ? »

« Oui, c'était après une conférence sur les cathédrales françaises. Une de ces nuits bizarrement chaudes qui surviennent parfois en mai, avec des orages soudains, et nous avons tous dû foncer vers le bâtiment où se tenait la réception. La plupart d'entre nous avaient un imperméable ou un parapluie, mais quand Laura est arrivée, elle était trempée, pieds nus, ses sandales à la main, et ses vêtements légers lui collaient au corps.

J'ai essayé de la persuader de se changer ; d'autres personnes sont intervenues. Elle tremblait de froid, mais elle a refusé. Elle soutenait qu'elle serait vite sèche, mais naturellement, elle n'a pas vraiment séché. On a fini par la persuader de partir. Je la vois encore s'éloigner dans l'herbe humide, traversant les éclats oblongs de lumière qui tombaient des fenêtres. Si frêle, si pâle, ses longs cheveux sombres ruisselant sur son dos comme des lianes exotiques. Elle avait quelque chose d'ensorceleur, de féerique, comme si elle n'avait pas été tout à fait humaine. »

Oui, pensa-t-elle, se représentant la scène dans toute sa réalité. Puis, sursautant un peu : il ressent ce que je ressens ; le même être nous manque.

« Qu'est-ce que je disais ? » demanda enfin Garrett.

« Vous vous êtes rendu compte que vous risquiez de ne pas revoir Lorin », souffla Polly.

« Oui, en effet. Je n'avais jamais parlé de l'avenir, vous comprenez, et elle non plus. Mais je savais qu'elle comptait aller étudier à New York, cet automne-là. Et ça aussi, ça me préoccupait : l'idée d'une Laura seule dans la ville, dans cette jungle qu'était alors la Ligue des Etudiants en Arts Plastiques. En plus, elle n'aurait pas le temps de peindre. Son père acceptait de lui payer un an d'enseignement, mais il souhaitait qu'elle trouve un emploi à mi-temps, pour contribuer à ses frais d'entretien. Et je savais qu'elle se ferait facilement exploiter, à New York, par les marchands. Et par les hommes. Je ne pouvais pas tolérer ça. »

« Vous avez donc décidé de l'épouser », dit Polly.

Garrett fit non de la tête. « J'ai décidé de la demander en mariage ; je ne pensais pas qu'elle accepterait. Je n'avais presque aucun espoir. Elle semblait si jeune, si belle, si pleine de talent, si libre... »

De nouveau, Polly éprouva malgré elle un fort élan de sympathie. Elle le refoula, cherchant à ne retenir que le mot « libre », se remémorant le dossier de l'affaire.

« Je vois. » Elle aspira une grande goulée d'air, résolue à lui extorquer la vérité. « Mais vous étiez déjà marié, n'est-ce pas ? » ajouta-t-elle en observant l'expression de Garrett.

« Heu, oui. » Il cligna des paupières, ses yeux bleus injectés de sang noyés au milieu d'une masse de petites rides. « Oui, j'étais marié, en effet. Est-ce que cela vous choque ? »

« Non, pas trop », admit Polly, forcée à se replier sur une position défensive.

« Les temps ont changé. » Garrett soupira. « Vous autres, les jeunes, plus grand-chose ne vous choque, n'est-ce pas ? »

« Enfin, pas ce genre de choses », dit Polly, peu désireuse d'être assimilée soit à une puritaine soit à un être totalement immoral.

« Les gens étaient choqués, à l'époque. Très choqués. Il y en avait qui voulaient me faire renvoyer. » Garrett soupira encore, puis secoua la tête. « Mais c'est de l'histoire ancienne. Sans doute n'étiez-vous même pas née. »

Il sourit à Polly, gentiment mais avec une pointe de condescendance. « En plus », poursuivit-il, « mon mariage était fini, à ce moment-là. C'était une de ces unions nées de la guerre, un coup de tête, une erreur. Nous avions à peine eu le temps de nous connaître, mais comme je devais partir outremer dans la Marine... »

« Oui-i », marmonna Polly. Un coup de tête, une erreur. C'est sans doute ce que mon père disait, quand on lui demandait pourquoi il avait quitté ma mère.

« Il y avait maldonne, dès le début. Nous n'avions rien à faire ensemble. Sauf sur le plan physique. » Sa voix s'assourdit sur les derniers mots, qu'il murmura nostalgiquement. Le magnéto ne les enregistrerait sans doute pas, mais Polly les entendit.

« Avec Laura, c'était bien différent », reprit Garrett, en se raclant la gorge. « Plus je la voyais, plus nous nous aimions. Et puis, elle avait besoin de moi, pas comme Roz. Je savais que je pouvais la protéger, l'aider. Elle avait un talent évident, et j'avais des amis à New York, des marchands, des gens de musées, qui examineraient son travail avec attention si je le leur demandais. Je savais qu'elle ne le leur montrerait jamais, elle. Les inconnus la terrifiaient, vous savez. »

« Oui », reconnut Polly.

« Elle n'avait pas sa chance, sans moi, j'en étais certain. Elle risquait de ne jamais se faire connaître comme peintre – vous savez comment ça se passe à Manhattan – ou de mettre des années. Mais il y avait un problème : je travaillais dans le Vermont, et il fallait que Laura étudie à New York ; elle avait déjà appris à Bennington tout ce qu'elle pouvait y apprendre. Je ne savais que faire. » Garrett secoua la tête ; la mèche drue de cheveux gris-blanc lui tomba dans les yeux, comme sur les vieilles photos.

« Et alors... »

« Alors, on m'a offert un poste fixe de critique d'art, dans un journal new-yorkais. Le destin, on aurait dit... Ah, merci. » Le serveur revenait avec leur dîner. Polly arrêta son magnétophone et le posa sur ses genoux.

« Le homard est délicieux », annonça Garrett peu après. « Voulez-vous goûter ? »

« Volontiers. Et vous ? Voulez-vous essayer la morue ? »

« Merci. »

Polly transféra un morceau de poisson et quelques parcelles de tomate et de poivron sur l'assiette de Garrett et, levant les yeux, le vit tenir devant sa figure un lambeau de chair rose, ruisselant de beurre fondu, piqué au bout d'une fourchette, comme on le fait aux petits enfants. Elle sentit en elle l'indignation affronter la duplicité, mais celle-ci l'emporta : ce n'était pas encore le moment de déclarer la guerre.

« Délicieux, n'est-ce pas ? »

« Tout à fait », approuva Polly, qui avait eu un peu de mal à avaler le homard.

« Reprenez-en. »

« Non, merci... Vous avez connu le père de Lorin Jones », lança-t-elle, s'efforçant de prendre un ton désinvolte tandis qu'elle remettait discrètement sa machine en marche. « Comment était-il ? »

« Dan Zimmern ? C'était un sacré vieux lascar. » Garrett Jones sourit de toutes ses dents et mêla de la crème et de la ciboulette à sa pomme de terre cuite au four, qu'il réduisit en purée. Parce qu'il ne savait plus qu'on l'enregistrait, ou parce que le vin lui montait à la tête, il avait une attitude bien plus détendue. « Il a liquidé trois femmes. Quand j'ai fait sa connaissance il avait presque soixante ans, mais il avait beaucoup d'allure, un peu dans le style des anciennes stars du cinéma. C'était un charmeur. Même à la fin de sa vie, alors qu'il passait le plus clair de son temps à l'hôpital, il faisait battre le cœur des infirmières. »

« Ah oui ? » Mon père pourrait finir comme ça, pensa Polly. Il n'avait pas l'air d'une star, ce n'était pas ce qu'on appelle traditionnellement un bel homme, mais il méritait le qualificatif de charmeur. Elle sentit à nouveau en elle une forte empathie à l'égard de Lorin Jones.

« Evidemment, il était complètement analphabète quand il s'agissait d'art contemporain », continua Garrett entre deux bouchées. « Comprenait rien du tout à ce que fabriquait sa fille. N'empêche que quand elle a commencé à avoir du succès, il est devenu vraiment fier d'elle, il allait à toutes ses expositions. »

« Oui, on m'a dit ça. »

« Mais ça n'était pas un idiot, Dan. Je me rappelle quelque chose qu'il m'a dit, un jour. C'était peut-être une citation, d'ailleurs : "En l'absence de bonheur, le plaisir et le pouvoir sont ce que le monde a de mieux à offrir." »

« Le plaisir et le pouvoir ? »

« Oui, dans l'ordre. » Garrett rit. « Et ça sautait aux yeux : il en voulait. Il n'y avait qu'à le regarder manger, ou l'entendre parler de son travail... Quand j'ai fait sa connaissance, je me suis dit, quel vieux, euh, quel vieux bonhomme cynique et dur. » Garrett déglutit ; était-ce le mot « Juif » qui avait failli lui échapper ? « Je trouvais ça triste pour Laura d'avoir un père pareil. »

« Comment est-ce qu'ils s'entendaient ? »

« Pas trop mal, vu leurs personnalités. Dan avait bon cœur ; il aimait vraiment bien Laura, même s'il ne comprenait rien à ce qui se passait dans sa tête. Je crois qu'elle l'aimait aussi, à sa façon. Au bout de quelque temps, j'ai fini moi-même par l'apprécier. Et aujourd'hui, je regrette de ne pas l'avoir mieux connu. »

Parce qu'aujourd'hui, tu lui ressembles, pensa Polly en regardant Garrett casser une pince de homard et enfourner la chair dans sa vieille et superbe trogne. Tu as été jeune et amoureux : aujourd'hui tu préfères le pouvoir et le plaisir. Tu as épuisé deux femmes, trois peut-être.

« Encore un peu de vin ? »

« Non, merci bien. »

« Allez-y, voyons, ou il sera perdu. Il faut que j'arrête de boire, maintenant : c'est moi qui conduis. »

« Bon. Très bien. » Polly laissa Garrett remplir son verre.

« Pas mauvais, ce Meursault. Je me rappelle la première fois que j'ai goûté à ce vin, en France ; ça doit être en 1937, quand je suis allé voir les peintures de la grotte de Lascaux avec... »

Avant qu'elle puisse intervenir, il était reparti dans une autre série d'anecdotes émaillées de noms plus ou moins célèbres. Elle glissa la main sous sa serviette et arrêta le magnétophone.

6

Garrett Jones continua à parler jusqu'à la fin du dîner et sur le chemin du retour ; il se montra parfois, Polly dut le reconnaître, intéressant ou amusant. Quant à elle, elle ouvrit à peine la bouche ; elle commençait à avoir la désagréable impression qu'elle ne se conduisait pas très bien. Bien sûr, sous ses dehors gracieux, Garrett était un phallocrate de la vieille école qui avait sans doute beaucoup fait pour rendre Lorin Jones malheureuse. Mais il avait fait don à Polly, et à son projet, d'une bonne part de son temps précieux et désormais limité, vu son âge : il lui avait offert un bon dîner dans un restaurant de luxe, et il avait répondu à toutes ses questions. Pire, il semblait lui faire confiance et la trouver sympathique.

« Et alors ? » dit dans sa tête la voix impatiente de Jeanne. « A la guerre, tous les coups sont bons, tu te rappelles ? »

Polly s'efforça de garder cette règle en mémoire, mais c'était difficile. Lorsqu'ils s'engagèrent dans l'allée, elle faillit mettre stupidement Garrett en garde, lui avouer qu'elle avait l'intention de le trahir et de le dénoncer dès qu'elle aurait découvert quelque chose à trahir ou à dénoncer.

Mais peut-être qu'il n'y avait pas grand-chose à découvrir, et ainsi, tout irait bien, pensa-t-elle en entrant dans la maison.

« C'est idiot », dit la voix de Jeanne. « Jusqu'à présent, il t'a raconté un tas de mensonges qui lui donnaient le beau rôle, sur l'amour qu'il vouait à Lorin, et l'aide qu'il a apportée à sa carrière. Pour l'amour du Ciel, ne le laisse pas te baratiner. Continue à sourire, insiste encore un peu, et tu auras ce que tu es venue chercher. »

Peut-être, répondit en silence Polly à Jeanne ; mais maintenant, sa femme va être là pour nous écouter. Il ne faut pas se faire d'illusions.

En fait, elle sut bientôt qu'Abigail ne serait pas là pour écouter. « Je suppose que votre femme est déjà allée se coucher », dit Polly pendant que Garrett allumait au salon une lampe abat-jour vert en tôle émaillée.

« Ma femme ? » Pendant un instant, Garrett, qui était en train de décrire Venise dans les années 50, sembla ne pas savoir de quelle femme elle parlait. « Ah oui, Abigail. Mais non, elle est à New York. Il y avait une urgence autour d'un article, je vous l'ai dit, non ? »

« Vous y avez fait allusion, mais j'ai cru que... » Polly comprit brusquement qu'elle était seule, en pleine nuit, au cœur de nulle part, avec un vieil homme qu'elle considérait depuis des mois comme un ennemi. D'un autre côté, quel mal Garrett pouvait-il lui faire ?

« Elle était désolée de ne pouvoir être ici, mais je l'ai assurée que nous nous débrouillerions. Je suis quand même capable de préparer le petit déjeuner. » Garrett eut un éclat de rire qui sonnait faux. « Eh bien, mettez-vous à l'aise pendant que j'allume le feu. » Il écarta un écran de cheminée en bronze trop astiqué, s'agenouilla lourdement devant l'âtre et frotta une allumette sur les briques.

« Nous y voilà », murmura-t-il avec satisfaction en voyant monter les flammes pâles. « Que diriez-vous d'un petit verre de Courvoisier ? »

« Euh... volontiers. »

« A votre livre », proposa Garrett peu après en se penchant vers Polly, assise à l'autre bout du divan dodu à housse de chintz, pour faire tinter les verres ballon.

« Merci. » Peu accoutumée à ce genre de breuvage, elle avala d'un trait ; la vapeur de l'alcool lui monta au nez, provoquant un éternuement qu'elle étouffa à demi. « Puis-je vous poser encore quelques questions ? »

« Bien sûr, tout ce que vous voulez. Mais sans magnéto, je vous en prie. Ça me fait toujours penser au Watergate. » Il rit et se laissa aller en arrière ; large, rougeaud, assuré.

Le Watergate, pourquoi pas ? se dit Polly. « D'accord. »

Elle sortit un carnet, posa son sac ouvert près de l'accoudoir du divan et mit la machine en marche, se sentant coupable mais décidée. Il faut que je le fasse, se dit-elle en manière d'excuse silencieuse ; il faut que je sois rigoureuse.

« Quand j'ai déjeuné avec vous, à New York, vous m'avez dit que les parents de Lorin ne se ressemblaient pas beaucoup », commença-t-elle, ouvrant son carnet et cherchant à déchiffrer sa liste de questions à la lumière vacillante du feu.

« C'est le moins qu'on puisse dire. » Garrett rit de nouveau. « Je me suis parfois demandé si cela expliquait la nervosité de Laura. J'ai une théorie là-dessus, vous savez : quand les parents ont des tempéraments très différents, leurs enfants ont des problèmes, parce qu'ils sont composés d'éléments discordants. Ça fait un genre d'électricité statique d'origine génétique. »

« Ah oui, peut-être. » Est-ce que c'est ça qui s'est passé avec moi ? se demanda Polly : moitié mère consciencieuse et pratique, moitié père fantasque et émotif ? « Et comment s'entendaient-ils, les parents de Lorin ? »

« Oh, pas trop mal, je pense. Celia vouait un culte à son mari. Et Dan l'aimait, à sa façon. Mais il ne s'est jamais rendu compte de sa chance. Il ne voyait pas vraiment de différence entre Celia et cette blonde décolorée tapageuse qu'il a épousée après la mort de Celia, avec ses fausses gravures de Matisse, comment s'appelait-elle donc ? »

« Marcia. »

« C'est ça. Vous l'avez rencontrée ? »

« Je l'ai interviewée. »

« Alors, vous voyez ce que je veux dire. » Garrett eut un sourire complice.

« Marcia Zimmern ne vous plaisait pas ? »

« Grand Dieu non ! » L'alcool commençait à lui délier la langue. « Elle vous a plu ? »

« Pas trop », admit Polly, en proie aux mêmes symptômes.

« Je pouvais pas la sentir, cette bonne femme. Et bien sûr, c'était bien pire pour Laura. Elle ne s'est jamais remise d'avoir vu son père épouser une personne pareille moins d'un an après la mort de Celia. En fait, elle ne lui a jamais pardonné. »

Pourquoi lui aurait-elle pardonné ? pensa Polly. « Dites-moi. En quoi Celia Zimmern était-elle différente de son mari ? »

« A tous points de vue. C'étaient des personnages complètement différents. Par exemple, je ne pense pas que Celia se soit intéressée au plaisir, ni au pouvoir. Pas son truc ; rien là-dedans qui la motivait. » Garrett réfléchit, faisant tourner son verre. « Ce qui comptait, pour elle, c'était sa famille, Laura et Dan. Et ensuite, l'art, les livres, la musique, la nature. »

« Oui... ? »

« Je suis sûr que Laura tenait de Celia sa sensibilité au monde naturel. Et son amour de la peinture ; Celia l'avait emmenée dans des galeries ou des musées pour ainsi dire dès qu'elle avait su marcher. Sa timidité aussi ; mais chez Laura il y avait une exagération de ce trait, transformé en une peur pathologique des gens et des situations inhabituelles. »

« Pathologique ? » Polly fronça les sourcils.

« Eh bien, oui. Je crois que c'était le cas. Il était impossible, par exemple, de persuader Laura de rencontrer des représentants du monde artistique qui auraient pu l'aider. Je n'arrêtais pas de lui expliquer que si quelqu'un faisait sa connaissance et l'appréciait, il serait mieux à même d'accorder de l'attention à ses tableaux. Elle me disait : “Et s'ils font ma connaissance et qu'ils ne m'apprécient pas ?” »

« Je vois », dit Polly, à qui cette question semblait parfaitement raisonnable.

« Impossible de la convaincre, quelle que soit l'importance de l'occasion. » Garrett secoua la tête. « Timide et entêtée : une combinaison épuisante. L'obstination venait de son père, ainsi que son énergie ; sa mère a toujours été douce et malléable. Et Laura, physiquement, tenait de lui, évidemment. Celia était jolie, elle avait une beauté beaucoup plus subtile. On ne voyait pas tout de suite à quel point elle était charmante. Il y a des gens qui ne s'en sont jamais aperçus. »

« Je sais, j'ai vu des photos », dit Polly, peu désireuse d'être rangée aux côtés de ces êtres obtus.

« C'était une femme merveilleuse. » Garrett soupira. « Vous savez, j'étais là-bas avec Laura, un jour, le printemps qui a suivi notre mariage, et Celia me faisait voir le jardin. C'était une jardinière très douée. Pas une professionnelle comme Abigail, évidemment : tout était toujours en désordre, avec un air inachevé, et elle ne faisait pas appel aux pépiniéristes, sauf pour les roses. »

« Les roses », répéta Polly.

« Oui, Celia avait de merveilleux rosiers ; certaines variétés que je n'ai jamais revues depuis. Mais ce qu'elle préférait, c'étaient les fleurs sauvages. Elle allait dans les bois ou dans les prés avec un panier et elle déracinait des plantes, par mottes entières. Ses parterres étaient pleins de trilliums, de jacinthes sauvages, de narcisses, de graminées en tout genre. »

« Oui... »

« Eh bien, voyez-vous, je l'ai regardée, en cette journée de printemps humide, agenouillée, la truelle à la main, à transplanter un plant de violettes blanches, et l'idée m'est venue que j'aurais dû épouser Celia et non Laura. Elle n'avait que six ou sept ans de plus que moi ; si elle avait eu quelques années de moins, elle aurait été parfaite. Elle avait une grande intelligence, sans être envahissante ni discutailleuse comme la plupart des femmes cultivées. »

« Vraiment ? » dit Polly, tout en se demandant si ce discours antiféministe classique serait enregistré. « Vous pensez donc que Celia vous aurait mieux convenu que sa fille ? »

« Oui, à plus d'un titre. D'abord, c'était une véritable

intellectuelle. Elle pouvait parler de tout avec finesse : l'art, l'esthétique, la psychologie, la philosophie, la littérature... Comparée à elle, Laura n'était qu'une enfant, belle et capricieuse. » Garrett secoua lentement la tête. « Mais les passions les plus fortes, évidemment, sont inspirées par des enfants ou par l'aspect enfantin de la personne aimée. N'est-ce pas ? »

« En effet, ça doit parfois se passer comme ça », dit Polly, à qui rien de pareil n'était jamais arrivé. Elle laissa tomber sa main par-dessus l'accoudoir pour vérifier que son sac était ouvert et son magnéto dégagé. « Avez-vous parlé à Celia Zimmern des sentiments qu'elle vous inspirait ? »

« Non, comment l'aurais-je pu ? Mais je crois qu'elle le savait. Je suis sûr qu'elle pouvait sentir qu'il existait des affinités entre nous. Il y a une sorte de vibration que l'on éprouve parfois devant une femme vraiment sensible. J'ai souvent ressenti ce phénomène. A Paris, après la guerre... ».

Avant que Polly puisse le ramener au sujet de leur conversation, Garrett se lança dans un autre flot d'anecdotes, d'un caractère plus sentimental que professionnel, cette fois.

Il avait cessé de citer des noms de personnes ; il préférait les laisser entrevoir, à peine masquées. (« Une femme superbe, poétesse de talent – vous avez certainement lu ses œuvres, elle est dans toutes les anthologies... », et ainsi de suite.) Tandis qu'il dévidait ses réminiscences, confortablement affalé dans les coussins fleuris avec dans une main un verre où la flamme mettait des étincelles, l'autre bras posé sur le dossier du canapé, les rides de son visage étaient adoucies par la lumière rosée et ses traits bien dessinés gagnaient en vie et en chaleur. Pour la première fois, il se mit à ressembler aux photos d'autrefois.

« Vous avez vécu toutes sortes d'aventures », dit Polly quand Garrett se tut pour remplir leurs verres, dans l'espoir de le faire changer de sujet. « Mais je voulais vous demander... »

« C'est vrai, j'ai eu une vie fascinante », coupa-t-il. « J'ai parfois songé à écrire mes mémoires. En tout cas, je ne manque pas de matériaux. Mon éditeur me l'a suggéré, d'ailleurs. » Il soupira. « Mais je ne suis pas sûr. C'est un satané boulot, de revoir toutes mes vieilles lettres, tous mes papiers, d'écrire à des gens dont j'ai complètement perdu la trace, de vérifier les noms, les dates, les lieux... »

Il soupira de nouveau, puis regarda Polly en souriant, une étincelle dans ses yeux bleu clair.

« Evidemment, si je pouvais trouver une assistante... une collaboratrice, plutôt. Quelqu'un qui connaîtrait le milieu artistique et qui serait doué pour la recherche. Ça m'aiderait à démarrer, vous ne croyez pas ? »

« Mais oui, pourquoi pas ? »

« Il faudrait, évidemment, que ça soit quelqu'un de jeune, d'énergique. Quelqu'un dans votre genre... » Garrett se pencha et posa sa main forte et noueuse sur celle de Polly, qu'il tapota paternellement. « Je crois que nous pourrions travailler ensemble, vous savez ? Impression qu'il y a déjà un courant de sympathie entre nous. On se comprend naturellement. »

« Merci », dit Polly avec un sourire nerveux ; elle se sentait de plus en plus en porte-à-faux.

« Alors ? » demanda Garrett. « Ça vous dirait de m'aider ? »

« Ça serait un projet intéressant », temporisa-t-elle, se demandant s'il parlait sérieusement. « Mais l'année prochaine, quand j'aurai fini mon livre, il faudra que je retourne au travail, ou je mourrai de faim. » Elle eut un petit rire gêné et libéra doucement sa main de l'emprise de celle de Garrett.

« Ne vous en faites pas pour ça », assura-t-il ; sa main était maintenant posée sur le pantalon en velours beige de Polly. « Si j'acceptais d'entreprendre ce projet, j'obtiendrais de mon éditeur une avance correcte. Et je ne vois pas pourquoi on ne pourrait pas débloquer une petite allocation pour vous. » Il lui serra la cuisse d'un geste amical. « Je dis “petite”, mais ça serait nettement plus que ce que vous gagnez maintenant, je vous le garantis. »

« Le musée ne me garderait pas mon poste pendant tout ce temps », dit Polly en écartant discrètement sa jambe. Il était tard et Garrett était légèrement éméché ; elle ne se sentait pas parfaitement lucide elle-même.

« Mais si, mais si ; j'y veillerais. Vous savez, votre patron est un bon ami à moi. » Il sourit à nouveau, puis se baissa pour tisonner le feu, envoyant de la fumée dans toute la pièce. « Pensez-y, d'accord ? »

« D'accord », accepta Polly, tout en se demandant si elle devait y penser. Un an – deux ans, peut-être – à travailler pour et avec Garrett Jones, qu'est-ce que cela pouvait bien donner ?

Une semaine auparavant... non, quelques heures auparavant, elle n'y aurait même pas songé. Mais maintenant, cela lui paraissait vaguement envisageable. Elle n'avait plus peur de Garrett, elle ne se méfiait plus de lui ; elle allait presque jusqu'à l'aimer. Et puis en somme, il avait connu, au cours des cinquante dernières années, presque tout le monde dans les milieux de l'art ; son livre risquait d'être vraiment intéressant.

« Bon. » Il sourit et ferma les yeux.

Polly bâilla, se rendant compte qu'elle était vraiment fatiguée ; mais elle rassembla ses forces. Il ne fallait pas qu'elle laisse Garrett s'endormir. « Parlez-moi encore de l'époque où vous veniez ici avec Lorin », dit-elle. « Passiez-vous tout l'été à Wellfleet ? »

Garrett ouvrit les yeux et secoua la tête comme pour la rendre plus claire ; la mèche grise se déplaça. « Oh, non. Pas moi. J'avais une rubrique régulière dans le journal, à l'époque. Fallait que je sois à New York pour les vernissages jusqu'en juin. Et même quand il ne se passait rien en ville, j'avais des expos ailleurs dans le pays. Je passais la moitié de ma vie dans les trains et les avions. »

« Lorin était donc ici plus souvent que vous ? »

« Oui, oui. Beaucoup plus. Vous savez, elle avait déjà commencé à se rebeller contre New York, contre tout ce brouhaha. Même avant que j'aie fait isoler la maison et installer la chaudière, elle s'est mise à y aller en mai et à rester de plus en plus tard dans l'année, jusqu'en octobre. C'était de la folie ; à cette saison il fait quelquefois sacrément froid. On entendait le vent hurler à travers les murs. »

« Comment se débrouillait-elle dans ce cas ? »

« Pas facile. Elle essayait de se chauffer un peu en allumant la cuisinière et en peignant dans la cuisine, ou alors elle traînait de pièce en pièce un vieux radiateur électrique. Vous auriez vu mes factures d'électricité ! Et même comme ça, il fallait parfois qu'elle porte des gants pour travailler. »

« C'est vrai ? » Polly eut une vision instantanée : les arbres nus s'agitant dans le vent, de l'autre côté de la fenêtre de l'atelier ; Lorin en jean taché de peinture, chandail, gants de cuir noir, debout entre son chevalet et la sourde lueur orange d'un radiateur à l'ancienne.

« Une fois qu'on a eu la chaudière, elle s'est mise à venir ici toute l'année. »

« Le week-end, vous voulez dire ? »

« Plus que ça. Des semaines d'affilée. Au bout de quelque temps, elle a cessé de tenir compte de ce qui se passait à New York. Il pouvait bien y avoir le vernissage d'un ami, ou bien j'avais pris des billets pour une pièce, mais ça n'empêchait pas Laura de s'en aller. Elle a fini par détester la ville à tel point qu'elle passait ici le plus clair de l'année. »

« Toute seule ? »

« Ma foi, oui. Le plus souvent. Je venais quand je pouvais, bien sûr... » Garrett cligna des yeux, sans que Polly pût savoir s'il exprimait ainsi une certaine culpabilité, du chagrin, ou simplement son envie de dormir. « Je ne venais pas aussi souvent que j'aurais dû. Je le sais maintenant. » Il souligna ce propos d'un hochement de sa vieille tête volumineuse et belle. « Mais c'était bigrement loin quand on n'avait pas les moyens de se payer l'avion, et je voyageais déjà plus souvent qu'à mon tour. »

« Lorin ne vous accompagnait pas quand vous partiez ? »

« Elle l'a fait seulement la première année, en gros. A

deux reprises, ça s'est très mal passé... Pourtant j'aurais bien aimé l'avoir à mes côtés ; je me sentais bien seul, sur la route. »

« Elle aussi, elle devait se sentir seule, ici », dit Polly, aux prises avec un autre élan de sympathie.

« Elle n'avait pas l'air d'en souffrir. Les gens ne comptaient pas tant que ça pour Laura, vous savez... Même moi, je ne comptais pas tant que ça, j'ai fini par m'en apercevoir ». Sa voix était tremblante.

« Comment le savez-vous ? »

« Un homme sait ce genre de choses, à moins d'être un imbécile. Une femme aussi, je pense. » Garrett lança à Polly un regard lourd de sens. « Pas vrai ? »

« Sans doute », reconnut Polly. J'ai donc été une imbécile, pensa-t-elle en avalant une autre rasade d'alcool. Nous avons tous deux été des imbéciles, à faire confiance à des gens pour qui, en fin de compte, nous ne représentions pas grand-chose. « Elle vous a quand même épousé », dit-elle en s'efforçant de le consoler. « Ça prouve qu'elle ressentait quelque chose. »

« Certes, j'en conviens. » Il eut un sourire entendu. « Mais si ses sentiments avaient été durables, elle serait restée à New York avec moi. Vous ne croyez pas ? »

« Sans doute. » Polly se remémora la trahison de son mari et éprouva de nouveau un élan de sympathie pour Garrett. « Mais lui avez-vous dit que vous aviez besoin d'elle – avez-vous été explicite ? »

« Bon Dieu, et comment ! J'ai expliqué à Laura cent fois que j'étais forcé de rester en ville à cause de mon travail et que je voulais qu'elle soit près de moi. C'était comme de parler à une toile vierge. Elle avait quelquefois l'air d'écouter, mais elle n'entendait pas vraiment. »

Tout à fait, pensa Polly, se rappelant des scènes de son propre passé.

« Est-ce que vous pensez que votre mariage a été une erreur, dans ce cas ? »

Garrett ne répondit pas tout de suite ; il soupira longuement, tristement, et remplit son verre. « Je me dis parfois que mes deux premiers mariages ont été des erreurs », dit-il enfin. « Je ne suis pas arrivé à les rendre heureuses, ni l'une ni l'autre, et elles ne m'ont pas rendu heureux. Elles étaient incapables de me donner ce dont j'avais besoin. »

« C'est-à-dire ? » demanda Polly. « Je veux dire, par exemple ? »

« Eh bien... Par exemple, j'avais très envie d'avoir des enfants. Mais ma première femme ne pouvait pas en avoir, et Laura n'en voulait pas. »

« Elle ne voulait pas d'enfants ? »

« Non. Je crois que ça lui faisait peur, tout le processus, vous voyez. » Garrett secoua lentement la tête. « Et maintenant, je suis un père âgé, comme dit notre pédiatre. » Il eut un sourire entendu. « Mais en ce qui me concerne, ça vaut mieux que de ne pas être père du tout, vous savez ? Les gens sans enfants, peu leur importe ce qui arrivera au monde après leur départ, à moins que ce soient des saints. Ils ne s'intéressent qu'à leur propre vie, pas vrai ? »

« Je vois ce que vous voulez dire », approuva Polly.

« Mais oui, vous comprenez : vous avez des enfants. » Garrett tituba, tombant presque sur Polly, et posa de nouveau une main sur la sienne. Cette fois, elle ne la retira pas.

« J'ai un fils », dit-elle en se demandant où Stevie pouvait bien être, et ce qu'il faisait.

« Oui, vous me l'avez dit. » Le regard de Garrett se perdit par-delà l'épaule de Polly, du côté du papier peint orné de fleurs floues et crémeuses. Puis, lentement, il se tourna de nouveau vers elle, avec d'abord un sourire, puis un regard insistant. « Vous savez ? » déclara-t-il soudain d'une voix différente, plus ferme. « Vous me la rappelez un peu, Laura. »

« C'est vrai ? » Polly resta bouche bée, comme si les bûches qui brûlaient doucement avaient soudain explosé en bouquet de feu d'artifice.

« Je ne sais pas pourquoi. » Il secoua la tête. « Vous ne lui ressemblez pas beaucoup, mais il y a quelque chose. La voix, peut-être. »

« Vous trouvez que j'ai la même voix qu'elle ? » dit Polly, prêtant l'oreille aux mots qui sortaient de ses lèvres avec les intonations spectrales de Lorin. Elle n'avait jamais entendu Lorin parler, et ne l'entendrait jamais ; pour autant qu'elle le sache, sa voix n'avait jamais été enregistrée.

« Euh, oui, un peu. »

Polly dévisagea le mari de Lorin Jones. Et si c'était vrai – qui était mieux placé pour le dire ? Et après tout, Polly ne s'en était-elle pas doutée depuis le début ? N'avait-elle pas remarqué comme leurs vies se chevauchaient, ne s'était-elle pas étonnée de leur condition de filles uniques et de juives, et d'autres similitudes : même comté d'origine, même ville, même profession ? Et même, elles portaient presque le même nom ; Polly se rappela le frisson qui l'avait parcourue lorsqu'on lui avait révélé que Lorin, dans son enfance, était connue sous le nom de Lolly.

Ici, dans les lieux hantés jadis par Lorin, elles s'étaient rapprochées encore davantage. Tout le jour, elle avait suivi les traces de Lorin ; et parfois, à coup sûr, le fantôme de Lorin avait marché à ses côtés.

« C'était sa maison, ici ; c'était l'endroit qu'elle aimait réellement », annonça Polly, désormais convaincue.

« C'est vrai. » Garrett soupira. « Quand j'ai compris qu'elle était décidée à passer le plus clair de l'année ici, je me suis mis à faire des pieds et des mains pour trouver un poste d'enseignant dans les environs, de façon à être avec elle le plus souvent possible. »

« Mais vous n'en avez pas trouvé ? »

« Si, j'ai fini par en trouver un, mais il était trop tard. Je suis arrivé ici aussi vite que j'ai pu pour lui en parler, et elle était partie. Sans même me laisser un mot. »

« C'est dur », s'exclama Polly.

« Ça m'a quasiment tué, à l'époque, si vous voulez tout savoir. » Garrett, par deux fois, hocha lentement la tête. « Vous comprenez, je ne soupçonnais pas... Laura ne s'était jamais plainte, elle n'avait jamais rien dit. Elle s'était simplement mise à m'éviter, de plus en plus. Et elle refusait de me parler de son travail. J'aurais dû m'en douter, je suppose ; mais elle avait toujours été quelqu'un de très solitaire, et l'évolution s'est faite peu à peu. La dernière année... » Son regard se perdit quelque part dans l'espace.

« Je savais qu'elle butait sur un sérieux blocage, mais elle ne voulait pas que je l'aide, ni que je fasse la moindre suggestion à propos de ses peintures. Pour finir, elle ne me montrait même plus l'œuvre en cours. Après manger, elle montait dans son atelier et elle s'enfermait. Si je frappais à la porte, elle ne répondait pas. Quelquefois elle y restait des heures durant, jusqu'à minuit passé ou davantage, et je finissais par renoncer à l'attendre, et j'allais au lit. »

« Ça me fait beaucoup de peine pour vous », dit Polly ; elle avait pourtant, lui semblait-il, une compréhension intuitive des raisons qui avaient poussé Lorin Jones à fuir Garrett et sa sympathie envahissante. Au cours des siècles, l'artiste avait toujours dû se protéger du critique. Pourtant, quelle épreuve terrible pour tous les deux ! Elle imaginait les longues soirées silencieuses, dans cette maison précisément : Lorin enfermée dans son atelier, les yeux fixés sur une toile blanche ; Garrett marchant de long en large, de pièce en pièce.

« Je ne m'étais pas rendu compte... J'aurais peut-être dû lui donner plus d'espace. Ou faire plus d'efforts pour lui parler. Dieu sait qu'elle était malheureuse. Qu'elle a dû l'être. Elle devait haïr la vie qu'elle menait ici. Et me haïr, aussi, sans doute jusqu'au jour de sa mort. »

Non, ça n'allait pas, pensa Polly. « Pas nécessairement », dit-elle, oubliant la règle selon laquelle un intervieweur ne doit pas contredire.

« Vous croyez ? » Garrett la regarda d'un œil embrumé par la boisson, comme si elle avait détenu la bonne réponse.

« Est-ce qu'elle a jamais dit qu'elle vous haïssait ? »

Garrett fit non de la tête. « Simplement, quand j'ai enfin eu une lettre d'elle... Une lettre, pas vraiment : deux lignes sur une demi-feuille de papier à dessin. Elle disait qu'il avait fallu qu'elle parte. Qu'elle était désolée. »

« Elle ne vous haïssait pas », affirma Polly, éperdue, possédée. Elle n'avait plus besoin de poser la moindre question ; elle savait tout sur Lorin Jones : le temps qu'elle avait passé devant cette demi-feuille de papier à dessin, la détresse qu'elle avait éprouvée ; le mal qu'elle avait eu à écrire ces quelques mots.

Et elle savait aussi ce que Lorin avait dû ressentir le jour où elle avait quitté Wellfleet pour toujours. Elle leva les yeux et pensa qu'elle voyait cette pièce pour la dernière fois, qu'elle était incapable d'exprimer l'intensité de son regret, le caractère irrévocable de sa décision. Puis soudain consciente de son silence, elle regarda Garrett. Ses yeux étaient de nouveau fermés ; sous la chemise à carreaux, son ample poitrine se soulevait et retombait à un rythme lent.

« Bon, je crois que je ferais mieux d'aller au lit », dit-elle en tendant le bras par-dessus l'accoudoir du divan, pour éteindre son magnétophone. « La journée a été longue. »

Les yeux bleu pâle de Garrett s'entrouvrirent. « Fatiguée, mon petit ? »

« Oui. Plutôt. » Polly entreprit de se lever ; un vertige la prit. Le cognac, pensa-t-elle, en se rasseyant au bord du divan.

« Attendez. Partez pas tout de suite. Je voudrais vous dire... » Garrett posa de nouveau sa main sur celle de Polly, son geste n'avait plus rien de paternel. « Vous accueillir ici, parler avec vous. Ça compte énormément pour moi. » L'émotion rendait sa voix pâteuse.

« Je suis contente d'être venue », répondit-elle presque au hasard, prêtant encore l'oreille à sa propre voix – la voix de Lorin ?

« Vous savez, j'peux pas parler de Lorin à Abigail. Elle est encore jalouse. »

« Oui ? » Elle a de quoi, pensa Polly. Abigail n'est

qu'une femme ordinaire, alors que Lorin est unique, splendide, un génie...

« Vous avoir ici – c'est un peu comme si elle m'était revenue, vous savez ? »

« Je sais » dit Polly, éprouvant de nouveau le sentiment d'une révélation fulgurante.

« Vous êtes une fille bien. Allez faire un bon livre, je parie. » Garrett exerça une nouvelle pression sur sa main. « Un bisou pour dire bonne nuit. »

Elle hésita. Mais après tout, pourquoi pas ? « D'accord. » Elle visa la joue, rougeaude et marbrée, mais au dernier moment, Garrett tourna la tête, et colla un baiser brûlant, d'une sensualité flagrante, en plein sur la bouche de Polly, tout en l'attirant à lui.

L'espace d'un instant, Polly se laissa faire ; elle reçut et donna de la chaleur et du plaisir. Il y avait plus d'un an qu'elle n'avait eu avec aucun homme d'échange plus tendre que de lui picorer la joue. Puis, se rappelant qui elle était, et où elle se trouvait, elle écarta Garrett et se redressa rapidement : la pièce tourbillonna.

« Eh ! Ne partez pas si vite ! »

« Faut que je parte », insista Polly, dominant son vertige. « Suis vraiment fatiguée. Euh, enfin, merci pour tout ! A plus tard. »

« Faites de beaux rêves », lança Garrett en tentant courtoisement de se lever, pour retomber aussitôt parmi les coussins. Il lui fit de la main un salut tremblant, sourit d'un air vague et referma les yeux.

Polly tendit l'oreille en se préparant à aller au lit, mais aucun bruit ne montait du rez-de-chaussée. Sans doute Garrett Jones avait-il perdu conscience sur le divan. Elle se sentait soûle, les idées confuses, furieuse contre elle-même, éprouvant vis-à-vis de lui un mélange de colère et de pitié. Elle se rappelait les avertissements de Jeanne, ses propres mises en garde à elle-même. Pour l'amour de Dieu, elle était venue enquêter ici ; elle était censée être froide, impartiale, distante. Sympathiser avec Garrett, voir en lui un personnage qui, par certains côtés, était tragique, voilà qui était pardonnable. Mais l'embrasser ! C'était un geste maladroit, antiprofessionnel, inconvenant.

En se brossant les dents au-dessus du lavabo devant lequel tant de fois Lorin Jones avait dû elle-même se laver les dents, Polly poussa une sorte de protestation étranglée, gargouillante, et cracha.

Ça ne fait rien, dit soudain Lorin dans sa tête : ce n'est pas toi qui l'as embrassé, c'est moi.

Bien sûr, pensa Polly, voilà ce qui s'est passé. Elle leva les yeux vers le miroir et elle y vit une sorte d'image double. Faiblement éclairée par-derrière, elle semblait plus pâle, ses cheveux plus sombres, ses yeux agrandis et cernés, comme si une surimpression avait mêlé la dernière photo de Lorin au reflet de son visage.

Tu es soûle, se dit-elle. C'est seulement parce que tu portes un chandail noir et que tu ne t'es pas fait couper les cheveux depuis le mois d'août. Elle alluma le tube fluorescent placé au-dessus de la glace ; la ressemblance disparut. Elle était de nouveau trapue, le visage rond, les cheveux courts. Mais ça avait quand même existé, l'espace d'un instant.

En titubant jusqu'à son lit, Polly s'aperçut qu'elle n'éprouvait plus vis-à-vis de Garrett Jones ni méfiance ni crainte. Elle ne ressentait plus que des sentiments que le fantôme de Lorin partageait peut-être : compassion et affection à l'égard de son mari, ce bel homme égocentrique et insensible qui, devenu un vieillard célèbre, s'infligeait des reproches amers et regrettait sa femme-enfant – trop tard. Certes ; mais maintenant, grâce à l'intercession de Polly, Garrett savait qu'il avait compté pour Lorin ; elle l'avait embrassé et lui avait pardonné.

« J'ai raison ? » demanda-t-elle à voix haute dans le noir. « Est-ce que c'est ce que tu voulais ? »

Il n'y eut pas de réponse. Mais juste avant de sombrer dans une torpeur alcoolique, Polly eut l'impression que Lorin l'approuvait, qu'elle était présente ; que le murmure des arbres dépouillés, devant la fenêtre, était son propre murmure, que le souffle froid du vent contre les bardeaux était son propre souffle.

7

Polly crut d'abord qu'elle faisait un nouveau cauchemar. Elle sentait peser sur elle quelque chose de lourd qui lui donnait une sensation de chaleur suffocante et d'écrasement.

« Aaah ! Au secours ! » parvint-elle à crier. Elle se réveilla à demi, dans la pénombre, pour découvrir autour d'elle une pièce inconnue, et sur elle quelqu'un de bien plus gros que Jeanne qui lui mordillait le cou.

« Chérie. Aie pas peur. » Le poids se confirmait, les baisers humides, aventureux, alcoolisés, continuaient. C'était, cela devait être Garrett Jones.

« Non ! Lâchez-moi, nom de Dieu ! » hurla-t-elle en consacrant toutes ses forces à repousser cette masse importune et obstinée. Elle se redressa tant bien que mal, chercha à tâtons la fausse lampe à pétrole et l'alluma.

« Polly, ma douce. » C'était Garrett ; il était pesamment assis sur le lit, à côté d'elle. Il s'était de nouveau changé, pour revêtir un pyjama de soie blanche et une robe de chambre damassée à revers en satin, comme un personnage d'une comédie mondaine des années trente.

« Je vous en prie, partez. »

« Je t'ai fait peur, petite fille ; pardonne-moi. » Il tendit le bras pour tapoter celui de Polly, mais rata son but. « Tu dormais déjà ? Excuse-moi d'avoir mis si longtemps à venir te rejoindre ; j'ai dû m'assoupir. »

« De quoi parlez-vous ? Je n'ai jamais... »

« Tu es si mignonne, toute chaude et ébouriffée. » Garrett tangua dans la direction de Polly, cherchant son sein d'une de ses grosses pattes rouges. Elle l'écarta et se glissa de l'autre côté du matelas.

« Quel charmant costume ! Toujours pensé qu'un pyjama d'homme, c'était bigrement sexy, porté par une fille. »

« Ecoutez, Garrett, nom de Dieu ! » Polly s'était presque remise à hurler. « Je ne veux pas coucher avec vous. »

« Je croyais que tu m'attendais. » Maintenant, il semblait vexé, blessé. « Je croyais que... enfin, c'était évident. »

« Eh bien, ça n'a rien d'évident. » Se rappelant que son hôte était ivre, Polly essaya de parler avec calme et autorité. « Je vous demande de sortir tout de suite de ma chambre, d'accord ? »

« Qu'est-ce qui t'arrive, chérie ? Tu as été si mignonne, toute la soirée. » Il eut un sourire d'ivrogne et se mit à progresser vers Polly, se traînant sur les draps fripés et les oreillers bordés de volants ajourés. « Sois donc un peu gentille avec moi. »

Profitant de sa lenteur, Polly sortit du lit de l'autre côté. Elle contourna un fauteuil à bascule garni de coussins en chintz, sur lequel elle se cogna un orteil, traversa le couloir à toute allure et se précipita dans la chambre d'en face.

« Ma chère enfant, que se passe-t-il ? Où es-tu ? »

Polly ne répondit pas. Haletante, elle claqua la porte dans l'obscurité, et trouva à tâtons le loquet, qu'elle enclencha.

« Polly, ma chère ! »

Elle palpa le papier peint, cherchant en vain un interrupteur. De l'autre côté de la cloison, elle entendait Garrett aller et venir dans le couloir, ouvrant brutalement des portes.

« Polly chérie. Où es-tu ? »

« Retournez vous coucher ! » lança-t-elle.

« Chérie, s'il te plaît. » Garrett était maintenant devant sa porte, dont il agitait la poignée. Polly évolua dans le noir, sur un plancher froid, et finit par se heurter à un objet qui, d'après le bruit, devait être un lampadaire. Elle tâtonna, agrippa la tige froide en métal torsadé, la redressa et appuya sur le bouton. La pièce qui avait été jadis l'atelier de Lorin baigna enfin dans la lumière.

« Je t'en prie ! Laisse-moi entrer. »

Bon Dieu, qu'est-ce qu'elle était censée faire maintenant ? Perplexe, Polly s'assit sur une courtepointe piquée, ornée de marques de ranchs de l'Ouest, puis elle se releva et retira la courtepointe. Le lit n'était pas fait, mais il y avait plusieurs couvertures. Elle pouvait finir la nuit là, s'il le fallait.

« Polly ? »

Ne réponds pas, se dit Polly à elle-même. Elle se glissa dans le lit du fils de Garrett, s'allongeant à même le matelas.

« Polly chérie ! » La porte fut secouée violemment.

Elle tira par-dessus sa tête les couvertures et le dessus-de-lit, étouffant les cris de Garrett.

« Lolly ! »

Polly leva la tête. Est-ce qu'elle avait vraiment entendu ça ?

« Chérie, s'il te plaît ! » Il sanglotait presque.

Je ne vais plus arriver à me rendormir, pensa-t-elle. Je devrais peut-être le laisser entrer. Peut-être que cela lui prouverait que Lorin lui a pardonné, puisqu'il me prend pour elle. Elle écarta les couvertures et se redressa à demi.

« Lorin ? » murmura-t-elle. « Est-ce que c'est ce que tu désires ? » Elle repoussa complètement la literie et se mit debout sur la descente de lit nattée.

« Chérie ! Voudrais juste un petit baiser pour dire bonne nuit ! »

Polly avança et sentit le parquet ciré geler la plante de ses pieds nus. Mais je ne suis pas ta chérie, pensa-t-elle. Je ne suis pas Lorin ; d'abord, elle t'aimait, et pas moi. Elle se glissa de nouveau dans le lit, tira les couvertures sur elle.

« S'il te plaît, mon cœur. Ouvre-moi. »

Désolée, dit Polly intérieurement, s'adressant non à Garrett mais au fantôme de sa femme. Je ne peux pas. Me comprends-tu ? Mais elle ne perçut aucune réponse. Elle était seule dans le noir, dans une maison du Cap Cod, et un vieillard ivre et libidineux essayait de pénétrer dans sa chambre et dans son lit.

« Ohé, là-dedans... Ohé ?... » cria-t-il enfin, d'une voix affaiblie. Il y eut un silence ; puis elle entendit des pas s'éloigner. Un bruit lourd, confus, comme si Garrett avait trébuché et manqué de tomber. Une porte se ferma ; de nouveau, le silence.

Ma foi, Jeanne m'avait prévenue, pensa Polly, se tournant et se retournant sous les couvertures rêches. Elle se rappela le corps de son amie, léger, doux, frais, le comparant à celui de Garrett Jones, masse inerte et brutale. Je ne l'ai pas écoutée, pensa-t-elle, et voilà ce qui m'arrive. Entre autres choses, je me suis sans doute fait un ennemi définitif : les hommes n'aiment pas que l'on repousse leurs avances sexuelles.

« Lorin, au secours », murmura-t-elle. « C'est toi qui m'as fourrée dans ce pétrin. »

Mais le vent, ce vent qui, naguère, était, sans doute possible, le souffle même de Lorin, s'était calmé. Cette pièce où elle avait passé de longues heures paraissait froide, obscure, désertée par son esprit.

« Lorin ? »

Encore que rien ne vînt évoquer une présence, Polly resta longuement éveillée, l'oreille aux aguets.

« Tiens, bonjour. » Garrett Jones, debout devant la cuisinière, tourna à peine la tête ; il parlait sur un ton contraint, peu amical. Dans la lumière dure du matin, il semblait plus vieux, plus usé, et ses vêtements coûteux de gentleman campagnard avaient le même aspect défraîchi.

« B'jour », répondit prudemment Polly.

« Bien dormi ? » Il ne la regardait toujours pas franchement.

« Très bien, merci », mentit-elle.

« Café ? »

« Oui, merci. » Polly s'assit ; elle aurait bien voulu pouvoir partir tout de suite. Garrett partageait sans doute ce sentiment ; mais aucun avion ne décollait de Provincetown avant le vol qu'elle devait prendre à midi.

Garrett posa devant elle une tasse de café et une

assiette de toasts à l'air sec et brûlé ; ils échangèrent un regard tendu.

« Mes excuses pour la nuit dernière », dit-il d'une voix guindée et pas vraiment honteuse. « Apparemment, nous avons tous les deux bu un coup de trop, et il y a eu comme un malentendu. »

« Pas grave », marmonna Polly. A la vive lumière du jour, il semblait évident que Garrett n'avait jamais eu, contrairement à elle, une vision exaltée des événements de la nuit précédente ; il ne savait pas qu'elle avait représenté Lorin par procuration, qu'au nom de Lorin, elle lui avait accordé amour et pardon – ou refusé tout pardon ?

« J'aurais pu jurer que vous me donniez le feu vert. »

« Eh bien, non. » Elle avala une gorgée de café tiède et amer.

« A moins que vous n'ayez changé d'avis ? »

« Mais non, jamais je... » La voix de Polly se perdit ; non seulement elle n'avait pas envie d'en parler, mais en plus, elle se sentait partiellement responsable de ce qui s'était passé.

« Je crois que vous avez changé d'avis. » Garrett semblait encouragé par sa gêne ; il lui fit un mince sourire. « Que s'est-il passé ? Dites-le moi, ça m'intéresse. C'est à cause de mon âge ? »

« Non, euh... » bégaya-t-elle, déconcertée.

« Vous croyez peut-être que je ne suis plus capable de donner du plaisir à une femme ; mais vous vous trompez ; je suis encore capable, vous savez. »

« Je n'ai pas... » Polly rougit. « Je ne veux pas avoir une liaison avec vous, voilà tout. »

« Eh bien, ce n'était vraiment pas l'impression que vous donniez la nuit dernière. » Il eut un rire lourd de sous-entendus.

« Je n'ai voulu donner aucune impression. » Polly sentait la colère monter en elle, s'ajoutant à la nervosité et à la culpabilité. « Vous croyez sans doute que toutes les femmes que vous invitez à dîner veulent coucher avec vous. »

« Pas du tout. » Mais Garrett eut un demi-sourire ; de toute évidence, c'était bien ce qu'il croyait.

« En plus, vous êtes marié. »

« Oui, bien sûr. » Il écarta cette considération d'un geste gracieux, agitant un toast grillé à la perfection et tartiné de marmelade. « Je suis marié. Et Abigail est une femme merveilleuse, c'est indéniable. Très belle. » Il regarda Polly fixement, indiquant clairement que ce qualificatif ne lui convenait pas, à elle. « De plus, elle est d'une humeur remarquablement égale et d'une grande gentillesse. » Là aussi, la cible de Garrett était évidente.

« J'en suis convaincue », dit Polly d'un ton distant, en s'efforçant de dominer sa rage et sa vexation.

« Je suis cependant forcé de reconnaître qu'elle n'est pas excitante. Pas comme Laura. A vrai dire, elle ne l'a jamais été. » Garrett parlait presque sur le ton de la confidence, maintenant, mais cela n'avait rien de sympathique. « Et aujourd'hui... Cette année, Abby va avoir cinquante ans. Et la plupart des femmes, vous savez, la cinquantaine passée, elles ne sont plus juteuses. Elles se dessèchent, comme des raisins oubliés sur la vigne. » Il sourit largement et secoua sa belle et lourde tête, comme s'il avait trouvé à la fois réjouissant et choquant le sort inégal réservé à l'un et l'autre sexe. « Au fait, Polly, quel âge avez-vous ? »

« J'ai trente-neuf ans, si vous croyez que ça vous regarde », dit Polly furieuse.

« Vraiment ? Je vous croyais plus jeune. » De toute évidence, cette remarque ne constituait pas un compliment. Garrett semblait plutôt s'excuser d'avoir fait tant d'efforts pour tenter de la séduire. Il la dévisagea froidement et ajouta : « J'aurais dû m'en douter. Les jeunes femmes, de nos jours, elles ne font pas d'histoires parce qu'un homme est marié, d'après l'expérience que j'en ai. Ce sont des âmes libres et aventureuses ; elles font l'amour avec qui elles veulent. » Il sourit comme on sourit à un souvenir. « Et n'importe quand. »

« Eh bien, pas moi », affirma énergiquement Polly.

« Non, bien entendu. » Son regard laissait maintenant entendre qu'elle avait un certain âge et pas mal d'inhibitions ; et peut-être même qu'elle ne croulait pas sous les propositions.

« En fait, si vous voulez tout savoir, je suis lesbienne », dit Polly, proférant ces mots à voix haute pour la première fois de sa vie, et se demandant si c'était vrai.

« Ah bon ? » s'étonna Garrett.

« Mais oui. »

« Ah ! » Il eut un sourire large et spontané pour la première fois de la matinée. « Eh bien, excusez-moi. Si j'avais su... » Il s'assit face à elle, devant la table luisante de cire, exemple superbe du style colonial américain. « Vous auriez vraiment dû me le dire la nuit dernière », ajouta-t-il d'une voix aimable, en se penchant vers elle. « Vous ne croyez pas ? »

« Si, sans doute », reconnut Polly.

« Je me doute que ce n'est pas si facile à dire. » Garrett avait complètement changé d'attitude ; il était ouvert, amical. « Mais ça aurait énormément simplifié la situation. Je ne me serais pas ridiculisé, je ne vous aurais pas terrorisée. » Il rit. « A propos, je vous garantis que je serai discret. Je ne raconterai rien à personne. »

« Bon, très bien. Je veux dire, je vous remercie », ajouta Polly à contrecœur en se demandant si elle devait le croire. Mais de toute façon, quelle différence est-ce que ça faisait ? Elle était bel et bien lesbienne, depuis l'avant-dernière nuit.

« C'est un peu pauvre, comme petit déjeuner », constata Garrett en regardant son assiette, d'où le toast brûlé n'avait pas bougé. « Je vais vous faire des œufs au bacon. »

« Euh... »

« Allez ! » Il sourit. De toute évidence, il avait complètement retrouvé son amour-propre et sa bienveillance.

« Non merci. » Polly, quant à elle, était toujours mal à l'aise et de mauvaise humeur. Elle se creusa la cervelle, cherchant une formule blessante qui ne perdrait rien de son impact, même prononcée par une lesbienne.

« Eh bien dans ce cas, si vous avez fini... » Garrett interrompit ses réflexions. « Je voudrais vous emmener dans la grange, pour vous montrer des œuvres de Laura qui y sont restées. »

« Je... Très bien », accepta Polly, laissant tomber ses impulsions en faveur d'un objectif plus noble.

« Je ne voudrais pas que vous vous emballiez », lança Garrett par-dessus son épaule tandis que Polly lui emboîtait le pas le long d'un sentier tracé dans les hautes herbes fanées, assorties à ses cheveux gris-blond.

« Laura a emporté presque toutes ses œuvres terminées quand elle m'a quitté. Elle ne supportait pas d'être séparée de son travail, on vous l'a peut-être déjà dit. »

« Oui, en effet. »

« Personnellement, je crois que c'était parce que de bien des façons, elle était restée une enfant. Ses tableaux étaient pour elle – quel est le terme des psychologues ? – une sorte d'objet transitionnel. Bon, nous y voici. » Garrett poussa la porte coulissante de la grange, en bois marqué par les intempéries. Il avait remis son coupe-vent et sa casquette de capitaine ; son allure était de nouveau nautique et tonique. « Je conserve les dessins de Laura dans ce vieux frigo. Vous devriez vous en trouver un, vous savez. En cas d'incendie, ça vaut un coffre-fort. »

Sur les clayettes en chrome rouillé du réfrigérateur, Garrett prit un vieux carton à dessin noir fermé par des nœuds de ruban et deux classeurs en papier bulle. « Voilà, vous allez voir. » Il ouvrit un des classeurs et se mit à feuilleter des papiers. « Il s'agit surtout de croquis, d'esquisses inachevées, ce genre de choses. Rien que ce que Laura a laissé derrière elle quand... »

Il ne finit pas sa phrase, mais de toute façon, Polly n'écoutait pas. Elle portait toute son attention aux dessins : il y avait des croquis rapides, mais aussi des représentations détaillées d'une cabane, d'une feuille réduite à ses nervures, d'un chat endormi. Les dessins étaient faits au crayon ou à la plume, certains éclairés de coups de craie blanche ou ocre ; d'autres comportaient des touches de lavis bleu ou vert d'eau. Même si la plupart des croquis étaient réalistes, on y sentait une étrangeté, une atténuation caractéristiques que Polly reconnut aussitôt.

« Je vais vous dire », proposa Garrett. « Emportons tout ça dans la maison, il y fait chaud. »

« D'accord. » Polly n'avait pas remarqué la température : elle s'aperçut alors qu'un vent glacial et humide soufflait dans la grange.

Comment est-ce possible ? pensa-t-elle en suivant le mari de Lorin dans l'herbe haute foulée aux pieds. Comment ai-je mérité cela, alors que je n'ai pas réalisé la volonté de Lorin la nuit dernière ? Mais peut-être avait-elle fait exactement ce que voulait Lorin, en répétant ses propres actes, en claquant au nez de son mari la porte de sa chambre, en le mettant à la porte de sa vie.

Dans la maison, Garrett Jones dégagea la table de la salle à manger, écartant les bougeoirs en cuivre et l'étalage soigné de fruits d'automne à l'aspect cireux, et il ouvrit de nouveau les classeurs. Leur contenu était d'une richesse que Polly n'avait ni soupçonnée ni espérée : des dessins, mais aussi des notes, des factures, des cartes postales reproduisant des peintures.

« Oh la la ! » s'exclama-t-elle en le voyant feuilleter ces documents. « Je ne savais pas que vous aviez tout ça. Vous n'avez jamais... Personne ne m'avait dit... »

« Personne ne s'y intéressait, en fait. Jusqu'au jour où vous êtes arrivée. » Garrett sourit et retourna une demi-feuille de papier sur laquelle une liste de courses était gribouillée de l'écriture pâle et hérissée de Lorin :

blanc de zinc
dentifrice
jus de pamplemousse
oignons de narcisse

« Vous avez tout gardé », murmura-t-elle.

Garrett se défendit, bien que Polly n'eût en rien voulu l'attaquer : « J'ai écrit à Laura pour lui proposer de tout lui envoyer, une fois qu'elle serait installée. Elle n'a jamais répondu à mes lettres. Ni à celles de l'avocat. Je me suis quelquefois demandé si ce type ne les déchirait pas. »

« Ce type ? »

« Ce salaud de Cameron. Je suppose que vous avez entendu parler de lui. »

« Oh oui ! »

« Vous l'avez rencontré ? »

« Pas encore. Mais j'espère l'interviewer le mois prochain, quand j'irai à Key West. »

« Ah bon ? Eh bien, bonne chance. » Garrett semblait sous-entendre qu'elle en aurait besoin.

« Parlez-moi de lui », dit Polly en délaissant les dessins avec difficulté.

« De Hugh Cameron ? » Il y avait de la haine et du mépris dans sa façon de prononcer ce nom. « Je l'ai rencontré une ou deux fois, c'est tout, et je ne lui ai pas accordé beaucoup d'attention. Naturellement, je ne m'imaginais pas qu'un jour, il aurait de l'importance pour moi. » Garrett secoua la tête. « Il y avait toujours une foule de jeunes gens pas très soignés au Centre Artistique de Provincetown, et cette année-là, il en faisait partie. Il n'était même pas peintre, il était poète. Ou plus exactement, il s'intitulait poète, parce qu'il avait fait publier quelques riens dans le genre de magazines que personne ne lit. »

« Je vois. » Polly nota mentalement qu'elle devrait chercher ses poèmes.

« En vérité, il avait un tempérament d'artiste, mais pour ainsi dire pas de talent. C'est assez fréquent, vous savez. Et de fait, c'est tragique. Mais lorsqu'on se trouve dans cette situation, il faut limiter les dégâts, comme je l'ai fait. Sinon, on est vite réduit à l'état de bouffon pathétique. »

Polly regarda Garrett. Vous aussi, pensa-t-elle, vous avez autrefois voulu être peintre.

« Enfin. » Garrett se racla la gorge. « Hors saison, le Centre Artistique héberge des personnes avec des ambitions artistiques ou littéraires ; de plus, il organise des lectures, des expositions. A l'époque, je faisais partie de son conseil d'administration, et quand j'étais au Cap, nous assistions généralement aux vernissages, Laura et moi. C'est comme ça que nous avons fait la connaissance de Hugh Cameron, en octobre, si je me rappelle bien. »

« Je vois. Et puis ? »

« Et puis rien, en ce qui me concerne. » Garrett haussa les épaules. « Je l'ai revu en avril, à un autre vernissage ; je me souviens de ça, parce que Laura lui parlait, à un moment, et je me suis bien demandé pourquoi. A cette période, son séjour à Provincetown était presque terminé. Ils virent ces types-là le premier mai, vous savez, après quoi ils louent les studios à des touristes. Il n'avait ni emploi ni argent, ni nulle part où aller en partant d'ici.

« Telle que j'ai pu reconstituer l'affaire, il a dû, ce printemps-là, observer Laura avec attention. Il savait déjà que c'était un peintre connu et il se doutait qu'elle avait un peu d'argent ; sans doute plus qu'un peu, aux yeux d'un gars comme lui, parce que dès le début, j'ai laissé Laura mettre sur son propre compte en banque tout ce que sa peinture lui rapportait. Elle ne s'en servait que pour acheter des fournitures ; je lui donnais régulièrement une somme qui lui permettait de s'habiller et de tenir la maison, et je payais tout le reste.

« Alors j'ai dans l'idée que Cameron a estimé que ça serait bien de tomber amoureux de Laura et de lui débiter des sornettes sur l'intégralité de l'artiste, le caractère destructeur du critique, la nécessité, pour les êtres d'une authentique sensibilité, d'abandonner le monde conventionnel et de vivre l'un pour l'autre et pour leur art. Par la suite, il a essayé de se justifier avec ce genre de propos auprès de qui voulait l'entendre.

« S'il avait été peintre, Laura l'aurait percé à jour en dix minutes. Bon Dieu, si Celia, sa mère, avait été en vie, elle l'aurait percé à jour en cinq minutes, parce que la poésie, elle connaissait. Lennie, le frère de Laura, aussi – il pouvait repérer un raté comme Hugh à vingt pas. Mais Laura avait moins d'oreille qu'eux. »

« Elle est donc partie avec lui à la fin d'avril ? »

« Oui. Le Premier Mai. » Garrett eut un sourire malin. « Cameron, apparemment, a attaché plus tard beaucoup d'importance à ce détail. C'était le genre de symbolisme de bas étage qu'il appréciait. »

« Et vous n'aviez aucune idée que ça allait se passer ? »

« Pas la moindre. Comme je vous l'ai dit, Laura n'a pas laissé de message ; au début, je ne me suis pas inquiété. Je venais de Providence par la route, et je n'avais pas annoncé le jour exact de mon arrivée. Comme elle n'était pas là, je me suis dit qu'elle était partie faire des croquis, ou peut-être même qu'elle avait pris le ferry pour aller passer la nuit à Boston ; ça lui arrivait. J'ai cherché partout, je suis allé jusqu'à la baie, parce qu'elle allait souvent peindre là-bas. Après la tombée de la nuit, j'ai téléphoné à quelques amis, mais personne ne l'avait vue, personne ne savait rien. J'ai regardé dans la penderie, et je n'ai pas eu l'impression qu'il manquait beaucoup de vêtements, alors j'ai commencé à penser aux accidents de voiture, et aux cinglés qui traînaient peut-être sur les plages ou dans les pinèdes. »

Plus de vingt ans après, Polly entendit résonner dans la voix de Garrett l'écho de la panique qui s'était emparée de lui, ce soir-là. « Qu'est-ce que vous avez fait, ensuite ? »

« Eh bien, j'errais plus ou moins dans toute la maison, à appeler différentes personnes en leur faisant croire que tout allait bien. Je suis entré dans l'atelier de Laura pour chercher un numéro de téléphone. Avant, je n'avais rien remarqué d'anormal, mais là, je me suis aperçu que presque tout son équipement était parti. »

« A ce moment-là, vous avez su qu'elle vous avait quitté ? »

« Non, pas vraiment. Ça aurait pu être une expédition de peinture. Je l'ai su le lendemain. J'ai découvert alors qu'elle avait soldé non seulement son propre compte en banque mais aussi le compte joint que nous avions ici. C'est-à-dire presque six mille dollars, parce que je venais juste d'y verser l'argent prévu pour refaire le toit. »

« Bon Dieu », murmura Polly, se demandant comment elle ferait pour justifier ça.

« Je ne voudrais pas que vous en teniez trop rigueur à Laura », dit Garrett, remarquant son intonation. « Je suppose que l'idée venait de Cameron. Laura ne comprenait rien à l'argent, c'était une notion qui lui manquait. Si elle avait pu vivre en faisant du troc, elle l'aurait fait. »

« Vous avez donc su, ou du moins soupçonné, que Lorin était partie avec Cameron », suggéra-t-elle.

« Pas du tout. Ça ne m'a pas effleuré l'esprit. »

« Vous ne pensiez donc pas qu'il était tombé amoureux d'elle ? » dit Polly, cherchant à s'exprimer avec tact.

« Non. Si vous tenez à employer ce terme. Tout ce que je sais, c'est qu'en bon Ecossais, il savait instinctivement où trouver l'argent. Tant que Laura a eu des fonds, il s'est attaché à elle comme de la colle forte. Quand les réserves ont été épuisées et que les tableaux de Laura ont cessé de se vendre, il a mis les voiles. »

« Oui, je sais... je veux dire, Jacky Herbert m'a appris que Cameron était absent au moment de la mort de Lorin. »

« Oui. Il était dans le Maine. L'ordure. » La voix de Garrett se durcit. « Voyons. Jetez un coup d'œil à ça. » Il tira vers lui le vieux carton à dessin noir et, non sans mal, dénoua les rubans élimés et fanés.

A l'intérieur, il n'y avait que quelques feuilles de papier : trois ou quatre grands dessins où figuraient des indications de couleurs portées au crayon, et qui, de toute évidence, constituaient des études préalables à des tableaux. En dessous, couverte d'un papier de soie froissé que Garrett souleva précautionneusement, une grande gouache évoquait le bouquet d'un feu d'artifice ou un lac forestier en automne, dans un pétillement, un étincellement de touches rouges, orange et or, un scintillement presque pointilliste.

« Oh ! » s'exclama Polly. « Je n'avais jamais vu... Je ne connaissais pas... »

« Ce n'est pas terminé, évidemment. »

« Vraiment ? » En effet, il y avait en bas de l'œuvre, dans un coin, une vaste surface blanche et irrégulière vaguement teintée de traînées ocre ; mais les morceaux de toile presque vierge étaient assez courants dans l'œuvre de Jones.

« Enfin... Peut-être qu'il est fini, à sa façon. Peut-être que Laura voulait que ça soit comme ça. »

« C'est magnifique. » Elle contempla longuement le tableau, puis leva vers Garrett des yeux accusateurs. « Vous n'avez jamais signalé... On aurait pu l'exposer. »

« Oui, sans doute. Mais... En fait, je crois que je ne voulais pas qu'il soit exposé. Le petit étang... vous voyez qu'il s'agit d'un étang ? »

« Oui. »

« Eh bien, il se trouve à Truro, dans les bois. Laura et moi, nous y allions quelquefois ensemble, le premier automne où nous avons été ici. Je ne tiens pas à le regarder, maintenant, ce tableau. »

« Je vois. » C'était là qu'ils faisaient l'amour, songea Polly. Cette tempête éclatante de lumière et de couleur était la commémoration, la transsubstantiation d'une rencontre érotique.

Elle regarda fixement Garrett, mais son visage était tourné vers la fenêtre. « Vous pourriez le vendre », suggéra-t-elle, mais tout en parlant, elle sentit que cette proposition était indélicate. « Certainement que la galerie Apollon... »

« Je ne veux pas vendre cette peinture, bon Dieu. » Il y avait de l'âpreté dans le ton de Garrett. « Je vais vous dire », continua-t-il plus doucement. « Et si vous la gardiez ? »

« Moi ? » La voix de Polly monta.

« Oui, vous. »

« Oh, c'est impossible. »

« Pourquoi ? »

« Ben, c'est-à-dire que, enfin ! Cette peinture a trop de valeur. »

« Je n'ai pas besoin d'argent », dit Garrett, au bord de la colère. « J'aimerais que vous la preniez. A condition d'être certain que vous n'allez pas l'accrocher à un endroit où je risque de la revoir, ou la vendre à Dieu sait quel collectionneur ou à un musée, au moins tant que je serai encore là. Je ne veux pas tomber dessus à l'improviste, vous comprenez ? »

« Oui, je comprends. »

« Bien. » Garrett s'éclaircit la gorge. « En ce qui concerne le reste, je suppose que vous aimeriez avoir des copies de certains dessins. »

« Je voudrais bien avoir une copie de tout, en fait », dit avidement Polly. « Je paierai, bien sûr... »

« Ne vous inquiétez pas. Il y a un endroit à Provincetown où on peut faire d'assez bonnes photocopies. Je pourrai y aller après vous avoir conduite à l'aéroport. Ou bien, en partant un peu à l'avance... » (il regarda sa montre) «... ils auraient peut-être le temps de faire les photocopies avant l'heure de votre avion. »

« Ça serait merveilleux », dit Polly. Elle pensa que Garrett se montrait généreux et serviable. « Vous savez, je suis stupéfaite que vous vous donniez autant de mal pour mon livre. Je veux dire que ça me touche vraiment beaucoup. »

« Merci. » Garrett sourit. « Mais pourquoi en êtes-vous stupéfaite ? »

« Je voulais dire que... Euh, enfin c'est-à-dire... » bégaya Polly. « Il y a des hommes qui m'en auraient voulu... à cause de la nuit dernière. »

« Ce serait stupide, les choses étant ce qu'elles sont. » Garrett rit. « En fait, vous savez », ajouta-t-il d'un ton désinvolte, « les femmes qui aiment les femmes découvrent parfois avec surprise que les hommes peuvent aussi leur donner du plaisir... Plus exactement, elles peuvent trouver du plaisir auprès d'un homme qui comprend leurs préférences physiques. » Il lui lança un regard qui devait être lourd de sens. « Je me rappelle, du temps où je vivais à Greenwich Village, pendant les années trente... »

« Ce n'est pas mon cas », interrompit Polly. Elle avait déjà entendu parler d'hommes qui s'enorgueillissaient de savoir, selon leurs propres termes, « convertir » les homosexuelles.

« Ah ! Dommage. » Garrett eut un bref sourire et tira la gouache de Lorin vers lui, à travers la table. Il remit soigneusement en place la feuille de protection.

Ce prétendu cadeau n'était en fait qu'un moyen de me soudoyer, pensa Polly. J'ai refusé le marché, il annule l'offre. Elle éprouva de la colère et du soulagement : Garrett avait cessé de se montrer honnête et généreux. Ce n'était plus qu'un vieillard salace qui voulait acheter du sexe avec les tableaux de sa femme morte ; pire encore, avec une peinture inspirée par l'endroit où jadis ils avaient fait l'amour. Grossier, horrible, écœurant.

Mais en voyant les couleurs se voiler sous le papier de soie, Polly éprouva le sentiment poignant d'une perte. Elle se dit que sans doute, plus jamais dans sa vie elle ne verrait ce tableau, et regretta presque de ne pas avoir accepté le marché proposé implicitement par Garrett.

« C'est peut-être le moment de faire les bagages », dit-il, la respiration sifflante. Il rassembla les dessins étalés sur la table, prit la peinture masquée et la glissa de nouveau dans le vieux carton. Lentement, il renoua les rubans ; puis il tendit le carton à Polly. « Bien. Vous y voilà. »

Décontenancée, elle recula. « Je ne peux pas », s'exclama-t-elle, honteuse de ce qui lui était passé par la tête. « Je ne mérite pas... »

« Mais si, bien sûr. » Garrett lui fit un grand sourire. « Vous ne pouvez savoir à quel point je suis content de voir quelqu'un écrire enfin la vérité sur Laura. Et cela me fait particulièrement plaisir que ce soit quelqu'un comme vous. » Il regarda Polly, d'un air d'abord chaleureux, amical, puis dubitatif. « Mais peut-être que cette peinture ne vous plaît pas. »

« Mais si ! » s'écria-t-elle. « Elle est merveilleuse ! »

« Dans ce cas... »

Polly hésitait encore. Mais l'écho d'une voix douce,

celle de Lorin, ou la sienne – Garrett n'avait-il pas dit qu'elles étaient semblables ? – vint murmurer au creux de son oreille : prends-la ; je veux qu'elle soit à toi. Lentement, elle tendit les bras.

JANET BELLE SMITH

auteur de nouvelles

– Mais oui, je me rappelle Laurie Zimmern à la fac. Evidemment, elle n'a passé qu'un an à Smith, quand j'étais, moi, en deuxième année. Puis elle est allée à Bennington, un établissement qui lui convenait beaucoup mieux. C'était une fille étrange – je crois que vous parleriez d'une jeune femme maintenant ? Même selon les critères de Bennington, où l'étrangeté était mieux cotée, à l'époque ; je crois que c'est toujours le cas.

– Je ne me rappelle pas comment nous sommes devenues amies. Je pense que c'est peut-être à cause d'un recueil de dessins de Beardsley que j'avais acheté ; Laurie m'avait demandé si elle pouvait me l'emprunter. Je me souviens qu'à l'époque, j'avais trouvé qu'elle ressemblait elle-même à un Beardsley, toute en longues courbes harmonieuses et en noir et blanc. Elle ne passait pas inaperçue ; c'était une vraie beauté, très mince, la peau blanche, de grands yeux sombres, une masse de cheveux noirs. Elle les portait mi-longs, coupés droit, avec une frange épaisse, comme une princesse égyptienne de l'Antiquité. Ça faisait un drôle d'effet : en ce temps-là, presque tout le monde avait les cheveux courts et bouclés.

– Quand on ne bouclait pas naturellement ? On se faisait une permanente.

– Ses vêtements aussi étaient très bizarres, selon nos critères. Je me rappelle le premier soir de ma deuxième année, quand je suis descendue pour dîner au réfectoire. Les nouvelles étaient là, vêtues de robes rayées couleur de bonbons acidulés, ou en madras à carreaux, ou de jupes à fleurs avec des corsages à col Claudine, ou de jupes plissées, comme le reste de notre troupeau de moutons. Laurie, elle, portait une longue jupe rouge de bohémienne avec des volants et un vieux pull en coton noir avec un décolleté en rond. J'étais gênée pour elle, mais je me suis dit qu'elle s'apercevrait bientôt que ses vêtements ne convenaient pas et qu'elle ferait quelque chose. Elle n'a rien fait. Alors j'ai pensé pendant quelque temps qu'elle était sûrement boursière, et qu'elle n'avait pas les moyens de s'acheter des habits neufs. Vous savez, j'étais terriblement conformiste à l'époque ; j'avais été élevée comme ça.

– Mais en fin de compte, Laurie n'était pas pauvre : ses parents étaient tout à fait à l'aise. Elle s'habillait comme ça parce que ça lui plaisait. Elle trouvait la plupart de ses vêtements dans des friperies – en ce temps-là, c'était loin d'être à la mode. Il m'arrivait de frémir devant ce qu'elle rapportait de l'armée du salut. Pour tout vous dire, je suis toujours du même avis. Je ne pourrais pas acheter des vêtements d'occasion ; on ne sait jamais où ils ont traîné, de quelles maladies bizarres le propriétaire antérieur souffrait.

– Non, elle allait quelquefois dans de vrais magasins. Une fois, nous sommes même allées faire du shopping ensemble. Je m'en souviens, parce que Laurie avait fait quelque chose de vraiment curieux.

– C'était à New York, pendant les vacances de printemps ; elle m'a emmenée chez Kline, à Union Square. Je n'y avais jamais mis les pieds, et j'ai été épouvantée par la foule, tous ces gens qui se poussaient et se bousculaient. Partout, il y avait d'affreux panneaux mettant en garde contre le vol : un dessin grossier d'une femme aux yeux écarquillés, derrière des barreaux, et en dessous, on lisait en anglais et en espagnol, en grandes majuscules noires : LA MALHONNÊTETÉ CONDUIT EN PRISON. NE DÉSHONOREZ PAS VOTRE FAMILLE. J'avais l'impression d'être entourée de voleurs ; je me suis accrochée à mon sac comme une folle tout le temps que je suis restée là-bas.

– Laurie était ravie, elle. Elle a trouvé une robe sur une tringle, plutôt jolie, du coton noir avec un décolleté carré bordé de dentelle noire. Et cette robe lui a tellement plu qu'elle a annoncé qu'elle voulait en acheter deux. Je me suis dit qu'elle plaisantait, mais elle m'a expliqué qu'elle n'aurait plus de problème vestimentaire, puisqu'une des deux robes serait toujours propre.

– Mais oui, elle les a achetées toutes les deux. Et après notre retour à la fac, elle les a portées tous les jours, si le temps était assez beau, pendant au moins un mois.

– Oui, aujourd'hui cela semble excentrique, peut-être même audacieux ; à notre époque, par contre, selon les règles que nous respections, cela avait quelque chose de choquant, de presque délirant. On était censé composer chaque jour une tenue différente, en se répétant le moins possible. Si on portait une robe déjà mise, on prenait soin de changer d'accessoires ; une nouvelle ceinture, un autre foulard... Aujourd'hui encore...

– Non, je pense qu'à Smith, j'ai dû être la seule personne qui se soit liée d'amitié avec Laurie. Vous comprenez, elle ne s'intégrait vraiment pas, et puis en plus, elle était très timide et elle disait des choses bizarres. Certaines personnes voyaient en elle un cas désespéré de névrose, et d'autres la trouvaient simplement prétentieuse et affectée. La plupart de mes amies ne voyaient pas ce qui me poussait à avoir des relations avec elle. Mais moi, je la trouvais vraiment fascinante, surtout au début. D'abord, elle avait une culture étonnante pour une étudiante en première année. Et je savais qu'elle était extrêmement douée.

– J'ai toujours trouvé ça dommage que Laurie ait opté pour l'art abstrait, parce qu'elle dessinait merveilleusement bien. J'ai encore quelques croquis qu'elle avait faits de moi et d'un lierre en pot. Mais elle avait quelque chose d'étrange, c'est certain, et elle ne faisait pas semblant. Je suppose que d'une certaine façon, il aurait mieux valu qu'elle fasse semblant.

– Au début, ça ne me gênait pas que Laurie soit étrange. Je ne faisais pas attention à ce que disaient mes amies, jusqu'à un certain soir, vers la fin de l'année. Je rédigeais une dissertation sur Hawthorne, quand Laurie a frappé à ma porte, et m'a demandé de venir voir ce qu'elle avait fait à sa chambre. Comme elle était en première année, elle avait une des plus petites chambres du couloir, mais peu à peu elle l'avait décorée de telle sorte qu'elle paraissait bien plus grande et n'avait plus du tout l'air d'une chambre d'étudiante. Il y avait plein de petits miroirs, et un dessus-de-lit en tissu indien imprimé, et des tas de coussins brodés de couleurs vives, écarlate, carmin, prune, qui n'auraient pas dû aller ensemble, mais qui allaient. Par terre, il y avait un tapis indien, un de ces tapis en lainage blanc cassé avec un grand arbre plein d'oiseaux extraordinaires. Et des affiches rares, et des plantes tropicales exubérantes...

– Non, rendez-vous compte : c'étaient les années quarante, tous ces accessoires n'avaient rien de banal, à l'époque, ils étaient originaux, peut-être bizarres, mais excitants. Laurie était largement en avance sur la mode, vous savez. Ce que nous avions dans nos chambres, dans ce temps-là, c'étaient des violettes du Cap, des fauteuils en chintz, et la carpette orientale d'une des chambres d'amis de notre maison familiale ; les filles les moins fortunées avaient des dessus-de-lit et des rideaux en chenille.

– Naturellement, j'étais curieuse, et j'ai suivi Laurie dans le couloir pour aller voir ce qu'elle avait inventé. Elle a ouvert sa porte, et elle l'a poussée aussi loin qu'elle pouvait ; apparemment, la porte était coincée de l'intérieur par un gros objet qui gênait l'ouverture. Je me suis glissée tant bien que mal derrière elle, et elle a allumé la lumière.

– Eh bien, c'était renversant. Tout était sens dessus dessous. Laurie avait punaisé toutes ses affiches face au mur, elle avait retourné les meubles de sorte qu'on ne pouvait ouvrir ni le secrétaire ni la commode ; comme ils étaient repoussés contre les murs, on voyait le dos en bois brut, non traité. Sa lampe était restée sur le bureau, mais elle était à l'envers, posée en équilibre sur l'abat-jour blanc plissé, le pied en bronze pointant vers le haut. Les chaises étaient tournées vers le mur, et le tapis à l'envers.

– Le pire, c'était le lit. Dieu sait comment elle s'était débrouillée ; l'ameublement de nos chambres était en chêne massif, très lourd. Il avait vraiment triste apparence, couché sur le dos, ses pieds carrés tournés vers le plafond, chacun se terminant par une roulette qui ressemblait à une griffe de métal, et ses lattes de bois mises au jour telles la carcasse d'une bête morte. Les plantes aussi étaient affreuses. Les pots basculés, certains d'entre eux retournés, crachant de la terre et des feuilles. Ça m'a terrifiée, en fait.

– Eh bien, je suis restée là à regarder. Et Laurie m'a regardée, et m'a dit : c'est joli, non ? J'ai cru qu'elle plaisantait et j'ai voulu jouer le jeu, alors j'ai dit : oui, très. Mais où vas-tu dormir ? Je ne sais pas, m'a-t-elle répondu. Peut-être que pendant quelque temps, je ne vais pas dormir.

– Oui, elle l'a laissée comme ça, mais pendant quelques jours seulement. Et puis je crois que les bonnes – nous avions des bonnes, à l'époque – se sont plaintes qu'elles ne pouvaient pas faire le ménage, et notre responsable de dortoir lui a fait tout remettre en place.

– Je ne savais pas quoi en penser. Si j'avais été moins naïve, je me serais sans doute demandé si elle avait fumé de la marijuana ou pris une drogue quelconque. Je crois que je suis simplement restée ahurie devant ce spectacle, et effrayée, comme je vous l'ai dit. C'était comme si Laurie avait dit : “Ma vie ici est sens dessus dessous et à l'envers”. Elle semblait si sérieuse, je ne pouvais pas être sûre que c'était une plaisanterie.

– Non, en réalité, je ne crois pas que c'en était une, vous avez raison.

– Oui, ça a fait une différence. J'ai dû admettre que Laurie n'était pas tout à fait normale. Et à la fin du trimestre de printemps, à l'approche des examens, elle est devenue vraiment étrange. Certes, beaucoup de filles se mettaient dans un état de grande tension et se conduisaient de façon insolite ; j'avais une amie qui passait la nuit à travailler dans la baignoire – parce que c'était tellement inconfortable qu'elle ne risquait pas de s'endormir. Mais avec Laurie, c'était pire. Elle ne mangeait pas bien, et à la fin, elle est restée pendant toute la durée d'un examen – biologie, je crois – sans écrire un seul mot.

– Tout ce qu'elle avait fait, pendant trois heures, c'était de s'épiler très lentement les sourcils, poil par poil. Je l'ai vue après, et ce qu'il y a de plus étrange, c'est qu'elle n'avait pas l'air troublée le moins du monde, et qu'elle n'était pas laide du tout.

– Un peu comme un portrait du quinzième siècle, un Memling, peut-être ? Bizarre, mais plutôt élégante. Vous savez qu'en ce temps-là, les dames à la mode s'épilaient complètement les sourcils.

– Oui, je l'ai revue une ou deux fois, l'été suivant. Nous nous sommes retrouvées à New York, nous avons déjeuné ensemble et visité quelques galeries. J'étais contente de la revoir. Mais après ça, nous n'avons pas vraiment gardé le contact.

– Eh bien, elle avait conçu une haine un peu délirante de Smith Collège. Selon elle, il y régnait une atmosphère vulgaire et maléfique ; elle voulait que je m'en aille, moi aussi, avant d'être empoisonnée. Mais je ne pouvais pas quitter Smith. D'ailleurs, je ne le désirais pas. Et puis Laurie est partie à Bennington et s'y est fait de nouveaux amis ; et en fait, on en est resté là. Nous nous sommes perdues de vue. Je le regrette, maintenant. Je n'ai jamais connu personne qui lui ressemble.

– Non. J'ai bien essayé d'écrire quelque chose sur elle, plusieurs fois, mais ça n'a jamais marché. Evidemment, il se serait agi en partie de ma façon de réagir à Laurie, mais quand même... Elle n'était jamais crédible ; ou alors, elle se réduisait à un personnage loufoque, ce qui n'était pas l'impression que je voulais donner. Je crois que cela se produit souvent quand on essaye de dépeindre des êtres exceptionnels. Et si l'on excuse cette faiblesse en expliquant, dans le cadre du récit, que le personnage est un génie, ou qu'il va devenir célèbre, c'est ce que l'on appelle une défense spécieuse, non ? Ce n'est pas convaincant. Il me semble que dans la fiction, en tout cas dans ma forme de fiction particulière...

8

Par un après-midi nuageux, encrassé de neige, une semaine avant Thanksgiving, Polly Alter entra dans son salon, les pieds mouillés, les cheveux humides, emmêlés par le vent, portant un lourd paquet plat enveloppé de papier kraft qu'elle posa délicatement sur le divan. Elle se débarrassa de ses bottes et de son manteau trempés, qu'elle jeta dans le placard de l'entrée. Puis elle déballa le paquet, d'où elle tira la gouache de Lorin Jones, l'étang de Truro, maintenant marouflée et encadrée par un professionnel. Elle dégagea le dessus de la cheminée, d'où elle enleva quelques bougeoirs en cuivre cabossés et les bégonias rampants de Jeanne, pour y poser la peinture. Elle recula enfin et se plaça en plein devant, espérant une sorte de miracle.

Depuis qu'elle était revenue du Cap Cod, Polly avait maille à partir avec son projet. Ce qui la tracassait, ce qui l'obnubilait, ce qui l'offusquait, c'était l'idée que Lorin Jones avait été infantile, négative, cruelle au point de quitter sans crier gare un mari relativement correct pour un opportuniste de bas étage, en prenant seulement soin de liquider leur compte commun. Plus Polly y pensait, moins cela lui plaisait. Quand Polly et Jim s'étaient séparés, ils avaient passé des mois à discuter, et ils avaient réparti leurs fonds de façon égalitaire et équitable. D'après Garrett, le vol – il n'y avait pas moyen d'appeler ça autrement – avait résulté d'une suggestion de Hugh Cameron ; cela voulait donc dire que Lorin était non seulement sournoise, mais en plus, influençable et faible.

Le problème immédiat était le suivant : comment Polly allait-elle traiter cet épisode dans sa biographie ? Allait-elle tricher, elle aussi, en ne le mentionnant pas ? Ou allait-elle mettre en lumière les failles profondes qui marquaient la personnalité de son sujet ?

Polly aimait toujours Lorin Jones, mais elle n'avait

plus pour elle une admiration sans réserve. Quant au sentiment magique d'une identité avec Lorin, il avait disparu. La visite à Wellfleet, la sensation transcendante que lui avaient inspirée le paysage et la demeure de Lorin, la présence impalpable de l'esprit de Lorin, tout cela se limitait maintenant pour elle à un enchantement illusoire et passager : en termes bassement psychologiques, ce n'était qu'une hallucination temporaire.

Se croire hantée par Lorin Jones, possédée par son esprit, c'était plonger trop profond, même pour une biographe ; surtout, peut-être, pour une biographe. Mais maintenant, Polly pataugeait dans la vase des bas-fonds, et de jour en jour, elle sentait Lorin dériver plus loin d'elle, se perdre dans un fatras de faits inanimés et boueux, un bric-à-brac où se mêlaient les souvenirs déformés des autres et leurs opinions partiales. Créer quelque chose à partir de cette masse grumeleuse et amorphe – le fond de l'étang – cette tâche semblait de plus en plus difficile. Elle n'avait plus aucune idée claire sur la personnalité de Lorin, sur ce qu'avaient pu être ses pensées, ses sentiments. Elle était parfois si désemparée, si déprimée, qu'elle songeait à suivre le conseil de Lennie Zimmern : renoncer à raconter la vie de sa sœur, et se limiter à une étude de son travail. version modestement augmentée du catalogue de « Trois Américaines ».

Le drame, c'était que même en ce qui concernait l'œuvre, elle n'avait plus la même assurance. Quand elle tenait devant la lumière ses diapositives aux couleurs faussées, quand elle contemplait fixement les ternes reproductions en noir et blanc, elle n'éprouvait plus rien ; elle ne trouvait rien de nouveau à dire. Certains jours, elle continuait laborieusement son travail sans autre motivation que la difficulté d'expliquer l'abandon du projet à ses collègues du musée et aux gens de la Fondation. La Fondation lui demanderait peut-être de rembourser son avance.

Les interviews les plus récentes étaient déroutantes ou inutiles. D'après la dernière, Lorin Jones, à la fac, se comportait presque comme un cas-type de schizophrénie. Soit elle était vraiment folle, soit Janet Belle Smith (qui était, après tout, une professionnelle de la fiction) avait inventé des anecdotes, soit encore Lorin Jones avait joué à l'intention de madame Smith un rôle inspiré par un sens de l'humour assez pervers.

Jeanne avait essayé de soutenir Polly au cours de cette période de doute et d'anxiété, mais elle était encore secouée par sa rupture avec Betsy, et rien de ce qu'elle disait ne semblait aider Polly. A vrai dire, Jeanne n'approuvait pas réellement ce projet, parce qu'elle était contre le genre entier des biographies. En tant qu'historienne marxiste-féministe, elle pensait qu'il ne fallait pas s'attacher à des personnalités exceptionnelles, à de prétendus "héros" ou "chefs". Elle préférait analyser des statistiques, ou enquêter sur la vie des gens ordinaires. A son avis, Polly avait succombé au mirage biographique, à la vieille conception patriarcale de l'histoire comme « vies des grands hommes ». On avait beau élargir le champ de l'étude aux « vies des grandes femmes », on restait quand même sur le terrain délimité par les hommes.

« Pourquoi est-ce que tu ne raconterais pas ma vie ? » avait plaisanté Jeanne la semaine dernière ; ce n'était d'ailleurs pas la première fois. « Sur le plan historique ou sociologique, elle est aussi significative que celle de Lorin Jones. Et tu aurais beaucoup moins de mal à rassembler les données. » Elle rit, non sans amertume, faisant peut-être allusion aux nombreuses fois où elle avait répété la triste histoire de ses amours avec Betsy.

« Ça, c'est bien vrai », avait dit Polly en riant à son tour. Mais elle savait que Jeanne ne blaguait qu'à moitié : comme la plupart des gens que Polly avait interviewés, elle voulait que Polly fasse attention à elle et écrive sur elle au lieu de travailler sur Lorin Jones. De nouveau, elle se sentit submergée par une sensation d'impatience, d'exaspération devant les blocages qui s'opposaient à la communication.

Mais maintenant, debout devant le tableau récemment encadré, Polly éprouva un vague espoir. L'âtre était froid et nu ; il n'avait pas servi depuis leur emménagement. Mais même sous l'éclairage indirect et gris qui caractérisait cette pièce à toute heure du jour, la peinture de Lorin étincelait, flamboyait d'or roux, d'ocre fumeux et de bleu acier. Les touches de couleur qui suggéraient des feuilles tombantes et tourbillonnantes semblaient trembler, voleter ; celles qui évoquaient des ondes à la surface de l'eau frémissaient et vibraient. La toile vivait, animée par les dissolutions et les métamorphoses de l'automne, par la passion de Lorin Jones, amoureuse de la peinture et du monde physique. Oui, pensa Polly. C'était une œuvre, une vraie, le travail d'un génie. Mais que pouvait-on y apprendre sur la femme qui l'avait créée ?

Elle regarda si longtemps et si fixement que ses yeux finirent par larmoyer, que les couleurs devinrent floues ; au cœur d'une bourrasque de peinture, elle n'était pas plus près de la réponse. Enfin, en proie au vertige, elle s'éloigna. Elle posa les bégonias de Jeanne sur le rebord d'une fenêtre et emporta les bougeoirs dans la cuisine.

« Oh, merde ! » s'écria-t-elle en regardant autour d'elle. Quand elle était partie, ce matin, la pièce était propre ; maintenant, il y avait de la vaisselle sale dans l'évier, des miettes sur la table ; le lait, les œufs, le pain, la confiture n'avaient pas été rangés, et la soucoupe de margarine s'était transformée en flaque jaune et visqueuse où trônait une mouche morte. Avant de se fâcher avec Betsy, Jeanne n'aurait pas laissé une tasse vide sur la table ; mais la dépression l'avait rendue paresseuse et dispersée. « Nous avons rompu, c'est l'expression que j'emploie quand on me pose la question », disait-elle. « Mais tu sais, je dirais plus volontiers que je suis rompue ; j'ai encore l'impression d'avoir été fracassée en petits morceaux. » Polly, elle, rendue anxieuse par son livre, était devenue du même coup hyperactive et impatiente ; rien d'étonnant si elles ne s'entendaient plus aussi bien qu'auparavant.

Evidemment, la sexualité était un aspect du problème. Depuis son retour de Wellfleet, elles avaient essayé à trois reprises, Jeanne et elle, de s'aimer et de se faire du bien, et ça n'avait pas vraiment marché. Polly se sentait aimée mais pas satisfaite ; quant à Jeanne, de toute évidence, elle n'avait pas été réellement réconfortée.

Ce que Jeanne aimait, apparemment – ou en tout cas ce qui semblait répondre à ses désirs du moment – c'était une suite de baisers, de câlins, de douces caresses, qui l'entraînaient lentement et douillettement vers une excitation sans orgasme, après quoi elle s'apaisait tout aussi graduellement. Non, avait-elle dit à Polly : l'orgasme ne lui manquait pas. L'idée d'un spasme violent l'aurait plutôt révoltée, en fait ; elle s'était souvent dit que les hommes, avec leur sexualité brutale, animale, avaient récemment tenté d'imposer cette notion aux femmes. Après tout, pendant des siècles, on n'avait jamais parlé de paroxysme amoureux chez les femmes.

Malheureusement, Polly ne partageait pas ce point de vue. Au début de chaque rencontre, elle soupirait, émerveillée de la peau soyeuse et rosée de Jeanne, de ses effleurements délicats et subtils, de ses baisers ailés et de ses tendres morsures. « Oh, que c'est délicieux », murmurait-elle en rendant les caresses qu'elle avait reçues, et davantage. « C'est toi qui es délicieuse », murmurait Jeanne, déployant ses longues boucles claires au-dessus de la cuisse de Polly. Mais plus tard, quand Polly commençait vraiment à s'abandonner, à crier, à agripper, à haleter, à s'agiter, Jeanne se figeait et s'écartait, observant son amie d'un air gêné et soucieux, comme si elle avait eu une sorte d'attaque.

Jeanne n'était pas non plus satisfaite de leurs rencontres, c'était évident. Selon une croyance populaire, les hommes sont mélancoliques après le coït ; Polly ne l'avait généralement pas constaté ; mais Jeanne était toujours un peu triste et silencieuse après, tout en s'efforçant de le cacher. Polly la soupçonnait de penser à nouveau à Betsy ; pourtant, quand elle lui posait la question, Jeanne niait.

Mais le pire, en fait, pensait Polly, c'était que la communication entre elles commençait à ne plus passer. Pendant des années, du temps où elles n'étaient que des amies intimes, elles étaient parvenues à tout se dire, Jeanne et elle. Maintenant que leur intimité avait accédé à un autre registre, elles se dissimulaient de plus en plus leurs pensées et leurs sentiments. Polly ne pouvait dire à personne ce qu'elle avait sur le cœur ; elle ne pouvait même pas se confier à sa meilleure amie, puisque c'était Jeanne, sa meilleure amie, et qu'elle aurait été peinée et blessée si elle avait su jusqu'où allaient les sentiments de frustration et de solitude éprouvés par Polly lorsqu'elles avaient fait l'amour.

Polly espérait que lorsque Jeanne se serait remise de cette idiote de Betsy – qui, décidément, ne la méritait pas – elle deviendrait plus active au lit, plus enthousiaste, et plus heureuse par la suite ; et peut-être aussi plus efficace à la maison. Sinon, Polly ne savait pas combien de temps elle pourrait tolérer la situation.

Jeanne aurait pu ranger avant de partir pour l'université, grogna-t-elle, plantée au milieu de la cuisine à retourner dans sa tête ces pensées dérangeantes. Elle sait que je ne supporte pas le désordre. Mais si j'en parle, elle sera vexée, blessée. Elle expliquera qu'elle a trop dormi, qu'elle était en retard pour aller au travail ; ou qu'elle a mal dormi, qu'elle a eu une nuit épouvantable – sauf qu'elle ronflait comme un gros chat quand je suis partie.

Mais de telles pensées étaient mesquines, indignes d'une véritable amie, sans parler d'une amante. Polly les repoussa. Elle nettoya la cuisine – cela ne lui prit que quelques minutes, tout compte fait – et vida dans la poubelle un cendrier que Jeanne avait rempli de mégots. Officiellement, Jeanne s'arrêtait à nouveau de fumer, ou du moins elle ralentissait, mais comme d'habitude, elle trichait. Enfin, Polly quitta la cuisine en emportant les vieux chaussons de danse de Jeanne.

En entrant dans la chambre qui avait été celle de Stevie, Polly se rappela avec un tressaillement de joie que dans moins d'une semaine, elle verrait son fils. Le mercredi suivant, elle prenait l'avion pour Rochester, et peu après, Stevie arriverait de Denver. Ils fêteraient

Thanksgiving chez sa mère comme d'habitude, puis ils repartiraient ensemble à New York vendredi.

Jeanne ne serait pas là ; elle passait le week-end avec Ida et Cathy, qui préparaient un dîner de Thanksgiving pour une douzaine de femmes. Elle avait proposé à Polly de venir, mais même si Polly n'avait pas dû aller chez sa mère, elle aurait hésité. Ce n'était pas bien d'hésiter ; il fallait qu'elle s'habitue à fréquenter d'autres femmes gay ; elle aurait dû y trouver du plaisir. Malheureusement, elle appréciait la plupart des amies de Jeanne, mais Ida et Cathy la mettaient toujours mal à l'aise. Quand Polly allait chez elles, elle sentait leur regard peser sur elle ; Ida, surtout, semblait l'examiner, cherchant des indices de préjugés ou d'idées erronées.

Il faudrait pourtant qu'avant le départ de Jeanne, Polly ait une discussion sérieuse avec elle. Pour l'instant, la chambre de Stevie était pleine d'affaires appartenant à Jeanne : vêtements, livres, posters, cassettes, lecteur de cassettes ; les copies de ses étudiants étaient étalées sur le bureau de Stevie, où trônait aussi sa machine à écrire. Il faudrait que dans le courant de la semaine à venir, tout cela soit dégagé. Polly pouvait espérer que Jeanne trouverait un jour l'énergie de s'en occuper ; mais à la fin, il faudrait sans doute qu'elle s'en occupe elle-même.

« Salut. » Lentement, Jeanne referma derrière elle la porte de l'appartement et mit le verrou et la chaîne ; en général Polly oubliait de le faire, et Jeanne le lui faisait remarquer. Ce jour-là, elle ne dit rien ; Polly résolut en silence de ne pas parler du désordre de la cuisine.

« Salut, toi. »

« Comment ça va ? » Jeanne posa lourdement un sac d'alimentation sur le divan et s'affala à côté du sac avec une inertie similaire.

« Pas trop mal. » Polly, assise à son bureau, se tourna de côté et leva les yeux vers la cheminée, mais Jeanne ne suivit pas son regard. « J'ai récupéré la peinture de Lorin. »

« Ah bon ? » Jeanne tourna brièvement la tête.

« Je trouve que l'encadreur s'en est bien tiré, tu ne trouves pas ? J'avais peur que la bande chromée soit trop large, mais tout compte fait, elle est parfaite. Et le tableau est très bien, au-dessus de la cheminée. »

« Oui. Très bien », marmonna Jeanne.

« Je ne vois pas comment tu peux dire ça. » Polly sourit. « Tu l'as à peine regardé. »

« Je n'en ai pas besoin. J'ai regardé ce truc pendant des heures quand tu l'as rapporté du Cap Cod. »

Bien que Polly fût choquée d'entendre la peinture de Lorin qualifiée de « truc », elle n'exprima pas son irritation. « Tu sais, ça fait une grosse différence pour moi d'avoir ici une œuvre d'elle. C'est fou, mais ça me donne le sentiment qu'en fin de compte, j'arriverai peut-être à faire ce livre. »

« Très bien », dit Jeanne, sur le ton de quelqu'un qui en avait assez des doutes de Polly.

« Je me disais, tu peux dire ce que tu voudras de Garrett Jones, mais je ne peux que lui en être reconnaissante. »

« Pas trop reconnaissante, j'espère. » Jeanne se releva, l'air épuisé, et se mit à dérouler une longue écharpe vaporeuse en laine blanche.

« Qu'est-ce que tu veux dire ? »

« Eh bien... » Jeanne enlevait son manteau, maintenant. « Il ne faudrait pas que ça influence fâcheusement ce que tu vas dire. »

« Comment ça, influencer fâcheusement ce que je vais dire ? » Polly commençait à se hérisser. « C'est tout le contraire : ça va m'aider, m'inspirer, du moins je l'espère, pour l'amour de Dieu. »

Jeanne soupira. « Je ne te parle pas du tableau. Je ne voudrais pas que tu oublies les motivations de Jones quand il te l'a offert, c'est tout. Veux-tu une tasse d'infusion tonique ? »

« Non merci. » Polly contempla un moment, les sourcils froncés, le tableau dont les teintes éclatantes se voilaient en même temps que le jour, puis elle suivit Jeanne dans la cuisine. « Qu'est-ce que tu veux dire par là ? A ton avis, quelles étaient les motivations de Garrett ? »

« Ecoute, c'est évident, non ? Si ce truc a autant de valeur que tu le dis, ça ne peut avoir été qu'une façon de t'acheter. Jones a dû se dire qu'après ça, tu ne pourrais rien dire de déplaisant à son sujet. »

« Je ne crois pas... non, ce n'était pas, pas du tout... » Polly se mit à bégayer. « Garrett m'a donné ce tableau parce qu'il est content que j'écrive un livre sur Lorin, et de toute façon, il ne voulait plus regarder ce paysage. Ça le bouleverse, je t'ai expliqué pourquoi... » Elle essaya de ne pas faire attention au sourire sceptique de Jeanne. « De toute façon, je ne vais rien dire de déplaisant sur lui. »

« Ah bon ? »

« Je dirai la vérité, c'est tout. »

Pour la première fois, Jeanne rit et Polly se rendit compte qu'elle avait été mal comprise. En fait, si elle ne voulait rien dire de désagréable sur Garrett Jones, c'était parce qu'elle ne lui imputait plus les problèmes de Lorin avec le milieu artistique new-yorkais. A coup sûr, il avait trop souvent laissé sa femme seule, il ne l'avait pas vraiment comprise. Mais un homme, et surtout un critique, pouvait-il comprendre une femme de talent ? Il l'avait tout de même soutenue sur les plans professionnel et financier ; il l'avait aimée, à sa façon, et il lui avait laissé une part d'indépendance appréciable.

« Belle résolution », dit Jeanne, qui continuait à pouffer.

« Je n'ai rien contre Garrett Jones », insista Polly. « Il a été très correct avec moi, tout bien considéré. »

« Allons, allons. Qu'est-ce qu'il a fait pour toi, si on y regarde de plus près ? » L'eau chantait dans la bouilloire, et apparemment, Jeanne commençait à bouillir, elle aussi. « Il t'a donné un sale vieux tableau même pas terminé... »

« Il n'est pas sale ! » Polly s'échauffait ; il y avait, en effet, une pliure et une traînée de poussière le long des bords ; mais après encadrement, les dégâts étaient presque invisibles.

«... et il a essayé de t'entortiller pour te persuader d'écrire à sa place les "Mémoires d'un homme content de lui"... »

« En tout cas, il n'y est pas arrivé. » Polly n'allait pas tarder à se mettre en colère. Elles avaient déjà eu cette discussion, en termes plus vagues et plus polis. « Pour lui, c'était une façon de me faire une fleur. New York est plein de diplômés d'histoire de l'art qui sauteraient sur l'occasion. »

« Mmmmmouais. » Jeanne versa de l'eau bouillante dans une théière japonaise ancienne, cadeau de Betsy en des temps plus heureux. « T'es plutôt poire, tu sais, Polly », ajouta-t-elle. « Il suffit qu'un homme soit un peu aimable avec toi pour que tu le prennes pour un type bien. »

Polly ne répondit pas, malgré la réplique qui lui démangeait la langue : faire cadeau d'un tableau qui vaut plusieurs milliers de dollars, tu appelles ça être un peu aimable ?

« Ça m'étonne qu'il n'ait pas essayé de te séduire, pardessus le marché », continua Jeanne. « On dit qu'il se prend pour le cadeau que le bon Dieu a voulu faire aux femmes. » Polly ne réagit pas. « Il a essayé, peut-être ? » glissa Jeanne.

« Bien sûr que non », déclara Polly, ajoutant un mensonge caractérisé au simple mensonge par omission dont elle s'était déjà rendue coupable. Si Jeanne apprenait ce qui s'était passé, elle estimerait que Polly devait couper définitivement tous les ponts avec Garrett Jones, ce qui serait très malcommode sur le plan professionnel ; et elle lui reprocherait sans doute de ne pas l'avoir giflé. Polly s'imagina giflant Garrett Jones, ce vieil homme un peu ivre, à demi endormi, en proic à un délire érotique ; l'idée n'avait rien d'attirant. « Mais je crois qu'il m'a trouvée sympathique ; c'est en partie pour ça qu'il m'a donné ce tableau. »

« Je suis certaine que tu as su l'attendrir. Tu l'as embobiné, comme je t'avais dit de le faire, et tu as gagné sa confiance. » Jeanne sourit, s'accordant en silence tout le mérite.

« Oui... » murmura Polly d'un air un peu distrait. Elle venait de s'apercevoir que ce qui s'était passé l'autre nuit à Wellfleet pouvait également être mis au compte de Jeanne. En suivant ses conseils machiavéliques, ses théories sur la nécessité de rester sereine et d'avoir toujours l'air d'accord avec la personne qu'elle interviewait, Polly avait joué faux tout au long de cette première journée ; elle avait caché ses opinions, s'était déguisée en femme passive et admirative. Rien d'étonnant à ce que Garrett ait cru qu'elle l'admirait, qu'elle serait ravie de l'aider à écrire ses mémoires, qu'elle accueillerait avec joie ses baisers mouillés. Elle soupira audiblement.

« Tu as l'air lessivée », dit Jeanne.

« Oui, je suis un peu fatiguée. » Elle bâilla ; elle n'avait pas dormi plus de six heures, la nuit passée.

« Et si tu faisais une petite pause ? Tu t'es levée tellement tôt, tu dois être à bout de forces. »

« Une sieste ne me ferait vraiment pas de mal », avoua Polly.

« Bonne idée. » Jeanne, à son tour, bâilla avant de soupirer discrètement. « Je crois que je vais te tenir compagnie ; mes étudiants étaient épuisants, aujourd'hui. Et on pourrait commencer par cabrioler un brin », ajouta-t-elle en souriant. Elle faisait allusion à une des strophes du poème sur Le Chien à carreaux et le Chat à pois, qui revêtait maintenant pour elles une signification érotique intime :

Le Chien à Carreaux et le Chat à Pois
Gambadaient par-ci, cabriolaient par-là.

« D'accord. » Polly sourit sans enthousiasme. Les réflexions de Jeanne sur Garrett l'avaient prise à rebrousse-poil.

Une demi-heure plus tard, elles étaient étendues au milieu d'un amas de draps beiges quadrillés. Jeanne somnolait, mais Polly n'avait pas du tout sommeil, pour une raison ou une autre. Pour une excellente raison, bon sang : elle n'était pas satisfaite.

Pendant qu'elles faisaient l'amour, Polly avait suggéré à Jeanne de se montrer un peu plus énergique. Jeanne avait acquiescé aussitôt ; mais ses gestes étaient vite devenus mécaniques. Bientôt, sa main s'était alanguie, avait oublié la caresse commencée ; elle s'était renversée en arrière, ronronnante. « Oh, que c'est bon ! Oui, oui, c'est délicieux. » Sa voix avait suivi un sourd crescendo de plaisir et de gratitude. « Oh, merveilleux », soupira-t-elle enfin. « Merci, ma chérie. » Alors, ensommeillée, comblée, elle avait sombré dans l'inconscience.

Polly se souleva sur un coude et regarda son amie : ses yeux bordés de cils pâles, ses cheveux fins, emmêlés, sa peau satinée, ses formes dodues, ses gros seins blancs et moelleux, sa petite bouche rose, entrouverte, d'où un souffle audible, mais trop léger pour être qualifié de ronflement, s'exhalait sur un rythme régulier. Contrairement à Polly, Jeanne avait une aptitude enviable à s'endormir n'importe où, n'importe quand.

Il était d'ailleurs naturel de s'assoupir après l'amour ; Polly aussi, quand elle était pleinement satisfaite, avait envie de se laisser dériver. La plupart des femmes connaissaient cette sensation. Les hommes aussi : Jim Meyer, parfois... Polly s'arrêta à mi-chemin de ce souvenir, agacée d'avoir pu penser à Jim en un moment pareil.

Evidemment, il lui était arrivé, depuis le départ de Jim, d'être perturbée par des fantasmes hétérosexuels ; mais depuis qu'elle couchait avec Jeanne, ces fantasmes, par un paradoxe pervers, étaient devenus plus fréquents. Peut-être, comme elle était excitée mais jamais satisfaite, cela expliquait-il qu'elle ne cesse de penser à la sexualité, à ce que c'était avant. Même pendant qu'elle faisait l'amour avec Jeanne, elle se rappelait parfois sous de vives couleurs certains instants de son passé, ou même de son séjour récent à Wellfleet.

Pourquoi ne cessait-elle de se remémorer cette soirée pénible, cette étreinte gênante qu'elle n'avait pas désirée ?

Elle ne s'intéressait pas à Garrett Jones, vieillard triste et prétentieux. Elle n'avait pas trouvé de plaisir à l'embrasser, ne souhaitait pas l'embrasser de nouveau. Ce qui la hantait, c'étaient les souvenirs qu'il avait suscités en elle : la sensation d'un corps masculin pressé contre le sien, plat, lourd, dur ; l'initiative volontiers assumée, les choix communiqués non par des mots mais par des gestes et des murmures de plaisir.

Ce serait tellement mieux si elle arrivait à aimer Jeanne, ou une autre femme. Et peut-être en était-elle capable, pensa Polly ; après tout, elle aimait Lorin Jones. Mais elle ne pouvait pas aimer Jeanne comme elle aimait Lorin. Entre autres choses, Jeanne n'était pas un génie.

Certes ; mais du moins était-elle vivante, présente. Et chaleureuse, affectueuse, loyale. Elle aimait Polly ; elle était prévenante, gentille, elle lui apportait des fleurs et lui faisait des gâteaux. Il était vrai que les fleurs, généralement achetées aux étals du métro, ne duraient pas très longtemps, et que de plus en plus souvent, les gâteaux étaient de guingois ou s'effondraient au centre. Mais l'intention était entière et authentique.

C'était peut-être la faute de Polly, peut-être était-elle foncièrement froide, bardée de défenses trop fortes, incapable de nouer une relation réellement chaleureuse et intime, fût-ce avec une autre femme. Peut-être était-ce pour cette raison que Jeanne était encore déprimée, désordonnée, susceptible et préoccupée. Elle soupira et s'étala à plat ventre près de son amie, s'efforçant en vain de dormir.

« Hé ! » Jeanne bâilla, ouvrit lentement les yeux, et se souleva sur un coude, dévisageant Polly. « Ça ne marche pas, hein ? » dit-elle au bout d'un instant.

« Quoi ? »

« Ça ne colle pas, c'est tout. Tu es restée tout énervée. »

« Je... Ben, oui ; je crois que je suis comme ça, et puis voilà. »

« Il n'y a pas que toi. » Jeanne allongea la main vers le front de Polly, et lissa d'une caresse ses boucles drues et ébouriffées. « Ça ne se passe pas vraiment bien pour moi non plus. Le problème, c'est que je t'aime d'amitié, mais tu n'es pas mon type. » Elle soupira.

« Comment ? » Polly se tourna sur le côté.

« Sinon, je n'aurais jamais accepté de venir ici, en septembre ; ça aurait été bien trop douloureux. »

Stupéfaite, Polly se redressa à demi et regarda son amante. « Tu veux dire que tu ne me trouves pas attirante ? » dit-elle, bouche bée.

« En fait, non. Pas vraiment. » Jeanne sourit d'un air contrit et secoua la tête. « A vrai dire, je suis plutôt attirée par les gamines fluettes, un peu perdues, rousses ou blondes comme Betsy. Tu es bien trop sensée, trop adulte pour moi. »

Trop vieille, trop grosse, pensa Polly, saisie par une envie de rire désespérée.

Jeanne dut voir sur le visage de son amie un changement d'expression, un spasme douloureux, car elle se hâta d'ajouter : « Ne crois pas que tu n'es pas terriblement jolie, Polly chérie. Je suis sûre que des tas de femmes pourraient s'intéresser à toi. Ida me disait l'autre jour... »

« Mais dans ce cas, pourquoi as-tu proposé...? » s'écria Polly, s'asseyant pour regarder son amie en face, choquée d'avoir été l'objet de ce genre de discussion avec Ida.

« Ma foi, sûrement parce que j'étais si triste, si frustrée. Et toi aussi. Mais en fait, tu sais, ce n'était pas une bonne idée. Tu as été vraiment adorable avec moi. Ce qu'il y a, c'est que je suis toujours affreusement amoureuse de Betsy, bien que je me rende compte que je risque de ne jamais la revoir. Mais toute autre relation me donne le sentiment de lui être infidèle. »

« Je vois. » Polly hésitait toujours entre le rire et les larmes ; toute cette histoire lui faisait l'effet d'une mauvaise plaisanterie.

« De toute façon, chérie, toi non plus, tu ne me trouves pas tellement attirante. » Jeanne sourit.

« Mais si ! mais... enfin... » Polly soupira longuement, nerveusement. « Je crois que je me fais simplement une idée un peu différente de l'amour. Mais je croyais que toi... »

« Je sais. » Jeanne rit enfin, d'un rire léger, un peu triste. « Nous nous sommes fait des politesses. »

« Ça doit être ça. »

« Tu sais quoi ? On va sortir du lit et aller voir un film vraiment idiot. Une histoire d'animaux sauvages, ou d'extraterrestres. »

« D'accord. Je vais chercher le *Times* pour savoir ce qui se donne en ville. » Polly se leva. « Dis donc, Jeanne », ajouta-t-elle en se retournant, arrivée à la porte de la pièce, « si tu es toujours amoureuse de Betsy, tu devrais peut-être l'appeler. Je veux dire, peut-être qu'elle n'attend que ça. »

« Peut-être », dit Jeanne, dont le visage s'assombrit. « Mais pas forcément. » Elle prit l'oreiller qui s'était trouvé sous sa tête et lui assena quelques coups d'un air méditatif.

« Très bien. J'y réfléchirai. »

KENNETH FOSTER

peintre

– Oui, j'ai vérifié dans mes archives : Laurie Zimmern a suivi mes cours de peinture à Bennington, en deuxième année, au printemps 1945.

– Je me souviens parfaitement d'elle. Mes jambes flageolent peut-être, mais j'ai l'esprit tout à fait clair. En plus, je me rappelle toujours les plus doués de mes étudiants.

– Il n'y en avait pas autant que vous pourriez le croire. Si j'en avais un ou deux dans une classe de vingt, je m'estimais heureux.

– Non, on ne sait pas tout de suite. Ce n'est pas si facile que ça. Vous comprenez, les capacités ne suffisent pas pour réussir. Quand on enseigne pendant aussi longtemps que moi, on se rend compte que dans une année donnée, il peut y avoir quelques étudiants dotés d'un véritable talent, et quelques-uns qui ont en eux une véritable ambition : le désir passionné d'être un artiste. Dans ma classe de deuxième année à Bennington, la plupart n'avaient en vérité ni l'un ni l'autre, du moins pas de façon perceptible.

– C'étaient de gentilles filles. Beaucoup d'entre elles, par la suite, ont fait de beaux mariages et ont entrepris des collections de peintures assez intelligentes, parce que des gens comme Garrett Jones et moi leur avaient appris quelques bricoles. Mais ce n'étaient pas des artistes.

– Oui, le talent et l'ambition : pour arriver à quelque chose dans le domaine de l'art, il faut des deux, en abondance. Si vous avez une de ces qualités, mais pas l'autre, c'est tragique. J'ai connu tant de jeunes qui voulaient désespérément être peintres ! Ils auraient fait n'importe quoi pour y parvenir, ils auraient renoncé à tout, travaillé nuit et jour pendant des années, mais ils n'avaient pas les dons nécessaires ; et voilà tout. On pouvait prédire qu'ils seraient malheureux leur vie durant.

– Mais oui, j'ai essayé de leur dire, surtout au début. Ça ne sert à rien ; le seul résultat, c'est qu'ils vous rangent dans la catégorie des brutes malveillantes et destructrices. On vient s'ajouter à la liste de ceux qui ont tué John Keats, laissé Van Gogh mourir dans la misère, etc.

– Et puis quelquefois – et ça, c'est presque pire – on en rencontre qui ont du talent, mais pas d'ambition. Ils laissent leurs parents, leurs femmes, leurs maris, les persuader de ne pas chercher sérieusement à devenir peintres, parce que ce n'est ni sûr ni respectable. Alors, ils font du droit, une carrière dans les affaires, ou simplement des enfants. Le nombre d'heures de ma vie que j'ai gaspillées à parler à ces étudiants-là ! J'en suis horrifié, quand j'y pense.

– Non, avec Laurie Zimmern, c'était différent. Les capacités, elle les avait : un sens de la couleur merveilleux, extrêmement subtil, et un trait exquis. Et elle voulait peindre, de toutes ses forces ; je crois qu'elle n'a pour ainsi dire jamais rien désiré d'autre. Mais le monde extérieur à l'atelier la terrifiait.

– Eh bien, par exemple, je me rappelle la réception donnée à la fin du trimestre à l'occasion de l'exposition des travaux d'étudiants. Il y avait pas mal de monde. Tous les enseignants du département étaient là, évidemment, plus un certain nombre de parents, d'amis, d'habitants de Bennington. C'était la première fois que Laurie exposait, et elle avait si peur qu'elle était littéralement incapable de parler.

– Oui, elle a acquis davantage d'assurance l'année suivante. Mais je pensais qu'elle n'en aurait jamais assez pour s'en tirer. Sauf qu'elle était maligne, voyez-vous. Elle voulait devenir un peintre connu, et elle voulait que ça se fasse vite. Et elle était assez intelligente pour se connaître elle-même, pour savoir qu'elle avait absolument besoin de quelqu'un qui s'occupe de promouvoir son œuvre, et qui s'interpose entre le monde et elle.

– Eh bien, cette année-là, c'était son avant-dernière

année avant le diplôme, elle exposait trois tableaux, et il suffisait d'y voir un peu clair pour s'apercevoir que c'étaient les meilleurs de tout l'ensemble, et de loin. Garrett désirait rencontrer l'artiste ; je les ai présentés. Je m'en veux encore, d'une certaine façon, mais comment aurais-je pu prévoir ? Bref, ils ont fait connaissance. Laurie a vu sa chance, et elle l'a saisie.

– Résolue, ça, vous pouvez le dire. Elle n'admettait pas que quelque chose se dresse sur son chemin. Ou quelqu'un. La femme de Garrett a moins compté pour elle qu'un vieux chiffon à peinture. Vous savez, je suppose, qu'il était marié, à l'époque.

– Et vous savez certainement aussi qu'il était marié à ma femme actuelle.

– Mais oui, parfaitement.

– Non ; si vous voulez savoir, ça ne m'étonne pas du tout. Garrett n'en parle plus, maintenant, mais ils ont été mariés pendant sept ans, Roz et lui. Quand il a été nommé à Bennington, elle a quitté un excellent emploi à New York pour le suivre, et elle a trouvé du travail au secrétariat du Doyen pour moitié moins que ce qu'elle gagnait avant.

– Mais oui, je les connaissais bien. Jusqu'au jour où Laurie Zimmern a fait son apparition, nous étions bons amis, tous les trois ; nous faisions tout ensemble.

– Je les aimais tous les deux. Ils étaient beaux, loyaux, pleins d'énergie. Et extrêmement heureux ensemble. Roz avait tant de chaleur, tant d'humour, tant de vivacité ! Elle était toujours partante ; quant à Garrett, il était brillant. Je n'avais que quelques années de moins que lui, mais sur le plan intellectuel, je le respectais : il savait beaucoup de choses, et en art, son goût et ses jugements étaient toujours irréprochables.

– Voyez-vous, j'ai appris autre chose, au fil des années : certains hommes, si brillants soient-ils, sont d'une faiblesse désastreuse quand les femmes sont en cause. Et, bien sûr, il existe un type de femme qui flaire ce genre de tempérament, et qui sait s'en servir à son avantage.

– Je ne crois pas qu'il y ait eu la moindre trace d'amour, en tout cas de son côté à elle. Si vous voulez mon avis, il n'y a eu dans la vie de Laurie Zimmern que deux objets d'amour : elle-même, et la peinture, dans cet ordre-là.

– Oui, je suppose qu'elle était belle. Il fallait qu'elle le soit, pour intéresser Garrett. Et il fallait qu'elle soit douée.

– C'est vrai ; les gens le disent souvent. Je ne peux pas nier une certaine ressemblance, surtout dans ses premières peintures. Mais déjà, à l'époque, les œuvres de Laurie avaient un côté mystique, surréaliste, que les miennes n'ont jamais eu – que je n'ai jamais recherché, d'ailleurs.

– Non, ce n'est pas une question d'influence, c'est quelque chose de plus fondamental, je crois : une façon similaire de voir le monde. Bien sûr, je lui ai aussi appris quelques techniques. Et je lui ai indiqué le nom de quelques artistes anciens en lui suggérant d'aller voir de leur côté. C'est tout ce qu'on peut faire pour ce genre de personnes. Paradoxalement, vous savez, ce n'est pas auprès des meilleurs étudiants qu'on peut jouer le rôle d'enseignant, c'est auprès de ceux qui ont seulement un peu d'intelligence et de talent.

– Oui ; vraiment très forte. Si elle n'avait pas perdu la tête, si elle ne s'était pas enfuie avec cet absurde jeune homme – si elle avait vécu – je pense qu'elle serait reconnue maintenant comme un des peintres les plus importants de sa génération. Absolument.

– Je ne vois pas de contradiction. Le génie n'a rien à voir avec la morale ; parmi les plus grands artistes, il y a eu des saints et il y a eu des salauds.

– Mais oui. Nous voyons souvent Garrett et Abigail. Au début, Roz ne voulait pas entendre parler de lui ; on ne pouvait pas le lui reprocher. Mais après que Laurie l'a quitté, une fois qu'il s'est remarié, ça a facilité les choses. Nous aimons beaucoup Abigail, tous les deux. En plus, cela fait longtemps maintenant. Et Roz est une femme merveilleuse, si généreuse ; elle est incapable de rancune. Comme elle dit, les éléphants n'oublient jamais rien, mais qui voudrait être un éléphant ?

– Bien sûr, plus rien ne sera jamais pareil, mais n'en est-il pas de même pour tout, dans la vie ? Nous nous entendons très bien tous les quatre. L'été dernier, nous sommes partis ensemble en croisière – vous savez, les croisières Swan. Nous avons fait le tour des îles grecques, et j'en ai rapporté pas mal d'aquarelles.

– Oui, une vraie réussite. Si mes jambes tiennent le coup, nous avons l'intention de faire les villes de montagne de l'Italie du Nord, le printemps prochain.

9

La nuit précédant Thanksgiving, dans la maison de son beau-père à Rochester, Polly était au lit, dans la pièce mansardée qu'elle avait eue pour chambre depuis l'âge de neuf ans. La pente raide du plafond et le badigeon blanc, écaillé et taché, lui étaient aussi familiers que sa propre peau, qui commençait elle aussi à s'écailler et à se tacher. Les livres de son enfance étaient toujours sur les étagères, derrière la porte ; ses vieilles affiches – Monet et les Beatles – ornaient toujours les murs. Les rideaux en gros drap couleur terre de Sienne qu'elle avait ourlés elle-même avaient passé au soleil, mais ils s'accrochaient toujours de la même manière à l'espagnolette.

Son grenier était toujours, pensa Polly, la seule pièce vraiment agréable de la maison. Les autres étaient tout à fait confortables, mais dépourvues du moindre attrait esthétique ; il n'y avait dans leur décoration ni vulgarité ni prétention, simplement un manque de goût total. Dans le salon, le tissu d'ameublement vert pomme jurait avec la moquette vert olive et les rideaux en velours frappé vert d'eau, l'ensemble étant d'une résistance à toute épreuve ; des meubles dans le style colonial américain se bagarraient avec des héritages victoriens et du scandinave contemporain. Les tableaux et les ornements avaient été choisis uniquement pour leur valeur symbolique ; des photos de famille, des petits tabourets garnis de roses en tapisserie par la mère de Polly, des cendriers et un porte-revues confectionnés à l'école par ses demi-frères, enfin une danseuse plagiée de Degas, pastel inavouable qui lui avait valu un prix quand elle était au lycée. Le pire, c'étaient les souvenirs de vacances de Bea et de Bob : des aquarelles achetées dans les boutiques de souvenirs, à Provincetown ou à Paris, un plateau romain en papier mâché doré, une assiette londonienne commémorant le mariage royal, et un cactus-raquette du Nouveau-Mexique, de dimensions monstrueuses. (Quand Polly avait onze ans, ayant entendu dire que l'alcool tuait lentement mais sûrement, elle avait essayé d'empoisonner cette plante hideuse en versant du xérès dans le pot, puis, le mois suivant, du gin. La femme de ménage avait été accusée de se soûler en cachette ; mais le cactus avait fort bien supporté ce traitement et continuait à prospérer.)

Adolescente, Polly se plaignait volontiers de l'aspect de la maison ; comme elle le disait sans égards, et sans pouvoir espérer le moindre changement, tout aurait pu être complètement différent. C'était une grande maison, bâtie dans le style des années vingt, selon un plan intelligent, et faite pour durer. A deux pas de là, sur Crossman Terrace, vivait un professeur d'anglais dont les enfants avaient été les condisciples de Polly. Sa maison était presque identique, mais à l'intérieur, elle était non seulement confortable mais belle, pleine de meubles élégants, de tableaux, de plantes vertes au feuillage abondant disposées avec soin et attention.

Mais ce n'était pas seulement pour des raisons esthétiques que Polly se sentait toujours mal à Rochester. La maison lui rappelait encore les années qu'elle y avait vécues. En y pénétrant, elle avait le sentiment de s'enfoncer dans un brouillard impalpable, fait des exhalaisons moites de colères et d'amertumes anciennes.

L'installation à Rochester avait été une très bonne chose pour sa mère, elle s'en rendait compte maintenant ; c'était ce que Bea avait toujours voulu, un mariage stable avec un homme sérieux qui avait gravi les échelons de façon régulière, sinon brillante, commençant comme jeune diplômé de physique pour aboutir à un poste de professeur d'université. Après ce qu'elle avait vécu, cela devait être merveilleux d'avoir une grande maison confortable près du parc, et deux fils nés à des intervalles respectables, dotés du tempérament placide de Bob et de ses dons pour les maths et les sciences.

Mais au sein de cette famille heureuse, Polly restait une intruse. Elle détestait les maths ; elle avait des accès de mauvaise humeur, hurlait, pleurait et balançait des objets à travers la pièce. Elle était trop âgée pour sa nouvelle famille : dix et treize ans d'écart avec ses demi-frères. Elle n'allait pas avec les autres : sa mère, Bob et les garçons avaient tous les cheveux raides et châtain clair. Elle ne portait pas le même nom qu'eux : une fille de sa classe lui avait demandé si elle avait été adoptée. Souvent, les gens qui venaient à la maison pour des dîners ou des soirées ne savaient pas qui elle était. « Vous êtes la baby-sitter, je suppose », lui avait dit une fois, dans la cuisine, une dame vêtue d'une robe rouge brillante ornée de petites perles.

Sa mère essayait en effet de lui faire garder les enfants, mais généralement, elle résistait, parce que ses frères se liguaient contre elle dès que leurs parents avaient franchi le seuil de la maison, et refusaient de l'écouter. C'étaient des gamins idiots et gâtés, pensait-elle à l'époque ; aujourd'hui, ils lui paraissaient simplement ternes et totalement conformistes.

Lorin Jones, elle aussi, avait un demi-frère, avec qui elle ne s'entendait pas spécialement bien dans son enfance, se rappela Polly, ressentant comme un lointain écho de sa vieille impression d'identification. Mais c'était pire, pour moi, songea-t-elle. J'en avais deux.

Quand Polly avait quatorze ans, Bob Milner avait remporté un prix pour un manuel de physique, et un reporter du *Times-Union* était venu l'interviewer. Cet après-midi-là, Polly était chez une amie, à deux rues de là, mais personne ne l'avait appelée pour lui dire de venir poser dans la photo du professeur Milner et de sa famille ; son existence n'était même pas signalée dans l'article. Bob s'était excusé après coup, quand il était trop tard. « Pas de problème », avait répondu Polly. « De toute façon, je ne suis pas de ta famille. »

Sa mère, c'était autre chose : Polly se sentait un lien de parenté avec elle, mais elle ne comprenait pas pourquoi elle avait tant d'affection pour Bob et pour les garçons – est-ce qu'elle ne voyait pas à quel point ils étaient ennuyeux ? Bea, du moins, n'était pas ennuyeuse ; elle faisait parfois des réflexions étonnamment astucieuses et même spirituelles sur les gens et les événements, mais elle était désastreusement peu libérée et peu ambitieuse. A ce jour, elle était encore reconnaissante à Bob Milner de l'avoir épousée et de l'avoir amenée à Rochester, ville plutôt lugubre ; elle n'en revenait toujours pas de la gentillesse de cet homme, comparée à celle de la plupart des autres hommes.

Et ce qu'il y avait d'exaspérant, c'est que Bob était vraiment gentil. Il avait toujours essayé de bien se conduire à l'égard de Polly, elle ne pouvait pas le nier. Il lui avait payé ses études supérieures ; il n'avait jamais privilégié ses demi-frères, accordant à tous avec équité les cadeaux, les leçons de musique, les voyages. Evidemment sa gentillesse était motivée, entre autres choses, par la promptitude de Bea à satisfaire ses désirs.

Par exemple, Bob Milner avait pu appeler ses deux fils Albert et Hans, d'après les deux physiciens qu'il admirait le plus ; Bea n'avait joué aucun rôle dans ce choix, pas plus, d'ailleurs, que dans le choix du nom de Polly, qui lui venait de Paula, la grand-mère de son père. Au temps où Polly était à la fac, elle avait demandé un jour à sa mère si cela ne l'avait pas gênée de laisser ses maris choisir les noms de tous ses enfants. D'abord, Bea n'avait pas eu l'air de comprendre à quoi Polly faisait allusion ; puis elle avait souri et reposé ses mains sur la vieille machine à coudre à pédale sur laquelle elle travaillait, assemblant les pièces d'un patchwork mal dessiné. « Non, je n'y avais jamais réfléchi », dit-elle en déplaçant les plis du tissu. « Mais je ne crois pas que les noms ont tant d'importance que ça ; et toi ? »

« Moi, je crois qu'ils sont extrêmement importants », répondit Polly ; à l'époque, elle songeait à se faire appeler Stephanie, sans raison particulière, pour autant qu'elle pût s'en souvenir.

Sauf que c'est peut-être pour ça que j'ai voulu appeler mon fils Stephen, pensa-t-elle. Je voulais qu'il ait le genre de personnalité que j'attribuais, à l'époque, aux Stephen et aux Stephanie, à cause, certainement, du « Portrait de l'Artiste en Jeune Homme » : indépendant, artiste, courageux.

Et quelle espèce de personne était devenu Stevie ? Polly soupira. Actuellement, elle n'en avait pas la moindre idée.

C'était vraiment pas la joie, pour parler son propre langage, depuis qu'il était arrivé à Rochester. Ebahie, elle l'avait vu avancer vers elle à longues foulées dans le couloir de l'aéroport, paraissant plus grand de plusieurs centimètres avec ses bottes de cow-boy neuves ; par son apparence extérieure, il avait tout l'air de l'étudiant d'une école chic de l'Ouest. Ses cheveux bruns rebelles (si semblables à ceux de Polly, et jusqu'alors à peu près de la même longueur), avaient été taillés et disciplinés ; il portait un parka rouge qu'elle ne lui connaissait pas, couvert de fermetures à glissière, de rabats, de bandes velcro.

« Oh, Stevie chéri ! »

« Salut, Maman. »

Le ton contraint ne se limitait pas à la formule de salutation : pour la première fois de sa vie, Stevie sembla supporter les embrassades de Polly, au lieu de les rendre. En route vers la maison de Bea, il supporta les questions au lieu d'y répondre. A peine regardait-il Polly ; ses yeux restaient fixés sur les dos des occupants de la banquette avant, Alby, demi-frère de Polly, et Carolee, qu'Alby venait d'épouser. Il était peut-être intimidé par Carolee ; pourtant, jusqu'alors, la présence d'inconnus ne l'avait jamais rendu muet. En août, en route vers La Guardia, il avait eu avec le chauffeur de taxi une discussion animée sur les tornades.

A la maison, ça ne se passa pas mieux. Polly attendait ce moment depuis des mois, mais elle ne parvint pas à entamer la réserve de Stevie. Sur la proposition de Polly, il s'assit près d'elle à la cuisine pendant qu'elle confectionnait le gâteau aux noix qu'il aimait depuis toujours ; il cassa les noix et lécha la jatte, mais sa conversation se réduisait à une série de monosyllabes et de platitudes.

Ouais. Non. Ben oui, ça va. Papa, ça va. L'école, ça va. « Pas de problème », répétait-il sans cesse. Son enfant bien-aimé, dont la volubilité allègre avait toujours fait sa joie, était devenu un inconnu poli, incapable de s'exprimer clairement.

Pendant le repas, cependant, il s'associa au genre de conversation bruyante et banale qui avait cours chez les Milner, dominée comme d'habitude par les hommes. Stevie, Bob et les fils de Bob s'entretinrent de jeux vidéo et de films de science-fiction ; ils échangèrent des récits d'escalades et d'excursions en canoë sur des rapides, pendant que Bea et Carolee jouaient les supporters enthousiastes. Ensuite, Stevie aida les hommes à débarasser la table, puis il suivit Alby et Hans dans le bureau où ils allaient faire une partie de poker. C'était toujours comme ça dans cette maison ; il était pratiquement impossible d'avoir une conversation en tête à tête. Il valait mieux qu'elle s'y résigne ; après tout, dès demain elle partirait pour New York avec Stevie, et elle l'aurait pour elle toute seule pendant deux jours.

En tout cas, elle ne l'avait vraiment pas encore pour elle toute seule, pensa Polly, le soir suivant, en débarrassant la table pendant que sa mère déblayait et rinçait les assiettes, comme elles l'avaient fait dans cette même cuisine à chaque Thanksgiving depuis que Polly avait neuf ans. Bea Milner avait un nouveau lave-vaisselle, et à mesure que la famille s'accroissait, on avait ajouté des rallonges à la table de la salle à manger, mais à ces détails près, il était un peu effrayant de constater que rien n'avait changé depuis trente ans. Vraisemblablement, quelques pièces du triste service de Bea, décoré de myosotis, avaient dû se casser, et ses torchons à fleurs avaient dû s'user, mais on les avait remplacés par de la porcelaine et des torchons similaires.

Pendant ce temps, Bob, ses fils et Stevie regardaient un match de football à la télé, comme tous les ans ; Polly et sa mère s'occupaient de la vaisselle, alors qu'elles s'étaient déjà chargées de la cuisine. En général, les hommes se mobilisaient après les repas, mais le jour de Thanksgiving, ils étaient toujours dispensés. Polly s'était résignée à cette coutume ; c'était autre chose qui la contrariait aujourd'hui : Carolee, la femme d'Alby, était installée à côté à regarder le match avec les hommes.

« Je ne vois pas pourquoi Carolee ne nous aide pas », protesta-t-elle en couvrant d'une pellicule de plastique un bol en pyrex contenant de la sauce aux canneberges. « Après tout, ce n'est plus une invitée. Elle fait partie de la famille, maintenant, non ? »

« Eh oui » acquiesça paisiblement Bea. C'était une petite femme robuste, assez jolie, aux cheveux châtain clair colorés et ondulés artificiellement ; ses traits ressemblaient à ceux de Polly, en plus ridés et moins fermement dessinés. Ses grands yeux ronds étaient plus clairs que ceux de sa fille, et ses gestes précis évoquaient les mouvements d'un oiseau. « Mais tu sais, ma chérie, elle est passionnée de football. Je crois que les matchs l'excitent autant qu'Alby ou Hans, tu ne crois pas ? »

« Oui, sûrement », reconnut Polly ; elle pouvait difficilement faire autrement, puisque les exclamations frénétiques de sa belle-sœur résonnaient jusqu'à la cuisine. On les entendait encore mieux de la salle à manger, où Polly retourna chercher des assiettes à dessert. En les empilant, elle se dit que la répartition de leurs tâches, à Bea et à elle, était vraiment adéquate. Elle apportait à sa mère ses plaintes et ses irritations, comme des assiettes sales, et Bea lessivait patiemment cette crasse, avec son mélange de résignation et d'explications. Polly avait beau percer maintenant ce processus à jour, il n'en continuait pas moins à avoir un effet calmant. « C'est vrai que j'ai l'impression que Carolee fait maintenant partie de la famille, tu sais », dit sa mère lorsque Polly revint.

« Oui, oui », répondit Polly ; à ses yeux, Carolee, scientifique passionnée de sport, ne ressemblait que trop aux Milner.

« Je crois qu'elle va faire beaucoup de bien à Alby. Evidemment, elle n'est pas aussi brillante que lui ; mais elle est vraiment très gentille, tu ne trouves pas ? » Bea picora deux grains de raisins sur une des assiettes que Polly venait d'apporter ; elle mangeait aussi à la façon d'un oiseau.

« Elle est gentille, oui », acquiesça Polly. « Mais elle n'est pas très intéressante. »

« Peut-être que non », soupira Bea en récurant un plat poisseux qui avait contenu des patates douces. « Mais je ne suis pas sûre que ça ait tellement d'importance. Tu sais, Polly, quand on est jeune, on demande toujours aux gens d'être intéressants. Mais plus tard, on s'aperçoit que le sérieux, l'honnêteté comptent bien davantage. J'ai remarqué ça dans mon travail. »

« Ah bon ? » Depuis huit ans, Bea était assistante du doyen – autrement dit, supersecrétaire – pour les cours d'été de l'université.

« Quand nous recevons une demande d'inscription où l'étudiant est défini comme "intéressant", sans plus de précision, je mets toujours un petit A à côté de son nom, maintenant, pour Attention ». Bea pouffa brusquement. Comme à l'ordinaire elle ne buvait pas, le peu de xérès – un ou deux verres tout au plus – qu'elle s'autorisait les jours de fête lui embrumait toujours légèrement les idées.

« Au fait, comment va ton travail ? » demanda Polly, constatant que dans le brouhaha des nouvelles de toute la famille, la voix de Bea ne s'était pas fait entendre.

« Très bien. Tu sais, c'est la saison calme ; nous sommes juste en train d'établir le programme des cours. »

« Alors ça va très bien pour toi », dit Polly ; c'était à peine une question, car Bea était toujours contente.

« Mais oui. J'ai tout ce qu'il me faut. » Elle hésita, tenant sous le robinet un vilain plat en porcelaine vitreuse ; l'eau chaude, giclant sur le bord, jaillit en forme d'éventail transparent.

« J'aimerais bien que tu sois plus heureuse, c'est tout. »

« Je vais bien », dit Polly.

« Quelquefois, tu sais, je me fais du souci pour toi. »

« Ah bon ? » dit Polly, étonnée. Ça ne ressemblait pas à

sa mère de se faire du souci pour quoi que ce soit.

« Oui. Tu comprends, quand j'ai épousé Bob, je pensais que ce serait la meilleure des solutions pour toi, de grandir dans un endroit agréable comme Rochester. Dans une famille normale. Mais quelquefois, je me demande si après que nous sommes venus habiter ici, je me suis assez occupée de toi. Je pensais tout le temps aux garçons : l'asthme d'Alby, ces problèmes que Hans avait pour la lecture... Toi, tu étais si raisonnable, tu t'exprimais si clairement, tu avais tellement de talent, je savais que tout irait bien pour toi. Ou plutôt, je pensais que tout irait bien. » D'une main mouillée, elle repoussa en arrière une mèche de cheveux égarée.

« Ça va bien, tu sais », assura Polly. Depuis des années, elle voulait entendre sa mère reconnaître qu'elle avait peut-être fait une erreur. Mais maintenant que cela se produisait, elle se sentait gênée, mal à l'aise, comme si la cuisine avait basculé pour s'enfoncer dans la cave.

« Tu n'étais pas vraiment malheureuse, quand tu étais ici, ou bien si ? » Bea lâcha la lavette dans l'évier et se retourna pour regarder sa fille.

« Ça allait. C'était bien », mentit Polly.

« Ça m'a vraiment fait de la peine que ça ne marche pas entre toi et Jim. Mais je suis sûre que bientôt, tu te trouveras un type bien. » Bea mit une poignée de cuillères dans le lave-vaisselle, décochant à Polly un petit sourire rapide qui était aussi une question.

« Euh... » dit Polly. Non, je ne vais pas me trouver bientôt un type bien, pensa-t-elle, parce qu'il n'y a pas de « types bien » à New York. Ce que je cherche plutôt, sans doute, c'est une fille bien.

Je devrais lui dire la vérité, décida-t-elle en contemplant, au-delà de Bea, le nouveau papier peint de la cuisine, avec son motif balourd de boîtes à épices dans des tons de noir violacé, d'orange et de marron. (Qu'est-ce qui pouvait pousser un graphiste à dessiner un papier aussi hideux ? Qu'est-ce qui pouvait pousser un magasin à le commander ?) Ça lui ferait un choc, se dit Polly ; eh oui, et alors ? C'était toujours si difficile de mettre sa mère en colère : pourquoi ne pas la secouer un peu pour une fois ? « Je ne crois pas », dit-elle. « Euh, tu sais, mon amie Jeanne, celle que tu avais rencontrée à New York l'année dernière, qui partage mon appartement maintenant ? »

« Oui ? » Sa mère grignotait distraitement un morceau de gressin.

« C'est une lesbienne. Et je crois que peut-être moi aussi. »

« Oh ! Polly ! » Bea lâcha son gressin dans l'eau de vaisselle. « Vraiment ? »

« Je ne suis pas sûre. Mais c'est possible. »

« Enfin, ma chérie, si c'est ce que tu désires... » dit la mère de Polly au bout d'un moment. Elle enveloppa du céleri dans une feuille de plastique. « Après tout, ton amie Jeanne avait l'air d'une gentille fille. »

« C'est-à-dire qu'elle n'est pas... Je veux dire, nous ne sommes pas... » bafouilla Polly.

Mais Bea n'écoutait pas ; son regard se perdait bien au-delà de sa fille, et elle souriait bizarrement, d'un sourire lointain. « Tu sais, quand j'étais au lycée, j'ai eu un béguin terrible pour la Capitaine de l'équipe de tennis. »

« C'est vrai ? »

« Mais oui. » Bea pouffa de nouveau ; pas de doute, elle était un peu grise. « Elle était grande et athlétique ; elle me faisait penser à ton père. Non, je devrais plutôt dire que c'est lui qui me faisait penser à elle quand j'ai fait sa connaissance, parce que ça s'est passé plusieurs années après, évidemment. »

« Tu veux dire que, enfin, vous avez été amantes, cette fille et toi ? » Polly dévisagea sa mère par-dessus un élément de cuisine en formica marbré, d'une teinte violacée.

« Non, non. Enfin, pas exactement, en tout cas ». dit Bea, le sourire aux lèvres, en glissant une assiette dans le lave-vaisselle. « Je veux dire, je l'adorais littéralement, mais nous n'avons rien fait, bien sûr. Du moins rien de sérieux, tu comprends. » Elle pouffa.

« Je pensais que tu allais être choquée », dit Polly, un peu choquée, quant à elle.

« Mais non, chérie. Ce n'est pas comme les hommes, après tout, n'est-ce pas ? Avec ces horribles bars qu'ils fréquentent et les maladies qu'ils attrapent. Si c'était, mettons, Hans, je me ferais beaucoup de souci pour lui, bien sûr. Mais nous, c'est différent. Au bureau, maintenant, il y a une femme, ça fait dix-huit ans qu'elle vit avec son amie, et on ne peut imaginer personnes plus agréables et plus tranquilles, sauf qu'elles ont un Abyssin épouvantable. »

« Un Abyssin ? » Polly, troublée par les propos que tenait sa mère depuis quelques minutes, imagina un maître d'hôtel basané – ou un cuisinier, peut-être – coiffé d'un turban.

« Un chat, tu sais bien. » Bea pouffa. « Mais je pense que tu ferais mieux de ne pas en parler à Jim », ajouta-t-elle. « Du moins tant que tu ne seras pas sûre de toi. Il aime bien que les gens soient cohérents. Et si tu découvres que finalement, tu t'es trompée, il pensera que tu ne sais pas ce que tu veux. »

Polly dévisagea de nouveau sa mère ; de sa vie elle ne l'avait entendue suggérer de cacher quelque chose à Jim. « D'accord », promit-elle, se demandant si elle savait ce qu'elle voulait ou ce que les autres voulaient.

« Et pareil pour Stevie, tu ne crois pas ? » Bea mit encore deux tasses dans le lave-vaisselle.

« Je n'avais pas l'intention d'en parler à Stevie, pas encore », acquiesça Polly. « Je me suis dit que j'attendrais son retour définitif à la maison. »

« Bonne idée. Eh bien, je pense qu'on n'en fera pas rentrer plus ce coup-ci. » Bea prit une boîte appelée COMÈTE et versa dans le réceptacle adéquat une dose de poudre grenue, rose et blanche, ferma la porte, et appuya sur MARCHE.

Quand Polly, suivie de Stevie, ouvrit la porte de son appartement, dans l'après-midi du lendemain de Thanksgiving, elle s'attendait à le trouver comme elle l'avait laissé : vide, froid (elle avait baissé le thermostat), obscur et mal rangé. Mais il était plein de chaleur, de lumière et de fleurs. Des roses rose pâle aux longues tiges jaillissaient au-dessus du bureau ; un bouquet de glaïeuls encore plus énorme déployait des ailes vertes et blanches au-dessus de la table basse.

Elle resta abasourdie : puis elle entendit des pas dans le couloir et Jeanne arriva en courant.

« Oh, Polly ! » s'écria-t-elle d'un ton rieur. « Il s'est passé quelque chose d'extraordinaire : Betsy a quitté son mari ! »

« C'est merveilleux », dit Polly en signalant à Jeanne d'un geste de la tête que son fils était là.

« Tiens, salut, Stevie. » La voix de son amie baissa d'une octave et s'assourdit.

« B'jour », répondit Stevie, sans se montrer plus enthousiaste.

« Enfin, bref. » Jeanne s'arrêta pour souffler. « J'ai mis mes affaires dans ta chambre d'amis. Je pense que je vais dormir là ce soir et demain, il y a vraiment trop de monde chez Ida. Il y a des gens qui dorment dans tous les coins, et on fait la queue pour aller aux toilettes. » Elle eut un sourire gêné. « Si ça ne te pose pas de problème, évidemment. »

« Evidemment », répéta Polly. Que pouvait-elle dire ?

« Qu'est-ce que c'était que cette histoire ? » demanda audiblement Stevie en suivant sa mère dans le couloir.

« Rien. On parlait de quelqu'un qui a des problèmes conjugaux. » Polly avala sa salive, troublée de s'entendre mentir à son fils, ou du moins travestir la réalité à son intention.

Plus tard, Stevie sortit pour aller voir un ami ; aussitôt, Polly sut exactement ce qui s'était passé. Jeanne avait téléphoné à Betsy la veille de Thanksgiving ; le résultat avait été sensationnel. « Je te suis tellement reconnaissante ! » s'exclama-t-elle en serrant Polly dans ses bras. « C'est vrai, si tu ne me l'avais pas conseillé, je ne l'aurais peut-être jamais appelée. »

A l'autre bout du fil, Betsy avait pleuré de soulagement. « Je croyais qu'il était trop tard ; je croyais que tu ne voudrais plus jamais me revoir, » avait-elle sangloté, ravie. Puis elle avait fait ses bagages, et appelé un taxi pour rejoindre Jeanne aussitôt. Pendant que Polly était à Rochester, elles s'étaient retrouvées, folles de joie, dans le lit de Polly.

« J'étais sûre que ça ne poserait pas de problèmes », dit Jeanne en souriant. « Tu comprends, je savais que tu avais préparé la chambre de Stevie pour lui, et je ne voulais pas la remettre en désordre. Mais bien sûr, j'ai changé tes draps. Oh, Polly, c'était vraiment merveilleux ! » Jeanne ouvrit les bras comme pour embrasser le monde entier ; ses joues en étaient roses de plaisir rétrospectif. « Tu ne m'en veux pas ? »

« Du tout. » Polly secoua la tête, s'apercevant avec irritation qu'elle lui en voulait bel et bien. « Bien sûr que non. Alors, où est Betsy maintenant ? »

« Chez ses parents, à New Canaan, jusqu'à lundi. Elle devait y aller avec son mari pour Thanksgiving, mais elle leur a téléphoné pour leur dire qu'elle était malade. Et maintenant, elle va tout leur raconter. »

« Ah bon », dit Polly. « Elle va passer un moment là-bas ? »

« Mais non : rien que ce week-end. C'est bien trop loin pour vivre là-bas en travaillant à la fac, et puis évidemment, nous voulons être ensemble. Nous partagerons son appartement de Brooklyn Heights dès que ce fumier s'en ira. » Jeanne se pencha sur les glaïeuls, détachant entre deux doigts une fleur un peu fanée.

« Il va donc déménager ? »

« Oui, oui. Il va être forcé parce que la moitié de l'appartement appartient à Betsy ; ce sont les parents de Betsy qui ont en partie financé l'achat. Mais je me suis dit que jusqu'à son départ, elle pouvait habiter ici. »

« I-ici ? » Polly, dans son désarroi, ne put s'empêcher de trébucher sur ce mot.

« Ça ne sera pas pour longtemps. Après le départ de Stevie, bien sûr. On n'aurait qu'à mettre son lit gigogne dans ta chambre, en le dédoublant peut-être pour en faire des lits jumeaux, ça serait plus commode pour toi. Et le double-lit, on le mettrait dans la chambre de Stevie, pour nous. » Elle sourit, radieuse. « Ça serait beaucoup mieux. »

« Enfin... » dit Polly. « Je ne sais pas. »

« Naturellement, Betsy donnerait un coup de main, pour les dépenses : ça nous ferait faire des économies à toutes. »

« Euh », dit Polly, remarquant que son amie n'avait pas parlé de partager. Mais pourquoi l'aurait-elle fait ? Du point de vue de Jeanne, Polly était presque riche. Jeanne se débrouillait tout juste avec son minable salaire de l'université, tandis que Betsy, qui enseignait la dissertation en première année à temps partiel et avec un contrat d'un an, était encore plus fauchée.

En même temps, Polly se sentait contrariée et coincée, comme une enfant dont les parents organisent la vie derrière son dos. Elle ne voulait pas de Betsy dans son appartement, et elle voulait dormir dans son lit. Mais si elle le disait, cela semblerait égoïste et mesquin. Et puis, ce ne serait sans doute que pour quelques semaines, pas plus, puisque Stevie serait à la maison pour de bon avant Noël.

« C'est vrai », reconnut-elle.

« Oh, c'est merveilleux. Merci, chérie. » Jeanne, qui, depuis un moment, se tortillait sur le divan, l'air gêné, se leva d'un bond et serra vivement Polly dans ses bras. « Je voudrais aussi te faire mes excuses », ajouta-t-elle. « Je sais que j'ai été horriblement difficile à vivre depuis ma rupture avec Betsy. »

« Mais non, pas du tout. »

« Si, si, je sais, Polly. J'ai été terriblement maussade et absente, et je n'ai pas fait grand-chose d'utile dans la maison. Tu as vraiment été un ange de me supporter. Mais je vais me racheter ; nous nous ferons pardonner toutes les deux. Je suis si heureuse ! Je vais appeler Betsy tout de suite. »

« Je voudrais te demander quelque chose », dit Polly lorsque Jeanne eut murmuré au téléphone une dernière série de termes d'affection enfantins. « Quand Stevie reviendra à la maison, est-ce que tu pourrais nous laisser un moment tranquilles pour bavarder ? »

« Oui, bien sûr. Il y a un problème ? »

« Non, mais je n'ai pas vraiment eu l'occasion de le voir à Rochester. Ma famille tenait toute la place, tu sais comment ils sont. Si tu pouvais nous laisser le champ libre pendant une heure ou deux, tu comprends... »

« Qu'est-ce que tu veux dire, vous laisser le champ libre ? » demanda Jeanne, sa voix s'élevant légèrement. « Tu veux que j'aille faire le tour du pâté de maisons pendant une heure ? Parce que je ne peux pas aller au parc à cette heure-là, tu sais, il fait presque noir dehors. »

« Mais non, bien sûr », dit Polly. « Mais si, je ne sais pas, moi, si tu allais travailler dans ma chambre pendant que je prépare le dîner ? »

« Entendu », consentit Jeanne. « Tu me préviendras quand je pourrai sortir, d'accord ? »

Mais en fait, Jeanne ne resta pas dans la chambre. Après le retour de Stevie, elle se mit à arpenter l'appartement comme un chat dont le territoire a été envahi, tout en gardant courtoisement le silence. Ne t'en fais pas, je ne vais pas interrompre votre conversation, semblait proclamer toute son attitude. Mais tu ne peux me reprocher d'aller aux toilettes ou de chercher le *Times*.

Que la raison en fût liée ou non à cette présence errante, Polly ne parvint pas à entamer la réserve de Stevie, qui s'était pourtant montré plutôt volubile dans l'avion et dans le taxi entre La Guardia et Manhattan, parlant volontiers de ce qu'il voulait faire à New York et des copains qu'il voulait voir. Au dîner, son attitude continua à manquer de naturel ; il était silencieux, étonnamment poli, et chaque fois qu'un semblant de conversation s'amorçait, cela ne durait jamais longtemps. Peut-être était-il trop clair que Jeanne, malgré ses efforts sincères, ne s'intéressait pas du tout aux sujets qu'il abordait : le ski dans le Colorado,

Star Trek, la Comète de Halley. Si ça allait se passer comme ça, se dit Polly, elle aurait aussi bien pu rester à Rochester, entourée de gens de la famille. Ça aurait même été mieux, sans doute ; là-bas, elle aurait moins remarqué que Stevie ne lui parlait pas.

Mais était-ce réellement la faute de Jeanne, ou son fils était-il bel et bien devenu un étranger ? Une fois la vaisselle faite, il passa le reste de la soirée au téléphone et devant la télévision. (« Ça ne t'ennuie pas, Maman ? Je ne veux pas rater *Deux flics à Miami.* »)

« Eh bien ? » demanda Jeanne, une fois Stevie couché. « Tu as pu discuter avec Stevie ? »

« Pas encore », soupira Polly, « nous sommes encore un peu gênés l'un avec l'autre, tu sais. »

« Oui, j'ai remarqué. »

« Il n'est plus dans le Colorado, mais il paraît encore très loin. Et il est devenu terriblement poli. »

« Il est certain qu'il mange beaucoup moins salement », acquiesça Jeanne.

« Je ne parle pas seulement de sa façon de se tenir à table. C'est, comment dire, toute son attitude qui a changé. Il est si compassé, si distant, ça me fait presque peur. Je... je ne sais pas. » Elle se tut, s'attendant à ce que Jeanne lui demande : "Qu'est-ce que tu ne sais pas ?" « Je veux dire », continua-t-elle, « évidemment, il est naturel que ça lui prenne un moment de se sentir à nouveau chez lui, mais, bon sang... » De nouveau, Polly attendit ; mais son amie resta muette. « Bien sûr, à cet âge-là, trois mois, c'est une grosse tranche de vie ; c'est comme un an pour toi ou moi. » Pas de commentaire. « Je vois très bien qu'il faut que je patiente, que je lui laisse le temps. Mais pour le moment, c'est à peine si je reconnais mon garçon. »

« Polly, chérie. Stevie a quatorze ans, maintenant. Ce n'est plus ton garçon. Il grandit ; c'est en train de devenir un homme. » Jeanne prononça ce mot avec dégoût, comme elle aurait dit « devenir un singe ».

« Oui, sans doute. »

« Je sais que quelquefois, tu as du mal à regarder la

réalité en face. » La voix de son amie était devenue plus affectueuse, douce, apaisante. « Mais il faut que tu acceptes l'idée de le perdre un jour ou l'autre. » C'était maintenant le tour de Polly de ne pas répondre. Je n'accepte pas, je n'accepterai pas ! pensa-t-elle. Et je n'ai pas de mal à regarder la vérité en face, en plus. Elle ouvrit la bouche, puis la referma, se rappelant la minceur des cloisons ; si elle se disputait avec Jeanne, si elles élevaient la voix, Stevie risquait de les entendre. « Peut-être », marmonna-t-elle pour finir. « Moi, je commence à avoir sommeil. Bonne nuit. »

Mécontente, elle s'engagea dans le couloir qui conduisait à sa chambre, où elle resta longuement sans pouvoir s'endormir se tournant, se retournant, se demandant si Jeanne avait raison. Est-ce que son Stevie à elle, celui qu'elle connaissait, qu'elle aimait, avait disparu pour de bon ? Ou était-il seulement caché sous une attitude nouvelle, laconique, et sous un costume coûteux d'habitant de l'Ouest ?

*
* *

Le lendemain matin, Polly, après avoir préparé pour son fils un petit déjeuner tardif, venait d'entrer aux toilettes quand elle entendit dans la cuisine un fracas de porcelaine et un cri : « Oh, merde ! » Elle lâcha le *Times*, remonta son jean et courut dans le couloir, arrivant juste à temps pour entendre Jeanne gémir : « Oh non ! Pas l'adorable théière japonaise de Betsy ! »

« Désolé... pas fait exprès... » Stevie avait battu en retraite dans un coin, fuyant le chagrin et la rage de Jeanne : il avait la bouche ouverte, les coudes levés comme pour se protéger.

« Oh, zut ! On peut la réparer, peut-être... » commença Polly.

« Ne dis pas de bêtises ! Tu ne vois pas que c'est impossible ? » Jeanne se baissa jusqu'à terre puis se releva, une esquille de porcelaine blanche dans chaque main, le visage empreint d'une affliction profonde. « Elle sera si triste ! »

« Ecoutez, je suis désolé, mais honnêtement, je n'y ai pas touché », protesta Stevie. « J'ai ouvert la porte du placard et elle est tombée du plan de travail. Pourquoi vous l'aviez laissée là ? »

« J'ai laissé la théière de Betsy exactement à l'endroit où je la mets d'habitude ; exactement à sa place. » Jeanne avait retrouvé sa maîtrise d'elle-même ; elle parlait calmement. « Il suffisait d'avoir des yeux pour la voir. »

Stevie, qui avait eu l'air coupable et désemparé, commençait à s'énerver. « Ecoutez, je me suis déjà excusé, bordel ! » Jeanne blêmit d'entendre une telle obscénité, mais ne répondit rien. « Qu'est-ce que vous voulez que je fasse ? Que je vous en achète une autre ? D'accord, je le ferai. »

« Je crains que tu ne puisses pas le faire », dit Jeanne avec un mince sourire. « C'était une antiquité, qui avait appartenu à la grand-mère de Betsy. »

Une demi-heure plus tard, Polly, à quatre pattes dans la cuisine, essuyait le vieux dallage de marbre synthétique avec un tampon de papier absorbant. Elle épongeait des restes d'infusion aux roses et à la cannelle, et en même temps, les derniers débris minuscules et coupants de porcelaine japonaise. Dans cette position, elle entendit la porte d'entrée se fermer : Jeanne était donc partie acheter une autre théière. (« Non merci, j'aime mieux le faire moi-même. Tu ne saurais pas quoi acheter. »). Il y eut des pas dans le couloir ; Stevie s'encadra dans la porte de la cuisine.

« Dis donc, Maman ! T'as pas besoin de faire ça. J'ai déjà nettoyé. »

« Je sais, mon vieux. » Polly s'accroupit et lui sourit. « Mais je veux être sûre que personne ne va venir ici au milieu de la nuit et se mettre à hurler à cause d'une coupure au pied. Cette porcelaine est vraiment tranchante. » Elle secoua la tête ; elle avait déjà un genou égratigné.

« J'imagine qu'elle ferait des histoires à n'en plus finir. » Il rit.

Ce n'était pas ce que Polly avait voulu dire, mais elle laissa passer. Elle était tellement heureuse de retrouver le vrai Stevie, de l'entendre parler de sa vraie voix ! Elle s'aperçut qu'il s'était changé pour mettre une vieille chemise en flanelle rouge à carreaux, qu'ils avaient achetée l'hiver dernier au cours d'une expédition chez Macy's, et dont les manches étaient maintenant trop courtes.

« Dis, Maman », demanda-t-il en ouvrant le réfrigérateur. « Je peux prendre un morceau de ce gâteau, ou est-ce que tu voulais le garder ? »

« Bien sûr, sers-toi, si tu as faim. » Elle se mit debout. « Prends ce que tu veux. »

« Super. » Il disparut derrière la porte du réfrigérateur et en ressortit tenant d'une main le reste de la pâtisserie aux abricots confectionnée par Jeanne, et de l'autre une bouteille de soda. « Y a jamais grand-chose à manger chez Papa. »

« C'est embêtant, ça. » Polly ne put s'empêcher de sourire.

« Ben oui, c'est à cause de Debbie, elle est tout le temps au régime. »

« C'est embêtant », répéta-t-elle parfaitement hypocrite.

« Dis donc », demanda Stevie tout en mastiquant. « Tu n'es pas restée fâchée, pour ce matin ? »

« Je n'ai jamais été fâchée. C'était un accident, point final. Mais il faut que tu surveilles ta façon de parler quand Jeanne est là, d'accord, vieux ? Les grossièretés la perturbent. Il y a des gens comme ça, tu sais. »

« Oui, je sais. Dis, Maman ? »

« Oui ? »

« Comment ça se fait que Jeanne habite ici ? Elle n'a nulle part où vivre ? »

« Non, pas pour l'instant. Elle cherche un appartement ». Le sourire de Polly s'éteignit. « Et elle ne pouvait pas aller chez elle pour Thanksgiving, parce qu'elle n'a pas de vraie famille. » (Pas rigoureusement vrai : Jeanne avait un père et un frère à Portsmouth dans le New Hampshire, mais elle les méprisait et les craignait) « Ça t'ennuie vraiment qu'elle soit ici ? »

« J'sais pas. » Stevie haussa les épaules. « Non, pas trop. Bon, ça te fait de la compagnie quand je ne suis pas là, je sais bien. Mais je comprends pas trop ce que tu lui trouves, c'est tout. »

« Nous sommes vraiment de bonnes amies » déclara fermement Polly. « Elle a été formidable avec moi le mois dernier quand j'ai eu la grippe. Et tu ne peux pas nier que c'est une cuisinière merveilleuse. Tu vas voir la mousse au chocolat qu'elle nous fait ce soir – tu aimes toujours le chocolat, n'est-ce pas ? »

« Oui, oui, bien sûr », dit Stevie sans enthousiasme : de nouveau, on le sentait guindé.

« Je sais que Jeanne est un peu... » La voix de Polly se figea. « Enfin, je suis sûre que quand tu la connaîtras mieux, tu l'apprécieras mieux. »

« J'suis pas forcé de l'apprécier, Maman. » Stevie but une rasade de soda à la bouteille : si Jeanne l'avait vu, elle en aurait été horrifiée. « Tu n'apprécies pas tous mes amis. »

« Mais si ! » protesta Polly.

« Billy ne te plaît pas tellement. »

« Euh... » Polly sourit. « Peut-être que non, c'est un fait. Mais je n'ai rien à lui reprocher ; seulement, il ne pense qu'aux ordinateurs : il n'a jamais rien à dire aux adultes. »

« De toute façon, Jeanne ne m'aime pas non plus : alors, quelle importance est-ce que ça a ? »

Pour moi, ça a de l'importance, faillit dire Polly ; mais les mots refusèrent de franchir ses lèvres. « Qu'est-ce qui te fait penser ça ? »

« Sais pas. » Stevie s'interrompit, regardant sa mère par-dessus la porte ouverte du frigo : froncés, ses sourcils épais lui donnaient l'air perplexe. « C'est que... elle n'arrête pas de m'observer. J'ai l'impression qu'elle me cherche : elle a envie que je déconne. Comme ce matin. Je me dis qu'elle a fait exprès de laisser traîner sa vieille théière merdique, pour voir si des fois j'allais pas la casser. »

« Oh Stevie ! » s'exclama Polly. « Jeanne serait incapable de faire une chose pareille. » Mais son fils, qui mangeait de la sauce aux canneberges avec les doigts, ne répondit pas.

Une heure plus tard, après le départ de Stevie, Jeanne revint, portant un sac en plastique à l'enseigne de la « Grange-aux-Pots ».

« Tu as trouvé une théière ? » Polly leva les yeux de ses notes.

« Enfin... j'ai trouvé une espèce de théière. » Jeanne déballa d'un air morne une théière blanche toute simple. « Il faudra que ça aille. »

« Combien l'as-tu payée ? Je vais te rembourser tout de suite. »

« Il n'y a pas le feu, chérie. Ce n'était rien, à peine douze dollars. »

« Ce n'est pas rien. » Polly se leva et se mit à chercher son sac.

« Je t'en prie, ne te dérange pas. Je vais te dire : un jour où j'aurai le temps, j'irai chez Bloomingdale, et si j'en trouve une jolie, tu me l'offriras. » Jeanne arborait un sourire ouvert et charmant. Elle parlait d'un ton désinvolte, mais Polly sentit que son amie était toujours furieuse.

« D'accord », accepta-t-elle ; ce n'était que justice. Mais que d'histoires pour une "vieille théière merdique" !

Cela, à vrai dire, n'avait rien d'extraordinaire. Jeanne attachait toujours trop d'importance aux objets : il lui arrivait de s'extasier devant un encadrement de miroir cassé ou un châle à franges mangé aux mites, dans une vitrine de Colombus Avenue. D'après ses propres récits, le point culminant de son voyage en Angleterre, deux ans auparavant, avait été le Victoria and Albert Museum, avec ses collections de mobilier, de vaisselle et de bibelots, et sous son règne, la chambre de Stevie s'était transformée en exposition de soieries élimées, de verre à bulles et de marqueterie ébréchée.

Jeanne attache plus d'importance aux choses qu'à la plupart des gens, se dit Polly. Mais presque tout au long de sa vie, Jeanne n'avait eu personne qui puisse prendre pour elle une importance particulière. Sa mère était morte quand elle avait dix ans, son père et son frère étaient des brutes, des Canadiens français gros buveurs et paternalistes, et elle n'avait pas d'enfants. Polly regarda de nouveau son amie, mais avec pitié, maintenant.

« Où est Stevie, dans ma chambre ? » demanda Jeanne.

Sa chambre, tu veux dire, pensa Polly : mais elle se retint. « Non, il est parti voir quelqu'un. »

« Ah ! » Jeanne s'affala sur le canapé en soupirant, alluma une cigarette et prit *Vogue,* qu'elle s'offrait parfois à titre de gâterie, de même qu'elle s'achetait des boîtes de cerises enrobées de chocolat. « Tu sais », dit-elle d'un air dégagé quelques instants plus tard, levant le nez de son magazine, « c'est Stevie qui devrait rembourser la théière de Betsy, et pas toi. »

« Mais tu sais bien que Stevie n'aura jamais douze dollars. » Polly faillit rire : son fils avait une caractéristique en commun avec son père à elle (à qui d'ailleurs il ressemblait de plus en plus, physiquement) : il était incapable d'économiser de l'argent. Mais Jeanne ne sourit pas.

« Je suis sûre qu'il a douze dollars quelque part, sur un quelconque livret de caisse d'épargne. Et puis, il a de l'argent de poche. »

« Tu penses que Stevie devrait te rembourser avec son argent de poche ? Mais on lui donne seulement deux dollars par semaine. Même s'il t'en donnait la moitié, il en aurait pour longtemps. »

« Et pourquoi pas ? » Jeanne sourit. « Ça lui apprendrait. »

« Ça lui apprendrait ? »

« Oui, à faire un peu plus attention aux objets des autres. Si possible. » Elle eut un rire aérien.

« Peut-être qu'il pourrait en payer une partie », concéda Polly, s'efforçant de contenir son irritation. « Mais je ne crois vraiment pas... Ce n'était qu'un accident, après tout. » Elle regarda son amie, cherchant son approbation, mais ne trouva que le silence. « Je veux dire, Stevie n'a quand même pas fait exprès de casser cette théière. »

« Je n'en suis pas si sûre. » Jeanne tourna une page de *Vogue*, en faisant un bruit de ciseaux.

« Enfin, bien sûr que non. » Polly secoua la tête en souriant. « Vous... » Elle s'arrêta net. Vous êtes vraiment parano tous les deux : voilà ce qu'elle avait failli dire. Lui, il croit que tu l'as laissé traîner exprès. Mais ça, ça risquait de déclencher une vraie crise.

« Je sais, je sais, Stevie est ton petit enfant innocent. Je devrais plutôt dire que c'était ton petit enfant innocent. Mais il grandit, maintenant, et toi aussi tu devrais grandir. »

« Tu veux dire que tu crois vraiment... ? » Sa voix monta.

« Ça ne me surprendrait pas qu'il l'ait fait délibérément. » Jeanne était toute affabilité. « Par accident-délibérément, au moins. Enfin, mon Dieu, on ne voyait qu'elle, au beau milieu du comptoir. Personne ne pouvait ne pas la voir, même un homme, à moins de le faire exprès. »

« Si, Stevie pouvait. Bon sang, je sais bien qu'il grandit. Mais justement, c'est pour ça : il grandit tellement vite qu'il devient maladroit. Il ne se rend pas compte de ses dimensions : il se cogne partout. Il fait tomber les objets. Ça arrive souvent aux garçons, à l'adolescence. »

« Oui, toujours la même excuse, hein ? » Tout à coup, la voix de Jeanne devint saccadée, amère. « C'est comme ça que ça se passe dans le monde où on vit : on enseigne aux hommes dès leur enfance que lorsqu'ils deviennent plus grands, plus forts, ils peuvent écraser les choses et les gens sans inquiétude. Ils peuvent continuer à le faire toute leur vie, en vrai, et ils seront excusés, pardonnés : ils n'auront pas à payer. C'est toujours les femmes qui finissent par payer. Comme ma mère l'a fait. »

« Je ne voulais pas dire... »

« Remarque que tu n'as pas parlé de tous les adolescents. On n'entend jamais dire que tous les adolescents cassent les objets. Pourtant les filles aussi grandissent vite à cet âge-là, mais personne ne leur trouve ce genre d'excuses. Si elles cassent quelque chose, on les punit. Elles doivent apprendre à se maîtriser et à respecter les affaires des autres. C'est vrai, non ? »

Elle replia ses bras roses et potelés sur son chandail en jacquard lavande.

« Ben, oui, sûrement. Mais je pense que tu es injuste avec Stevie », dit Polly obstinément. « Et il s'en est aperçu. Il pense que tu ne l'aimes pas, tu sais. Et je me demande s'il a tout à fait tort. »

Jeanne se leva et vint vers elle : pliant les genoux, elle se baissa jusqu'à ce que son visage soit au niveau de celui de Polly. « Ne dis pas ça », l'implora-t-elle d'une voix douce et tremblante. « J'aime Stevie, parce que c'est ton enfant. Mais je m'inquiète de ce qui lui arrive, de ce qui arrive à tous les hommes dans cette société. Ecoute, tu n'as qu'à le regarder. Il a vécu toute sa vie avec toi : il va passer deux mois près de son père, et il revient complètement changé. »

« Je ne crois pas qu'il soit si changé que ça. En profondeur... »

« Bien sûr, le processus n'est pas encore achevé. Il n'a que quatorze ans. Je sais que c'est dur. » Elle posa une main sur le bras de Polly et la regarda de ses yeux ronds et pâles qui semblaient pleins de larmes à en déborder. « Je suis vraiment désolée pour toi – pour vous deux. Mais ne crois pas que je le déteste. Je t'en prie. »

La voix de Jeanne était plus tendre que jamais, sa posture était celle d'une suppliante : pourtant, Polly eut l'impression que la main de son amie pesait lourdement sur elle. « Bon, je te crois », fut-elle enfin contrainte de dire.

Mme MARCIA ZIMMERN

veuve du père de Lorin Jones

– Pas du tout, je suis enchantée que vous soyez revenue, et pas seulement à cause des petits gâteaux de chez Fraser-Morris. C'est vraiment mignon d'y avoir pensé. Je les adore, mais j'ai du mal à traverser le parc quand il fait ce temps-là, avec ma patte folle. Prenez-en un ou deux, allez-y.

– Ne dites pas de bêtises, vous n'avez pas besoin de perdre du poids.

– C'est bien. Et que diriez-vous d'un petit quelque chose à boire ? Moi, je trouve qu'on a besoin d'un petit remontant, quand il fait si mauvais, si humide avec la nuit qui tombe vite. En général, je prends un gin-orange...

– Oui, oui, j'ai pensé à Laurie, j'ai essayé de me rappeler, pour votre livre. Y a une chose qui m'est revenue : elle adorait les artichauts. On plaisantait toujours là-dessus : s'il y en avait chez le marchand, il fallait que j'en aie quand elle venait dîner. Et il fallait que je fasse une vraie sauce hollandaise, elle n'aimait pas la sauce en bocal.

– Non, moi, je ne les aime pas trop, ils sont trop acides, mon estomac n'apprécie pas. Mais Laurie les adorait. Elle mangeait toujours le sien lentement, pendant que nous autres, nous attendions pour passer à la suite du repas, et elle disposait les feuilles sur son assiette selon différents motifs artistiques. Un éventail, par exemple, ou un nénuphar. Ou alors, des fois, un poisson avec les écailles, vous voyez...

– Non, pour les peintures, je ne me suis rien rappelé.

– Oui, absolument : elle nous a donné un tableau quand nous nous sommes mariés. Et je l'ai vendu après le décès de Dan, monsieur Herbert a raison.

– Non madame, pas du tout. J'ai décidé que je n'en voulais pas, voilà la raison.

– Ne vous excusez pas : évidemment, on pourrait croire que c'est pour une question d'argent. Et je ne vous cacherai pas qu'à l'époque, ça m'a bien soulagée d'avoir un peu de liquidités. Vous saviez qu'après un décès, on vous gèle tous vos comptes en banque ?

– Mais oui, même les comptes joints, c'est ça le pire. Je dis à toutes mes amies mariées : même si vous aimez votre mari à la folie, ouvrez un compte séparé...

– Ecoutez, n'allez pas écrire dans votre livre que Dan n'a pas fait ce qu'il fallait pour moi. Je n'ai pas de raison de me plaindre. Nous en avons profité tant que nous avons pu : c'était sa philosophie à lui. Nous avons vécu ensemble des moments formidables : nous sommes allés en Europe, au Mexique, en Israël, en Amérique du Sud. Je me suis baladée à dos de chameau en Egypte, et j'ai vu le fleuve couvert d'échassiers blancs, aussi serrés que le monde sur la plage de Jones Beach le jour de la fête du Travail. Faut vivre au présent : j'y crois. J'ai eu une vie merveilleuse avec Dan, je ne regrette rien.

– Non, j'ai vendu ce tableau de Laurie parce qu'il ne me plaisait pas.

– Ecoutez. Je ne peux pas vraiment vous dire pourquoi. Ça n'était pas le genre de choses que j'aime. Attention, ne vous y trompez pas. J'adore l'art moderne. Vous voyez ces reproductions au-dessus du buffet ?

– Mais oui : et vous savez, quand Henri Matisse a fait ça, il souffrait d'arthrite au point qu'il ne pouvait plus peindre mais il n'a pas abandonné : il s'est mis à découper du papier de couleur. Ça, j'admire.

– Et puis, il y a la gravure de Chagall dans l'entrée, celle que je vous ai montrée l'autre fois. D'après mon fils, elle a beaucoup de valeur. Mais ce tableau-là, je ne pourrais pas le vendre : ça me rappelle toujours ma grand-mère de Pologne, la mère de mon père, les histoires qu'elle racontait. Ça me met les larmes aux yeux, de penser qu'elle n'est pas arrivée à venir en Amérique avant d'avoir les yeux voilés par la cataracte et d'être trop vieille pour y voir quelque chose...

– Ce que je n'aimais pas dans le tableau de Laurie ? Eh bien... les couleurs, d'abord. J'ai jamais aimé ce genre de couleurs lugubres, marron, gris, violet brumeux. Mais ce qui m'a vraiment embêtée, si vous voulez tout savoir, c'est que... Je vous en remets une goutte ?

– En tout cas, reprenez un gâteau...

– Oui, d'accord. La peinture de Laurie. *Qui vient* ? elle l'avait appelée. Bon, vous avez vu le tableau, vous vous rappelez toutes ces espèces d'insectes qui viennent voleter vaguement dans le décor ? Eh bien, il y en a un nettement plus gros, qui descend plus ou moins du ciel sur la gauche, ça pourrait être un papillon de nuit. Ou peut-être une femme dans une chemise de nuit en mousseline lilas, très maigre, avec des cheveux châtain clair en fines mèches, à moins que ça soit des, comment on appelle ça, des tentacules ?

– Des antennes, oui, c'est ça.

– D'accord, c'est peut-être une « abstraction », mais c'est toujours ça que j'y ai vu. Et à mon idée, Laurie y voyait la même chose. « Qui vient ? » : il ne s'agissait pas de Laurie, parce qu'elle avait de longs cheveux sombres, presque noirs, et c'était pas moi, ça, c'est garanti. Alors, qui c'était, qui venait ?

– Je vais vous le dire, qui c'était : la mère de Laurie, Celia. Et voilà pourquoi elle nous l'a offert : elle voulait que Dan n'oublie jamais sa femme morte, et elle voulait que moi, je me la rappelle aussi. Qu'elle nous hante, si vous voulez. Elle voulait que je sois forcée de regarder Celia à chaque fois que j'entrerais dans la pièce.

– Non-on, je n'en ai rien dit à Dan, surtout pas. S'il ne s'en doutait pas lui-même, j'allais pas lui fourrer cette idée dans la tête. Ce que j'ai fait, c'est que je lui ai suggéré de mettre la peinture dans le bureau. J'ai dit à Dan que je la trouvais ravissante, mais que ça ne s'accordait pas à la tonalité que j'avais choisie pour la pièce : la moquette et le tissu d'ameublement vieil or, et les accents rouges et bleus qui s'harmonisent avec les Matisse, tout ça écrasait le tableau de Laurie, je lui ai dit.

– Non, ça ne m'a avancée à rien. Dan pensait que Laurie serait blessée, ne serait-ce que si nous déplacions son tableau pour le mettre ailleurs qu'au-dessus de la cheminée, où elle l'avait accroché : dans le coin là-bas, par exemple. Mais il m'aimait. Il voulait que je sois heureuse ; il m'a proposé de refaire toute la pièce pour l'assortir au tableau de Laurie.

– Bon Dieu, non. Il n'aurait plus manqué que ça, que mon bel appartement soit refait au goût de Celia Zimmern, tout en teintes délavées.

– Je ne pouvais rien y faire. Je me suis résolue à ne pas le voir, ce tableau. Je me suis exercée à ne jamais regarder dans sa direction, et pendant seize ans, j'y suis à peu près arrivée.

– Ben oui, c'est pour ça que je m'en suis débarrassée, sitôt un délai correct écoulé après le décès de Dan. Rod, c'est mon fils, il me disait l'autre jour : tu aurais dû t'accrocher à ce tableau, maman, je suis sûr qu'il vaut un gros paquet maintenant. Mais je ne regrette rien. J'allais pas tolérer de voir cette papillonne morte installée au-dessus de ma cheminée un jour de plus que ça n'était indispensable.

– Attention, je n'ai jamais rien eu contre Celia Zimmern. Elle était plutôt gentille d'après ce que j'ai pu comprendre ; je ne l'ai rencontrée qu'une fois. Et tout le monde sait qu'elle était douée. C'était une vraie intellectuelle, elle lisait des gros livres tout le temps. Je crois qu'à côté d'elle, Dan se sentait plutôt balourd : sans doute sans qu'elle le fasse exprès. Mais elle était terriblement grise. effacée, inefficace. C'était pas la femme qu'il lui fallait, quoi.

– Jolie, oui : okay, elle était jolie. Mais dans un mariage, être jolie, c'est pas la seule chose qui compte. Je vais vous dire ce que ma mère disait. Elle disait, ma mère : Dan, au départ, qu'est-ce qui lui a pris d'épouser une goy ? Vous savez ce que ça vous apporte, une goy ? Du pain sous plastique. Pas savoureux, pas nutritif. En plus, Celia était si souvent malade, pendant les deux dernières années ; elle n'était plus bonne à grand-chose.

– Mais oui, bien sûr qu'il lui était très attaché. Quand elle est tombée malade, il lui a trouvé les meilleurs docteurs. Il a fait tout ce qu'il a pu. Mais quand il fallait qu'il aille la voir à l'hôpital, ça le bouleversait à chaque fois. Il me disait toujours : Marcia, le jour où je partirai, je veux partir vite. Après sa crise cardiaque, le docteur lui a dit : allez-y doucement, monsieur Zimmern, ne vous fatiguez pas, pas d'alcool, pas de tabac, pas de bifteck, pas d'œufs, pas de beurre, et quoi encore ? Une sieste tous les jours, et il vous reste des années à vivre. Il a essayé pendant une semaine ou deux, et puis il a dit : au diable ! Je pourrais aussi bien être déjà mort si je dois vivre comme ça, il a dit.

– Ouais. Six mois après, il était parti. Mais je pense que c'était ce qu'il voulait. Il n'aurait pas supporté de se détériorer lentement comme Celia l'avait fait.

– Non, je ne la détestais pas, elle me faisait de la peine, plutôt. C'était sa fille que je ne pouvais pas sentir.

– Eh bien, par exemple, normalement, un enfant devrait être content de voir son père trouver quelqu'un avec qui il pourra refaire sa vie, au lieu de passer le reste de sa vie à se ronger dans une grande maison vide et triste à White Plains. Lennie, le fils de Dan, il a toujours été correct avec moi ; on n'avait pas grand-chose en commun, mais il venait de temps en temps dîner à la maison en apportant une bouteille de vin et on riait un bon coup... Mais Laurie... ou « Lorin » comme vous dites... et ça aussi, ce nom à coucher dehors qu'elle s'était choisi... j'ai toujours trouvé ça prétentieux. Dan n'a jamais pu s'y habituer : il continuait à l'appeler Laurie, et j'ai fait la même chose. Mais je sais que ça la contrariait. Quand elle téléphonait, elle disait toujours « c'est Lorin », et moi je disais « un instant, Laurie, je vais chercher ton père ». Allez, resservez-vous un peu de gin. Voyons, où est le problème ? Nous sommes majeures toutes les deux.

– Comment elle me traitait ? Eh bien, elle m'a immédiatement détestée, en fait, c'est ce que j'ai toujours pensé. D'abord elle pensait que j'étais trop jeune...

– J'avais à peu près 40 ans et Dan allait sur ses 65 : et alors ? Il avait plus d'énergie et de punch que beaucoup d'hommes deux fois moins vieux que lui. Quand il entrait dans une pièce, on aurait cru qu'une ampoule de deux cents watts venait de s'allumer, et ça, jusqu'à la fin de sa vie. Quand il était à l'hôpital, mourant, même à cette période-là, il était tellement... Excusez-moi.

– Je ne voulais pas pleurer. Mais c'est que... vous savez, j'ai aimé mon premier mari, c'était un gentil garçon mais il n'arrivait pas à la cheville de Dan. Dan, il ne m'est jamais rien arrivé de mieux dans toute ma vie. Une veuve avec deux enfants, vous savez, on ne lui fait pas tellement de propositions, pas ce genre-là en tout cas. Bien sûr, ça ne manquait pas d'hommes qui voulaient bien sortir avec moi, me faire passer un bon moment. Mais pour ce qui est du mariage, fallait pas y compter. Quand Dan m'a proposé de l'épouser, je ne me suis pas demandé combien de temps ça allait durer avant que je sois veuve. Faut croire à ses instincts, pas vrai ?

– En tout cas, c'est ce que je dis toujours. Mais Laurie ne s'en rendait pas compte. Elle a cru que je l'épousais pour son argent, sans doute ; pourtant, il n'en avait pas tant que ça. Et en plus, elle trouvait que je n'étais pas assez instruite. Et puis elle estimait que nous n'avions pas attendu assez longtemps après la mort de sa mère, et elle me le reprochait.

– Eh bien, presque sept mois ; ça aurait paru suffisant à la plupart des gens, surtout que Celia, depuis un bon moment, elle passait son temps à rentrer à l'hôpital et à en sortir, mais Laurie, ça l'a choquée. En plus, si vous voulez savoir la vérité, elle l'avait trouvé trop familier avec moi avant la mort de Celia.

– Bon, et quand bien même ? Dan était beau, en bonne santé, et il y avait longtemps que Celia n'était plus réellement sa femme, si vous voyez ce que je veux dire. Mais sa fille ne pouvait pas accepter les réalités de la vie. Et elle était jalouse, comme une enfant gâtée. Sauf que ce n'était plus une petite fille ; elle avait presque trente ans. Elle était horrible avec moi.

– Elle me traitait comme une marâtre, voilà ce que j'ai toujours pensé ; comme si je l'avais persécutée, un truc dans ce genre-là.

– Rien de précis dans ce qu'elle faisait, non. Mais par exemple, si vous voulez savoir, la plupart du temps elle ne m'adressait pas la parole, pas vraiment. Bon, elle était timide : et alors ? Quand ça fait quelques années qu'on connaît quelqu'un, on finit par surmonter sa timidité. Mais c'était toujours pareil : à chaque fois qu'on la voyait, quand elle avait quelque chose à dire, elle se tournait vers son père. Comme si je n'avais pas été dans la pièce, sauf que de temps à autre elle me coulait un regard de Cendrillon sournoise.

– Non, Dan ne s'en apercevait pas. Il était tellement gentil, il avait toujours la meilleure opinion possible des gens proches de lui, vous savez, et elle était sa petite fille chérie.

– Oh, elle savait ce qu'elle faisait. Ça oui, elle le savait. Je regrette de devoir vous le dire, vu que vous êtes en train d'écrire un livre sur elle, mais Laurie Zimmern n'était pas quelqu'un de bien.

10

Froide et triste journée du début de décembre ; vernissage d'une exposition de sculpture au musée. Polly était là, blottie sur une banquette en cuir noir collant, dans un couloir dérobé, près de la cabine téléphonique. On aurait pu croire qu'elle voulait faire un appel, mais en fait elle se cachait.

Elle n'aurait jamais dû venir, pensa-t-elle ; elle aurait dû filer chez elle après son rendez-vous chez un spécialiste de la pulpe dentaire. Mais elle n'avait pas voulu reconnaître que, non content de lui faire mal et peur, de l'insulter, de lui donner un mal de tête de premier ordre, le Dr. Bebb avait gâté tout son après-midi. Il avait tenu à l'appeler Paula : il lui avait dit qu'elle grinçait probablement des dents, la nuit : mais pire encore, il avait aussi eu le toupet de comparer leurs activités respectives.

« Marge Dunn m'a appris que vous étiez écrivain », avait déclaré le Dr. Bebb tandis que Polly, allongée dans le fauteuil de plastique capitonné, renversée en arrière à presque quatre-vingt-dix degrés, levait les yeux vers une lampe fluorescente bruyante et vers les gros doigts pâles, le nez bulbeux, les lunettes épaisses du dentiste, détails monstrueusement grossis.

« Euh, pas exct'ment », répondit-elle, à demi suffoquée par les boules de coton qu'il entassait autour de sa mâchoire.

« Mais vous faites bien des recherches en vue d'un livre ? »

« Ouais », acquiesça Polly, constatant qu'elle avait été trahie par Marge, sa dentiste habituelle : Marge, elle, lui faisait rarement mal, fût-ce un peu, prévenait toujours à l'avance et s'excusait abondamment.

« Un roman, hein ? »

« On-on. »

« Ah, un document, dans ce cas », déduisit le Dr. Bebb,

son visage blême et gonflé s'élargissant encore sous l'effet d'un sourire d'autosatisfaction.

« Euh... »

« Un travail difficile ? » Il souffla de l'air dans la bouche de Polly. « Un peu comme d'être détective, je suppose. »

Qu'est-ce que c'était que ça, un interrogatoire ? Polly refusa de proférer le moindre bruit, positif ou négatif.

« Je disais, c'est comme le boulot d'un détective, votre enquête, non ? » répéta le Dr. Bebb en s'immobilisant, tenant la roulette de ses doigts grassouillets.

« Eeeh », reconnut Polly, comprenant que plus elle répondrait vite, plus vite toute cette épreuve serait terminée.

Le Dr. Bebb sourit grassement. « Maintenant, ne bougez plus du tout », ordonna-t-il, et il abaissa la roulette. Une vibration forte et désagréable envahit le crâne de Polly : secousses, bourdonnements, pressions.

« Rincez-vous, s'il vous plaît », dit-il enfin. « Vous savez, Paula, je me dis quelquefois qu'ici, je travaille comme une espèce d'enquêteur », reprit-il en enfonçant dans sa bouche ses gros doigts-saucisses et une sonde métallique. « Suivre une dent jusqu'à sa racine. Impossible de dire à l'avance quelle direction une dent va prendre, vous saviez ça ? » Il déplaça la sonde, provoquant un élancement violent.

« Eh ! »

« Excusez-moi », dit le Dr. Bebb avec indifférence. « Alors en fait, j'ai l'impression qu'on a quelque chose en commun, nous deux, pas vrai ? » Il s'interrompit de nouveau, son instrument à la main, mais Polly refusa même de marmonner une réponse. Nous n'avons rien en commun, gros saligaud, pensa-t-elle .

Mais si, mais si, répondit dans sa tête une voix insistante. Tu as bien enfoncé ta sonde, n'est-ce pas, dans ta quête des racines malades de la vie de Lorin Jones ? Et tu as l'intention de les remplir d'amalgame et de recouvrir le tout d'une surface blanche, brillante et trompeuse ?

Elle n'aurait jamais dû aller chez le Dr. Bebb, pensa Polly, assise près de la cabine téléphonique. Elle aurait au moins dû sortir de son cabinet au bout de cinq minutes, ayant compris de quel genre d'hommes il s'agissait. On aurait pu croire que dans une ville de l'importance de New York, il se trouverait au moins une femme capable de s'occuper avec compétence des problèmes de pulpe dentaire, mais Marge n'en connaissait pas. Elle envoyait toujours ses patients au Dr. Bebb. « C'est un type bien », avait-elle affirmé. « Howie » – son mari, chirurgien-dentiste – « ne jure que par lui. »

Peut-être qu'il avait dupé Marge et son mari, mais il n'allait pas duper Polly. Sa spécialité n'était pas de soigner, ni de réparer : c'était une combinaison d'assassinat et d'embaumement. Elle avait d'emblée repéré en lui un ennemi congénital : mais sa réaction animale innée face à une menace – fuir ou combattre – avait été entravée par le désir de ne pas apparaître lâche et névrosée, et aussi par une réflexion de Marge : celle-ci avait souligné que si Polly ne faisait pas rapidement intervenir quelqu'un pour ses racines, elle allait perdre deux molaires du haut, et à plus long terme, risquait d'en perdre deux en bas. Voilà pourquoi, au lieu de frapper le Dr. Bebb avec son fourre-tout péruvien, ou de s'extraire de son fauteuil et de partir en courant, elle était restée, le laissant assassiner sa dent, embaumer la défunte, et lui donner à elle, Polly, une horrible migraine.

Il est vrai que depuis une semaine, les causes de migraines se succédaient. Son premier mal de tête, pas trop douloureux mais assez persistant, s'était manifesté le lundi d'après Thanksgiving, pendant qu'elle interviewait la belle-mère de Lorin, qui avait brossé le portrait d'un être égocentrique et méchant. Elle avait aussi raconté une histoire qui ne pouvait que nuire à la réputation de Lorin si elle figurait dans sa biographie. Polly allait devoir l'oublier, de même qu'il faudrait qu'elle oublie une bonne partie des histoires entendues ces temps derniers : rien que des mensonges, vraisemblablement.

La deuxième migraine de Polly, plus douloureuse, datait du lendemain, jour où Betsy avait emménagé dans l'appartement. C'était un plaisir de voir de nouveau Jeanne au mieux de sa forme, débordant d'affection, produisant à la chaîne des fricassées succulentes et des pâtisseries inventives.

Polly aurait dû être reconnaissante à Betsy d'avoir provoqué cette transformation, mais en fait, elle ne la supportait déjà plus. Contrairement à Jeanne, qui enseignait à plein temps et devait souvent assister à des réunions de son département et de toutes sortes d'autres associations universitaires ou féministes, Betsy était libre presque toute la journée. Elle n'avait que deux matinées hebdomadaires de présence obligatoire à la fac ; le reste du temps, elle était à la maison, et de préférence, à la salle de bains : ses longs séjours dans la baignoire, agrémentés de liquides mousseux à la fraise ou à l'abricot, laissaient des traînées rouges ou orange sur l'émail ; quand elle ne trempait pas, elle lavait son linge ou ses cheveux blonds, fins et ondulés, dont la couleur après un shampooing évoquait de la sciure humide. Une fois sortie de la salle de bains, elle se branchait un walkman, où elle passait des cassettes de rock suave ou de musique romantique. Souvent, et sans doute inconsciemment, elle fredonnait ou chantait à voix haute pour accompagner ce qu'elle écoutait : « La - la, a - la - la ». Polly ne perdait rien de ses vocalises monocordes, que Betsy soit occupée à surligner en jaune fluo les livres ou les articles recommandés par Jeanne, qu'elle tienne son journal ou qu'elle repasse un chemisier. Il fallait attendre la fin de l'après-midi et le retour de Jeanne pour voir Betsy se débrancher enfin.

Par ailleurs, contrairement à Polly et à Jeanne, Betsy était congénitalement désordonnée. Les trajets qu'elle suivait dans l'appartement se matérialisaient par un sillage d'objets : chaussures, pull, sac, peigne, épingles à cheveux, tasses à café, lunettes (ses yeux bleu pâle étaient myopes), magazines, pages éparses du journal. En conséquence, elle ne cessait d'errer de pièce en pièce (ou de tituber quand elle avait égaré ses lunettes) pour y chercher les objets perdus. « Ma chérie, il faut que tu ramasses tes affaires au fur et à mesure : c'est le seul moyen pour ne pas les perdre tout le temps », lui disait souvent Jeanne, sur le ton que l'on prend pour parler à un enfant adoré mais gâté.

Betsy, qui sentait bien qu'elle n'était pas la bienvenue, avait essayé de son mieux de se concilier les faveurs de Polly. Par exemple, elle proposait sans arrêt de lui faire à déjeuner. Elle avait pour spécialité de minuscules canapés insipides et pauvres en calories : lamelles d'avocat et de poivrons disposées autour de rondelles d'œuf dur sur des triangles de pain grillé ; purée de thon aqueuse garnie d'olives et de cresson sur biscottes suédoises. Si Polly avait dû compter sur Betsy pour la nourrir, elle serait morte de faim.

Betsy était partante pour laver le linge de Polly dans la buanderie du sous-sol, pour aller à l'épicerie et chez le teinturier, elle ne quittait jamais l'appartement sans demander s'il y avait « quelque chose, n'importe quoi » qu'elle pouvait faire. « Ben oui, voyons ! » avait souvent envie de dire Polly. « Tu peux déménager. »

Polly savait qu'à cause de son attitude, Betsy avait le sentiment qu'on ne voulait pas d'elle, et que cette attitude lui était certainement inspirée par la jalousie ; elle regrettait le temps où elle avait eu Jeanne rien que pour elle. Elle regrettait même de ne plus pouvoir dormir avec elle ; pas seulement, peut-être même pas essentiellement dans un sens sexuel, mais sous tous les autres aspects.

Elle avait pris énormément de plaisir à partager son lit avec Jeanne. Elle ne gesticulait pas comme Jim en avait l'habitude ; ce n'était pas elle qui aurait entortillé la literie ou qui aurait envahi le territoire de Polly à coup de coudes et de genoux protubérants. Chez elle, tout était doux, malléable, enrobant. Après avoir éteint la lumière, elles restaient allongées l'une près de l'autre, partageant leur chaleur, détendues, et passaient en revue les événements du jour, ou chuchotaient confidences et souvenirs. Et si, plus tard, Polly se réveillait en sursaut, un martèlement dans la tête, tous les muscles tendus, comme cela lui arrivait parfois, elle n'avait qu'à se tourner vers son amie. Sans rien dire, sans même émerger de son sommeil, Jeanne tendait les bras et serrait Polly contre elle, la faisant lentement redescendre vers un rythme respiratoire plus lent, vers un sommeil plus profond, plus paisible.

Mais tout cela était fini, maintenant c'était Betsy qui profitait de la chaleur, de la douceur, de l'intimité ; Betsy seule monopolisait toute l'attention de Jeanne, toute sa sympathie. Elle en avait besoin, disait Jeanne. Elle était si jeune, si désarmée.

Et si quémandeuse. Le soir, après avoir fait la vaisselle (pas très bien, la plupart du temps) Betsy venait s'asseoir près de Jeanne sur le divan et la serrait dans ses bras de façon avide, infantile. Ensuite, elle ne la lâchait plus. Pendant qu'elles bavardaient, elle se laissait tomber contre Jeanne, elle lui serrait la main ou le bras. Périodiquement, elle se frottait à elle comme un petit chien trop vite grandi. Elle la couvrait de baisers et de caresses sans paraître le moins du monde gênée par la présence de Polly ; peut-être même que ça lui faisait plaisir.

Ce qu'il fallait à Polly, évidemment, c'était quelqu'un à embrasser, à caresser ; mais plus le temps passait, moins cette éventualité semblait se préciser. Elle en avait fini avec les hommes, et les femmes qu'elle rencontrait par Jeanne n'étaient pas libres, ou ne l'attiraient pas. Peut-être, pensa douloureusement Polly, ne ferait-elle plus jamais l'amour avec personne jusqu'à la fin de ses jours ; l'intérieur de son corps ne serait plus touché que par des dentistes ou des gynécologues. Les moments d'activité sexuelle seraient remplacés par des heures de passivité aux mains des médecins, les pieds dans des étriers métalliques ou la poitrine couverte d'un bavoir en papier.

Polly soupira, gémit presque. Dès qu'elle aurait rassemblé ses forces, elle allait à nouveau fendre la foule entassée dans les salles d'exposition ; d'ailleurs, les gens n'allaient pas tarder à être moins nombreux. Elle allait rentrer chez elle, prendre des calmants et retrouver son lit.

Non, pas son lit, songea-t-elle avec irritation, celui de Stevie ; son lit à elle était maintenant dans la chambre de Stevie où dormaient Jeanne et Betsy.

D'ici une quinzaine, évidemment, Jeanne et Betsy seraient parties et Stevie serait de retour. A la maison une fois pour toutes, brûlait-elle d'envie de dire ; mais ce n'était plus tout à fait sûr. La semaine dernière, quand elle lui avait téléphoné à Denver, il lui avait signalé la dernière bonne idée de son père : celui-ci trouvait que Stevie aurait intérêt à rester dans le Colorado jusqu'en juin, ce qui lui éviterait un changement d'école en milieu d'année. « Et toi, qu'en penses-tu ? » avait demandé Polly en s'appliquant de toutes ses forces à ne pas hurler.

« Chais pas », répondit Stevie d'une voix polie, un peu assourdie par la distance.

« Bon, réfléchis, d'accord ? » cria-t-elle dans le combiné.

« D'accord. » Stevie avait l'air lointain, très lointain et de fait, il était très loin.

« Passe-moi ton père, s'il te plaît », demanda Polly, les frelons de la rage lui bourdonnant déjà dans la tête ; et quand elle eut Jim au bout du fil, elle ne put s'adresser à lui autrement qu'en criant. Comme à l'ordinaire, il demeura d'un bon sens et d'un calme exaspérants. En effet, reconnut-il, il avait fait état de cette possibilité. Mais à son avis, ils devaient laisser Stevie décider ; ce serait la solution la plus honnête, la meilleure. La meilleure, peut-être, pensa Polly, furieuse ; mais la plus honnête ? Alors que Jim était sur place, avec tout son arsenal d'arguments raisonnables, avec les moyens d'acheter son fils à coup de cadeaux luxueux, avec ce que la mère de Polly appelait « une vie familiale normale ».

En ce moment même, Stevie était peut-être en train de faire le choix de rester définitivement à Denver, pendant qu'elle se cachait dans un couloir de musée, affligée d'une migraine intense et d'élancements de plus en plus douloureux dans la mâchoire.

A peine était-elle arrivée au musée qu'elle avait compris qu'elle n'aurait jamais dû venir. Elle avait cru que cela la distrairait de voir de vieux amis, que cela lui remonterait le moral ; en fait, cela avait aggravé son état. Tous les gens qu'elle connaissait semblaient trop bien habillés, légèrement irréels et animés d'une sollicitude troublante ; ils lui demandaient comment elle allait avec l'air de s'attendre à de mauvaises nouvelles. De plus, comme elle aurait pu s'y attendre, ils étaient nombreux à l'interroger sur ce que devenait sa biographie de Lorin Jones. « Oh, ça avance, merci », dut-elle mentir à plusieurs reprises.

Puis elle tomba sur une vieille connaissance qui avait entendu dire que Polly était en congé et supposait qu'elle s'était remise à la peinture. « Mais non, j'ai abandonné il y a des années », fut contrainte de dire Polly. « Je fais un livre sur... », etc...

« Vous avez abandonné la peinture ? Mon Dieu, mais pourquoi ? »

Polly n'avait pas cherché à s'expliquer. Sous un prétexte quelconque, elle avait filé se cacher aux toilettes, comme une adolescente mal dans sa peau.

Là, devant les lavabos, elle avait eu un spectacle déprimant mais révélateur. En se regardant dans la glace, elle vit que la novocaïne injectée dans sa mâchoire par le Dr. Bebb, non contente de l'engourdir, avait paralysé les muscles de tout un côté de son visage, ce qui lui donnait l'air figé, asymétrique et malheureux. Pas étonnant que ses amis aient été si nombreux à lui demander si elle allait bien. Elle ne pouvait pas deviner combien de temps cette paralysie allait durer ; mais il était inutile de rester là jusqu'à ce que ça se passe. Dès que la foule s'éclaircirait un peu, elle partirait.

De là où elle était maintenant assise, Polly voyait une partie de la salle d'exposition principale, espace haut de plafond, enfumé, éclairé par des spots et encombré par une profusion d'objets et de corps multicolores. Elle eut de nouveau l'impression de regarder dans un aquarium, comme à la galerie Apollon deux mois auparavant ; mais c'était le format du dessus, et la vie marine y proliférait, poissons, crustacés, plantes aquatiques de toute espèce : un grouillement de nageoires et de frondes aux teintes variées, d'écailles scintillantes, de pinces et d'antennes en mouvement, et tout cela baignait dans une écume fumeuse de bulles croupies. Aucun de ces êtres ne faisait attention aux peintures ni aux sculptures ; ils rampaient et nageaient alentour comme des crabes et des poissons qui circulent avec indifférence au milieu de coraux merveilleux ou de trésors engloutis.

« Chère ! » Voilà que Jacky Herbert nageait vers elle, sa bedaine considérable étirant à l'extrême un gilet de satin brillant gris pâle surpiqué de façon à évoquer des écailles. « J'espérais tant vous voir ici ! »

« Salut ! »

« Et comment allez-vous ? » Jacky se pencha pour l'examiner, les yeux à fleur de tête. « Dieu du Ciel, qu'est-il arrivé à votre visage ? »

« Je sors de chez le dentiste. Il m'a soigné des racines. »

« Oh, quelle horreur ! Je suis passé par là l'année dernière, je sais que c'est épouvantable. Pauvre petite ! » Il se laissa tomber sur la banquette à côté d'elle. « Mais je vais vous remonter le moral. J'ai des nouvelles épatantes : j'ai découvert deux petites aquarelles de Jones dont nous ne soupçonnions même pas l'existence. »

« C'est formidable. » Polly s'efforça d'avoir l'air enthousiaste. Pourquoi cela lui était-il si difficile ? Peut-être qu'elle allait sombrer dans une véritable dépression.

« Il faut que vous veniez à l'Apollon très très bientôt, pour que je vous montre les photos. Je suis certain que vous voudrez des diapos. Elles remontent à 57, 58, quasiment ma période préférée. Quoique j'adore aussi ces étranges peintures de la fin ; si seulement il y en avait plus !... Au fait, comment avance le livre ? »

« Oh, ça va. »

« Vous avez vu Grace Skelly, paraît-il ? » Jacky aspira de l'air à la façon d'un poisson.

« Oui. Elle m'a dit que Lorin et elle avaient été les

meilleures amies du monde, que Lorin avait été absolument ravie de voir les Skelly acheter *Naissance, Copulation et Mort.* »

« A quoi est-ce que vous vous attendiez ? » Sa voix pétillait d'une hilarité contenue. « Vous n'imaginez pas que Grace voudrait laisser aux historiens le souvenir de quelqu'un à qui un artiste trouvait intolérable de céder un tableau ? J'espère que vous ne l'avez pas contredite. »

« Non, non. Mais il n'est quand même pas question que je publie sa version. »

« C'est bien dommage. » Jacky gloussa franchement. « Ça pourrait faire joliment avancer vos affaires, vous savez. Grace vous en serait très très reconnaissante ; et on dira ce qu'on voudra des Skelly, ce sont des gens qui savent payer leurs dettes. »

« Mais son récit est fabriqué de toutes pièces. C'est vous qui me l'avez dit ! »

« Et alors ? Personne d'autre ne le saura. D'ailleurs, comment être sûr que mon récit à moi était véridique ? En tout cas, je serai le premier à démentir si on me pose la question. » Il gloussa de nouveau, gonflant les joues et secouant la tête d'un air pompeux. Puis son expression changea. « J'espère que vous ne songez pas un instant à publier ce que je vous ai raconté », ajouta-t-il d'un air désinvolte en détournant les yeux.

« Et pourquoi pas ? » demanda-t-elle. Son intonation ne la trompait pas ; elle savait que Jacky semblait toujours particulièrement passionné et grave quand il rapportait des racontars sans importance ; quand il prenait l'air détaché, négligent, il était d'un sérieux d'airain.

« Allons, c'est une plaisanterie. » Jacky manqua bâiller, mais il se tourna vers elle et la regarda carrément.

« Une plaisanterie ? Pourquoi ? »

« Parce que si vous mettiez dans votre livre ce que je vous ai dit, ma chère », dit-il d'une voix traînante, « les Skelly ne m'achèteraient plus le moindre tableau, et ils ne prêteraient plus la moindre toile au musée, du moins tant que vous y travaillerez ; vraisemblablement, Bill vous ferait un procès pour diffamation. »

« Vous croyez vraiment qu'il ferait une chose pareille ? »

« A mon sens, ce serait très possible. Ce ne serait d'ailleurs pas la première fois ; vous vous rappelez l'affaire de *Art News* ? Evidemment, l'issue s'est finalement jouée dans les coulisses du tribunal. Dix mille dollars, plus les frais et dépens. Au cours de 1972. »

« Ce n'est pas juste ! »

« La vie n'est pas juste. Ne soyez pas naïve, Polly. » Jacky soupira. « Mais parlons d'un sujet plus agréable. Il semblerait que vous vous soyez très très bien entendue avec Kenneth Foster ? »

« Oui. Il a été très coopératif. Il m'a beaucoup appris sur les premières œuvres de Lorin, et sur sa personnalité lorsqu'elle était à la fac. A ses yeux, c'est un peintre admirable : mais ça, bien sûr, vous le savez. Mais apparemment, il ne l'appréciait pas beaucoup sur le plan personnel. Il préférait Garrett. » Polly parlait d'une voix délibérément neutre, alors qu'elle avait réagi aux paroles de Foster en se disant : « un professeur de trente-cinq ans séduit une étudiante de vingt ans et quitte sa femme pour elle, et Kenneth Foster blâme l'étudiante : voilà un exemple vraiment extrême de solidarité masculine. »

« Ah bon. » Jacky n'en dit pas plus long.

« Là où il m'a stupéfaite, c'est en m'apprenant qu'il avait épousé la première femme de Garrett après leur divorce. Et maintenant, affirme-t-il, ils sont tous bons amis. J'ai eu du mal à y croire. »

« Si, si. C'est absolument vrai. »

« La plupart des gens que j'ai rencontrés ne savent même pas que Garrett avait une première femme. »

« Euh, en effet. » Jacky fit sa moue de poisson. « Ça ne m'étonne pas qu'il n'en ait pas fait état. Garrett préfère oublier tout ce qui est en discordance avec son image, et c'est bien naturel. S'il tombe sur quelqu'un qui sait qu'il y a eu un premier mariage, il présente volontiers ça comme une de ces brèves unions contractées en temps de guerre, sur un coup de tête. Mais en fait, ils ont quand même été ensemble pendant six ou sept ans, Roz et lui. »

« Comment est-elle en réalité, madame Foster ? Je ne l'ai aperçue qu'une fois à l'occasion d'un vernissage. »

« Très gentille. Evidemment, elle a été un peu malmenée par la vie ; on ne peut pas dire qu'elle soit trop bien conservée. »

« Est-ce qu'elle a été jolie ? » Polly posa la question d'un ton dubitatif ; Roz Foster lui avait laissé le souvenir d'une grosse dame à l'air un peu égaré.

« Oui, très jolie. C'est le cas des femmes de peintre, le plus souvent, vous n'avez pas remarqué ? Au début, en tout cas. Une interminable chevelure rousse et une peau splendide, comme de la crème fraîche. Garrett n'était pas peintre, mais il s'intéressait aussi aux reines de beauté. Il pensait les mériter. Pour reprendre une formule de Paolo, Garrett s'est toujours pris pour le cadeau de Dieu aux femmes, et il voulait jouer les Père Noël. » Jacky pouffa.

Polly rit, elle aussi, mais d'un rire gêné ; dans les brumes de la migraine, elle se demanda si Garrett Jones avait communiqué à Jacky ou à quelqu'un de l'entourage de Jacky une version plus ou moins pervertie de son séjour à Wellfleet.

« Lorin, évidemment, n'était pas la première étudiante avec qui Garrett avait pris du bon temps », continua Jacky. « Mais là, pour la première fois, il est vraiment tombé amoureux, et ça l'a rendu imprudent. »

« Et sa femme a tout découvert ? »

« Au bout de quelque temps, oui. Et Roz était désespérée. A ce qu'on m'a dit, elle l'aimait vraiment. Elle n'arrivait plus à manger ni à dormir, elle s'est mise à boire, elle a bousillé leur auto, elle a menacé de se tuer. Garrett était à bout de ressources, il avait vraiment peur. Il ne voulait pas avoir un suicide sur la conscience ; on le comprend, non ? »

« Alors, qu'est-ce qui s'est passé ? »

« Eh bien, en fin de compte, Kenneth Foster l'a débarrassé de Roz, ce qui lui a permis de se marier avec Lorin, et Garrett a aidé Kenneth à devenir célèbre. Il est comme Grace Skelly, il paie ses dettes. » Jacky pouffa.

« Sérieusement, vous voulez dire que... » Polly dévisagea le marchand de tableaux ; elle hésitait entre le doute et le dégoût.

« Je vous en prie, comprenez-moi bien. » Jacky agita ses nageoires. « Ne me faites pas dire que Foster n'est pas un peintre merveilleux. Mais sans Garrett, peut-être n'aurait-il pas acquis une réputation internationale, peut-être ne serait-il pas coté au niveau où il l'est actuellement. Un niveau qui se maintient depuis plusieurs années, évidemment. De toute façon, c'est de l'histoire ancienne. Et puis ce mariage a été une réussite, aussi étonnant que ça paraisse. Il y a bien eu un passage difficile, mais ça fait maintenant vingt ans que Roz est aux Alcooliques Anonymes et aujourd'hui, ils forment tous les deux un couple très, très uni. » Jacky poussa un soupir. « Ce n'est pas votre affaire, Dieu merci. Plus exactement », précisa-t-il d'une voix traînante, « tout cela ne peut nullement vous intéresser pour votre livre. »

« En effet », reconnut-elle.

« Tant mieux. De toute façon, vous devez être presque prête à vous lancer dans la rédaction, maintenant ? »

« Oui, prochainement. J'ai encore une interview à faire au nord de l'Etat de New York, après quoi je descends à Key West pour essayer de mettre la main sur Hugh Cameron. »

« Croyez-vous qu'il soit encore là-bas ? »

« Je sais qu'il y est. En tout cas, il y était, il y a trois mois. Il n'a pas répondu à ma dernière lettre, mais elle ne m'est pas revenue ; il doit donc être encore dans le coin. » Polly ne précisa pas que la seule réponse de Cameron s'était réduite à une ligne griffonnée au feutre en bas de sa première requête : “Excusez-moi, pas le temps de répondre à vos questions”. « De toute façon, je veux aller sur les lieux, voir la maison où Lorin a vécu, chercher à parler à des gens qui l'ont connue. »

« Oui, bien sûr. » Jacky aspira une bouffée d'air

enfumé et la relâcha avec un lent sifflement. « Dites-moi, pendant que vous serez là-bas... » continua-t-il d'une voix où la nonchalance était un effet de l'art, ce qui alerta aussitôt Polly.

« Oui ? »

« Fouinez donc un peu par-ci par-là ; voyez si vous pouvez repérer d'autres peintures. »

« Bien sûr, j'en ai bien l'intention. »

« Ça serait vraiment épatant que vous débusquiez deux ou trois œuvres de la dernière période, celle des graffitis. Elles sont très intéressantes, vous savez. »

« Oui, je sais. » Les dernières œuvres peintes par Lorin Jones à Key West avaient ceci de remarquable que des mots y étaient incorporés, parfois même des phrases entières, à la façon de Dine ou de Kity. Les deux tableaux de cette série présentés lors de l'exposition « Trois Américaines » avaient suscité le plus vif intérêt.

« Si vous arrivez à pénétrer chez Cameron, vous avez une chance de faire des découvertes », suggéra Jacky.

« Très bien, j'essaierai. Mais Lennie a tout embarqué après la mort de Lorin, non ? »

« Oui-i. En principe. Mais ça ne fait pas tant que ça, si on y pense. Je me suis quelquefois posé la question : pourquoi est-ce qu'on a si peu de Jones entre 64 et 69 ? Beaucoup, beaucoup moins, par exemple, que pour les cinq années précédentes. Et puis, il y a ces deux grandes toiles qui ne se sont pas vendues à sa dernière expo. On croirait qu'elles se sont évaporées. Bien sûr, il n'est pas impossible qu'elle les ait détruites ultérieurement, ou recouvertes. »

« Mais vous pensez que Cameron les a peut-être encore ? »

« J'ai toujours pensé que c'était très, très vraisemblable. D'après ce que je me suis laissé dire, ce serait bien dans son tempérament d'avoir oublié de donner une ou deux choses à Lennie. Par négligence, peut-être, ou pour des raisons sentimentales. Ou simplement parce que c'est un mauvais coucheur né. Comment le savoir ? »

« Et la cupidité ? » suggéra Polly. « Il voulait peut-être l'argent que ces toiles représentaient. »

« Non. » Jacky secoua lentement sa grosse tête. « Non, ça je ne crois pas, ces tableaux ne valaient pas grand-chose à l'époque. D'ailleurs, peut-être que Lennie n'a pas cherché très soigneusement. Qui est-ce qui irait se défoncer pour des tableaux qui vont se vendre pour deux billets de cent, à condition de trouver un acheteur ? Ce qui n'était pas garanti à l'époque. »

« Evidemment », reconnut Polly.

« Mais maintenant, tout le monde veut son Lorin Jones ; ils sont cotés à vingt mille, vingt-cinq mille, et les prix montent. Ça n'est plus la même chanson. Si on en possède un, il faut penser à l'assurance, aux systèmes d'alarme, aux restaurateurs, tout le toutime. Il suffit de le vendre, et on peut s'offrir un an de dope, une voiture de sport, une virée en Espagne, tout ce qui peut intéresser un type dans le genre de Cameron. »

« A votre avis, il se peut que Cameron soit partant pour vendre des tableaux qu'il aurait conservés ? »

« Ça n'a rien d'impossible. Evidemment, cela le placerait devant un dilemme. Légalement, il ne possède aucune œuvre de Lorin : ils n'ont jamais été mariés, et elle est morte sans testament. Tout appartient donc à Lennie. Si Cameron voulait vendre quelque chose, il faudrait qu'il le fasse sous le manteau. »

« Ce ne serait pas très facile », s'exclama Polly. La plupart des collectionneurs qu'elle connaissait achetaient des œuvres d'art en partie pour le plaisir de les exhiber, en partie à titre d'investissement. Rien ne leur répugnait autant qu'un titre douteux ; cela les forçait à mentir à leurs visiteurs, et cela risquait de devenir vraiment gênant s'ils décidaient plus tard de vendre le tableau ou de le donner à un musée pour bénéficier d'une déduction fiscale. Car la première question qu'on allait leur poser serait certainement : quelle provenance ?

« Vous avez raison. Si Cameron veut vendre, il faut qu'il trouve un client qui veut un Jones au rabais et qui consent à le garder définitivement à l'abri des regards. Je ne pense pas qu'il soit capable de trouver un tel oiseau – ni lui, ni un autre, sans doute. Pour réussir ce genre de transaction il faut avoir à proposer une œuvre de toute première importance : un Johns, un Rothko, par exemple. Mais là vous pourriez, vous, bénéficier d'un avantage. »

« Moi ? » Polly fronça les sourcils : sa migraine s'aggravait.

« Vous, ma chère. » Jacky bâilla. « Je ne pourrais rien entreprendre auprès de Cameron, puisque je suis officiellement un respectable marchand de tableaux. Mais vous pourriez laisser entendre, en discutant avec lui, que l'éventuel achat d'un Lorin Jones pourrait vous intéresser, si par hasard il en avait un qui ne lui servait à rien. »

« Non merci ! » répliqua Polly avec vigueur et une indignation à peine dissimulée. « Cela ne m'intéresse pas d'être impliquée dans ce genre de trafic. De toute façon, je n'ai pas la somme nécessaire. »

« Mais non, bien sûr », dit Jacky avec suavité ; il se pencha vers elle et lui tapota le bras. « Mais ce serait un bon moyen de découvrir si Cameron a vraiment conservé quelque chose, non ? » Il eut un sourire de murène. « Et peut-être de le récupérer. »

« Ben, oui, sans doute, mais je ne sais pas... »

« Comprenez-vous, si vous trouviez un tableau de Lorin entre les mains de Cameron, nous pourrions, Lennie et moi, consulter notre avocat, qui nous dirait quel recours est possible. Il suffirait peut-être de le menacer d'un procès. »

« Et si ça ne suffisait pas ? »

« Eh bien, nous pourrions faire réellement appel à la justice. Ou même à la police. Je présume que ça ne lui dirait rien. » Jacky pouffa. « En tout cas, si vous tombez sur une trouvaille, je vous serais reconnaissant de me le faire savoir dès que possible. Vous pouvez téléphoner en PCV à la galerie à toute heure. Laissez un message sur le répondeur si je suis absent... Oh, Doris, ma chère ! Quelle joie de vous voir ! Et vous êtes très très en beauté ! »

Jacky se leva, son baiser se posa dans l'air enfumé, près de la joue d'une ancienne collègue de Polly. Celle-ci, dès qu'elle put, les laissa à leur conversation pour se réfugier dans la cabine téléphonique, qui, heureusement, était maintenant déserte.

Pour donner de la vraisemblance au prétexte qu'elle venait d'alléguer, elle composa son propre numéro. La tonalité emplit son oreille d'un bourdonnement sous-marin, assourdi mais pénible, puis la sonnerie retentit dans le vide : Jeanne et Betsy étaient absentes, elle le savait. Le combiné à la main, elle regarda de l'autre côté de la vitre teintée ambre verdâtre, repérant Jacky et ses autres connaissances au milieu de la foule ondoyante et fluctuante qui emplissait les salles du musée. Ce spectacle l'écœurait de plus en plus : bouillon de culture où proliféraient les mensonges, les combines, les subterfuges et les arnaques : monstres aquatiques visqueux, épaves pourrissantes.

Elle vit les formes brillamment colorées qui flottaient au-dessus du grouillement humain : œuvres talentueuses, peut-être même géniales. Que faisaient-elles ici, à demi immergées dans cet aquarium gluant ? Et elle, que faisait-elle ici ?

Voilà une question que Lorin Jones avait dû se poser. Les milieux artistiques new-yorkais que Polly avait sous les yeux, c'était sous ce jour que Lorin Jones avait dû les voir : et c'était poussée par cette vision d'un enfer sous-marin qu'elle était allée d'abord à Wellfleet, puis plus loin encore, à Key West. En laissant un sillage que Polly devait suivre, malgré toutes ses incertitudes.

L'appartement était vide quand Polly y revint. A la cuisine, sur le plan de travail, elle trouva un mot de Jeanne qui lui proposait de les rejoindre à Greenwich Village, où elles participaient à une soirée ayant pour but de collecter des fonds en faveur de l'égalité des femmes dans l'emploi. Jeanne lui expliquait également comment réchauffer le dîner qu'elle lui avait laissé, au cas où Polly ne se sentirait pas assez en forme pour repartir.

Epuisée, Polly alluma le four avec gratitude : ensuite elle examina son courrier, presque entièrement composé de factures et de circulaires. Il y avait aussi un gros paquet mal emballé pour Stevie, envoyé de San Diego par son père ; l'adresse était surmontée par une inscription gribouillée au feutre rouge, BON ANNIVERSAIRE DE LA PART DE GRAND-PAPA, et plus bas, on pouvait lire : SOYEZ GENTILS, FAITES TRÈS ATTENTION. Malgré cette supplique, ou bien à cause d'elle, l'emballage s'était défait à un bout, révélant un papier cadeau orné d'un motif d'ours en peluche roses et jaunes.

Polly se renfrogna devant ce spectacle, puis elle soupira. Ce paquet, à tous points de vue, était typique de Carl Alter. Le papier d'emballage défraîchi, déjà marqué de plis anciens, la ficelle grossière, hérissée, aux nœuds impossibles à défaire, l'ornementation intérieure complètement déplacée, la gentillesse demandée à des inconnus, l'expression publique de sentiments privés ; et par-dessus tout, les cinq semaines de retard. Quand elle était petite, les cadeaux de son père arrivaient toujours après la fête, ou jamais ; et maintenant l'histoire se répétait avec son petit-fils.

Bon sang, qu'est-ce qu'elle allait pouvoir faire de ce truc ? Il était trop tard pour le réexpédier à Denver ; ça attendrait l'arrivée de Stevie. Entre-temps, elle allait devoir écrire à son père pour lui expliquer ce qui s'était passé. Ou peut-être aurait-elle plus vite fait de téléphoner ; de toute façon, il y avait environ deux mois qu'elle ne lui avait pas parlé. Ce n'était pas qu'ils aient grand-chose à se dire. Polly ne s'intéressait pas aux articles qu'il avait publiés dans *Vivre en Californie* ou dans le journal local, ni à l'état de sa tension artérielle ou des orchidées de sa femme ; lui ne s'intéressait pas à ce qui arrivait à sa fille, il ne s'y était jamais intéressé. Mais tous les quelques mois, ils se jouaient la comédie.

Après avoir savouré le veau aux champignons de

Jeanne (de premier ordre comme d'habitude), ses pâtes fraîches maison, ses haricots verts, après avoir fait sa toilette et s'être préparé un café, Polly composa le numéro de San Diego.

« Ben oui », dit son père après les salutations d'usage, toujours aussi superficielles. « Bien sûr que je connais la date d'anniversaire de Stevie. » (Mouais, pensa Polly.) « C'est juste que j'ai mis un moment à trouver le genre de jumelles que je voulais lui envoyer. »

« Des jumelles », répéta-t-elle, se disant qu'étant donné l'allure du colis, elles étaient sans doute cassées : de plus, comme d'habitude, le cadeau de son père était non seulement en retard, mais inopportun. Des jumelles à New York, ça ne servait à rien, sinon à jouer les voyeurs vis-à-vis des voisins d'en face, et elle n'avait vraiment pas envie que Stevie se livre à cette occupation. Certes, mais au Colorado il serait bien content de les avoir, se rappela-t-elle avec chagrin. « Tu sais ? » dit-elle. « Je vais mettre une autre carte et je les lui donnerai à Noël. »

« Non, non », protesta Carl Alter. Polly l'imagina tel qu'elle l'avait si souvent vu, secouant la tête plusieurs fois à toute vitesse. « Je ne veux pas que Stevie attende plus longtemps. Tu les lui donnes tout de suite. Okay ? »

« Ça, c'est impossible », dit Polly, irritée. « Il est à Denver, tout de suite là. »

« A Denver ? Ah, oui, d'accord. ».

« Il est là-bas depuis le mois de septembre », dit Polly, convaincue que son père ne s'était pas donné la peine de l'écouter, ou sans doute, n'avait pas fait l'effort de s'en souvenir. Elle aurait pu croire qu'il perdait la mémoire, à ceci près qu'il avait toujours été comme ça.

« Ah ! Il doit te manquer. »

« Enormément », dit Polly, contrariée.

« Il revient quand même à la maison pour Noël, hein ? »

« Oui. Mais je ne sais pas... Ça se peut qu'il retourne dans le Colorado au printemps. »

« Aïe. Quel dommage ! » dit Carl Alter sans paraître

s'en inquiéter outre mesure. « Mais tu peux aller le voir : comme ça, tout ira bien. »

Quelle ineptie, quelle indifférence, pensa Polly, sentant sa poitrine vibrer du bourdonnement furieux qu'elle connaissait si bien. Elle n'avait qu'à prendre l'avion pour Denver, dormir dans un motel, manger au restaurant une ou deux fois avec Stevie, et « tout irait bien ».

« C'est ça que tu devrais faire », continua son père. « Aller lui rendre visite dans le Colorado. Voilà. Vas-y. »

« Ah bon, c'est comme ça ! » cria Polly, qui sortait de ses gonds. « Ça me surprend vraiment que tu me donnes un conseil pareil, toi qui n'es pratiquement jamais venu me voir après mon départ pour Rochester ! »

Il y eut un moment de silence sur la ligne interurbaine. « C'était pas pareil », dit enfin Carl Alter. « Tu ne voulais pas me voir. »

« Mais si », insista Polly ; elle n'allait pas le laisser s'en tirer comme ça.

« Allons, allons. A Mamaroneck, quand je venais te chercher pour la journée, tu piquais des crises de nerfs. Ta mère me l'a dit. Fallait quasiment qu'elle te force à partir avec moi. »

« Mais ce n'était pas... Je ne voulais pas... » Polly, que la rage faisait bafouiller, se tut, craignant, si elle parlait, de laisser partir un juron.

« Pas grave, Polly ma belle. Je comprends comment ça se passait. Mais toi et Stevie, c'est autre chose. D'accord ? »

« Oui, probable », dit Polly sèchement. Nom de Dieu, bien sûr que c'était autre chose. Elle aimait Stevie ; jusqu'à l'automne, ils n'avaient jamais été séparés. Mais à quoi bon expliquer ça à un type dans le genre de Carl Alter ? A quoi bon l'insulter ?

« Alors s'il reste à Denver, tu vas aller le voir. D'accord ? »

« D'accord », dit Polly sur le même ton cassant.

« Et je vais te dire autre chose. Renseigne-toi sur ce qui ferait plaisir à Stevie pour Noël et je le lui enverrai. »

« Je ne vois pas l'intérêt », dit Polly, luttant pour garder son calme. « Tu ne vas jamais te rappeler. »

« Si, je me rappellerai ; je te le promets. Pourquoi diable... ? »

« Ça sera pareil que pour moi », hurla Polly, furieuse. « Des promesses, des promesses ! Deux ans d'affilée, tu as promis de m'offrir un télécran. »

« Un télécran ? » répéta Carl Alter de l'autre côté des Etats-Unis.

« Un genre d'écran avec des boutons de commande, on pouvait dessiner avec, et moi, j'arrêtais pas de te le demander... Ecoute, ça ne fait rien », reprit-elle, honteuse de son éclat. « Je vais demander à Stevie ce qu'il veut, mais tu sais, il est sans doute déjà trop tard pour expédier des colis de Noël. »

« Tu sais quoi ? Je vais plutôt lui envoyer un chèque, et il fera son choix lui-même. »

« Excellente idée », dit Polly d'un ton las, pensant que bien entendu, rien n'arriverait jamais ; moins fâchée désormais contre son père – à quoi bon cette colère-là ? – que contre elle-même, qui n'avait pu s'empêcher d'exploser en lui parlant, après tant d'années. « Vas-y », ajouta-t-elle.

DANIELLE ZIMMERN KOTELCHUK

ancienne belle-soeur de Lorin Jones

– Dites donc, Polly, avant que vous n'attaquiez, je voudrais m'excuser de ne jamais être venue jusqu'à New York. Vous comprenez, voilà comment ça se passe : périodiquement, je prévois d'y aller, mais pour une raison ou une autre, je n'y arrive pas. Quand on vit dans une ferme, même si on ne s'en occupe qu'à mi-temps, il y a toujours trop de choses à faire pendant le week-end : le jardin, et il faut s'occuper des chevaux, les nourrir, leur faire prendre de l'exercice, et la chienne va avoir des petits, et c'est sans arrêt comme ça. Ça, c'est un aspect de la question.

– L'autre aspect, je crois, c'est que je me suis mise à détester cette ville. Bernie, bien sûr, ne l'a jamais aimée, lui. Mais moi, une fille de la ville, c'est dingue. J'adore toujours Paris, pourtant : j'y vais tous les étés, pendant deux semaines si je peux. Mais j'y réfléchissais l'autre jour : ça fait presque trois ans que je n'ai rien vu de New York à part l'aéroport Kennedy.

– Oui, je sais. Vous voulez que je vous parle de Laurie. J'ai essayé de retrouver ce que je pouvais dire d'elle qui vous serait utile. Il doit bien y avoir quelque chose ; on s'est connues pendant presque vingt ans. Mais je n'ai jamais eu l'impression de bien la connaître, ou d'avoir grand-chose à lui dire.

– Non, ce n'est pas que je ne l'aimais pas. Je l'aimais bien, mais nous n'étions pas sur la même longueur d'ondes.

– Bon par exemple : je suis plutôt directe. Je l'ai toujours été, tandis que Laurie était du genre secret, silencieuse, insaisissable. La première fois que je l'ai rencontrée, j'ai pensé à Rima, je me suis dit que c'était une fille-oiseau.

Vous avez lu *Green Mansions,* non ? Ces yeux immenses, cette masse de cheveux bruns désordonnés. Son mari la traitait comme ça, comme une créature fragile de la forêt, trop délicate pour vivre dans ce monde.

– Je ne sais pas. Sans doute qu'elle se rendait compte qu'il faut s'attendre à être traitée comme ça, si on a ce genre d'allure .

– Vous avez bien dû remarquer que les femmes maigres attirent une autre catégorie d'hommes que les femmes rondes. Quand on est plus mince que la moyenne, on attire des vieux, des types un peu paternels, qui aiment bien considérer les femmes comme des êtres fragiles et décharnés. Ils veulent vous protéger, vous abriter du monde.

– C'est ça. Tandis que quand on est plutôt grosse, on plaît au type d'homme opposé. Quel que soit leur âge, à la base, ce sont des petits garçons qui veulent qu'on s'occupe d'eux. Si vous êtes vraiment baraquée, un gars dans ce genre-là n'a qu'à poser les yeux sur vous, et il crie « Maman ! »

– A mon avis, c'est plus difficile d'être maigre. Surtout quand en plus, on est petite ; alors là, on se paye les machos, les méchants, qui parlent de leur femme en disant « Fifille ». Et quand on n'a vraiment pas de chance, on se retrouve avec le genre d'homme qui cherche une femme vulnérable pour pouvoir la blesser ou même la détruire.

– Non. Dans la plupart des cas, ce n'est pas une question de chance, à mon avis. C'est un choix. C'est ce que je dis à mes étudiantes, celles qui suivent mon cycle d'études féminines : quand vous commandez une double glace caramel-chantilly, quand vous l'engloutissez, vous choisissez le genre d'homme que vous voulez, le rôle que vous allez jouer dans vos relations.

– Mais oui, je pense que Laurie faisait ça, inconsciemment, sans doute. En tout cas, Garrett correspondait au schéma. Il passait son temps à lui courir après avec un pull. Et quand on se retrouvait en famille, c'était lui qui monopolisait la conversation et qui nous disait quelle grande artiste elle allait être. Plus tard, quand elle a commencé à être connue, il se vantait de ses succès.

– Je crois que ça la gênait énormément quand Garrett se mettait à citer des extraits d'une critique élogieuse, ou qu'il nous disait quel important collectionneur venait d'acheter un de ses tableaux ; j'ai toujours eu l'impression qu'elle avait l'air très malheureux.

– Mais oui, je pense qu'elle avait beaucoup de talent. Personne ne met plus ça en doute, non ?

– En effet, quand j'étais mariée avec Lennie, nous avions deux de ses tableaux, mais il les a pris quand nous nous sommes séparés. J'ai eu les enfants, la maison et presque tous les meubles : c'était correct. Lennie n'a jamais été mesquin – en tout cas, pas sur les questions d'argent.

– Non, je ne les regrette pas trop. J'aime bien que l'art ait un contenu. Je sais que ce n'est vraiment pas à la mode, mais ce que j'apprécie réellement, c'est le réalisme français du dix-neuvième siècle : Courbet, Manet, Delacroix, même Géricault. Bon, c'est ma période. Mais j'aime bien qu'il y ait beaucoup de couleur, beaucoup d'action.

– On ne les voyait pas tellement souvent. Le père de Lennie appréciait que sa famille soit autour de lui les jours de fête, alors il faisait un effort pour tous nous rassembler. Mais avec Marcia, ils faisaient beaucoup de voyages à l'étranger.

– Oui, nous avons vu Laurie plus souvent au cours de nos deux premières années de mariage, avant la mort de sa mère. Quand nous allions à New York, nous allions loger à White Plains, chez le père de Lennie ; Lennie ne s'entendait pas trop avec Dan, mais il aimait bien Celia ; pourtant, ce n'était que sa belle-mère. Mais je n'ai jamais rencontré personne qui colle moins avec l'image classique de la belle-mère.

– C'était vraiment une femme charmante. Au début, je n'ai pas du tout fait attention à elle, elle était si pâle et si floue, si effacée. Elle ressemblait beaucoup à Laurie, mais sans ce contraste de noir et de blanc qui rendait le physique de Laurie saisissant, et sans son énergie. Quand on rentrait dans une pièce où les gens de la famille étaient rassemblés, on remarquait d'abord Laurie et Dan, et Celia en dernier.

– Lennie m'a dit qu'elle était extrêmement intelligente et quand je me suis mise à discuter avec elle, j'ai constaté qu'il avait raison. Celia avait à peu près tout lu, même dans mon domaine. Tout Proust, tout Colette, tout Camus, par exemple ; et dans l'ensemble, en français. Balzac, aussi, mais elle ne l'appréciait pas. Il lui paraissait grossier – « matériel », disait-elle – cupide, trop fasciné par l'argent. Mais ça, c'est ce qu'il appelait la condition humaine, non ?

– Essentiellement, elle lisait, et elle jardinait un petit peu. Je ne l'ai jamais vue faire la cuisine ou le ménage ou de la couture ; rien de ce genre. Il est vrai qu'ils avaient une bonne ; et quand j'ai fait sa connaissance, Celia était déjà malade.

– Ça ne se voyait pas, sauf qu'elle était toujours fatiguée.

– Je crois qu'elle savait qu'il ne lui restait pas très longtemps. Elle me demandait toujours ce qu'on venait de publier d'intéressant à Paris ; et quand je recommandais quelque chose, elle appelait la librairie Scribner à New York et elle le commandait, à expédier immédiatement par courrier rapide. A l'époque, je trouvais ça un peu absurde, un peu excessif mais après j'ai compris qu'elle avait peur de rater quelque chose d'important.

– Ce qui est rageant, c'est que maintenant, on guérit très bien le genre de cancer dont elle souffrait ; le taux de mortalité ne dépasse pas dix pour cent. Si elle était née vingt ans plus tard, elle serait certainement encore de ce monde et peut-être qu'elle aurait réalisé quelque chose, en plus, parce que mentalement, elle sortait vraiment de l'ordinaire.

– J'ai le sentiment qu'en fait, Celia savait tout. Mais elle ne pouvait rien y faire, ou du moins, c'était ce qu'elle croyait.

– Par exemple, elle voyait que Lennie et moi, ça n'allait pas être la fête tous les jours, mais que d'une manière ou d'une autre, nous allions y survivre tous les deux. Et je suis convaincue qu'elle savait que le père de Lennie couchait avec une femme de son bureau, qui s'est avérée être Marcia. Et elle savait que Dan ne supportait pas qu'elle soit malade.

– Il méprisait la faiblesse, vous comprenez. Lennie a hérité ça de lui. Sauf que Lennie, ce qu'il méprise, c'est plutôt la faiblesse intellectuelle, plus que la faiblesse physique ou morale. Il ne supporte pas la bêtise même chez les enfants : et comme vous savez, ça arrive à tous les enfants d'être bêtes. Je me rappelle une fois où il criait à Roo : « Pourquoi te montres-tu si puérile ? » Le problème, c'est qu'à l'époque elle avait le droit d'être puérile : elle n'avait que quatre ans...

– C'est vrai, je n'y avais encore jamais pensé, mais je crois que Laurie aussi méprisait la faiblesse.

– Sous tous ses aspects. Mais dans son cas, c'était sa faiblesse à elle autant que celle des autres ; plus que celle des autres, sans doute.

– Non. Elle avait beaucoup plus d'énergie, beaucoup plus de volonté que sa mère, mais elle n'avait pas le tempérament de son père. Celia m'a dit, une fois : « Je voudrais que Laurie vous ressemble un peu, qu'elle soit plus coriace. »

– Non, après le mariage de Dan avec Marcia, nous les avons vus moins souvent. Nous allions quand même à New York pour Thanksgiving et en général, Laurie et Garrett étaient là.

– Ce n'était pas très plaisant. Lennie ne s'entendait pas avec son père, comme je vous l'ai dit, et Laurie ne supportait pas Marcia.

– Ecoutez, ça lui arrive d'être un peu pénible, mais elle a bon cœur. Elle continue à envoyer des cadeaux à mes enfants pour leur anniversaire, alors qu'ils sont grands, maintenant. Des cadeaux ridicules, dans l'ensemble. Ma cadette, qui fait partie du Peace Corps en Afrique, a reçu de sa part un assortiment de chocolats Whitman en février dernier, une boîte de deux kilos et demi. Elle les aimait beaucoup quand elle était petite. Evidemment, quand le colis est arrivé, ça n'était plus qu'une soupe au chocolat à moitié coagulée, mais il faut reconnaître que l'intention était bonne.

– Oui, tous les ans, jusqu'à ce que Laurie quitte Garrett. Et nous avons été une ou deux fois chez eux, au Cap.

– Ça allait. Le gros problème, c'est qu'on s'est assez vite retrouvé avec deux petits enfants, alors qu'ils n'en avaient pas. Roo passait son temps à faire tomber des objets précieux ; et notre Celia n'était qu'un bébé, et les bébés pleurent souvent, vous savez, rien que pour se faire les poumons.

– Oui, j'ai rencontré Hugh Cameron une ou deux fois, pas au Cap, mais plus tard, avant qu'ils n'aillent s'installer en Floride, lui et Laurie.

– C'était un enfant, c'est ça l'effet qu'il m'a fait. Et il était bien parti pour le rester, ça se voyait déjà à l'époque. Un de ces innocents qui soulèvent la tempête partout où ils vont. Ce genre de types, ils devraient briller dans le noir, pour mettre en garde les femmes.

– Oui. Tous les deux, ils étaient comme des enfants qui font l'école buissonnière, qui tournent le dos à la vie réelle.

– Non, parfois, elle m'exaspérait, mais je savais que ce n'était pas vraiment sa faute. Elle a été élevée tout de travers. Sa mère, à sa façon, était merveilleuse, et Dan aussi était quelqu'un de bien, sauf que c'était le type même du macho intégral. Il aimait le sport, les fêtes, vivre à cent à l'heure et mener les femmes par le bout du nez. Mais il était généreux, et il adorait nos enfants ; il leur manque encore.

– Ce qu'il y a, c'est que c'était le couple patriarcal par excellence : Dan organisait tout, et Celia suivait comme une ombre. Alors forcément, Laurie a grandi en supposant que les hommes allaient prendre soin d'elle. Quand elle s'est décidée à essayer de tenir debout toute seule, il était trop tard.

– C'est vrai, il lui est arrivé quelque chose quand elle était petite. Elle devait avoir dans les dix ans. C'était à un pique-nique organisé par les parents d'élèves de son école, une école privée à la campagne. Laurie est plus ou moins partie à l'aventure, elle s'est égarée, et quand on l'a enfin retrouvée, elle était roulée en boule dans un coin d'une maisonnette en bois, dans la cour de l'école maternelle, et elle n'avait plus de culotte.

– Non, elle n'avait pas été violentée. J'en suis sûre. Le médecin de famille l'a affirmé. Mais elle était terrorisée.

– Personne n'a jamais su ce qui s'était passé précisément. Laurie n'a rien voulu dire ; pendant des semaines, c'est tout juste si elle a ouvert la bouche. Il y a eu un gros scandale, et ses parents l'ont retirée de cette école et l'ont inscrite ailleurs .

– Ça a été assez dramatique pour tout le monde. Ce qui a fait problème, entre autres, c'est que tous les membres de la famille se sont reprochés de ne pas avoir surveillé Lorin de plus près. Celui qui s'est senti le plus mal, c'est mon ex-mari. Son papa lui avait dit d'aller chercher sa sœur, mais ça l'embêtait, alors il a escaladé l'échelle de secours derrière l'école, et il s'est plongé dans un roman policier d'Ellery Queen .

– Non ; je ne pense pas que les gens soient détruits par un événement pénible survenu pendant leur enfance. Enfin quoi, si on en a envie, on peut toujours trouver un fait auquel on attribue tout ce qui s'est mal passé par la suite. Je me suis fait bousculer et piétiner, et je vais rester allongé dans la boue pendant soixante ans, comme ça tout le monde verra qu'on m'a fait bobo. On peut dire ça. Mais à mon avis, chacun choisit sa vie. Bien sûr, il y a des choses qui arrivent, mais c'est à vous de décider de ce qu'elles représentent.

– Ecoutez, quand on est vraiment hanté par quelque chose, je crois qu'il vaut mieux aller voir un bon psy pour s'en libérer.

– Non, Laurie ne l'a jamais fait, à ma connaissance. Ce n'était pas son genre. Et ça aussi, bien sûr, c'était un choix.

11

Baignée de l'étonnante lueur mauve d'un crépuscule de décembre, Polly Alter, devant la réception d'une pension exclusivement féminine de Key West, se sentait ivre de chaleur et de fatigue. Le matin même, New York, d'un gris pulvérulent, ressemblait à une mauvaise eau-forte. Elle s'était réveillée avec un rhume si épouvantable qu'elle avait appelé pour annuler son billet, sans obtenir plus que le signal occupé. De guerre lasse, alourdie par son sac de voyage, elle s'était traînée jusqu'au terminal et, reniflant, la tête vrillée par la migraine, les jambes lourdes, elle avait gagné l'avion qui, d'un saut dans la stratosphère, l'avait fait passer sans transition du noir et blanc au technicolor. Cinq heures après, en sortant de l'avion, elle avait plongé dans l'étuve d'un lumineux après-midi tropical sur fond de cocotiers face à un océan bleu pétrole, un vrai chromo pour affiches touristiques.

Il n'y avait pas que le décor qui semblât irréel. La plupart des gens qu'elle avait croisés, à commencer par le chauffeur de taxi, étaient bizarres. Ils se déplaçaient et parlaient au ralenti, comme si le projecteur avait été un peu poussif. Lee, la gérante de la Pension Artémis, était particulièrement ralentie : on l'aurait dite droguée. Il lui avait fallu cinq minutes pour retrouver la réservation de Polly et voici qu'elle n'arrivait plus à mettre la main sur la clef de sa chambre.

« Je sais qu'elle est quelque part par là, mais impossible de la localiser, c'est tout », commenta-t-elle d'un ton traînant avec un sourire paresseux. Solidement bâtie, bronzée, c'était une sorte de beauté polynésienne : un Gauguin qui aurait atteint l'âge mûr. Une volumineuse chevelure noire avec des mèches gris fer lui retombait sur les épaules. Sur ses larges pommettes, sa peau tannée virait au magenta. Ses pieds nus étaient bruns et noueux.

Polly s'arma de patience. Lee remuait les papiers,

ouvrait et refermait les tiroirs, s'interrompant toutes les dix secondes pour répondre au téléphone, trouver un timbre pour une autre pensionnaire ou offrir à Polly du nectar de fruit de la Passion ou des crackers au piment (que Polly refusa, en réprimant un haut-le-cœur) et pour l'assurer que, si elle ne pouvait pas prendre possession de sa chambre le soir même, elle serait vraiment très à l'aise sur la balancelle de la véranda.

Polly, affalée contre le bureau, le menton sur son sac fourre-tout, le nez pris, la tête douloureuse, résistait de son mieux au bruit exaspérant des carillons en verre teinté qui valsaient dans la brise brûlante du soir. Peut-être ferait-elle mieux de filer au plus vite et de se chercher un motel ?

Lee reposa son verre de nectar violet couvert de buée et replongea dans ses tas de papiers dégoulinants. Polly se demanda si Ida, qui ne l'avait jamais portée dans son cœur, ne l'avait pas envoyée exprès dans ce nid de farfelus.

« Ecoutez », dit-elle. « Il se fait tard. Il vaudrait peut-être mieux que je me trouve un motel. »

« Grands Dieux ! Pas question. Vous n'allez pas me faire ça », répliqua Lee avec un rire nerveux. « Ida me tuerait si je laissais une de ses amies échouer dans un motel. »

« Je ne suis pas à proprement parler une amie d'Ida », protesta Polly. « Je veux dire : je ne la connais pas très bien, elle m'a simplement recommandé... »

« Eurêka ! » Avec un vaste sourire triomphant qui découvrait sa puissante dentition blanche et irrégulière de Polynésienne, Lee exhiba une clef : « Je savais bien qu'elle ne pouvait pas être loin ! »

Après avoir laissé tomber ses bagages sur un couvre-lit en batik orange criard et être sortie dans l'intention de s'offrir un hamburger, le premier soin de Polly fut d'appeler Hugh Cameron. De la cabine située sur le devant du café, elle voyait défiler un flot de touristes et d'êtres bizarroïdes. Elle se répétait mentalement le petit discours qu'elle avait préparé (« Ici Paula Alter de New York. Vous vous rappelez, c'est moi qui vous ai écrit à propos de

Lorin Jones. Je sais, vous m'avez dit que vous étiez très pris, mais je suis venue jusqu'à Key West rien que pour vous parler. C'est vraiment important, alors... Je vous en prie... Si vous pouviez... »)

A l'autre bout, le téléphone se mit à sonner. Elle se représenta Cameron s'extirpant de son fauteuil pour traverser la pièce avec irritation. C'était un être difficile et mal embouché. A New York, tout le monde s'accordait sur ce point. Peut-être allait-il faire sa crise, l'insulter, lui dire d'aller se faire foutre, de se tirer vite fait.

Le bourdonnement, d'abord menaçant, du téléphone rentra peu à peu dans l'ordre mécanique. Ou bien Hugh Cameron était absent, ou bien il avait décidé de ne pas répondre. Prête à vomir, exténuée, elle s'adossa à la paroi. Quelle bêtise d'être venue ! Elle aurait aimé n'avoir jamais entendu parler de Key West et de Lorin Jones. Elle en avait assez de pourchasser le long de la côte Est l'ombre de cette femme fuyante et paradoxale. Assez de s'épuiser à discerner le vrai du faux dans les propos de ceux qui l'avaient fréquentée. En fin de compte, c'était bien de la faute de Lorin, si elle se retrouvait à croupir dans ce bled étouffant au lieu d'être restée tranquille au lit, chez elle.

D'ailleurs, tout ce qui avait mal tourné pour elle ces derniers mois avait pour origine Lorin Jones. Si elle n'avait pas dû jouer les reporters, jamais elle n'aurait accepté que Stevie passe l'automne avec son père, Jeanne ne se serait pas installée chez elle, leur gênante aventure n'aurait pas eu lieu et Betsy n'aurait sans doute jamais mis les pieds dans son appartement !

Tout compte fait, c'était aussi la faute de Lorin si Polly risquait maintenant de perdre son fils. Stevie n'avait pas encore décidé s'il rentrerait à Denver après Noël, mais Jim disait qu'il « penchait dans cette direction ». Encore un des clichés dont il avait l'art, mais que l'imagination de Polly ne pouvait s'empêcher de prendre à la lettre ; elle voyait Stevie debout dans la neige, à l'est de Denver, sur une route de montagne, penché vers la ville comme sous l'effet d'un vent impitoyable. Et puis, quand Jim avait appelé la dernière fois, il avait annoncé à Polly qu'il avait « une excellente nouvelle » : sa femme attendait un bébé. Polly, sentant monter en elle une vague de colère imbécile, fut incapable de lui présenter les félicitations d'usage. Comment Jim pouvait-il avoir le culot de vouloir un autre enfant que Stevie ? A la fureur avait succédé un accès d'envie encore plus violent : moi aussi, je pourrais en avoir un, pensa-t-elle ; je n'ai pas quarante ans, mais ça ne m'arrivera pas. Je passerai probablement le reste de ma vie seule, complètement seule.

Son nez s'était remis à couler. La migraine lui taraudait les tempes. Elle raccrocha, régla son hamburger à peine entamé et regagna sa chambre en titubant. Là, elle ôta son chemisier et son pantalon froissés et gluants de sueur, eux qui étaient la fraîcheur même ce matin. Elle se brossa les dents. L'eau, d'une écœurante tiédeur, refusait d'être froide. Elle s'allongea sur le lit bas en rotin grinçant et sombra.

Le lendemain matin, elle se réveilla tard, brûlante et couverte de sueur, au beau milieu d'une tache orange : le soleil entrait par la fenêtre dont elle avait, la veille, oublié de tirer les volets. Brûlante, et en sueur aussi, parce qu'elle échappait à peine – mais oui – à un rêve mouillé.

Rien d'étonnant, après des semaines de chasteté. Avant Jeanne, cela avait duré près d'un an. Et voici qu'elle se retrouvait dans un décor où même l'air qui lui parvenait de la jetée et des hauts-fonds avait une odeur de sexe. Dans son rêve aussi, il y avait un rivage, des poissons et... un homme. A ce seul souvenir, son irritation revint. Elle sortit des draps dans l'espoir de prendre une douche – froide de préférence .

Sous le jet d'eau fraîche, Polly constata autre chose : sa grippe était passée. Inexplicablement, elle se sentait en pleine forme. Bon. Maintenant : boucler l'enquête, regagner New York, écrire le livre, et adieu Lorin Jones ! Elle se sécha vigoureusement à l'aide d'une serviette particulièrement rêche et passa sa combinaison safari, la plus adaptée en somme à l'exploration de ces inquiétantes terres tropicales.

En bas, après un breakfast tardif (jus d'orange fraîchement pressé, pulpeux, sucré, thé déthéiné et müsli), elle essaya à nouveau le numéro de Cameron. Lee, qui l'avait interrogée sur les moindres détails de son projet, tendait une oreille impudente. Pas de réponse. Lee manifesta son optimisme.

« Bah ! z'inquiétez pas, le vieux est sans doute sorti hier soir, ou il est déjà au boulot. Qu'est-ce qu'il fait ? »

« Je ne sais pas. Il a enseigné dans une mini-université du Middle West, il y a une dizaine d'années, mais personne ne semble savoir laquelle. J'imagine qu'il a dû prendre sa retraite puisqu'il est revenu à Key West. »

« Bon, n'empêche. P't-êt' qu'il est parti faire ses courses chez Fausto ou ailleurs. Et si vous laissiez un peu tomber votre enquête ? Vous pourriez vous offrir un peu de bon temps : aller vous baigner, visiter l'île. »

« Je n'ai pas le temps de faire ce genre de choses, malheureusement », dit Polly, crispée.

« Il n'y a pas le feu, ma douce », dit Lee avec un large sourire amical – peut-être plus qu'amical. « Tu peux rester ici aussi longtemps qu'il te plaira. Je te ferai le prix de pension. Il fait tellement beau dehors. Tu devrais en profiter. Paraît qu'on va avoir une tempête. »

« Une tempête ? »

« Oui. Ils l'ont annoncé à la télé ce matin. Pas les débiles des infos de Miami ; notre station météo locale. Alors, il y a des chances pour que ce soit vrai. Si tu m'attends une demi-heure, je viens avec toi. » Elle se pencha vers Polly, par-dessus le bureau de bambou encombré de mille choses. Le large décolleté de son boubou trop grand, couleur mandarine, s'entrebâilla, révélant une généreuse poitrine brune aux tétons disproportionnés, couleur de bolets. Sa chair avait l'éclat sourd, inerte, qui fascinait Gauguin, mais pas Polly.

Elle eut un moment d'hésitation avant de se dérober. C'était la première avance ou ébauche d'avance qu'elle ait eu à affronter depuis le fiasco avec Jeanne. Cependant, même si elle s'était sentie attirée par Lee, il y avait en elle comme dans tout Key West quelque chose qui rebutait Polly. Une langueur, un abandon qui fleurait la paresse et l'excès de chaleur. D'ailleurs, même à supposer qu'elle s'attarde sur cette île langoureuse et surchauffée, elle n'avait pas de temps à perdre. Il lui fallait vérifier les dix-sept galeries d'art des Pages jaunes, passer à l'Etat Civil puis à la bibliothèque et essayer de joindre Cameron.

Quelques heures plus tard, Polly, dans la énième galerie où personne n'avait jamais entendu parler de Lorin Jones, jouait les amateurs d'art. Il y avait surtout des natures mortes, de grandes acryliques couvertes de rouges et d'oranges boueux, d'écœurants sous-produits du post-néoréalisme à la toute dernière mode.

Mon Dieu, pensa-t-elle, figée face au portrait léché d'un poste télé qui posait à côté d'un philodendron sale, même moi je pourrais produire ce genre de soupe. Je ferais peut-être mieux. Quelle farce ! Un peintre de cet acabit avait droit aux expos, aux bourses, aux prix, aux négociants, aux articles de revues, aux ventes, aux musées et aux collectionneurs dont la liste s'étalait dans la brochure sur papier glacé que le propriétaire de la galerie lui avait fourrée dans les mains. Pourquoi diable avait-elle rangé ses pinceaux ?

S'écartant des tableaux, elle fixa un œil vide sur ce qui se trouvait de l'autre côté de la double vitre. Un nuage était venu masquer le soleil, et cela avait suffi à tout changer. Comme le décor d'un théâtre quand on éteint la rampe, Key West, privé de son clinquant, se révélait terne, artificiel, bâti de bric et de broc.

J'aurais dû continuer à peindre, pensa-t-elle. Alors, peut-être que je ne serais pas là à essayer d'écrire un livre sur quelqu'un que je n'ai pas connu, que je ne peux pas connaître et qui ne m'aurait pas aimée si je l'avais connue, parce qu'elle n'aimait ni les critiques, ni les marchands de tableaux, ni les gens des musées. Tout le monde le dit. Elle m'aurait sans doute détestée.

D'ailleurs, vraisemblablement, moi aussi je l'aurais haïe si je l'avais connue, rumina-t-elle, l'œil perdu sur les arbres aux grandes feuilles grêles, à l'aspect artificiel, sur les maisons en bois dont la peinture blanche s'écaillait et sur les rues criblées de nids de poule. En fait, en un sens, c'est bien de la haine que j'éprouve à son égard, à cause de tous les ennuis qu'elle m'a valus. Et aussi, parce que c'était un peintre exceptionnel, moi pas.

Quelle injustice ! Pourquoi une créature aussi égocentrique, fuyante et peu digne de foi que Lorin, avait-elle reçu ce don que les dieux avaient refusé à la chaleureuse, la franche, l'honnête Polly Alter ?

Se poser la question n'avait pas de sens. Des millions de gens à travers le monde agonisent et meurent de faim. Alors, cette petite bourde céleste, accorder à Lorin Jones le génie et la gloire, à Polly Alter les corvées, la misère et quelques vieilles toiles boueuses stockées dans une baignoire désaffectée, est-ce que cela comptait ?

A bien y réfléchir, c'était moins la faute des dieux que celle de Lorin, se dit Polly. Au cours de son enfance et de son adolescence, ses dessins et peintures lui avaient valu de vifs éloges, ni plus ni moins qu'à Lorin. Au lycée, elle avait accumulé les mentions et les prix. Au cours des années suivantes, elle avait cru à son avenir de peintre américain renommé, elle y avait presque compté. Elle ne pouvait pas, comme Lorin, se consacrer à sa peinture. Elle, elle n'avait pas épousé un critique riche et influent. Il fallait bien qu'elle se nourrisse. Elle n'avait pas non plus ses entrées dans les galeries new-yorkaises. Mais elle s'était battue sans relâche. Elle avait travaillé, elle avait espéré jusqu'au moment où tout avait dérapé.

Quand les choses avaient-elles mal tourné ? Polly le savait très exactement. Cela s'était produit à Eastham, Massachusetts, pendant leur lune de miel, juste avant le petit déjeuner, au moment où elle avait vu le paysage de Lorin Jones, au-dessus de la desserte, dans la salle à manger de l'auberge, surplombant deux chandeliers de bois tourné et une coupe d'oranges. La stupeur et l'admiration lui avaient coupé le souffle. Jusque-là, elle n'avait pas su ou n'avait pas voulu admettre ce que cela signifiait : que quelqu'un d'autre, Lorin Jones, avait déjà fait tout ce qu'elle souhaitait ou espérait faire dans le domaine pictural.

Inconsciemment, elle avait bien dû se rendre compte de ce qui lui était arrivé. A partir de ce moment-là, elle avait perdu la main, son travail avait tourné à l'aigre. Parce qu'elle se battait pour ne pas imiter Jones, pour éviter sa gamme de couleurs, ses sujets caractéristiques, sa facture inimitable. Sans lever le petit doigt, simplement parce qu'elle était née vingt ans plus tôt, Lorin Jones avait détruit le peintre Polly Alter.

Et Polly n'y pouvait rien. Elle ne pouvait plus peindre. Lui rendre la pareille en la blessant à son tour, c'était impossible, parce que Lorin était déjà morte. Bien au contraire, Polly s'était engagée à exalter sa rivale, à renforcer la gloire et l'admiration dont elle jouissait.

A moins que – cette éventualité lui siffla à l'oreille comme un serpent – à moins qu'elle ne prouve dans son livre que Lorin Jones, malgré tout son talent, n'avait été qu'une femme froide, égoïste, vengeresse, renfermée, la névrosée type. Peut-être pourrait-elle laisser entendre qu'il faut parfois choisir entre être une femme de bien ou un bon peintre, et que Jones avait opté pour la voie la plus sombre.

Au sortir de la galerie, Polly prit au nord puis à l'ouest, en direction de la maison où Lorin Jones avait vécu. Avec beaucoup de chance, son propriétaire serait rentré et accepterait de lui parler. Avec beaucoup de malchance, l'immeuble aurait été détruit et remplacé par un motel ou un supermarché.

Le soleil avait refait surface. Le ciel avait retrouvé ses couleurs de bec Bunsen. Mais rien de ce qu'elle voyait ne lui paraissait réel. Les maisons étaient trop petites, d'un blanc trop uniforme. Le soleil trop grand, trop lumineux. Et toutes les plantations avaient l'allure raide et surnaturelle des jungles du Douanier Rousseau. Des palmiers géants déployaient leurs écailles comme des alligators végétaux. Des arbres aux fleurs écarlates, dotés d'énormes racines tourmentées et de feuilles vernies, disparaissaient sous de longues lianes brunâtres aux allures de reptiles. En dessous, dans les jardins, bourgeonnaient des fleurs étranges : d'énormes crevettes roses, des trompettes magenta luisantes pourvues de pistils rouges obscènes, des goupillons carminés de trente centimètres de long.

La faune avait autant d'exotisme et d'irréalité que la flore. De gigantesques araignées mouchetées se balançaient dans des toiles de deux mètres d'envergure entre les branches des arbres tropicaux. Des petits lézards gris pâle détalaient nerveusement le long des barrières blanchies à la chaux avant de se métamorphoser en fragments de feuilles sèches immobiles. Dans une cour, elle vit des oiseaux blancs à long cou, gros comme des dindes. Dans une autre, un chat écaille de tortue, gros comme un chien terrier.

Mais le pire, c'était les gens : un clodo barbu avec un iguane de trente centimètres enroulé autour du cou comme le vieux renard de sa grand-mère. Une femme qui promenait deux dachshunds à poil long, en short écossais. Un homme qui sortait d'une Cadillac blanche, en tee-shirt Karl Marx et espadrilles éculées. Un jeune homme à demi nu lui fit coucou de sa fenêtre du premier étage. Perché dans un arbre en fleurs, un pirate (cheveux longs, foulard rouge et boucle d'oreille en or) armé d'une tronçonneuse aux allures démoniaques, prit le temps de lui expédier un grand sourire avant de crier « attention, dessous ».

Polly traversa la ville, dévisageant les passants à la dérobée, dans l'espoir de croiser Hugh Cameron. Mais elle n'avait jamais vu de photo de lui. Son regard rapide mais soupçonneux s'attardait sur les hommes minces, grands et blonds dans la soixantaine – Garrett Jones avait dit « une asperge blafarde ». En face de la bibliothèque (du stuc rose crevette), elle faillit traverser pour demander à un type s'il s'appelait Cameron, mais elle passa son chemin : un second homme d'âge mûr sortant d'un bâtiment au même instant accosta son suspect en l'appelant Frank.

La maison autrefois louée par Lorin était toujours debout. Comme tant d'autres sur l'île, c'était un bungalow en bois peint en blanc, mais plus petit que la plupart de ses semblables et visiblement mieux entretenu. Polly reconnut les piliers carrés et le lourd auvent à l'ombre duquel Lorin Jones se tenait dans sa dernière photographie connue.

Dans le petit jardin, sur le côté, derrière une haute barrière en bois, deux jeunes gens en shorts hawaïens prenaient le soleil sur des chaises longues. Le visage du premier disparaissait sous le *Wall Street Journal ;* l'autre lisait *Christopher Street* qu'il tenait à l'horizontale au-dessus de sa tête en guise de pare-soleil. C'était fatal. Un couple de yuppies homos avaient repris la maison de Lorin.

Celui qui lisait détailla du regard Polly clouée sur place, l'œil écarquillé, puis rabattit son journal et se redressa : « Excusez-moi, vous cherchez quelqu'un ? »

« Non », dit-elle d'un ton hésitant. « Enfin... oui, en un sens. »

« Peut-être pouvons-nous vous aider ? » Suivi par son ami, il gagna la barrière et se pencha par-dessus.

Oui, c'était leur maison, lui dirent-ils presque à l'unisson, mais ils ne connaissaient rien de son histoire. Ils l'avaient achetée, trois ans plus tôt, à une vieille dame qui était morte depuis. Non, ils ne l'avaient jamais rencontrée. Tout ce qu'ils savaient, c'est qu'elle avait vécu à Miami et loué la maison, des années durant, à une kyrielle de déclassés. C'était une ruine absolue, une vraie zone sinistrée. Mais ils l'avaient complètement retapée. Les locataires précédents auraient sans doute eu du mal à la reconnaître.

« Oh ! Eh bien merci », répétait Polly dont le moral sombrait à chaque information. Elle se disposa à partir, mais les yuppies ne voulurent pas en entendre parler et exigèrent de lui faire visiter d'abord la maison.

« Mais non, ça ne nous dérange pas. Vous êtes venue

de très loin rien que pour ça. De toute façon, on adore faire visiter. Pas vrai, Phil ? »

« Tout à fait », approuva Phil. « D'ailleurs, c'est à nous de vous remercier. C'est plutôt passionnant d'apprendre qu'un peintre célèbre a vécu chez nous dans le temps. »

« Vous savez, c'est une chance fantastique qu'on ait été là quand vous êtes venue », dit son ami qui tenait ouverte la porte-moustiquaire. « Comme qui dirait, le destin. »

« Ron a raison. Vous comprenez, la plupart du temps nous sommes là-haut dans les Catskills et la maison est louée. On ne descend que pour les vacances, en décembre. C'est la morte saison dans l'immobilier. »

Polly suivit Phil et Ron le long des pièces blanches, basses, anonymes, meublées de tapis de sisal, de tables en verre et bambou, de plantes tropicales aux feuilles luisantes et de posters anodins soigneusement encadrés. On aurait dit un hôtel de semi-luxe sur la côte. L'esprit de Lorin en était totalement absent. Rien ne suggérait qu'elle eût jamais vécu ou travaillé ici.

Phil et Ron ne devinèrent pas sa déception. Euphoriques, ils lui montrèrent toutes les améliorations auxquelles ils avaient procédé. (« Vous aimez la salle de bains ? Eh bien, si vous l'aviez vue avant qu'on emménage, vous en auriez eu des frissons. Pas vrai, Ron ? ») Puis ils l'invitèrent à partager leur repas sur la terrasse. Ils tenaient à ce qu'elle leur dise tout sur Lorin Jones.

« Merci. Mais je ne crois pas... »

« Oh si, il faut, absolument. D'ailleurs, c'est tout prêt, j'ai au frigo un délicieux petit blanc de l'Etat de New York et d'authentiques croissants frais de la boulangerie française. Et Phil a préparé la grande salade crevettes-pousses de soja-sauce sésame vert dont il a le secret. Sinon, on va encore trop manger. » Ron se tapota l'estomac, qu'il avait parfaitement plat.

Polly ouvrit la bouche pour refuser poliment. Elle ne buvait pas à midi. C'était un principe. Et, visiblement, elle n'avait plus rien à glaner ici. Mais un vague fumet de laisser-aller (le contrecoup de son rhume, sans doute, à moins que ce ne fût l'indolente sensualité de Key West) semblait l'avoir pénétrée. Elle s'aperçut qu'elle venait d'accepter.

Au milieu du repas, elle s'en félicita. Elle finissait de décrire les premières œuvres de Lorin lorsque Ron posa brusquement sa fourchette :

« Dis donc, Phil », s'écria-t-il, « c'est peut-être comme ça que le lézard s'est retrouvé dans le placard à balais. »

« Oh, mais tu as raison. Venez, on va vous montrer. » Polly les suivit à l'intérieur. Sur le mur du fond du placard, sous une planche, elle découvrit un merveilleux dessin au crayon d'environ trois centimètres sur cinq. D'une distance de quelques pas, on aurait dit un vrai lézard.

« Ça pourrait être Lorin Jones », dit-elle, retenant son souffle. « Bien sûr, on ne peut pas en être certain, mais pourquoi diable l'a-t-elle fourré dans ce placard ? »

« C'est peut-être là qu'elle l'a aperçu », dit Colin, « ces lézards viennent souvent dans la maison. »

« Ils entrent à l'intérieur ? »

« Oh, oui », confirma Phil. « On en voit tout le temps. »

« Oh ! » Polly jeta un regard autour d'elle, inquiète.

« Ce sont des animaux utiles, vous savez ! Ils attrapent les insectes, les mouches, les moustiques, tout ce que vous voulez. »

« Vous voulez dire qu'elle l'a croqué d'après nature », dit Polly.

« Je suppose. Qu'en pensez-vous ? »

« Pas impossible », reconnut-elle. Pour la première fois depuis des semaines, le fantôme de Lorin venait d'apparaître à ses côtés. Il avait surgi près d'elle, dans le placard à balais, fignolant son dessin sur le plâtre blanc de sa main pâle et décharnée. C'est un autoportrait, songea Polly, le portrait de son âme, évasive, nerveuse, froide, émaciée.

« Vous savez, ça me soulage de savoir que c'est un artiste qui a fait ce dessin », dit Ron, « il nous a toujours un peu fait flipper. »

« Flipper ? »

« On n'était pas vraiment inquiets, bien sûr », lança

Phil avec quelque chose qui ressemblait à un rire.

« Oh si ! Surtout toi. Tu voulais même le passer à la chaux. Vous comprenez, on pensait que ça pouvait être une sorte de... enfin, vous savez, un truc superstitieux. »

« Du vaudou », précisa Ron. « Ça se fait encore pas mal sur l'île, vous savez. Surtout dans la population noire. A l'origine, la plupart venaient des Antilles. »

« Les Cubains aussi », dit Phil. « Il y a une serveuse au *Quatre Juillet,* je suis prêt à jurer qu'elle a le mauvais œil. Et puis il se passe de drôles de choses de temps en temps au cimetière. »

« De quel genre ? »

« Oh, eh bien, je sais pas, on voit d'étranges lumières qui se déplacent la nuit, de temps à autre. Ou bien on entend des bruits. »

« Ce ne sont sans doute que des bêtises », coupa Phil. « Les gens adorent jaser. »

« Oui, j'imagine », dit Polly. Elle secoua la tête pour en évacuer les bêtises. « Y avait-il d'autres dessins comme celui-ci quand vous avez acheté la maison ? »

« Non, rien », dit Phil. « Mais évidemment, la plupart des pièces ont sans doute été repeintes plus d'une fois depuis que votre artiste est morte. Le temps passe, quoi : combien y a-t-il eu entre elle et nous ? »

« Environ douze ans », reconnut Polly. Elle se retourna pour scruter les murs. Y avait-il, sous ce masque de peinture blanche et brillante, d'autres dessins, plus amples, plus somptueux, plus troublants ? Des insectes, des reptiles, des oiseaux, des fleurs, des visages, des visions spectrales, qui lui étaient désormais cachés, comme presque tout ce qui concernait Lorin lui était caché.

Polly regagna lentement la pension tandis que montait la chaleur de l'après-midi. Elle avait trop mangé, elle se sentait comme ébahie, déconnectée de tout, comme si elle s'était laissée prendre par un spectacle à la télé sur un poste aux couleurs saturées. Peut-être était-elle légèrement grise. A moins que son rhume ne fît une nouvelle offensive. Ou alors, le changement de climat l'affectait. Jamais elle n'était allée sous les tropiques. Jamais plus au sud que Washington, D.C. Peut-être était-ce pour cela que tout lui semblait d'un éclat insupportable, que tout lui semblait irréel ?

Je devrais sans doute rentrer et dormir là-dessus, se dit Polly. Ensuite, il faudrait que j'aille au tribunal vérifier les archives sur la mort de Lorin Jones. Son frère dit qu'elle est morte de pneumonie. Avant d'avoir mis les pieds à Key West, Polly avait accepté ce diagnostic sans se poser de questions. Maintenant, elle y voyait le plus flagrant des mensonges. Comment diable quelqu'un pouvait-il attraper une pneumonie sous un climat pareil ? Et en mourir ?

Parce qu'elle désirait repousser à plus tard une corvée sans doute inutile, mais aussi à cause de l'éblouissante dureté du soleil, Polly bifurqua dans une petite rue latérale, à l'ombre. Elle dut aussitôt ralentir, car elle affrontait dans sa marche des avalanches de fleurs au parfum entêtant ; sous ses pas, des racines noueuses aux allures de sauriens avaient, dans leur délire, éventré les trottoirs.

Elle consulta son plan une fois de plus et vit qu'elle n'était pas loin de la maison de Hugh Cameron. Peut-être était-il rentré, peut-être, en face-à-face, aurait-elle une chance de le faire parler. Il fallait le trouver, l'interviewer, parce que personne d'autre ne semblait savoir ce qui était arrivé à Lorin Jones après son départ de Wellfleet, comment elle était venue à Key West, ce qu'elle y avait fait, comment elle était morte. Faute de lui parler, il y aurait dans son livre une coupable lacune qui étalerait au grand jour son ignorance et son incompétence.

La maison de Frances Street était un bungalow blanc de plain-pied que rien ne distinguait des autres, sinon un arbre tropical particulièrement étrange qui croulait sous des sortes d'orchidées violettes. Autre particularité, il se trouvait juste en face du cimetière municipal. Polly constata avec tristesse que la maison elle-même, fermée, presque abandonnée, avait des allures de sépulcre. Les volets étaient clos et l'entrée était encombrée d'un tas de feuilles mortes. La plus haute barrière qui menait au jardin était presque cachée par un fourré de bougainvillées aux fleurs écarlates. Un rouge à crier. Ou bien Hugh Cameron avait quitté la ville, ou bien c'était un crado qui se moquait pas mal de l'endroit où il vivait. Polly grimpa les marches et sonna – pas de réponse, pas un bruit dans la maison. Maudissant sa malchance, hésitant sur la marche à suivre, elle regagna sans hâte la rue déserte et silencieuse dans la touffeur de l'après-midi. Tout le monde devait être à la plage ou en pleine sieste. Un élan brutal et fou la submergea, le désir de faire comme eux, de rentrer, de retrouver la brûlure des rêves de la nuit passée ou de s'assoupir à demi nue sur le sable chaud, parmi les corps à demi nus de gens qu'elle ne connaissait pas. Mais ce serait stupide, ce serait pure paresse ! Elle n'allait pas perdre son temps à se coucher, ni au lit ni en plein air. Elle n'était pas en vacances. Elle était venue travailler et son devoir lui dictait maintenant de retourner à la maison de Cameron pour lui laisser un mot.

Rebroussant chemin le long de Frances Street, Polly remarqua quelque chose qui bougeait au bout du pâté de maisons, tout près de la maison de Cameron. Oui ! la barrière de côté s'ouvrait sous les bougainvillées. Un homme en sortit. Il portait une échelle double. Mais de toute évidence, ce n'était pas Cameron : c'était un blond, de haute taille, sensiblement du même âge qu'elle, en salopette blanche, et qui se dirigeait vers une camionnette garée juste en face. S'il faisait des travaux dans la maison, ce type savait peut-être quand Cameron allait revenir. Polly se mit à courir. Au bruit de ses pas sur le trottoir inégal, l'homme fourra l'échelle sur la plateforme et fit demi-tour. A près de dix mètres, il jeta sur Polly un regard vaguement intéressé, bientôt suivi d'un sourire qui marquait qu'elle était sexuellement à son goût, avant de lui ouvrir les bras railleusement, comme pour l'attraper.

Polly s'arrêta net à l'autre bout du pâté de maisons, confuse, furieuse. Le peintre lui sourit, haussa les épaules, grimpa dans la camionnette, lança le moteur et s'éloigna.

Immobile, Polly regarda le véhicule tourner au coin de la rue, et lut l'inscription qu'il arborait : RÉSURRECTION IMMOBILIÈRE. L'aluminium étincelant de l'échelle lui adressa comme un clin d'œil et le chiffon rouge qui s'y balançait lui fit une sorte de pied de nez avant de disparaître.

Figée sur le trottoir, le souffle court bien qu'elle n'eût couru que quelques mètres, furieuse contre lui et contre elle-même, elle s'interrogea : pourquoi n'était-elle pas passée dédaigneusement devant ce salopard ? Plus efficacement, pourquoi n'être pas allée lui parler ? Pourquoi ne pas lui avoir demandé où se trouvait Cameron ? Des années à New York l'avaient habituée aux blagues, aux regards salaces et aux sifflets des ouvriers du bâtiment, tous des machos. Si ce type s'imaginait qu'il l'intéressait et que c'est pour cela qu'elle se précipitait vers lui, il aurait suffi de lui décocher un regard glacial et méprisant, à ce crétin de basse classe !

Quel horrible climat ! Le soleil, la chaleur, l'humidité la ralentissaient, semaient la confusion dans tous ses sentiments. Elle serra les dents, jeta un œil sur son plan et entreprit, du pas cadencé en usage à New York, de regagner le centre ville.

*
* *

A cinq heures et demie, Polly avait rappelé Cameron trois fois sans succès. Elle avait refusé l'infusion glacée de Lee, et ses cookies à la caroube maison. Elle avait appris que le greffe du tribunal était fermé cet après-midi-là, et elle avait rendu visite à deux autres galeries d'art, sans l'ombre d'une découverte. Les murs de l'une étaient couverts de marines et de posters lamentables à des prix époustouflants : personne n'y avait jamais entendu parler de Lorin Jones ; dans l'autre, qui avait plus de classe, une jeune femme l'assura qu'elle ignorait que Lorin Jones eût jamais vécu à Key West.

Dans cette galerie, il y avait l'air conditionné, et la conversation avec la propriétaire n'avait pas été déplaisante ; mais lorsque Polly refit surface sur Duval Street, une tornade d'air chaud la replongea dans sa déprime. Déjà les ombres des bâtiments s'allongeaient. Cela faisait vingt-quatre heures qu'elle était à Key West, résultat des courses : néant. Elle n'avait pas recueilli la moindre information utile et le sagouin qu'elle était venue interviewer restait inaccessible. Elle n'avait découvert qu'un minuscule dessin dont l'attribution resterait à jamais incertaine. Debout une fois de plus sur le trottoir, Polly se demandait que faire, perdue parmi les touristes, les hippies et les freaks qui la bousculaient, se dirigeant tous dans la même direction. Sans doute allaient-ils vers Mallory Square où, à en croire Ron et Phil, la foule s'entassait tous les soirs pour jouer les badauds face aux spectacles de rue et s'offrir un coucher de soleil sur le golfe du Mexique. Aucune de ces occupations n'intéressait Polly, mais le sens du courant et sa propre lassitude l'incitèrent à emboîter le pas à la foule. Peut-être n'était-ce pas vraiment une mauvaise chose. Après tout, le coucher du soleil sur les docks constituait un rite local dont Lorin Jones avait dû entendre parler, auquel elle avait probablement assisté.

Sur le quai, une jetée de béton au bout d'un immense parking, la masse des touristes était déjà dense. L'océan, blême et moucheté de petites lumières, était parsemé d'embarcations de toutes tailles, du dinghy au chalutier. Des voiliers piquaient du nez, viraient de bord : des canots à moteur vrombissaient dans le vide, et à mi-distance, un schooner aux voiles blanc cassé était à l'ancre. Encore plus loin, des îles basses couvertes de palétuviers flottaient à l'horizon, telles des baleines végétales.

Des badauds s'étaient assis sur la murette qui marquait la limite de la jetée, et scrutaient l'océan ; d'autres flânaient devant les étals du côté de la terre, achetant toute une pacotille de bijoux en coquillages, des chapeaux en feuilles de palmiers, des tranches de pastèque, des aquarelles de dernier ordre, du cuir mal tressé, des tee-shirts peints à la main et des cookies maison trop friables. Le gros de la foule entourait les artistes de rue : deux clowns, dont un faisait du monocycle, un contorsionniste squelettique, et un gigantesque gaillard couvert de sueur qui jonglait avec des torches enflammées, un steelband caraïbe et un couple de mimes au visage enfariné flanqués d'un caniche savant.

D'après Ron et Phil, la plupart de ces artistes se produisaient à Mallory Dock chaque année. Se pouvait-il qu'ils aient été là du temps de Lorin Jones ? Peu vraisemblable. A la fin des années soixante, la plupart de ces gens étaient encore des nourrissons ; seuls les mimes semblaient avoir atteint l'âge mûr, et encore.

Puisqu'il n'était pas exclu que Lorin les ait vus autrefois, Polly se glissa dans la foule qui encerclait les mimes. Malgré leurs gesticulations forcenées, on devinait qu'ils souffraient autant qu'elle de la chaleur et de l'humidité, et peut-être d'une déprime analogue. Ils avaient des mouvements rêveurs qui sentaient l'épuisement et l'effort, voire la simulation. Leurs costumes étaient des plus classiques, ils auraient pu poser pour le Picasso de la période bleue ou rose, ou pour l'un de ses imitateurs. La femme portait un tutu rose fané, son partenaire un collant azur qui plissait et une tunique à losanges. Mais ils avaient le visage peint à la manière des clowns, et l'homme était affublé d'une tignasse orange et d'un faux nez rouge en forme de balle. Tournaient-ils consciemment en dérision les images d'Epinal de l'art moderne, des images qui devaient flotter dans le subconscient d'au moins une partie de leurs spectateurs ébahis et béats ?

Elle regarda le caniche décharné qu'on avait teint en rose pâle et qui, avec sa collerette et son bonnet d'âne, était invité à sauter sur un grand escabeau. Le clown fit alors un poirier titubant : la femme plaça un cerceau de papier entre les pieds dressés de son compagnon. Puis avec des moues et des gestes emphatiques, elle incita le caniche à sauter à travers le cerceau. Mais au dernier moment, le clown faisait à chaque fois semblant de perdre l'équilibre. Il tombait en mimant la consternation et la gêne sous les rires de la foule ; alors, singeant la douleur, avec une obstination d'ivrogne ridicule il se remettait en flageolant sur la tête et la femme lui replaçait le cerceau entre les pieds. Chaque fois que l'homme tombait, le chien hésitait avant d'aboyer nerveusement. Ses partenaires humains gardant le silence, son jappement rauque et furieux froissait les oreilles.

Voilà, se dit Polly, c'est tout à fait ça : les hommes sont des vantards incompétents sur qui on ne peut pas compter. Dès qu'ils échouent, ils font appel à la sympathie du public. La femme encourage le caniche, qui visiblement représente leur enfant, mais l'homme les laisse tomber tous les deux. D'accord. Elle secoua la tête pour s'éclaircir les idées et se dégagea de la foule.

Le soleil glissait déjà vers l'eau pâle et fripée. Elle entreprit de remonter la jetée, examinant d'un œil vague les étals. Avec moins de nonchalance, elle s'arrêta près d'une table où on avait empilé des tee-shirts avec des impressions en batik évoquant des vomissures en technicolor. Derrière, se tenait quelqu'un qu'elle eut le sentiment d'avoir déjà vu : l'ouvrier à l'échelle qui, plus tôt dans l'après-midi, était sorti de la maison de Cameron. En tout cas, ce type avait le même bronzage doré, le même long visage étroit et des cheveux clairs striés de gris. Mais oui : sur son tee-shirt vert délavé aux manches retroussées jusqu'aux épaules musclées on lisait RÉSURRECTION IMMOBILIÈRE. Peut-être la chance avait-elle tourné ; en tout cas, elle lui redonnait l'occasion de découvrir où se trouvait Cameron.

Elle se dirigea vers l'étal, puis recula pour laisser des clients terminer leurs achats.

« Hé m'dame », lui lança Résurrection Immobilière, « vous sauvez pas, j'ai exactement ce qu'il vous faut. » De près, il avait l'air plus buriné par l'âge qu'à distance ; il avait le cuir plus tanné et tatoué de petites rides, surtout autour des yeux. Ses cheveux n'étaient pas blonds, mais châtains, décolorés par le soleil.

Polly s'immobilisa, prête à lui décocher son regard de salamandre, mais il n'y avait rien de personnel dans la voix du type ; sans doute ne se rappelait-il même pas l'avoir déjà vue. Très vraisemblablement, il dévisageait et sifflait tous les individus du sexe féminin qui passaient à sa portée. Elle se fraya à nouveau un chemin dans la foule.

« Merci, ma jolie. » Il rendit la monnaie à une cliente, lui tendit un sac en plastique, puis se tourna vers Polly : « Voilà, ça vous ira vraiment super. » Il avait extrait de la pile un tee-shirt couleur rose-rouge, moucheté de dégoulinades de peinture blanche qui faisaient songer à un Pollock de la première époque.

« Je ne sais pas. » En fait, le tee-shirt n'était pas si mal. « C'est combien ? »

Résurrection Immobilière lui glissa un sourire tendre : « Pour vous, quatre dollars. »

Polly examina le tissu en quête de défauts : « Celui que vous venez de vendre était à six cinquante. »

« Eh ouais, plus ils sont laids, plus ils sont chers... Bien sûr, que c'est lavable (ceci à l'adresse d'une autre cliente). Vous pouvez le passer à la machine si ça vous amuse, ça ne dépend que de vous. »

« D'accord », décida Polly, plongeant dans son vaste sac.

« Je vous ai déjà vu cet après-midi », ajouta-t-elle en payant, « là-bas, à Frances Street. »

« Ouais. » Il eut un léger sourire. « Moi aussi, je vous ai vue. »

« Je voulais vous demander quelque chose », insista Polly un peu déconcertée.

« Bien sûr... C'est du tissu naturel, cent pour cent coton et des vraies teintures végétales, ça va ? ... D'accord, posez-la moi, votre question. »

« Vous faisiez des travaux dans une maison. »

« Juste... Quoi ? Six cinquante la pièce, c'est marqué

sur la pancarte, deux pour douze. » Deux volumineuses adolescentes en short avaient joué des coudes dans la foule. « Grandes tailles ? De ce côté-ci... Ecoutez, ajouta-t-il à l'intention de Polly, ici, c'est le délire, si on allait boire un pot ensemble après le coucher de soleil, disons dans une demi-heure ? ... Bien sûr, on en a pour enfants, une seconde, ils sont dans un carton là-dessous quelque part... Okay ? »

« Okay », acquiesça Polly.

« *Chez Billie,* dans Front Street, derrière, dans le jardin, c'est calme. Vous avez saisi ? Très bien. Voilà, voilà... ne tirez pas dessus, s'il vous plaît... les petites tailles, deux, quatre, six, huit... si vous n'en voulez pas, inutile de me les jeter à la figure, reposez-les sur la table, c'est tout, okay ? Mon Dieu... Bon, à tout à l'heure, hein ? »

Autour de Polly, au moment où elle se disposait à partir, un changement se produisit dans la foule. La rumeur enfla et trouva un centre, les gens s'écartèrent des baraques et des artistes pour se tourner vers la mer. Pris dans une couche d'épaisses nuées, le soleil, couleur de framboise trop mûre, d'abord en équilibre à l'horizon frissonnant, s'aplatit avant de se dissoudre. Il y eut un silence, puis les applaudissements crépitèrent, couronnés de quelques acclamations. Polly garda le silence. La cérémonie ne lui semblait pas, suivant la formule de Phil, « plutôt sympa ». Elle avait au contraire l'impression d'un rite creux et complaisant. Avant même que les applaudissement fussent retombés, elle avait repris sa marche à travers la foule vers Duval Street.

12

Le jardin de *Chez Billie* était entouré et recouvert d'un foisonnement de plantes tropicales aux feuilles pendantes ornées de guirlandes de Noël colorées qui commençaient à peine à étinceler dans le crépuscule lilas. Sur une petite estrade, sous un palmier effiloché, un cow-boy de pacotille grattait une guitare en lançant dans le micro sa complainte, une vieille chanson country.

Polly opta pour une des tables de métal couvertes de peinture blanche lépreuse du côté de la serre, assez loin de l'estrade, dans l'espoir que la musique n'empêcherait pas la conversation.

« Je vous sers quelque chose ? » lui demanda une serveuse aux cheveux longs, le plateau en équilibre sur sa maigre hanche.

« Non merci, j'attends quelqu'un. » Polly aurait aimé s'offrir un verre : elle avait soif. Mais si elle commandait avant son arrivée, Résurrection Immobilière risquait de la juger grossière, ou alcoolique, ou les deux.

Autour d'elle, les tables commençaient à se remplir. Bientôt six heures et demie. Peut-être Résurrection ne viendrait-il pas ? Peut-être avait-il décidé que, tout compte fait, il n'avait aucune envie de la revoir. Polly se sentait contrariée, fébrile, et, de manière tout à fait irrationnelle parce qu'enfin qu'est-ce que cela pouvait bien lui faire, rejetée. Elle attaqua de l'ongle les cloques de peinture blanche et fixa d'un œil morne les touristes qui riaient et buvaient alentour.

« Salut ! » lança Résurrection en agitant la main depuis l'entrée du jardin.

« Salut », lança Polly en écho. Elle le regarda se faufiler avec une grâce et une rapidité remarquables entre les tables bondées et dut admettre que la plupart des femmes auraient vu en lui un beau mec : grand, les épaules larges, les hanches étroites, le cheveu clair et abondant, un visage qui faisait songer aux cubistes par l'assemblage élégant des méplats et des angles.

« Désolé du retard. » Il dégagea d'un geste brusque la chaise la plus proche et lui sourit sans l'ombre d'une gêne.

« Pas de problème », dit Polly

« Plus jamais ça ! Fini ces satanés tee-shirts. »

« Vous plaquez votre travail ? »

« Oh, c'est pas mon travail, je remplaçais un copain. L'endroit vous plaît ? »

« Ma foi, oui. » Polly se raidit un peu, froissée par son sourire triangulaire trop facile, et par l'aisance avec laquelle il avait tiré sa chaise sur le gravier pour se rapprocher d'elle. De toute évidence, il pensait qu'il l'avait soulevée ou, pire encore, que c'est elle qui l'avait dragué.

Rien de plus facile à dissiper que ce mirage, mais il risquait d'en être froissé et de se refuser à coopérer.

« La musique vous plaît ? »

« Ma foi, oui », répéta Polly, qui y avait à peine prêté attention .

« Ce type a été une star, dans le temps, à Nashville. »

« Vraiment ? »

« Trois albums. Il est épatant, mais ici personne ne l'écoute. Vous avez remarqué ? » Il secoua la tête. « Une collection de crétins. »

« C'est dommage. »

« Oui. Mais c'est comme ça, les touristes. » Résurrection haussa les épaules, ébaucha un sourire, « sans vouloir vexer personne, bien entendu ». Son coude vint s'appuyer sur la table et il se pencha vers Polly. Son bras, dénudé jusqu'à l'épaule, ou presque, prenait lui aussi, sous la manche relevée de son tee-shirt vert sombre, des allures cubistes : des blocs de muscles et d'os soulignés de veines saillantes.

« Alors, notre petit coucher de soleil vous a plu ? »

« A dire vrai... » Polly hésita, mais pourquoi ne pas lui dire ce qu'elle pensait ? Dieu merci, Résurrection ne comptait pas parmi les interviewables. Il n'avait aucun lien avec le monde de l'art new-yorkais, ni avec Lorin Jones.

« Ce n'était pas vraiment sensationnel, à mon avis. Les applaudissements m'ont surprise. »

« Oui. Ils applaudissent toujours. Les touristes prennent ça pour un spectacle monté à leur intention. »

« C'est exactement l'impression que ça m'a fait », dit-elle, étonnée .

« Ils s'imaginent que le soleil vient leur tirer sa révérence, littéralement. » Il sourit et lui toucha le poignet. « Alors, qu'est-ce que vous buvez ? »

« Oh, je vais prendre une bière », dit Polly. Alertée par la réaction instinctive de son bras, elle se dit qu'elle avait intérêt à clarifier la situation au plus tôt. « Ce que je voulais vous demander... » commença-t-elle.

« Une seconde. » Il héla la serveuse : « Deux Miller. D'accord ? »

« Très bien. » Mais peut-être valait-il mieux jouer le jeu tant qu'elle n'aurait pas découvert ce qui avait bien pu arriver à Hugh Cameron, qui continuait à ne pas répondre au téléphone.

« A propos, je m'appelle Mac. »

« Et moi, Polly. » Quand elle était petite, l'usage des prénoms était un signe d'intimité. Maintenant, les serveurs et les hôtesses de l'air se présentaient comme Jules ou Jill : c'était tout le contraire.

« Enchanté. » Mac lui tendit la main. La pression, la force et la durée de son étreinte laissaient clairement entendre qu'il avait, comme aurait dit Jeanne, des visées sur sa personne. « Alors, vous comptez rester longtemps à Key West ? »

« Je ne sais pas trop. Trois ou quatre jours, peut-être. »

« Aïe, quel dommage ! J'espérais que vous étiez descendue pour la saison. » Il lui sourit d'un air entendu.

« Non. » Polly lui retourna son sourire, presque involontairement. Ses sens s'étaient soudain mis en éveil, comme autrefois. Il y a cinq ans, elle aurait pris bien du plaisir à se retrouver dans un jardin tropical, à flirter avec un beau garçon. Elle n'avait plus de ces naïvetés.

« Bien amusée, jusqu'ici ? »

« Bof. » Polly lui dit la vérité, puis se rendit compte que cela pouvait faire l'effet d'une avance, à laquelle Mac s'empressa d'ailleurs de répondre.

« Vous n'avez sans doute pas été où il faut. Vous dansez ? »

« Oui, heu, non. » Elle avait l'impression de piétiner dans des sables mouvants. « Ça dépend. »

« Ça dépend de quoi ? » Polly ne dut son salut qu'à l'arrivée de leurs bières.

« Merci, Susie... Alors, à votre séjour dans l'ultime villégiature. »

« L'ultime villégiature ! ? »

« C'est comme ça qu'on l'appelle ici. » Il leva son verre dégoulinant de mousse pour trinquer. Polly émit un rire gêné. « Alors, qu'avez-vous vu jusqu'ici ? »

« Pas grand-chose. L'océan, une foule de galeries d'art. Je veux dire, toutes les villégiatures se ressemblent, non ? »

« Pas forcément. » Mac sourit : « On a quelques curiosités pas banales. Vous avez vu les pélicans ? »

« Les pélicans ? »

« Ouais. De grands oiseaux de mer qui se posent sur la jetée en attendant les bateaux de pêche pour leur voler du poisson. »

« Grands comment ? »

Mac hésita, la tête penchée sur le côté : « Un mètre vingt, un mètre cinquante, ça dépend. »

« Un mètre cinquante ! »

« Descendez au bon moment à Garrison Bight et vous les verrez. » Il me charrie, se dit Polly, mais elle n'en était pas sûre. Key West était une ville assez étrange pour avoir des oiseaux de ce genre. « Bon, alors, qu'est-ce que vous aviez à me demander ? » Il avait l'air de se moquer d'elle. Visiblement, il pensait qu'elle avait utilisé un prétexte pour le rencontrer.

« Je voulais savoir... » Polly prit son souffle. « Cette maison où vous faisiez des travaux cet après-midi... »

« Oui ? » Il s'adossa avec un sourire paresseux. Les

petites ampoules colorées derrière lui faisaient alterner sur les plans tannés de sa joue et de ses mâchoires le bleu et le cramoisi.

« A Frances Street. Près du cimetière », s'obstina Polly. « Vous y étiez avec votre fourgonnette. »

« Absolument. Je dégageais les gouttières. Les feuilles les bouchent sans arrêt à l'arrière-saison. » Il fronça le sourcil, comme si, pour la première fois, il soupçonnait Polly d'avoir en tête autre chose que le sexe. Le sourire lui revint lentement. « Vous avez quelque chose à rénover. A moins que vous ne vouliez bâtir ? » demanda-t-il d'une voix charmeuse, hésitant entre l'entrepreneur et l'entreprenant.

« Non. Ce que je veux... » Polly prit soin de lui renvoyer son sourire. « Voyez-vous, je cherche à retrouver le propriétaire, Hugh Cameron. »

« Ah, oui ! » Il avait l'air contrarié, sur le qui-vive : la petite liaison en cours marquait le pas.

« En fait, je suis descendue à Key West exprès pour l'interviewer. » Polly se pencha vers lui, avec un sourire. Mais Mac resta de marbre.

« Vraiment ? Mais, pourquoi ? »

« Eh bien, c'est pour un livre que j'écris. C'est la biographie d'une femme peintre qu'il a connue. Je n'arrête pas d'appeler depuis mardi soir. Mais personne ne répond. Je me demandais s'il avait quitté la ville. »

« Oui. Possible. » Mac, renfoncé sur son siège, regardait ailleurs.

« Vous ne l'avez pas vu ces temps-ci ? » insista-t-elle, devinant aussitôt avec certitude qu'elle commettait une erreur stratégique.

« Quoi ? Non. » Mac avala une gorgée de bière, puis s'abîma dans la contemplation de sa chope mousseuse. « De toute façon, la maison est louée à partir de samedi. »

« Louée ? »

« Parfaitement. Ici, presque tout le monde loue sa maison en hiver. Une baraque comme ça, trois chambres avec piscine, ça rapporte du deux mille cinq cents dollars par mois, facile. » Il ne la regardait toujours pas.

« Incroyable ! » Polly s'épuisait à sourire dans l'espoir de restaurer le ton de la conversation amicale. « Je n'aurais jamais cru. Pas étonnant que les yuppies abondent dans le secteur ! »

Mac se contenta de déplacer sa chaise, l'œil toujours fuyant. Elle suivit son regard et vit trois jolies filles attablées de l'autre côté du jardin. Le voilà persuadé que ce n'est pas lui qui m'intéresse, pensa-t-elle. Alors, il décroche. Aussitôt l'angoisse du chercheur se doubla en elle d'un sentiment de regret bête à pleurer.

« Vous croyez que M. Cameron a déjà quitté la ville ? »

« S'pourrait. » Mac haussa les épaules.

« Vous avez sa nouvelle adresse ? » Il secoua lentement la tête. « Mais vous devez bien avoir un moyen de le joindre » insista Polly. « Il faut qu'il vous règle votre travail, par exemple ? Non ? »

« J'ai été payé d'avance. » Mac reprit son inspection du jardin, vida sa bière, jeta un coup d'œil sur sa montre.

« Ecoutez, il faut que j'y aille. Je dîne avec des amis. »

« Okay », dit Polly, d'une voix mourante, tant elle était déçue. Sa guigne l'avait méchamment rattrapée.

« Eh bien ... » Mac se leva. « On se reverra. » Il eut un faux sourire plaqué, absurde.

« Merci pour la bière ! »

« Pas de problème. » Mac entama sa sortie, s'arrêta, exécuta un demi-tour, et, la fixant droit dans les yeux, reprit : « Ecoutez... » Il fit un pas vers elle, marqua une pause interminable. « Si vous me rejoigniez plus tard dans la soirée, on pourrait aller danser. »

Un sursis ! pensa Polly qui s'entendit répondre : « Bien sûr, pourquoi pas ? » Ce n'est pas qu'il m'intéresse, mais il faut bien que je l'obtienne, cette adresse.

« Je pourrais venir vous chercher vers les neuf heures, si vous n'êtes pas trop délicate pour voyager dans mon bahut. » Il lui sourit.

« Pensez-vous ! » Polly essaya de cantonner sa voix

dans l'anodin, sans indignation ni insinuation.

« Eh bien, c'est d'accord. C'est quoi, l'adresse ? »

A la pension Artémis, Lee, parée d'un boubou rouge à fleurs tropicales, disposa deux assiettes de poisson vapeur sur la table et remplit leurs ballons de vin blanc. Elle avait insisté pour préparer le dîner, tout en autorisant Polly à apporter une bouteille de Soave.

« Alors, cette journée ? Raconte-moi ça », dit-elle avec un sourire.

« Bon. » Polly lui raconta le déjeuner avec Ron et Phil, les visites décevantes à la maison de Cameron et aux galeries, le coucher de soleil sur Mallory Dock. Elle reprit à son compte l'aphorisme de Mac sur cette cérémonie, mais se garda de rapporter leur conversation chez Billie. Il était déjà assez pénible d'avoir à admettre qu'elle allait le revoir dans la soirée.

« Tu vas sortir avec ce type que tu as vu sur le trottoir avec une échelle ? » Lee se pencha vers elle en faisant danser les coques noires de ses cheveux, et ses yeux presque noirs pétillaient d'ironie.

« Il faut bien », expliqua Polly, « c'est mon seul contact avec Hugh Cameron. »

« Et il ressemble à quoi ? »

« Bof, je ne sais pas. Dans les quarante-cinq, pas vilain », lança-t-elle sur le ton de l'indifférence.

« Pas vilain ! » Lee eut un rire plein de sous-entendus.

« Si c'est le genre de choses qui vous intéresse », riposta sèchement Polly.

Lee la soupesa du regard. « Eh bien, passe une bonne soirée, mais gare aux petites rues sombres ! » finit-elle par dire en se levant pour débarrasser.

« Ne t'inquiète pas. » Polly allait se lever lorsque Lee la repoussa de sa main chaude et brune :

« Non, non. Tu restes assise. C'est la règle, chez moi. Pas de clientes dans la cuisine. »

Sitôt seule, Polly, le sourcil froncé, se mit à examiner la nappe tissée main. Elle était mécontente d'elle-même.

Par impatience, chez Billie, elle avait failli tout faire capoter. Devant Mac, il aurait suffi de jouer les vacancières et de lui tirer les vers du nez. En fait, elle aurait dû écouter les conseils de Jeanne sur les beaux parleurs, même si ce qu'elle avait dit de Jacky Herbert et de Garrett Jones l'avait horriblement embarrassée. Mais Jacky était quasiment un ami, Garrett un critique influent avec qui elle allait nouer des relations professionnelles dans les années à venir. Alors que Mac n'était qu'un ouvrier du coin qu'elle n'avait aucune chance de revoir après son départ de Key West.

Et pourtant, elle allait passer toute la soirée avec lui dans une boîte locale. Peut-être cela en valait-il la peine ? Il savait forcément comment joindre Hugh Cameron, ou comment trouver le moyen de le joindre. Peut-être avait-il d'autres informations. Si, par exemple, il avait déjà travaillé pour Cameron, il avait dû pénétrer dans la maison de ce vieux sagouin et voir s'il restait des tableaux de Lorin. Tant qu'il n'avait pas craché tout ce qu'il savait, son devoir était de faire semblant de s'intéresser à lui.

Tu t'intéresses à lui pour de vrai, lui murmurait une voix intérieure, pas dans la tête, beaucoup plus bas.

Absolument pas, rétorquait Polly.

« Et hop ! » Lee surgit avec une coupe de bois massif pleine de fruits tropicaux aux couleurs somptueuses. Elle ressemblait de plus en plus à un Gauguin. « Si seulement je pouvais te sortir moi-même, te faire faire le tour de la ville », dit-elle. « Il y a un excellent piano-bar dans Duval Street. L'ennui, c'est que je dois rester ce soir. J'ai des clientes qui arrivent de Miami en voiture, et Dieu sait à quelle heure elles vont débarquer. »

Elle installa la coupe au centre de la table. Elle se tenait si près que ses larges hanches frôlaient l'épaule de Polly. Elle lui passa une main nerveuse et musclée dans les cheveux. « T'as vraiment de beaux cheveux, tu sais ! »

Elle s'en tint là, mais Polly comprit, aussi clairement que si le message avait été tissé dans le motif compliqué de la nappe, que Lee la trouvait séduisante et que, venant d'apprendre que Polly ne s'intéressait pas aux hommes, elle n'avait pas l'intention de laisser filer l'occasion.

Mais les femmes étant plus subtiles et plus délicates en la matière, si Polly ne répondait pas, Lee ne lui ferait pas d'autres avances. En tout cas, pas ouvertement. Elle n'était pas du genre à lui sauter dessus ou à lâcher un « et si on allait au lit ? ». Personne ne serait gêné. Personne ne serait blessé. Par contre, rien de plus facile, maintenant, pour Polly que de répondre, d'un geste ou d'un compliment silencieux : « je suis pour ».

Au lieu de quoi : « Ce sont de vraies mangues ? », demanda-t-elle.

« Tout à fait. » Lee lui sourit. Sans plus de gêne que si rien n'était arrivé ou n'avait été décidé. Peut-être rien n'était-il décidé. Pas encore. « Tu devrais en goûter une, mais je te préviens, c'est difficile à manger proprement. »

« Wouah », s'exclama Polly, ébahie mais soulagée lorsque la porte du Sagebrush Lounge se rabattit derrière Mac et elle, les enfermant dans une sorte de hangar orné de cornes et d'andouillers, où résonnaient une climatisation bruyante et du country rock fortement amplifié. A leur gauche, se trouvait une piste de danse, bondée. A droite, un bar interminable auquel étaient accoudés des hommes en salopette ou en tenue de cow-boy. La tenue de Mac ne détonnait pas. Il avait revêtu, au lieu de son tee-shirt Résurrection Immobilière, une chemise bleue, style western, fermée par des pressions couvertes de nacre. Polly, elle, avait gardé sa tenue safari toute fripée. Elle n'allait tout de même pas s'habiller comme pour un rendez-vous galant, surtout au vu et au su de Lee !

« Vous vous attendiez pas à un truc de ce genre à Key West, hein ! » dit Mac, en hurlant pour se faire entendre malgré la musique. Saluant de la main deux clients du bar, il la mena jusqu'à une table.

« Ça, vous pouvez le dire », répondit Polly, en braillant elle aussi. Elle respira profondément. Le Sagebrush Lounge se trouvait dans une ruelle mal éclairée du quartier de l'aéroport, pas loin des marais, juste en face d'un camping-caravaning. Pendant le trajet, elle avait, bien sûr, alimenté la conversation. Mais l'essentiel de son esprit restait hanté par la petite remarque de Lee sur les ruelles sombres, et l'éventualité, qui gagnait en vraisemblance au fur et à mesure que Mac s'éloignait du centre ville, qu'il ne fût qu'un violeur psychopathe. Instinctivement, elle aurait dit que non. Mais combien de femmes se sont retrouvées violées, voire assassinées, parce qu'elles avaient fait confiance à leurs stupides instincts ?

« Je me suis dit que ça vous plairait, parce que vous aimez la country music », dit ou plutôt aboya Mac. « Bon, ça ne sort pas vraiment de l'ordinaire... »

« Ces types, là-bas, on dirait des cow-boys »

« Oui, c'est ce qu'ils croient, eux aussi. »

« Mais enfin, il n'y a pas de ranch à Key West », hurla Polly, décidée à ne pas passer pour une idiote.

« Non, pas ici. Ils sont plus haut. Du côté de Marathon. »

« Vraiment, vous voulez dire, des vrais ranchs, avec des bêtes ? »

« Ouais. La fameuse Vache de Mer. C'est une race renommée dans le coin. »

« Je ne vous crois pas. » Polly éclata de rire.

« Okay. » Mac lui sourit. « Libre à vous. Une bière ? »

« J'aurais bien bu un vin blanc-eau de Seltz », hurla Polly, pourtant consciente d'avoir déjà bu presque une demi-bouteille de Soave à la pension.

« Je ne vous le conseillerais pas. » Mac fit la grimace. « Croyez-moi. Ici, y a que la bière qui soit valable, à moins que vous vouliez quelque chose de plus raide. »

« Je m'en tiendrai à la bière. »

« Quoi ? »

« Bière », vociféra Polly, pensant que, dans ce tintamarre elle allait avoir du mal à mettre sur le tapis le problème de la résidence d'Hugh Cameron.

« D'accord. »

Avant même qu'elle ait pu reprendre son souffle, une

bouteille avait surgi devant Mac, une bouteille et un verre devant elle. Les éternels stéréotypes sexuels, évidemment. Elle se versa sa bière, résolue à la boire aussi lentement que possible. Elle aurait besoin de toute sa tête, au cas où l'hypothèse du violeur psychopathe se vérifierait. Peut-être devrait-elle, tout de suite, trouver un prétexte pour quitter sa table, appeler Lee et lui dire qu'elle était au Sagebrush avec Mac ? Mac qui ?

« A propos », dit Polly, s'ingéniant à retrouver son souffle. « Mac mis à part, vous vous appelez comment ? »

« Quoi ? » Sous le martèlement de la musique, elle discerna une ombre d'hésitation qu'elle attribua à sa réticence à se mouiller, comme il dirait sans doute. « Mac Flecknoe, Richard Mac Flecknoe, comme le poète. Mais sans rapport, autant que je sache. Et vous ? »

« Polly Alter. » La musique s'était brutalement évanouie, si bien que son nom retentit haut et fort dans la salle. Intimidant. « En fait, je m'appelle Paula », précisa-t-elle, ramenant sa voix à un niveau raisonnable, « mais parmi les gens que je supporte, personne ne m'appelle ainsi. »

« Dans ce cas, je ferai attention. » Mac lui sourit de toutes ses dents. « Hé, vous savez, ce type que vous vouliez interviewer ? »

« Hugh Cameron, oui, bien sûr. »

« J'ai appris qu'il passe l'hiver en Italie. »

« En Italie. » C'était presque un gémissement.

« Ouais. A Florence. J'ai pris l'adresse pour vous, je l'ai là. » Il extirpa un bout de papier plié.

« Oh, merci. » Polly fit de son mieux pour avoir l'air reconnaissante. Elle n'avait ni le temps, ni l'argent nécessaire pour suivre Hugh Cameron en Italie. L'aurait-elle fait, rien ne garantissait qu'il accepterait de lui parler. Il ne lui restait qu'à tirer de Mac le maximum de renseignements. Peut-être pourrait-il lui fournir le nom de certains des amis de Cameron à Key West, des gens qui, avec un peu de chance, y auraient séjourné du vivant de Lorin Jones.

« Vous dansez ? » La musique avait repris, tout aussi bruyante, mais sur un rythme beaucoup plus lent.

« D'accord. » Mais pendant que Mac la guidait vers la piste, Polly se rendit compte que les autres couples avaient arrêté de s'ébrouer et de se tortiller face à face. L'heure était aux couples enlacés. Mal à l'aise, elle le laissa la prendre dans ses bras et lui posa la main sur l'épaule. Des années qu'elle n'avait pas dansé le slow avec quelqu'un. Du temps de ses études, c'était déjà passé de mode.

La mélodie était des plus simples, un peu molle, une puérile histoire d'amour perdu qui se dévidait sur un rythme lent et martelé. Mac, qui la tenait à une distance respectueuse, ne tarda pas à se rapprocher. Irritant, présomptueux. Tout de même, cela rendait la coordination des mouvements plus facile et le balancement commun avait quelque chose d'apaisant. Si elle aimait ça, c'était seulement parce qu'il y avait une éternité qu'elle n'avait tenu personne dans ses bras. Mais cette fois, c'était un homme, un inconnu total. Elle aurait dû reprendre ses distances et lui interdire de se faire des idées.

Mais elle ne reprit pas ses distances. Tu ne peux pas te permettre de le vexer, n'oublie pas ta recherche, se dit-elle, laissant jouer son bras un peu plus loin sur l'épaule de Mac, dont elle sentait les muscles bouger sous le tissu. Les priorités, ça existe.

« Cet homme dont vous m'avez donné l'adresse », murmura-t-elle. « Hugh Cameron. »

« Euh ? » Mac baissa les yeux vers elle.

« Vous le connaissez bien ? »

Il la fit pivoter avant de répondre.

« Pas tellement, non. »

« J'ai cru comprendre que c'était un vrai sa..., je veux dire, un type difficile. »

« Ah oui ? Personnellement, j'ai pas à m'en plaindre. » Mac affermit son emprise, repliant leurs mains unies derrière ses reins et l'attirant si près que, du haut en bas, les deux corps étaient pressés l'un contre l'autre.

Après une longue inspiration et un gros effort pour ne

rien remarquer, Polly revint à ses moutons.

« Il y a longtemps que vous travaillez pour lui ? »

« Hein ? »

« Je veux dire, Cameron... »

« Beuh... »

Elle attendit, mais rien ne vint. La musique un peu facile continuait et ils en épousaient sans heurts le balancement régulier. Polly sombrait dans le flou, imprégnée d'une buée sexuelle, comme si tout en elle s'était dénoué, comme si elle était demeurée trop longtemps dans un bain trop chaud. Elle se reprit farouchement et tenta une nouvelle sortie, d'une voix basse et somnolente, à l'unisson de la musique.

« Alors, il y a longtemps que vous habitez à Key West ? »

« Oui, on peut dire ça. »

« C'est vrai ? Depuis combien de temps ? »

« Sais pas... dix-neuf, vingt ans, avec des interruptions. »

« Alors vous auriez dû rencontrer Lorin Jones vous-même ! » Mac la fit pirouetter habilement, mais se garda bien de répondre. « L'artiste sur laquelle j'écris. »

« Euh ? »

« Vous ne l'avez pas connue ? »

« Que nenni. » Mac laissait maintenant sa tête reposer sur celle de Polly. Dès qu'il ouvrait la bouche, son souffle brûlant faisait voleter sa chevelure. « Pas vraiment. »

Quelle guigne ! pensa Polly, mais la partie d'elle-même qui en avait soupé de Lorin Jones poussa un soupir de soulagement : elle n'avait qu'une seule envie, oublier Jones un bout de temps, arrêter de poser des questions et de regarder par les trous de serrure, se laisser aller au rythme de l'orchestre, suivre la mélodie et ne murmurer que des remarques anodines.

« J'ai toujours aimé cette vieille chanson. »

« Oui, c'est chouette. »

Mais Polly n'arrivait pas à se masquer le fait que pendant tout ce temps-là, sous la banalité et la lenteur de leurs propos se déroulait une autre conversation infiniment plus animée. Leurs corps, en bons obsédés sexuels, n'en finissaient plus de se parler. Elle entendait clairement ce qu'ils se disaient, ce qu'ils se répétaient interminablement :

« Alors, tu veux ? »

« Oh ! là ! là ! tu parles ! »

« Quand tu voudras. »

J'en ai fini avec ce jeu-là, lança-t-elle à son crétin de corps. Mais il fit la sourde oreille. L'orchestre, après une reprise du chorus, attaqua le crescendo. La serrant de près, Mac fit une révérence exquise et se redressa à l'instant même où la chanson terminait.

« J'aime bien ta façon de danser », dit-il en prenant du recul mais sans détacher le bras qui l'enlaçait.

« Merci. » Polly ne lui retourna pas le compliment. Ce qu'il faudrait maintenant, se dit-elle, la tête dans le brouillard tandis que la musique redémarrait, c'est filer avant qu'il se passe quelque chose.

« Tu sabotes ? »

« Comment ? »

Mac désigna la piste. La plupart des couples étaient partis, mais ceux qui restaient s'étaient mis à taper du pied, à virevolter et à galoper deux par deux à la manière d'enfants qui imitent les chevaux.

« Oh non. »

« C'est plus facile que ça n'en a l'air, tu sais. Un jour, je t'apprendrai. » Il la pilota vers leur table. « Une autre bière ? »

Polly fit signe que oui, et le regretta aussitôt. Ma foi, rien ne t'oblige à la boire, se dit-elle, pendant que, les deux doigts levés, il faisait signe à la serveuse.

« Hé, Polly ! » Mac se pencha vers elle et se mit presque à crier pour couvrir le vacarme des danseurs déchaînés. « Tu es mariée ? » Polly secoua la tête.

« Je l'ai été. »

« Ah oui ? Moi aussi. » Il sourit. « Ça n'a pas marché, hein ! »

« Non. »

« Moi non plus. Ça a été la catastrophe dès la nuit de noces. Mais je me suis entêté. J'ai tenu le coup trois ans. »

« Moi, au début, c'était pas mal. Et puis, mon mari a voulu qu'on s'installe à Denver. »

« Et Denver, c'est l'enfer ? »

« Non, mais je n'avais aucune chance d'y trouver du travail. » Pourquoi est-ce que je lui raconte ça, se dit Polly que sa voix surprenait comme celle d'une étrangère. Parce qu'il ne compte pas, voilà pourquoi, se répondit-elle. Bien sûr, ils se faisaient des confidences, mais avec la franchise anonyme d'inconnus que le hasard a placés dans le même autobus ou le même avion et qui savent pertinemment qu'ils ne se reverront plus.

« Des enfants ? »

« J'ai un fils, quatorze ans. Il passe le trimestre avec son père. Jusqu'à Noël. »

« Dur, hein ? »

« Oui. » Polly acquiesça, se demandant comment Mac avait deviné. Sans doute au ton de sa voix. « Oui, il me manque vraiment. »

« Et encore, tu as de la veine. Moi, ce qui me manque, c'est les enfants que je n'ai jamais eus. »

« Vous pourriez encore. »

Mac secoua la tête, puis détourna le regard qu'il ramena lentement sur elle. Elle eut l'impression qu'il disait « Pas trouvé la bonne femme qu'il faut », mais sans crier, donc de manière peu audible : la musique avait redoublé. Les couples caracolaient de plus en plus vite. Rien qu'à les regarder, elle avait le vertige. Ce qu'il faudrait, c'est lui dire qu'elle devait rentrer, dès qu'il aurait fini sa bière, parce que, elle, elle n'avait pas l'intention de boire la sienne... qu'hélas, remarqua-t-elle, elle avait déjà bue.

L'orchestre fit la pause avant d'attaquer un autre slow. Encore une complainte d'amour perdu.

« Dansons », dit Mac en se levant. Cette fois, Polly n'essaya même pas de nourrir la conversation. Elle se laissa choir d'emblée dans un brouillard chaud et mobile, s'appuyant contre Mac, ne se déplaçant qu'avec lui, parce que ça n'avait aucune importance : dès que la musique s'arrêterait, elle rentrerait. Mais maintenant, maintenant...

« Hé », murmurait Mac, la bouche collée contre son visage. « Tu sais, l'endroit où tu es descendue, la Pension Artémis ? »

« Oui ? »

« Tu sais qui c'était ? »

« Une sorte de déesse grecque, non ? » dit Polly.

« Exact. Une vierge jalouse. Qui métamorphosa sa meilleure amie en ourse parce qu'elle avait couché avec Zeus. »

« Pas possible ! »

« Je ne suis pas l'illettré que tu pourrais croire. »

Polly se rappela ce que Ron – à moins que ce ne fût Phil – lui avait dit : qu'un bon nombre des résidents de Key West étaient des marginaux issus de la bourgeoisie, des ex-hippies, qui, maintenant, tenaient des restaurants, des galeries d'art ou louaient des bateaux, ou, qui sait, retapaient des maisons pour vivre. Des types chouettes pour la plupart, avait déclaré Phil, à moins que ce ne fût Ron.

« En tout cas », poursuivit Mac, « c'est une pension lesbienne. Enfin, c'est ce qui se dit. »

Polly avala sa salive, puis, se maudissant d'avoir hésité, répondit : « Oui, je sais. Je suis lesbienne. »

« Ah ouais ? » Mac éclata de rire. « T'as failli m'avoir. » Il continua de tourner en musique, la serrant d'encore plus près. Visiblement, il ne la croyait pas ou, s'il y croyait, cela ne lui faisait ni chaud ni froid. « Et ta recherche, ça avance ? » lui demanda-t-il au moment où ils regagnaient leur table.

« Oui, ça va. Enfin, pas formidable, ces temps-ci. Mon séjour ici n'a pas servi à grand-chose. »

« Pas à grand-chose, hein », dit Mac, avec un sourire. « Je le regrette. »

« Ce n'est pas ce que je voulais dire. Simplement... » Qu'est-ce qui m'arrive ? La bière, se dit Polly. « Quand même, avoir fait tout ce voyage, avoir dépensé tout cet argent pour ne pas trouver Hugh Cameron, ni même personne qui l'ait connu, ou qui ait connu Lorin. Je n'arrive même pas à entrer dans sa maison. »

« Entrer dans sa maison ? A quoi ça t'avancerait, s'il n'est pas là ? »

« Je veux voir s'il a encore des tableaux de Lorin Jones... Le musée où je travaille a monté une expo à New York, il y a deux ou trois ans, et je lui ai écrit pour lui demander s'il avait quelque chose à me prêter, mais il n'a même pas répondu. »

« Ah ! » Mac faisait tourner son verre vide.

« Peut-être que vous avez remarqué, si vous êtes allé dans sa maison ? »

« Remarqué quoi ? »

« S'il y avait des tableaux, des huiles surtout... ou bien des aquarelles ? »

« Des tableaux... » Mac semblait réfléchir. « Ma foi, je ne me rappelle pas. Je suppose que je n'y ai jamais prêté attention. Une autre bière ? »

« Oh non ! Non merci, il faut que je rentre. » Polly jeta un œil sur sa montre. « La directrice de la pension a dit qu'elle appellerait la police si j'étais pas rentrée à minuit. »

« Pas vrai ! »

Polly s'entendit mentir : « Elle avait peur que vous ne soyez un violeur psychopathe. »

« Mais elle ne m'a jamais vu ! » protesta Mac.

« Je sais. »

« Elle prend sans doute tous les hommes pour des violeurs. » Il éclata de rire.

« Tout à fait son genre », dit Polly qui s'envoya aussitôt une paire de claques mentales. A force de jouer le jeu, voilà qu'elle déformait honteusement la position de Lee.

« Personnellement, quand je fais l'amour, je préfère la coopération. » Mac se tourna vers Polly. Du fond de ses yeux, quelque chose se rua sur elle. Elle essaya de détourner le regard sans y parvenir tout à fait.

« OK. On y va ? »

Rupture totale. L'atmosphère enfumée, sensuelle, rythmée du Sagebrush fut soudain remplacée par le chaud silence de la nuit extérieure. Polly eut un instant de vive appréhension, ou bien était-ce de l'expectative ? Mac avait pris une petite ruelle sombre. Où l'emmenait-il ?

« Alors, comme ça, tu es gay ? » dit-il sans transition. « Depuis quand ? »

« J'ai vécu avec une femme pendant deux mois », avoua Polly. La formule était exacte mais trompeuse. Elle se rendit compte que même ainsi, ça ne faisait pas un bilan très impressionnant. Peut-être que si : Mac, en effet, venait de gagner un grand boulevard bien éclairé longé d'un côté par des cinémas, des drive-in et des motels, de l'autre par une rangée de palmiers courbés par le vent bordant la baie où écumait la houle.

« C'est-à-dire, j'ai partagé deux mois de sa vie », précisa-t-elle, craignant qu'il ne croie qu'elle était en train de doubler quelqu'un.

« Tu veux dire que c'est fini ? » demanda-t-il.

« Non. Pas exactement », admit-elle.

« Ah bon. » Il venait de s'engager dans une rue que Polly reconnut. Il n'était plus loin de la pension Artémis. Il n'y avait rien à ajouter. Elle se tut. C'est fini, me voici en sécurité, je ne le reverrai plus, pensa-t-elle. Et elle sentit monter en elle la fureur, parce qu'elle n'éprouvait aucun soulagement.

« Ecoute. J'ai une idée », dit Mac, en se garant devant la pension. « Et si j'allais chercher..., je veux dire, j'arriverais peut-être à obtenir la clef de la maison de Hugh Cameron, en passant par l'agence de location. »

« Vraiment, vous pourriez ? » dit Polly, le souffle coupé.

« Certainement ; enfin, je suppose. Je pourrais leur raconter que je dois vérifier une canalisation dans la salle de bains, ou n'importe quoi. On pourrait s'y retrouver demain, après le travail. On chercherait tes fameux tableaux. »

« Ça serait formidable ! » Dans son enthousiasme, elle

lui avait posé la main sur le bras. « Si ce n'est pas trop vous demander. »

« Mais non, je t'en prie. » Mac posa sa main sur la sienne. « Alors, on se retrouve là-bas. Disons, vers quatre heures. »

« Formidable », répéta Polly. Elle essaya de se déplacer sur le siège de la camionnette. Mais, au lieu d'ôter sa main, il serra un peu plus fort.

« Eh bien, encore merci pour la soirée. »

« Tout le plaisir est pour moi. »

Mac lui fit face et l'embrassa, très fort et très vite, avant qu'elle ait eu le temps de réagir. « On se voit demain, quatre heures », répéta-t-il pendant qu'elle s'extrayait péniblement de la camionnette.

La camionnette s'éloigna à grand bruit. Polly qui était, comme aurait dit sa mère, dans tous ses états, s'immobilisa quelques instants sous la véranda de la pension Artémis. La porte était fermée à clef, et seule une petite lanterne électrique cerclée de rouge brûlait dans l'entrée. Ou bien Lee était sortie, ou bien elle était déjà allée se coucher. Polly ouvrit et grimpa jusqu'à sa chambre. Pourquoi tant d'émoi, se demanda-t-elle. La chance a tourné. Demain tu vas voir la maison de Cameron et qui sait ce que tu vas y trouver ? Des tableaux, des dessins, des lettres, des notes, un journal même, si Mac ne t'en empêche pas...

On peut voir les choses autrement, susurrait une autre voix : dans une ville dont tu ne sais rien, tu as rendez-vous avec un homme que tu connais à peine dans une maison vide où il n'y a sans doute plus le moindre tableau. En fait, c'était pour lui le seul moyen de t'attirer là-bas pour te faire ce qu'il veut. Et ce que tu souhaites aussi, ajouta une voix encore plus perfide.

La chambre était trop chaude, trop suffocante, trop encombrée. Polly ouvrit la fenêtre, mais la brise poisseuse était chargée d'effluves de fleurs tropicales, de gaz d'échappement et de rebuts marins, et dans un chuchotement insistant, répétait le mot SEXE.

D'accord, tu n'es pas insensible, siffla la voix n° 1 à

l'oreille de Polly qui faisait les cent pas sur le tapis de paille étroit déroulé entre son lit et la fenêtre ouverte. Mais c'est simplement parce que tu n'as été avec personne depuis près d'un mois. Alors, c'est normal, ça te fait quelque chose. Ça ne veut pas dire que tu doives tomber dans le premier lit venu. Surtout dans celui d'un homme.

D'accord, tu seras seule avec Mac. Mais s'il te fait ce que ta mère aurait appelé une proposition incorrecte, tu n'auras qu'à dire non. Il ne va pas te sauter dessus.

Si tu n'arrives pas à te contrôler, si tu dois coucher avec quelqu'un, pourquoi serait-ce forcément Mac ? Il y a Lee, par exemple. Une femme avenante, généreuse, certes un peu écervelée, mais qui t'aime, et qui t'aime bien, et qui est là, juste en bas, dans la pension.

Mentalement, Polly fixa son attention sur l'image de Lee, la dépouilla de son boubou à fleurs et se lança dans la contemplation de ses vastes seins lourds et basanés, de sa taille épaisse, de ses fortes hanches brunes de Polynésienne. Elle vit ses aisselles noires et broussailleuses, imagina la broussaille d'en bas, et malgré tout resta impassible. Ce n'était pas de Lee qu'elle avait envie. Ce qu'elle voulait, c'était...

C'était son vieux désir têtu du Héros Romantique, revenu en force comme une mauvaise herbe tropicale. Cette plante haïssable, deux ans qu'elle pensait l'avoir entièrement déracinée. La terre où elle avait fleuri, elle croyait l'avoir retournée, ratissée, piétinée. Mais il avait suffi du climat contre nature de Key West et de ses lourdes vapeurs pour que la mauvaise graine repousse.

C'est une toxicomanie, en fait. Comme le tabagisme de Jeanne. Il devrait y avoir une organisation pour ça. Ça s'appellerait les Hétérosexuels Anonymes et quand ce désir incontrôlable vous prendrait, on pourrait téléphoner vingt-quatre heures sur vingt-quatre, et une délicieuse jeune femme vous parlerait jusqu'à ce que vous vous sentiez mieux. Jeanne disait qu'elle avait tout essayé, pour arrêter de fumer, les groupes de rencontre, la thérapie individuelle, l'hypnose, les cigarettes aux clous de girofle, le chewing-gum à la nicotine, l'adoption d'une marque qu'elle n'aimait pas, les restrictions graduelles, l'abstinence totale. Finalement, elle s'était rendu compte que fumer ou ne pas fumer tournait à l'obsession et que cette obsession envahissait le reste de sa vie. Elle ne pouvait plus se concentrer sur rien d'autre, elle ne pouvait plus achever un article ni donner un cours correct. Elle ne trouvait plus aucun plaisir à voir ses amies, à aller au cinéma, à s'offrir un bon repas ni même, parfois, à faire l'amour avec Betsy. Parce qu'elle ne pensait plus qu'à ça. Alors, elle avait décidé d'envoyer tout ça au diable. « Il était infiniment plus facile, disait Jeanne, de fumer un bon coup et de ne plus y penser. »

Etait-ce ainsi que Polly devait traiter son propre désir ? Devait-elle tout bêtement coucher avec Mac, rien qu'une fois, à supposer que cela entrât dans ses vues à lui, simplement pour assainir ses neurones ? Pour le moment non seulement elle le trouvait beau, mais elle éprouvait pour lui une sorte d'affection. A vrai dire, ce n'était sans doute pas de l'affection, rien que du désir déguisé qu'aggravait encore le climat. Il suffisait d'attendre, et vraisemblablement, il dirait ou ferait quelque chose d'un machisme tel qu'il lui deviendrait impossible d'avoir pour lui de l'affection.

D'ailleurs, dans une situation comme celle-ci, ne serait-il pas injuste de se tourner vers Lee ? Est-ce ainsi qu'on utilise une femme ? Non. On doit respecter ses sentiments, son intégrité en tant que personne. Où donc avait-elle entendu récemment cette formule ? Ah, oui, Jeanne. Pourtant, si Jeanne était là, elle lui ordonnerait de ne pas faire ce qu'elle courait grand risque de faire.

Onze heures trente-cinq. Tard : mais Jeanne, souvent, se couchait tard. Et même si elle était couchée, c'était un cas de force majeure, ça ne la gênerait pas de se lever. A moins, bien sûr, qu'elle n'ait Betsy. Mais Polly se rappela que lorsque Jeanne et elle dormaient dans le même lit, Jeanne débranchait toujours le téléphone avant de batifoler.

Polly descendit sur la pointe des pieds, s'immobilisant dès qu'une marche grinçait et faisant porter le maximum de son poids du côté de la rampe d'acajou patinée.

Tout était silencieux. La sonnerie du téléphone dans l'appartement de Central Park West résonna si fort que Polly s'attendit à ce que Lee apparut à tout moment, suivie d'une meute de pensionnaires. Eh bien, qu'elles viennent ! « Aidez-moi », leur dirait-elle, ainsi qu'à Jeanne. « Sinon, je vais faire quelque chose de déraisonnable. Quelque chose de dangereux. » Mais personne ne répondit au téléphone, et personne ne surgit.

13

A quatre heures moins le quart, le lendemain, Polly, assise sur le vaste perron couvert de feuilles mortes de la maison de Hugh Cameron, contemplait les nuages lourds et boursouflés qui n'avaient même pas abaissé la température. La lumière violacée avait quelque chose d'oppressant. Mac ne viendra pas, se disait-elle pour la quatrième ou cinquième fois. Tu devrais te réjouir. Te voilà hors d'état de commettre des actes que tu pourrais regretter. Mais la joie n'était pas au rendez-vous. Elle n'éprouvait que honte, colère et déception, à la manière d'un alcoolique repenti qui aurait décidé de s'offrir une rechute à l'heure de la fermeture des bars.

Si elle avait pu joindre Jeanne, sa résolution aurait sans doute été plus forte. Mais Lee, qui aurait dû se situer dans le même camp, ne lui avait été d'aucune utilité. Malgré ce que d'aucunes auraient pris pour un rejet sexuel, elle lui avait conservé son amitié et sa curiosité. « Tu t'es bien amusée, hier ? » lui avait-elle demandé au petit déjeuner et quand Polly avait admis que ça n'avait pas été mal et qu'elle devait revoir Mac le jour même, elle avait eu droit à un sourire averti. Sans doute Lee aussi était-elle sexalcoolique. Vraisemblablement, la plupart des gens à Key West couchaient avec qui bon leur semblait sans distinction de sexe, de profession, d'âge, de statut marital ou d'opinion politique. « D'accord, vas-y, prends du bon temps », lui avait-elle dit, en substance. Polly avait suivi ses conseils et constatait l'étendue du désastre.

Ce séjour à Key West, c'était du temps et de l'argent perdus. Une dépense d'énergie inutile. Aujourd'hui, par exemple, elle avait passé des heures dans la salle des périodiques de la bibliothèque du comté sans trouver une seule référence à Lorin Jones. Elle s'était également rendue au tribunal pour obtenir, à l'issue d'une attente interminable, un certificat qui attribuait la mort de Lorin à... une pneumonie. Lennie Zimmern lui avait tout simplement dit ce qu'il croyait être la vérité. Mais pour Polly le doute subsistait.

Ses yeux se fixèrent d'abord sur le trottoir d'en face, fendillé, tout de guingois, puis sur la chaussée rongée de nids de poules, pour aboutir au cimetière. Se pouvait-il que Lorin Jones y fût enterrée ? Si oui, comment Cameron pouvait-il supporter de voir chaque jour la tombe de la femme qu'il avait abandonnée et laissée périr ?

Ce cimetière ne ressemble pas à ceux de chez nous, dans le nord, pensa-t-elle. Pas de saules pleureurs, pas de plantations soignées, pas de pelouse à la française, pas de rangées de tombes. Derrière un portail de fer cadenassé et un grillage-tempête coiffé de fils de fer barbelés (pour quoi faire ?) s'étendait au contraire un vaste terrain vague mal soigné où s'amassaient des monuments funéraires. Non, pas des monuments, des tombes. Des marbres d'une blancheur impeccable et des sortes de grands containers de pierre grise étaient éparpillés dans l'herbe haute et flétrie. On aurait dit les restes d'un train de marchandises. Ici et là, se dressaient des statues ou d'étonnants parchemins en pierre, souvent ornés de bouquets de fleurs en plastique aux couleurs criardes : roses rouge cire ou orange, pensées violettes, lis blancs. Le plus choquant, c'était que sous plusieurs des tombes les plus proches, la terre avait glissé ou enflé, si bien que les tombes comme déjantées, découpaient l'air suivant des angles fous, presque indécents. On se surprenait à imaginer qu'à l'intérieur, les morts, dont Lorin, se débattaient pour sortir, à moins qu'ils n'eussent déjà filé. Peut-être cela expliquait-il les fils barbelés. Peut-être étaient-ils là, invisibles, tous ces esprits maléfiques, victimes d'une mort violente ou prématurée, agrippés à la grille avec leurs mains de lézard sèches et faméliques, exigeant à grands cris qu'on leur rende la vie qu'ils avaient perdue.

Polly, agacée, se reprit. Ce genre de fantasmes morbides n'était pas son style. Fallait-il y voir l'influence des bavardages de Phil et de Ron sur le vaudou ou celle du climat anormalement lourd ? D'ailleurs Lennie Zimmern n'avait-il pas précisé que les cendres de sa sœur avaient été dispersées au-dessus de l'océan, au large de Key West ? Inutile de la chercher ici.

Bon. Elle accorderait à Mac encore cinq minutes, décida-t-elle et puis, bonsoir. De toute façon, il n'y avait sans doute rien, ici. L'affaire remontait à plus de quinze ans et Lennie avait fait une razzia dans la maison d'Aurelia Lane d'où il avait tout rapatrié sur New York.

Deux minutes. Une minute. Et puis zut ! Mais au moment précis où Polly s'engageait sur le chemin du retour, la camionnette Résurrection tourna le coin de la rue.

« Toutes mes excuses ! » cria Mac, se garant du mauvais côté de la rue dans un crissement de freins avant de bondir sur le trottoir. « Longtemps que vous m'attendez ? »

« Pas grave. » En retard trois fois sur quatre, pensa-t-elle. Ça doit être un trait de caractère, mais pourquoi s'en plaindre ? Elle ne le reverrait probablement jamais.

Mac lui adressa le sourire chaleureux et gêné de qui sait avoir mérité sa réprimande. « La journée a été bonne ? »

Polly haussa les épaules. « Bof. »

« Désolé de l'apprendre. » Il sourit. Il n'avait l'air ni particulièrement désolé, ni, à vrai dire, particulièrement joyeux. « On entre ? »

Derrière ses volets clos et ses stores de bambou, l'intérieur de la maison de Hugh Cameron regorgeait d'ombre, de silence et presque de fraîcheur. Polly, presque aveuglée, finit par distinguer, flottant à mi-chemin entre sol et plafond, un tableau, très grand. Ça pouvait être... c'était sûrement...

« C'est ça que vous cherchiez ? » demanda Mac.

« Je crois », dit-elle d'une voix étranglée et haletante.

« Une seconde. » Elle entendit grincer le store. Les bandes de lumière dorée s'élargirent sur les dalles. L'énorme tableau se mit à irradier, blanc, terre d'ombre et pêche avec des taches vermillon et des graffitis à la peinture noire. Oui, ce ne pouvait être qu'un Lorin Jones tardif, de la série des tableaux-graffitis. Il avait une liberté, une ardeur qui laissaient loin derrière ceux qu'elle connaissait déjà. Une sorte de M ou de H avait été raclé dans une couche épaisse de couleur pâle sur tout un côté du tableau, évoquant un Franz Kline qui aurait employé des teintes pastel. Et du coin opposé montait en diagonale une ligne de fine écriture.

« Oui, c'est du Lorin, c'est forcément ça. »

« Ah bon », dit Mac, imperturbable.

« Je ne comprends pas. Le frère de Lorin Jones est censé être venu ici ramasser toutes ses œuvres après sa mort. Jamais il n'a mentionné ce tableau. »

« Ah ? »

« Je ne vois pas comment il aurait pu lui échapper. »

« Peut-être qu'il n'était pas dans la maison », suggéra Mac, regardant d'un œil vague, de l'autre côté de la porte de verre coulissante, la piscine entourée d'un mobilier de plastique d'un blanc contre nature et de plantes d'un vert surnaturel. Il s'en fout, ça ne l'intéresse pas, je ne l'intéresse plus. Elle aurait dû en éprouver du soulagement ; or elle se sentait blessée, chagrine.

« Vous voulez dire que Cameron aurait pu le cacher ? »

Mac haussa les épaules sans se retourner.

« Mais on ne cache pas un truc de cette taille-là, c'est trop grand. »

« Bien sûr que si », assura Mac. « En le mettant dehors au fond du jardin contre la barrière et en le recouvrant d'une bâche quelconque. »

« Possible. Je suppose que c'est tout à fait le genre de cette crapule. »

« Qu'est-ce qui vous fait croire que c'est une crapule ? » Mac regagna nonchalamment le centre de la pièce.

« C'est ce que tout le monde dit. D'abord, il a laissé tomber Lorin Jones juste avant sa mort. Il n'a même pas essayé de l'aider. »

« On dit ça ? »

« Oui. »

« Et c'est ce que vous allez mettre dans votre livre, hein ? »

« Oui, pourquoi pas ? J'ai l'intention de dire la vérité. » Polly fit de nouveau face au tableau. La tête légèrement inclinée, elle tenta de déchiffrer la ligne d'écriture. « Que sont... que sont les sonneries », lut-elle à haute voix. « On dirait sonneries, ou sauteries peut-être ? Qu'en pensez-vous ? »

« Voyons voir. » Mac s'approcha d'elle par-derrière. « Souvenirs, je crois », dit-il après un instant d'hésitation. « Que sont les souvenirs du vent sous la surface de la mer ? »

« On dirait un poème. Le marchand de Lorin Jones pense que la plupart des textes qui figurent sur les derniers tableaux de Lorin sont extraits des poèmes de Hugh Cameron. »

« Ça se pourrait », dit Mac.

Je l'ennuie, pensa-t-elle. Il a hâte que je m'en aille. Bon, oublions-le, il est temps que je me concentre sur mon travail .

« Il faudra que je vérifie », dit-elle. « Le problème, c'est que je n'ai pas retrouvé beaucoup des œuvres de Cameron, même si je sais... »

Polly sursauta : Mac venait de lui poser les mains sur les épaules. « ...qu'il existe au moins deux recueils de poèmes, mais je n'ai pas... » Elle se retourna, la bouche ouverte pour finir sa phrase mais il la lui ferma d'un long baiser.

Non, pas ça, je ne suis pas prête, pensa Polly, aspirée dans un tourbillon sans fin, je ne pensais pas que – ses yeux se fixèrent sur les rayons de la bibliothèque, derrière la tête de Mac. Les livres de Cameron. Ses poèmes doivent être là aussi. « Attendez », murmura-t-elle quand Mac s'arrêta pour reprendre son souffle. « Pas maintenant, pas encore. »

« Je sais », dit Mac, souriant, « vous voulez voir l'autre tableau. »

« Il y en a un autre ? »

« Je crois bien ; là. » Il désigna de la tête une porte ouverte.

Le meuble principal de la deuxième pièce, qui, elle aussi, donnait sur la terrasse, était un lit de rotin très bas et très large ; au-dessus du lit était accroché ce qu'elle reconnut aussitôt, malgré la faible lumière que laissaient filtrer les volets, comme le tableau perdu de Lorin Jones, *Onde de choc*. Elle en avait vu une photo en noir et blanc, plutôt floue, dans les archives de la galerie Apollon. Pour l'identifier, il fallait se référer à des sortes d'algues semi-abstraites qui bordaient le bas du tableau, car le reste avait terriblement souffert. Au centre s'ouvrait une plaie béante aux bords déchiquetés, comme si quelque chose d'énorme et de violent avait éventré la toile par-derrière.

« Merde », lança-t-elle d'une voix étouffée.

« Qu'est-ce qui se passe ? »

« Vous ne voyez pas ? » Polly maîtrisait de nouveau sa voix, mais, dans sa tête, la fureur continuait de vrombir.

« C'est la toile de Lorin Jones, celle qui a disparu après sa dernière exposition, et on l'a déchirée. » Hugh Cameron, bien entendu. Tout à fait le genre de type à détruire les toiles de son amante et à garder la preuve de son crime suspendue au-dessus de son propre lit pendant près de vingt ans. Mac se rapprocha.

« A mon avis, ça a été fait exprès », dit-il.

« Je suppose », dit Polly d'un air pincé. « C'est le salaud qui vit ici. »

« Non, je veux dire : par Lor... par votre peintre. Regardez, il y a des mots écrits par-dessus. » C'était vrai ; une ligne de texte qui ne figurait pas dans la photographie de Jacky commençait à gauche, en haut du tableau, et continuait jusqu'en dessous de la brèche pour remonter ensuite sinueusement vers la droite. Pour la déchiffrer, Polly dut se pencher par-dessus le lit. Mac devait être hypermétrope.

« Quand tu l'as vu venir, ça avait déjà disparu », lut-elle lentement. « Après tout... peut-être bien qu'elle l'a fait elle-même », concéda-t-elle, comprenant aussitôt que si c'était le cas, l'importance du tableau, loin d'en être diminuée, en serait accrue. « Mais je ne vois pas comment on peut le prouver. Je me demande... »

« Tu te le demanderas plus tard, d'accord ? »

Mac s'était rapproché, de beaucoup. Il lui passa lentement la main sur le dos, sur tout le dos.

« Non, attends, il faut que je... » : le souffle court, Polly recula d'un pas.

« Allez, viens ! » Il l'attira contre elle. « T'en fais pas, ça va pas s'envoler. »

Non, en effet, pensa-t-elle. Mais moi, oui. J'ai un billet pour après-demain. Il faut que je m'organise. Il me faut la preuve que les tableaux sont là. Des photos, il me faut des photos en couleurs. C'est trop tard pour aujourd'hui, mais demain, je pourrais louer un appareil ou en emprunter un à Lee, peut-être ? Et puis dès que j'arrive à New York, je...

Elle avait du mal à penser clairement. Elle se retrouvait dans une chambre à coucher de Key West, avec un homme qui lui bécotait la nuque, la bouche brûlante, la langue insinuante, et elle qui donnait de la gîte, qui s'appuyait contre lui.

« Oooh, Polly », murmura Mac, l'attirant vers le lit.

Arrête, attends, se dit-elle. Mais une autre partie d'elle-même répliqua : pourquoi pas ? C'est ce que tu désires. En plus, Mac aussi en a envie. Et il le mérite : c'est lui qui t'a permis d'entrer dans cette maison, qui t'a aidée à remettre la main sur les tableaux de Lorin. Vacillante, elle tomba lentement sur le dessus-de-lit blanc cassé en coton rêche.

D'accord, vas-y, lui murmura sa voix intérieure. Mais ne te laisse pas trop aller ! D'accord, embrasse-le, murmura la voix haletante. D'accord, laisse-le ouvrir ta chemise et te lécher le sein. Mais, par pitié, ne va pas t'éprendre de lui, ou ça va faire mal. Tu te retrouveras, une fois de plus, trahie. N'oublie pas que tu le connais à peine. Et rappelle-toi ces horribles M.S.T. qu'ils n'arrêtent pas d'inventer.

Malgré ces bons conseils, Mac fut le premier à rompre le contact. Il se redressa sur les coudes, regarda Polly et finit par s'asseoir à moitié.

« Hé », dit-il d'une voix douce, « attends un instant. Faut que j'te dise quelque chose. »

« Okay », dit-elle, reprenant péniblement son souffle. Elle se rendit compte qu'elle avait la main sur la bosse de son jean couvert de taches de peinture. Elle l'en retira brutalement comme si elle s'était brûlée. La tête lui tournait, un feu la prenait toute, son cœur battait la chamade ; elle s'écarta pourtant de Mac. Herpès. C'est l'herpès, se dit-elle.

« C'est que... » Il avala sa salive.

Allez, vas-y, pensa-t-elle, de plus en plus terrifiée, ouvrant sur lui des yeux démesurés. La gonorrhée, la syphilis ? Ou ces horribles verrues qui viennent de sortir, comment ça s'appelle déjà ? « Alors ? »

« Eh bien, je... »

Le SIDA, peut-être, pourquoi pas ! Après tout, on était à Key West.

« Je – je vis avec une femme, là-bas à Sugarloaf Key. »

« Ah bon », dit Polly. Il y eut une pause. « Et... ? »

« Et... c'est tout, mais je me suis dit que je devais te mettre au courant. »

« C'est tout ? »

« Ben, oui. »

« Ouais ! » Elle eut un rire de soulagement.

« Qu'est-ce que ça a de drôle ? »

« Rien, sauf que je m'attendais à apprendre que tu avais... tu vois, quoi, une horrible maladie contagieuse. »

« Raté. » Il eut un sourire. « Pour autant que je sache, je suis irréprochable. Plus de deux ans que je suis avec Varnie, et c'est la première fois que je fais une escapade pareille. » Il la dévisagea. « Ça ne t'embête pas ? »

« Non. Enfin, bon sang, je repars dimanche matin. Qu'est-ce que ça peut me faire que tu vives avec quelqu'un ? »

« Tant mieux », dit Mac. Puis d'un souffle, il ajouta

quelque chose : « Tant pis », peut-être ?

« Comment ? »

« Fais pas attention. » Il se laissa de nouveau rouler dans sa direction ; de sa main chaude et calleuse, il ouvrit franchement sa chemise safari. « Chut. »

Une demi-heure après, les grands carrés du tapis de paille étaient jonchés de vêtements rejetés, et leurs propriétaires cuivrés, noués l'un à l'autre, gisaient sur le couvre-lit froissé. Au-dessus d'eux, le tableau perdu de Lorin Jones planait dans un halo de mystère. Le trou béant qui en défigurait le centre n'avait pas entamé sa sérénité. Sans toi, pensa Polly, sombrant dans les brumes du sommeil, jamais je ne me serais retrouvée dans le lit de Hugh Cameron. Jamais je n'aurais su.

Elle était traversée de sensations bizarres. Plus bizarres encore qu'à Wellfleet. Même si, en un sens, c'était du même ordre. Comme si par magie, elle était devenue Lorin Jones. Comme si l'homme allongé à ses côtés, dont les mains calleuses reposaient mollement sur sa poitrine et dont la jambe s'attardait en travers de son corps, était devenu Hugh Cameron.

Mais même en acceptant l'hypothèse de la magie, ce n'était pas tout à fait juste : cette maison n'avait jamais été celle de Lorin. Elle était sous le coup de remous, d'ondes secondaires provoquées par des mois d'immersion dans l'histoire de Lorin. Ses impressions n'étaient que le reflet de son obsession, d'une confusion entre sa propre vie et celle de Lorin Jones. Voilà ce que Jeanne lui aurait dit.

A demi réveillée, Polly dégagea son corps de celui de Mac et s'accouda pour mieux le regarder. Au-dessus de la ceinture, son corps nu était terre d'ombre, d'une teinte patinée et marquée. Mais en bas, jusqu'aux chevilles, sa peau était pâle et lisse. Comme son visage, son corps mince et vigoureux était un assemblage de pentes abruptes, de crêtes étroites et de muscles aux contours parfaitement dessinés.

Eh bien, voilà, c'est fait, pas vrai ? se dit-elle, sans

découvrir, là où elle s'attendait à de la gêne, à de la honte, autre chose que du plaisir, de la joie et un grand élan de tendresse. Je l'aime bien, lui disait son cœur. Je ne veux pas quitter Key West. Je veux rester ici avec lui. Elle secoua la tête, furieuse. Le corps est stupide, le corps est un rapace. Comme il se soucie peu du bien de son hôte.

Elle aurait dû éprouver de la colère. Contre elle-même, peut-être, mais surtout contre le monde. Pourquoi était-il si mal fait ? Pourquoi était-ce tellement meilleur avec un homme qu'elle connaissait à peine qu'avec une femme qu'elle aimait pour de vrai ?

Le frisson de vent tiède qui inclinait les branches finit par se glisser dans la chambre. Mac s'étira, bâilla, ouvrit les yeux et sourit paresseusement au plafond. Alors seulement, il se tourna vers Polly et son expression se modifia.

« Dieu du ciel », soupira-t-il en s'asseyant sur le lit.

« Qu'est-ce qu'il y a ? »

« Rien. » Il sourit à nouveau, mais vite, avec une sorte d'embarras. « C'était merveilleux, merveilleux », dit-il sans la regarder.

C'est cela, se dit Polly. Il en est déjà aux regrets. Les hommes sont comme ça, tu te rappelles. Il n'a plus qu'une idée, filer au plus vite. Elle entreprit de se lever.

« Attends, ne te lève pas tout de suite. » Mac tendit la main pour l'arrêter. « Tu es si belle, allongée là. » Du bout du doigt, il lui flatta le sein comme si elle eut été une sculpture faite d'une substance rare, exotique. Puis, il se pencha pour embrasser l'objet de son admiration.

« Tu ne crois pas qu'on devrait... »

« Chuut. »

« Mon Dieu, tu as vu l'heure ? » s'écria Mac, longtemps après. « On devrait peut-être se rhabiller. »

« D'accord », dit Polly, se rappelant soudain que la maison n'était même pas à lui, qu'elle était à louer. Il n'a pas le droit d'être ici, pas pour faire ca. Elle eut la vision de Hugh Cameron ou, plus vraisemblablement, de l'agent immobilier faisant irruption dans la pièce. Quelle honte pour elle, quelle catastrophe pour lui ! Elle plongea pour ramasser son soutien-gorge et son slip de coton rouge.

« Ecoute, il faut que je retourne au boulot. Jeter un œil sur l'équipe », dit Mac en tirant sur son jean. « Mais ça ne devrait pas prendre longtemps. On dîne ensemble ? »

Polly s'entendit donner un accord un peu trop enthousiaste. « Il est bientôt cinq heures. Disons à six heures. »

« Pas de problèmes. » Mais cette femme dont Mac avait dit qu'il partageait la vie, pensa-t-elle, en laçant ses baskets, celle avec qui il a sans doute dîné hier au soir avant de lui mentir pour sortir Polly au Sagebrush Lounge ? Bon, c'était pas ses oignons.

Pas tes oignons ? susurra son ange gardien, refaisant une brusque apparition dans l'esprit de Polly. Elle avait pris la forme d'une grande figure de marbre impassible, une statue grecque. Sans doute Artémis. Où sont passés ton sens de la solidarité entre femmes, le soutien que tu dois à ton sexe ? Rien ne t'oblige à le revoir ce soir.

Ce n'est que pour quelques heures, plaida Polly. Après, je le lui rendrai.

« Je te raccompagne tout de suite », dit Mac, lui ouvrant la porte. « Je te reprendrai dans une heure, à la pension. Okay ? » Il sourit, comme s'il n'avait pu douter de sa réponse. « Eh bien, d'accord », dit Polly.

Au crépuscule, les nuages bas s'épaissirent brusquement. Gonflés d'indigo et de gris violacé, ils roulèrent par-dessus l'île comme les sombres fleurs géantes de O'Keefe. Le vent qui s'était levé dans l'après-midi avait forci.

« Et voilà. La tempête que nous a promise la télé est en route », dit Lee, hochant la tête, le sourire aux lèvres. Elle avait déjà félicité Polly pour sa découverte des tableaux perdus de Lorin Jones et lui avait promis d'emprunter un polaroïd pour elle. Polly lui annonça que ce soir elle sortirait de nouveau avec Mac. Lee eut un sourire averti. « C'est bien, ma douce », dit-elle. « On peut pas travailler tout le temps. Pas à Key West. »

« Mais », rétorqua Polly, « en un sens c'est du travail,

c'est de la recherche. J'espère bien qu'il me lâchera des informations sur Hugh Cameron. »

« Bien sûr. » Les lèvres polynésiennes de Lee, larges et plates, s'espacèrent une fois de plus pour sourire. « Je suis convaincue que tu sais ce que tu fais, de toute façon. »

« Oh, je le sais, ne t'inquiète pas », dit Polly sans se soucier de la vérité. Parce qu'enfin, qu'est-ce qu'elle était en train de faire ? Qu'est-ce qu'elle avait déjà fait ?

Au moins une chose utile : elle avait appelé Jacky Herbert à la galerie Apollon pour lui raconter comment elle avait découvert les deux tableaux perdus. Après tout, si elle n'avait pas trouvé Hugh Cameron, du moins son voyage à Key West n'avait-il pas été en pure perte.

A bien des égards, pensa-t-elle, jetant de temps à autre des regards sur Mac, assis à ses côtés à la terrasse d'un restaurant des bords de mer du nom de *La Courée de Louis*. Le vent soufflait plus fort ici. Les arbres se balançaient au-dessus de leurs têtes, faisant pleuvoir sur eux une infinité de feuilles minuscules : des myriades de petites vagues lumineuses vertes et mousseuses venaient battre la digue. La plupart des autres clients s'étaient réfugiés à la terrasse supérieure, mieux abritée, ou à l'intérieur.

« Tu veux essayer la Pina Colada ? » suggéra Mac. « C'est la spécialité locale. »

« Sûr. » Le barman, un type à longs cils dans le genre de Michael Jackson, fit jaillir des sirops et les agita dans un mixer avant de placer devant Polly ce qui ressemblait à un grand milk-shake à la vanille décoré d'une petite ombrelle de papier rose. Elle sirota prudemment la mousse suave.

« Un peu trop sucré, non ? »

« Oui, un peu. »

« Eh bien, ne le bois pas », dit Mac, « prends autre chose. »

« D'accord. Un vin blanc-eau de seltz. » Mac leva le bras pour passer la commande.

« Ecoute, je ne veux pas que tu renonces à Key West. Demain, on ira au Full Moon. C'est un peu funky, mais ils ont une excellente bouillabaisse aux fruits de mer et de la vraie tarte au citron vert. »

« Tu penses qu'on dînera ensemble demain soir ? » dit Polly en s'efforçant de ne pas sourire.

« Qu'est-ce qu'il y a ? Tu n'es pas libre ? »

« Je ne suis pas sûre. Je me demandais... »

« Oui ? »

« Et la femme avec qui tu vis ? »

« C'est mon problème. » La voix de Mac avait viré. D'un ton incertain, il lui demanda ensuite : « Ça te tracasse ? »

« Pas vraiment », dit-elle, sans plus de chaleur.

« Alors, tout va bien. » Mais son regard restait fixé sur la mer bouillonnante qui s'assombrissait.

Ça ne me tracasse peut-être pas, mais toi, ça te tracasse, pensa Polly. Tu te sens coupable parce que tu as couché avec une autre, et moi, je me sens coupable parce que je n'ai pas couché avec une femme. Un vrai gag.

« A vrai dire, Varnie et moi, on a passé de sales moments ces derniers temps », dit Mac, quelques instants après. « C'est une vraie fille des années 80. Elle n'a qu'une ambition, la sécurité et un père pour son enfant. Elle a une fille de quatre ans, tu vois ? Elle voulait se marier et fonder une petite famille conventionnelle. Mais moi, je renâcle. »

« Ah bon ? »

« Oui. » Il hocha la tête. « Hier, je ne suis pas rentré. Je suis resté dans la maison où on fait les travaux, en ville. »

« Oh ! » Un silence s'instaura. « Tu ne souhaites pas te marier ? » dit Polly, d'un ton tranchant.

« Non. » Mac secoua la tête, plusieurs fois. « En tout cas, pas avec Varnie. Je sais ce que ça voudrait dire : l'assurance-vie, les vacances avec les beaux-parents, ce qu'ils appellent un boulot prometteur, et faire l'amour deux fois par semaine parce qu'on l'a promis à l'Etat de Floride. C'est pas mon trip. » Il rapprocha son gin-tonic, mais au lieu de le boire, il extirpa du verre la paille en plastique et, la coinçant du bout du doigt, en fit jaillir deux gouttes de liquide sur l'enveloppe froissée de la paille. La chenille de papier se tortilla, gonfla, s'affala.

« La dernière fois que j'ai vu faire ça, c'était au lycée », s'écria Polly.

« Tu veux essayer ? » Il lui sourit.

« D'accord. »

Elle regarda sa petite chenille dresser la tête et retomber, et comprit alors pour la première fois à quoi cela faisait penser. Les autres gosses devaient le savoir, d'où leurs ricanements et leurs coups de coude.

« Hé », dit Mac, « il faut vraiment que tu rentres à New York dimanche matin ? »

« C'est ce que j'avais prévu. »

« Pourquoi ne restes-tu pas un peu plus ? Il y a ici des tas de choses que j'aimerais te montrer, et dimanche, j'ai ma journée. On pourrait aller jusqu'au récif si la tempête est passée. » Mac jeta de nouveau un regard sur les vagues auxquelles l'éclairage donnait des reflets laiteux. « Tu as déjà fait de la plongée ? »

« Non », reconnut Polly.

« Sous l'eau, c'est une merveille. Une autre planète, littéralement. » Il se pencha vers elle pour lui caresser le bras. « Je suis sûr que tu pourrais changer de vol. »

Ne cède pas, hurla Artémis, faisant une réapparition soudaine dans un tourbillon de draperies de pierres. Ton caprice, tu l'as eu. Si tu ne te méfies pas, tu vas te retrouver embringuée dans une histoire sentimentale avec ce personnage peu recommandable.

« Enfin, je pourrais essayer », dit Polly, s'entêtant à ne pas prêter l'oreille à sa voix intérieure. « Mais il faut que je sois rentrée avant mercredi. J'ai une interview de prévue. » Quelle importance ? plaida-t-elle. Ça ne fait que trois jours de plus. Il faut que je purge ce coup de passion. C'est cela, ironisa Artémis. C'est ce que disent tous les dopés. Encore une piquouse pour ne plus en avoir besoin. Mac continua de se rapprocher de Polly, il lui toucha la joue. « J'ai dit que j'essaierais, rien d'autre. » Malgré ses bonnes résolutions, elle lui sourit. Okay, concéda-t-elle, je l'aime bien. Je crois même que je pourrais l'aimer tout court. Et alors, où est le mal ? C'est idiot, c'est dangereux. tu vas en sortir blessée, répliqua Artémis d'une voix suraiguë et presque imperceptible.

« Formidable », répéta Mac, lui posant la main sur le bras. Le vent avait forci, les vagues épaisses d'un vert pâle dentelé de blanc continuaient de tourbillonner sous le ponton. Mac et Polly échangèrent un long regard plein de sourires. « Au fait », finit-il par reprendre, « j'ai autre chose à te dire. »

« Allons bon », répondit-elle en riant.

« C'est... Ce sagouin que tu recherches. Tu sais, Hugh Cameron... c'est moi, je veux dire, je suis lui. » Dans la pénombre qui s'épaississait, il était impossible de lire sur son visage.

« Quoi ? »

« Je suis Hugh Cameron. »

Il plaisante, pensa Polly. Encore un attrape-touristes, comme le ranch aux vaches de mer et les pélicans d'un mètre cinquante, que Lee avait accueillis avec des hurlements de rire. « Oh non, ce n'est pas vrai. Tu m'as d'ailleurs dit qu'il était en Italie, et puis, tu n'es pas assez vieux pour être lui. »

« J'ai quarante-huit ans. »

« Oui, eh bien... » Elle sourit, bien qu'elle l'ait cru de quelques années plus jeune. « Si Lorin Jones était vivante, elle aurait près de soixante ans. Quand elle a quitté Wellfleet avec Cameron, elle en avait trente-sept. Cela fait vingt-deux ans, tu aurais donc eu... »

« Vingt-six ans. » Mac hocha la tête d'un air solennel. Il y tenait, à sa farce.

« Bon. » Polly eut encore un sourire. « Mais en plus Hugh Cameron est poète. Il a enseigné à l'université. »

« Exact. Il a enseigné, mais il a raté sa titularisation. Alors maintenant, il est dans le bâtiment à Key West. » Mac ne souriait plus. Une ombre sinistre passa sur son visage. Polly le fixa, les yeux écarquillés. « Prouve-le », dit-elle.

« Okay. » Mac eut un soupir puis extirpa d'une poche de son jean un vieux portefeuille en peau de porc, cousu à l'aide de lanières, comme Stevie en avait fabriqué de ses mains chez les scouts.

« Voilà, permis de conduire, carte de bibliothèque, coopérative alimentaire, carte Visa. » Il les déploya en éventail sur le bar de bois humide.

Cameron Hugh Richard, H. R. Cameron, Hugh Cameron.

« Mon Dieu ! » lâcha Polly, lentement. Puis un rire fou prit son envol. Elle fit valser son tabouret en direction de l'océan pour s'écarter de lui.

« J'ai essayé de t'en parler là-bas, à la maison. Mais je n'y suis pas arrivé. Je savais que tu allais me poser une foule de questions, et je n'aime pas parler de ce temps-là. Ça a été pour moi une période horrible. »

« Vraiment », dit Polly, assommée. J'avais raison, cet après-midi, pensa-t-elle, complètement désorientée, comme si ça avait été de sa faute.

« Et puis, je pensais que tu refuserais de coucher avec moi, une fois au courant. Tu parlais de Cameron avec tellement de hargne : un sagouin, une crapule, une merde. Tu n'arrêtais plus. »

« Jésus ! »

« Tu sais, après t'avoir vue à Frances Street, je me serais donné des claques, parce que j'avais manqué ma chance. Quand tu as reparu sur le port, je me suis dit qu'il y avait là-haut quelqu'un qui me voulait du bien. » Il montra du doigt les nuages bas, noirs comme de la suie. « Et puis chez Billie, j'ai découvert que la femme de New York qui me pourchassait, c'était toi : alors, j'ai décidé de filer au plus tôt. Et j'ai pris le chemin de la porte. Exact ? »

« Exact », répondit Polly en écho, abasourdie.

« Mais voilà, tu étais splendide, assise là. J'ai pas pu te laisser partir, je me suis dit : bon Dieu, c'est le Karma, comme dirait mon ami Sandy. Il faut jouer le jeu. »

« Vous êtes Hugh Cameron », dit Polly qui commençait à comprendre.

Mac acquiesça.

« Donc, c'était votre maison ? »

« Oui. »

« Elle n'est pas en location, vous y vivez ? »

« Oui, enfin, non. Elle est louée à partir de demain. »

« Mais tout le reste de ce que vous m'avez dit est faux ? » La colère la faisait trembler. « Vous ne vivez pas avec une nommée Varnie, et vous, vous ne vous appelez pas Mac ? »

« Non, c'est vrai, dans l'ensemble. J'ai vécu avec elle, jusqu'à hier, au moins, en tout cas. Et ici, tout le monde m'appelle Mac. Jamais je n'ai aimé mon prénom. Je sais pas comment je l'ai supporté si longtemps. Dans le Nebraska, d'où je viens, ça faisait gnangnan, et j'en ai subi, des vannes, à l'école, YouYou Cameron, Ugh l'Indien, Cameron le Sioux. »

« Vous m'avez menti », dit Polly, sans l'écouter vraiment.

« Eh bien, oui. Mais c'était pour la bonne cause. » Mac sourit, mais avec appréhension. « De toute façon, toi aussi, tu m'as menti. »

« Absolument pas. »

« Mais si. Tu m'as dit que tu étais lesbienne. » C'était à son tour de sourire. « La nuit dernière, hier, quand je t'ai ramenée à la pension, j'avais presque peur de t'embrasser, je t'ai lâchée tout de suite au cas où tu me frapperais. »

« J'aurais dû vous frapper », dit Polly avec un petit rire hystérique.

« Allez, c'est pas si terrible, je suis le même qu'hier après-midi. »

« Non, pas du tout. » Tu vois ! lui susurrait à l'oreille la grande Déesse ailée. Tu t'es précipitée dans cette histoire comme une idiote, par avidité, par luxure. Te voilà punie.

« Rien ne m'obligeait à te le dire », protesta Mac. « J'aurais pu me taire. Mais j'ai pensé qu'il valait mieux démarrer d'un bon pied. » Il eut un sourire gêné.

« C'est un peu tard pour ça », dit-elle, la voix encore tremblante de colère.

« Mieux vaut tard que jamais. »

Polly ne se fit pas confiance pour répondre. Elle se détourna de lui, fixa d'un œil farouche l'océan d'un vert laiteux près du ponton, mais sombre et agité au-delà de la lumière. On aurait dit une masse de gelée toxique.

« Ecoute, ma jolie. » Mac se pencha vers Polly et lui posa fermement la main sur le bras. « Ne gâchons pas nos chances. En fait, tu ne sais rien de moi. »

« Ce que je sais me suffit », répliqua-t-elle, lui décochant un regard désespéré avant de se retourner vers le chaudron de gelée, le regard tendu vers d'autres pays où régnaient le mensonge et la déraison.

« Bon Dieu, qu'est-ce que tu veux ? Tu veux que je te ramène à la pension ? »

« Je ne sais pas », dit-elle d'une voix tremblante. « Ça vaudrait peut-être mieux. »

« Okay. » Mac se leva.

« Il faut que je réfléchisse. »

« Okay. Tu veux que je t'appelle demain matin ? »

« Oui. Non. Bon. »

14

« Non mais, c'est dingue, ça ! » s'esclaffa Lee tandis qu'elle hachait des tomates et des poivrons destinés à un gaspacho, et qu'elle les balançait dans son mixer. Entre les pulsations sourdes du robot qui vrombissait, on entendait une pluie têtue tambouriner sur le toit de la véranda avec l'obstination d'un tam-tam de brousse. L'orage que Lee avait prévu se déchaînait enfin. « Et pas un instant tu n'as soupçonné qui il pouvait être ? »

« Si, j'y ai songé un instant », fit Polly, « mais je me suis dit que je devais rêver. »

« Et en plus, il ne te déplaisait pas... Tu l'as trouvé plutôt sympa, quoi... »

« Oui », reconnut-elle.

« Après tout, c'est peut-être un mec sympa ! » hurla Lee pour couvrir ses effets sonores.

« Il m'a menée en bateau », fit Polly d'un ton buté, comme si elle accusait son hôtesse de manquer de sens moral.

« N'empêche... » Lee se reprit. « En tout cas, ça t'a quand même permis de découvrir Key West... Pas vrai, mon chou ? » ajouta-t-elle avec un large sourire, en s'attaquant à un oignon rose.

« M'ouais », dut admettre Polly d'un ton lamentable. Pour elle, la nuit avait été étouffante, épuisante, troublée par le tonnerre, les éclairs et, pour finir, le bruit et la fureur d'un orage tropical. Le visage de Mac l'avait hantée. Son corps aussi. Décidément, tu n'apprends pas vite, ma pauvre Polly, pensa-t-elle. Mais la voix intérieure était celle de Jeanne.

Au petit matin, elle avait cru reconnaître dans les feuilles détrempées qui pendaient devant sa fenêtre, illuminées par intermittence par les éclairs, la silhouette de Lorin Jones, celle de sa dernière photo. Mais le sourire qui se jouait sur ses lèvres était celui d'un lézard ironique. Tu t'es imaginée qu'il pourrait t'appartenir mais c'est à moi qu'il appartient, lui disait sans remuer les lèvres cette nouvelle Lorin, reptilienne. A moi, encore et pour toujours.

« Somme toute, tu as marqué un point », reprit Lee. « Il ne te reste plus qu'à tirer les vers du nez à ce type, cet après-midi. »

« Si seulement je pouvais éviter de le revoir », lança Polly avec assurance, comme si elle essayait de se convaincre.

« Allons, mon chou ! » Lee posa une main brune et noueuse sur l'interrupteur de son mixer. « Je te comprends. Mais, après tout, s'il a toutes les infos dont tu as besoin... »

« Et s'il consent à me les donner », soupira Polly. Dans son état de déprime déliquescente, elle se sentait en harmonie avec l'atmosphère orageuse. Pour un peu, elle aurait pleuré – mais après tout, c'était peut-être tout bêtement l'oignon.

« Pourquoi ne le ferait-il pas ? » Lee ajouta à sa mixture un bouquet garni bizarre, composé de feuilles de basilic rouge sang et de persil à grandes feuilles plates.

« Parce qu'il n'en avait pas la moindre intention au départ, si tu veux savoir. » Polly poussa un nouveau soupir, proche du gémissement.

« Alors, qu'est-ce que tu comptes faire ? » demanda Lee, en versant de l'huile dans le bol du mixer, qui s'étouffa et se mit à émettre des borborygmes impressionnants.

« Chais pas. Peut-être que je vais tenter ma chance dans d'autres galeries. »

« Pourquoi pas ? De toute façon, tu ne risques pas de te baigner aujourd'hui. » Lee arrêta le mixer. Sur le toit, la pluie continuait de battre, plus forte, plus insistante. « Désolée pour le temps, mon chou », fit Lee, « mais tu ne pourras pas dire que je ne t'avais pas prévenue ! »

La voilà, la leçon aujourd'hui, se disait Polly qui marchait lourdement vers le chantier de Résurrection Immobilière plus tard dans l'après-midi, dans les brumes d'une pluie battante. Les nuages menaçants de la nuit précédente flottaient encore plus au-dessus de l'île, noyant la silhouette contre nature des arbres au feuillage pendant, les vérandas dont la peinture blanche s'écaillait et les rues creusées par les nids-de-poule. S'attendre au pire, ne se fier à personne – voilà la leçon.

Dissimulée derrière sa palissade de deux mètres cinquante de haut, la maison que Mac et son équipe étaient en train de restaurer avait l'air entière mais, de près, ce n'était qu'une coquille vide. L'intérieur avait été comme éviscéré, ne laissant subsister que la charpente et les murs extérieurs. Les chevrons du toit étaient à nu, et, des parois intérieures, il ne restait qu'un assemblage de lattes autour desquelles serpentaient des fils électriques. La façade arrière manquait. On l'avait remplacée par une bâche crasseuse en plastique translucide, sur laquelle la pluie glissait en gouttes huileuses et qui donnait au squelette de la maison l'apparence d'un décor de théâtre inachevé. Sous leurs feuilles de plastique protectrices, une scie circulaire, des outils en désordre et des planches en vrac avaient l'air de bouder et, au-dessus de la porte d'entrée, une fuite gouttait dans un seau de peinture orange.

« Désolé de te recevoir dans ce bordel », fit Mac en étalant la cape dégoulinante de Polly sur une pile de planches au-dessus desquelles une ampoule électrique nue, allumée, se balançait au bout d'un fil jeté autour d'un chevron. « J'aurais préféré t'emmener ailleurs, mais j'attends un coup de fil de mon fournisseur. J'ai renvoyé mes gars chez eux. De toute façon, on ne pourra rien faire tant qu'on ne m'aura pas livré mon placoplâtre. Tiens, assieds-toi. » Il poussa dans sa direction une chaise pliante maculée de peinture. « Je t'offre un café ? »

« Je ne dis pas non », dit Polly d'un ton neutre. Elle avait la ferme intention de ne perdre ni son calme, ni son temps en vaines récriminations.

« Alors, ça va ? » jeta Mac, accroupi sur le plancher devant un vieux percolateur où il dosait le café.

« Ça va », répéta-t-elle.

« Tu m'en veux encore, hein ? » reprit-il en lui jetant un coup d'œil par-dessus l'épaule.

« Et pourquoi pas ? » demanda Polly, gardant à grand-peine un ton dégagé. « Après tous les bobards que tu m'as débités... »

« J'ai peut-être de bonnes raisons pour ça, tu sais. »

Mac se releva et lui lança un regard entendu, presque sensuel. Devant son absence de réaction, son sourire s'effaça. « Enfin, bon sang », fit-il, « je me suis expliqué, non ? Et bobards pour bobards, j'imagine que tu as dû en entendre pas mal sur mon compte de la bouche de Garrett Jones et de tous ces types que t'as vus à New York. Je me trompe ? »

« On m'a parlé de toi, en effet », fit-elle, avec un mouvement de menton.

« Jones ? »

« Lui-même, si tu tiens à le savoir. »

« Et bien entendu, ce que Jones dit, c'est parole d'Evangile ? » Mac eut un large sourire.

« Oh ! Il n'y a pas eu que lui, tu sais ! » Polly tourna les yeux vers Mac/Hugh, remarquant, à son grand dam, qu'il n'avait pas cessé de sourire et qu'en outre, il était furieusement séduisant.

« Pas possible ! Et qui d'autre, on peut savoir ? »

« Monsieur Herbert, à la galerie. Lui aussi m'a raconté pas mal de choses. »

« Formidable ! Un cocu et un maquereau... » Mac se mit à fourrager dans les ustensiles empilés sur une table à tréteaux et y pêcha un paquet de sucre et un carton de lait. « Parce qu'au fond, un marchand d'art, ce n'est jamais qu'un maquereau. Ces mecs, quand ils regardent un peintre travailler, ce qu'il voient, ce n'est pas la naissance de quelque chose de beau. Pour eux, ce qui coule au bout de son pinceau, c'est de la merde, mais de la merde qui se transforme en fric. »

« Tu exagères ! » s'exclama Polly. « Je connais Jacky Herbert – et monsieur Carducci, aussi – ils avaient vraiment de l'admiration pour ce que faisait Lorin Jones ! »

« Bien sûr qu'ils l'admiraient. » Mac enfourcha à la cow-boy une chaise branlante en bois moulé. « Du moment qu'elle continuait à produire et qu'ils pouvaient prélever au passage leurs trente pour cent ! »

« Ce n'est pas... » commença Polly qui s'arrêta net. Après tout, pourquoi se sentait-elle tenue de défendre Jacky ou Paolo ? Elle ne leur devait rien, ni à eux, ni à aucun autre homme. D'ailleurs, ce n'est pas pour ça qu'elle était venue. Elle était venue écouter et obtenir des informations. « On peut connaître ta version personnelle ? »

« Tu tiens vraiment à l'entendre ? » Mac fit basculer sa chaise en arrière et lui lança un regard dur par-dessus le bord incurvé du dossier.

« Evidemment ! »

« Eh bien, d'accord ! » Il remit la chaise sur ses pieds. « Je répondrai à toutes tes questions. Autant en profiter pour rétablir la vérité. »

« D'accord », fit Polly. « Et merci ! » ajouta-t-elle de mauvaise grâce.

« Pas de quoi ! » Le percolateur avait cessé de gargouiller. Mac s'accroupit. « Lait et sucre ? »

« Juste une goutte de lait, s'il te plaît. »

« Alors, qu'est-ce que tu veux savoir ? » lui demanda-t-il en lui tendant une chope ébréchée où s'étalait, en lettres rouges, l'inscription railleuse : KEY WEST – OUI, J'AI OSÉ Y ALLER.

« Oh ! Je ne sais pas, moi... Tout ! » Polly se força à adopter un ton naturel, amical. Intérieurement, elle se maudissait d'avoir oublié son magnétophone. Décidément, elle était complètement à côté de ses pompes, aujourd'hui.

« J'imagine que, d'après Garrett, je me suis jeté à la tête de Lorin, son innocent petit génie adoré, et que je lui ai fait le coup de la séduction. »

« Il y a de ça, en effet », reconnut-elle.

« Mais je parie qu'il a oublié de préciser que pendant que Lorin restait seule des mois durant dans cette ferme glaciale de Wellfleet, lui il courait la prétentaine et s'envoyait toutes les filles qui voulaient bien de lui. » Mac vérifia l'effet de ses paroles sur le visage de Polly et se hâta d'ajouter : « Je n'invente rien, tu sais. A l'Art Center, tout le monde était au courant. Du temps qu'il était à Provincetown, il n'arrêtait pas de draguer tous les membres du Département d'Arts Plastiques qui portaient un jupon. »

« C'est vrai ? » demanda Polly, mettant dans sa voix un étonnement qu'elle était loin d'éprouver.

« C'est la pure vérité. Il avait un baratin parfaitement rodé. Il racontait à la fille qu'il la trouvait merveilleusement sensible et compréhensive. Il lui disait aussi tout ce qu'il pourrait faire pour sa carrière, s'il avait des raisons pour. Tu ne me crois peut-être pas, mais tu peux poser la question à tous ceux qui l'ont connu à l'époque. »

« Je n'y manquerai pas, au besoin », jeta-t-elle froidement, pensant à part soi qu'en vingt ans, Garrett n'avait guère changé ses méthodes d'approche. « Tu l'as connu personnellement ? »

« Bien obligé. On ne pouvait pas organiser une fête ou un vernissage sans qu'il soit là à se vanter d'avoir rencontré des tas de peintres célèbres et de posséder des toiles décisives. »

« Oui... » marmonna Polly. Mac disait vrai, elle en était persuadée. C'était bien le Garrett Jones qu'elle connaissait, vu à travers des lunettes très noires.

« Ça ne l'empêchait pas d'avoir la bouche pleine de Lorin aussi. A la moindre occasion, il vous rebattait les oreilles du talent de sa femme. »

« Je suis sûre qu'il l'a aimée, tu sais ! » protesta-t-elle.

« Libre à toi d'appeler ça de l'amour. » Mac eut une grimace. « Moi, je me suis tout de suite rendu compte qu'il n'avait pour elle que des sentiments superficiels. Ce n'était qu'une pièce de choix dans sa collection. »

« Et Lorin était au courant des aventures de son mari ? »

« Je crois qu'elle s'en doutait. Mais ce n'était pas l'essentiel. Ce qui la rendait folle, c'était la façon dont il s'immisçait dans son travail. »

« Qu'est-ce que tu veux dire ? » Polly posa sa tasse de café sur un rouleau de papier isolant et se pencha vers Mac. « Garrett avait un tas de théories, tu comprends. Il n'arrêtait pas de faire des commentaires sur les toiles de Lorin, de lui citer les artistes qu'elle lui rappelait et de lui dire comment sa peinture s'inscrivait dans le mouvement de l'avant-garde contemporaine. Jour après jour, il insistait pour qu'elle lui montre ce qu'elle avait fait. Lorin a fini par trouver insupportable de vivre avec lui à New York. Elle s'est mise à passer le plus clair de son temps au Cap Cod. Bien entendu, Garrett allait la rejoindre à Wellfleet de temps en temps et dès qu'il arrivait, elle l'avait sur le dos. Au point qu'elle était obligée de s'enfermer dans son atelier, c'est elle-même qui me l'a dit, rien que pour ne plus l'entendre pérorer... Mais même comme ça, il ne pouvait pas s'empêcher de venir secouer sa poignée de porte et de lui parler à travers le battant, tu vois le tableau ? »

« J'imagine ! » Mais Polly n'avait pas besoin de beaucoup d'imagination : elle avait des souvenirs personnels très précis de Garrett s'acharnant sur la poignée de l'atelier de Lorin. « Si je comprends bien, quand tu es arrivé, elle était sur le point de le quitter. »

« J'ai l'impression, oui. Ce qu'elle voulait aussi, c'était changer de cadre. Elle avait décidé qu'elle n'avait plus rien à tirer des paysages du Cap Cod. Je me rappelle, je la faisais marcher en prétendant qu'elle m'avait suivi uniquement pour découvrir le Nebraska. A cause de ce que je lui avais dit un jour sur la qualité de la lumière dans la région d'où je viens. Ça l'avait intéressée. De toute façon, je retournais au Nebraska et mon van était assez grand pour contenir tout son matériel. Appelons ça le destin... » Il eut un petit rire contraint.

« Si je comprends bien, en quittant le Cap, vous avez filé au Nebraska ? »

« Exact. On a fait la route par petites étapes. On campait, ou on dormait dans le van. Ça a été très chouette. Mais une fois arrivés chez moi, le charme n'a pas opéré. Il y avait quelque chose qui ne lui convenait pas dans les couleurs... Alors au bout de quelques semaines, on a refait nos paquets et on est repartis en sens inverse avec un petit crochet par le Canada. On a atterri dans le New Hampshire, à MacDowell Colony, où j'avais décroché un poste pour l'été. Mais là non plus, Lorin n'aimait pas le paysage. »

« Comment ça ? » demanda Polly. Capricieuse, instable, difficile, résuma-t-elle.

« Je ne sais pas trop pourquoi. Elle prétendait que les Montagnes Blanches étaient trop vertes. Quoi qu'il en soit, à l'automne, on est repartis vers l'ouest, direction Iowa City où j'avais obtenu une bourse d'écriture pour un an. »

« Tu as eu des bourses ou des postes à Provincetown, à MacDowell et à Iowa City ? »

« Ben oui », fit Mac avec un petit sourire. « J'étais très demandé à l'époque ! »

« Et Lorin s'est plu dans l'Iowa ? »

« Pas des masses. » Il hocha la tête. « Au début, ça ne s'est pas trop mal passé, mais quand l'hiver est arrivé, elle a attrapé une bronchite persistante dont elle n'a pas réussi à se débarrasser. Et puis la section Arts Plastiques lui tapait sur les nerfs. »

« C'est vrai ? »

« Tu comprends, ils se sentaient en porte-à-faux face à ce peintre new-yorkais, alors que la plupart d'entre eux en étaient au régionalisme. On a quand même réussi à traverser l'hiver. Et puis, un couple qu'on avait rencontré à MacDowell et qui avait une maison sur Seminary Street nous l'a louée pendant la morte-saison. C'est comme ça qu'on est venus à Key West. Lorin s'y est tout de suite sentie bien, et pourtant, c'était l'été. Et je t'assure qu'il y a des jours où ça cogne, par ici. »

« Elle a bien supporté la chaleur ? »

« Dans l'ensemble, oui. Dans le Nord, elle était tout le temps patraque. Elle passait l'hiver à grelotter, peut-être parce qu'elle était si mince. Au lit, à Iowa City, je me souviens, ses pieds étaient comme deux ravissants glaçons. »

Il se mit à rire.

« Tu étais beaucoup plus jeune qu'elle », glissa Polly. Elle le regarda. Ce qu'il devait être beau à l'époque, pensa-t-elle. Beau, il l'était resté !

« Oui. Onze ans de différence. Mais, tu sais, je n'ai jamais pensé à elle comme à une femme plus âgée. Par contre, avec Varnie Freeplatzer, ma petite amie de Sugarloaf Key, la différence d'âge fait vraiment partie intégrante de notre relation. Pour elle, Kennedy, Martin Luther King et Woodstock, c'est un chapitre de son livre d'histoire et rien d'autre, tu vois ? »

« Oui. » Polly hocha la tête. « Et ce n'était pas comme ça avec Lorin ? »

« Oh, pas du tout. En fait, je ne lui ai jamais donné d'âge. Je me demande si elle s'intéressait à l'âge des autres. C'est peut-être pour ça qu'elle a commis l'erreur d'épouser ce vieux con pompeux de Garrett. » Il eut un large sourire.

« Je te trouve dur avec Garrett », émit Polly qui sentait la bonne opinion qu'elle avait de l'intéressé fondre comme neige au soleil. « Tu sais, tout le monde dit qu'il s'est très bien comporté vis-à-vis de Lorin. Et qu'il a été extrêmement généreux. »

« Absolument ! Du moins aussi longtemps qu'elle a été sa chose à lui. Ensuite... Il a tout fait pour qu'elle n'obtienne pas un sou de pension alimentaire après leur divorce. »

« Elle n'a rien touché du tout ? » Encore un mensonge de Garrett, pensa-t-elle. Au moins par omission.

« Non, rien. D'ailleurs, il ne lui était même pas venu à l'idée qu'elle pouvait exiger une pension. Il a fallu que ce soit son père qui en parle. »

« Dan Zimmern ? »

« Oui. Il la poussait à prendre un avocat et à faire un procès en adultère à Garrett s'il devenait méchant. Mais Lorin n'a même pas voulu en envisager la possibilité. »

« Vraiment ? » fit Polly. « Je me suis laissé dire qu'elle avait vidé leur compte commun en quittant le Cap Cod », ajouta-t-elle, se rappelant ce que Garrett lui avait dit.

« Exact. Cinq mille dollars. Evidemment, ça représentait une belle somme à l'époque, mais ça n'a pas duré une éternité. L'année d'après, elle a fait une expo et vendu quelques toiles. Sa dernière expo. »

« Qu'est-ce qui s'est passé ensuite ? Pourquoi avoir cessé d'exposer ? »

Mac eut une hésitation. Son regard se détourna puis revint sur Polly. « Je voudrais que tu comprennes. Lorin était différente. Elle avait une relation très spéciale avec sa peinture. Elle ne supportait pas de se séparer de ses toiles. Plus ça allait, plus ça empirait. Elle les considérait comme faisant partie d'elle-même, un peu comme ses enfants, je crois. »

« Ses enfants ? »

« Oui. Il me semble que l'instinct maternel, toutes les femmes l'ont. Mais quand une femme n'a pas d'enfants à elle, cet instinct peut se reporter sur n'importe quoi, et dans ces cas-là, elle est incapable de s'en séparer. J'ai une tante pour qui c'est ses meubles. Elle va sur ses quatre-vingt-dix ans, mais elle passe son temps à les encaustiquer et à les faire reluire, tu vois ? »

« Euh... »

« Lorin était comme ça. Chaque fois qu'elle devait se séparer d'une de ses toiles, elle était au trente-sixième dessous. Pendant tout le temps qu'on a été ensemble, je l'ai vue porter le deuil des tableaux qu'elle avait vendus dans sa jeunesse. Un écrivain arrive toujours à conserver le fruit de son travail. Il lui suffit d'une photocopieuse. Mais imagine qu'on ne puisse faire qu'un seul et unique exemplaire d'un poème ou d'un roman à toi et un beau jour, pour pouvoir manger, te voilà obligée de le vendre à un gros richard et tu sais que ton œuvre, tu ne la reverras jamais. Ça tient de la mort, non ? »

« C'est vrai », acquiesça Polly.

« J'ai eu du mal à comprendre ce qu'elle ressentait jusqu'à ce que j'envisage ça sous cet angle... Tu m'excuses ? »

A l'autre bout de la maison, à côté d'un sac de couchage kaki posé à même le sol, le téléphone s'était mis à sonner.

Pendant que Mac, accroupi à côté de l'appareil, déversait un chapelet de jurons dans le combiné, Polly ouvrit son grand sac en toile et griffonna au verso d'un reçu : Nebraska – Mai 63 – mauvaises couleurs – MacDowell – été – trop vertes Iowa 63-64.

« Désolé », fit Mac pendant qu'elle rangeait son crayon. « Ce connard n'est pas fichu de me fixer une heure de livraison. Il faut que je monte la garde à côté du téléphone. »

« Pas de problème. » Mentalement, Polly adressa un remerciement muet au connard inconnu dont le retard allait lui permettre de poser à Mac quelques questions et – pourquoi ne pas l'admettre ? – de passer un peu plus de temps en sa compagnie.

« Tu reveux du café ? »

« Non merci. » Polly avala une dernière gorgée de café tiédasse puis se pencha pour poser sa tasse sur le rouleau de papier goudronné. Se méprenant sur son geste et pensant qu'elle lui tendait sa tasse, Mac allongea le bras. Leurs mains se frôlèrent et un flux invisible sembla circuler de l'une à l'autre. Mon Dieu, j'ai toujours autant envie de lui, pensa Polly.

« Parle-moi des deux toiles que tu as gardées », souffla-t-elle d'une voix mal assurée.

« Qu'est-ce que tu veux que je t'en dise ? » répondit Mac de la même voix.

« Par exemple, comment il se fait que tu les aies. Tout le monde les croyait perdues, tu sais... Lennie m'a dit qu'il avait récupéré toutes les affaires de Lorin. »

« C'est vrai. Mais ces deux toiles n'appartenaient plus à Lorin. Elle me les avait données. » Mac regarda Polly droit dans les yeux. Dans cette lumière, les siens semblaient plus verts que bleus.

« Mais tu n'as jamais dit à personne que tu les avais,

ces tableaux. Si je l'avais su, j'aurais pu te les emprunter pour l'exposition. »

« Possible. Mais je n'avais pas envie de les prêter. »

« Quel égoïsme ! » fit Polly en perdant son calme. « Enfin, tout de même, quand on pense au nombre de gens qui rêvent de les voir... » crut-elle bon d'expliquer.

« Je n'en doute pas. Mais je me suis dit que si j'envoyais ces toiles à New York, il y avait peu de chances pour qu'elles me reviennent. Deux ans avant sa mort, Lorin a envoyé deux aquarelles auxquelles elle ne tenait plus à la Galerie Apollon. Elles ont trouvé acheteur, mais elle n'a pas touché un sou sur la transaction. Le marchand a même prétendu que Lorin lui devait encore de l'argent. »

« Je vois... » Encore un détail dont Jacky n'a pas jugé bon de me parler, pensa Polly. « Mais alors, de quoi Lorin vivait-elle, si elle avait cessé de vendre des toiles ? »

Mac sourit. « C'est surtout moi qui l'ai fait vivre. » Devant la mine de Polly, il ajouta avec un haussement d'épaules : « Oh, c'était une habitude chez elle, tu sais, de se faire entretenir par un homme. Son expérience des hommes, c'était ça. D'abord il y a eu son père, ensuite il y a eu Garrett, et elle a dû penser que c'était à mon tour de prendre le relais. Toute sa vie, elle n'a travaillé qu'à une seule chose : sa peinture. »

Une parasite doublée d'une exploiteuse, se dit Polly. « Et tu as accepté ? »

« Pourquoi pas ? A l'époque, ça m'a semblé normal. Tu sais, j'étais encore un vrai gosse. Et puis, j'étais amoureux. J'avais déjà compris toute la valeur du travail de Lorin. Je me disais que quand elle n'aurait plus un sou, elle accepterait de vendre encore quelques tableaux. Je n'avais pas encore compris à quel point elle y était attachée. »

« Somme toute, tu as renvoyé l'ascenseur », fit Polly. « Tu as vécu à ses crochets, et ensuite, c'est elle qui a vécu aux tiens... »

« Mais pas du tout ! » explosa Mac. Pour la première fois depuis leur rencontre, Polly le voyait en colère. « Je n'ai jamais accepté un sou de Lorin. C'est pas comme ça que j'ai été élevé, moi. Quand on est arrivés ici, j'ai trouvé du boulot comme jardinier, et puis j'ai postulé dans des tas de collèges pour enseigner. »

« Et Lorin ? Qu'est-ce qu'elle faisait ? » demanda Polly, résistant à grand-peine à l'envie de s'excuser.

« Elle restait à la maison. Elle peignait », fit Mac avec un haussement d'épaules.

Lorin peignait pendant que tu bêchais, pendant que je tapais des catalogues à la machine, se dit Polly. De plus en plus, sa sympathie allait vers Mac. « Et ça a duré combien de temps ? »

« Je ne sais pas. Six à neuf mois. Ensuite, j'ai décroché un poste dans le nord de l'Etat de New York. Professeur invité. »

« Et Lorin t'a suivi ? »

« Non. Elle pensait que c'était trop compliqué de déménager tout son matériel pour tout redescendre ensuite, et de toute façon, je ne partais que pour huit mois... » Mac remua la tête, lentement. « Dieu, que ces huit mois ont été durs pour moi ! »

Non seulement égoïste, mais froide et dénuée d'égards pour autrui, se dit Polly. Elle n'allait pas avoir de mal à écrire une biographie négative de Lorin Jones ; bien moins que pour en faire un portrait élogieux.

« Ensuite, tu es redescendu à Key West et tu es redevenu jardinier ? »

« Oui. Je prenais tout ce qui se présentait. J'ai été charpentier, couvreur, bricoleur, peintre en bâtiment... »

« Et tu trouvais ça normal », fit Polly en s'efforçant de ne pas présenter sa remarque comme une question.

« Ça pouvait aller. Le seul truc, c'est que je n'avais plus le temps d'écrire. Certains jours, j'étais complètement vidé en rentrant du boulot. Surtout l'été. » Mac sourit et ses yeux verts se fermèrent à demi.

« Je comprends. » Lorin a complètement ruiné ta carrière comme elle a ruiné la mienne, se dit Polly. Mais est-ce que Mac ne lui cachait pas quelque chose ? « J'imagine quand même que Lorin se chargeait de la cuisine et du ménage, non ? » ajouta-t-elle d'un ton qu'elle espérait neutre. « A moins que tu ne considères pas ça comme du travail ? »

« Oh ! Inutile de me décocher ton regard MLF ! » fit Mac en riant. « Je sais que c'est du travail. C'est même une sacrée corvée ! Je peux en parler, parce que Lorin ne faisait ni cuisine, ni ménage. J'ai découvert ça dès notre arrivée dans l'Iowa. Elle prétendait qu'elle n'était pas douée et qu'elle était incapable d'apprendre ce genre de trucs. Bien sûr, pendant toute son enfance, ses parents avaient eu une bonne à domicile, et Garrett payait une femme de ménage à la journée pour l'aider. Quand elle était toute seule au Cap Cod, elle se contentait d'empiler les assiettes sales dans l'évier, la femme de ménage finissait toujours par passer. De toute façon, elle a toujours mangé des trucs pas croyables. Elle se nourrissait de fruits, de yaourts, de potages et de crackers. Si j'avais envie d'un vrai repas, il fallait que je me le prépare moi-même. J'ai bien essayé de lui faire faire la vaisselle de temps en temps, mais ça ne servait pas à grand-chose. Ou bien elle oubliait, ou bien elle laissait au fond de la poêle tout ce qui avait attaché. Ou bien elle cassait quelque chose. Tu imagines ! » Mac éclata de rire.

« Oui. » Polly connaissait ce vieux truc. Dans les cercles féministes, on appelait ça faire l'imbécile pour mieux se défiler. Mais il était évident que seuls les hommes y avaient recours.

« Ce qu'il faut que tu comprennes, c'est que la seule chose qui comptait vraiment pour Lorin c'était la peinture. Pour elle, rien d'autre n'avait d'importance. »

« A t'en croire, elle était plutôt égoïste », hasarda Polly, lâchant ces mots comme autant de ballons-sondes.

« Je ne sais pas si c'était de l'égoïsme », répondit Mac en secouant la tête. « Elle passait son temps à distribuer de l'argent aux bateleurs, aux mendiants... Et elle était du genre à te laisser finir son sorbet à la framboise pour peu que tu l'aies regardé avec un rien de gourmandise. » Il sourit, tout à ses souvenirs. « Mais c'était sûrement la personne la plus égocentrique que j'aie jamais rencontrée. »

« Egocentrique ? »

« Oui. Cela ne se remarquait pas tout de suite, parce que Lorin se fichait complètement de l'argent, n'avait aucun sens de la propriété et ne cherchait pas à monopoliser l'attention. Ce qu'elle voulait, c'était qu'on lui fiche la paix pour pouvoir peindre. Et gare à celui qui avait le malheur de l'en empêcher ! »

Tout ça sonne juste, se dit Polly. « Mais j'imagine qu'avec toi, c'était différent, parce qu'elle t'aimait », suggéra-t-elle.

« J'étais amoureux, mais je n'ai jamais dit que Lorin m'aimait. » Mac secoua la tête comme pour marquer son désaccord avec un interlocuteur invisible.

« Tu es vraiment persuadé que Lorin ne t'aimait pas ? » lui demanda Polly, surprise.

« Pas de la façon dont je l'aimais. Mais ça n'avait rien à voir avec moi, en fait. Elle était simplement incapable d'éprouver des sentiments profonds pour quelqu'un ou quelque chose qui ne soit pas ses toiles. Même pas pour l'amour. »

« Elle n'aimait pas faire l'amour ? » Polly censura la fin de sa phrase : « même avec toi ? ».

Le regard de Mac alla se perdre, au-delà d'elle, dans les interstices de ce qui deviendrait peut-être la cloison d'une chambre à coucher. « Oh, elle n'avait rien contre, de temps en temps, mais c'était un domaine très secret pour elle. Elle ne disait jamais rien. Elle se laissait simplement dériver dans une autre dimension. Je ne lui reproche rien, quoique à l'époque... » Il fronça les sourcils. « En fait, je ne me rendais pas compte de la chance que j'avais avant de rencontrer ma femme. Elle, sa bible, c'était le Guide pratique de l'amour conjugal ou Quatre pas vers l'orgasme. » Il eut un ricanement amer. « Jamais je n'ai eu besoin de demander à Lorin, après, si ça avait été bien pour elle. Le seul problème, c'est que quand elle était prise par un tableau, elle déconnectait complètement. »

« L'amour inclus, si je comprends bien. »

« Oui, ça allait jusque-là. Des jours d'affilée. Des fois ça me mettait en boule, mais j'avais beau me promettre que la prochaine fois qu'elle serait en forme, je lui dirais "désolé, rien à faire, j'ai un poème en chantier"... »

« Tu l'as fait ? »

« Disons que j'ai bien essayé une ou deux fois, mais... A chaque fois, Lorin réussissait à m'enjôler. Comment lui résister ? Elle était si belle. Ses yeux, sa bouche, ses mains, et cette masse de cheveux si noirs, si longs, si luisants qu'ils avaient toujours l'air un peu humides. Un charme à faire tomber les oiseaux du ciel ou à faire jaillir les poissons du Golfe. Et le pire, c'est qu'elle le savait. »

Lorin Jones t'a fait encore plus de mal qu'à moi, pensa Polly, l'œil fixé sur le profil anguleux de Mac et la mèche de cheveux très courts qui venait dessiner une boucle poivre et sel derrière son oreille. Mais tu ne perds rien pour attendre, ajouta-t-elle mentalement à l'intention de Lorin. Je me fais fort de proclamer partout que tu as vécu aux crochets des hommes, que tu as sacrifié le monde entier à ton ambition. Je révélerai à tous ton égoïsme, ta sournoiserie, ta méchanceté.

« Autrement dit, elle jouait de son charme délibérément », suggéra-t-elle.

« Oui. En tout cas, c'est ce qu'elle a fait avec moi. Lorin voulait être sûre de moi, tu comprends. Elle voulait avoir la certitude que je serais là pour l'épauler en cas de besoin. Une fois que ça a été acquis, elle était libre de s'absenter, sans même quitter la maison, si tu vois ce que je veux dire... »

« Oui. » Tu lui en veux encore, se dit Polly. Et ça ne m'étonne pas. « Comment se fait-il que vous ne vous soyez pas mariés ? » ajouta-t-elle.

« Je ne sais pas. Peut-être parce que Garrett a tellement traîné les pieds avant d'accepter le divorce. Après que le divorce a été prononcé, je lui ai quand même demandé de m'épouser. »

« Et quelle a été sa réaction ? »

« Elle m'a dit : "Non. Pourquoi ?" Et à l'époque, je n'avais plus aucune raison valable à invoquer... » Mac haussa les épaules. « Tu permets ? »

Pour la seconde fois, il se leva et en quelques bonds, fut à côté du téléphone. Polly ne profita pas de l'occasion pour prendre des notes. Elle resta assise, comme inconsciente, le regard perdu dans les jours de la cloison la plus proche. Je vois clair en toi, maintenant, espèce de garce calculatrice, songea-t-elle. Tu as eu la chance de rencontrer un homme comme lui, et tu n'as pas été capable de l'aimer.

« Entendu comme ça ! Et merci ! » fit Mac d'une voix chantante. « Eh bien, je finirai peut-être quand même par être livré lundi », lui lança-t-il à travers la pièce.

« Tout s'arrange », murmura-t-elle, l'esprit ailleurs.

« Ça va, toi ? » interrogea-t-il d'une voix douce. Il se tenait tout près, les yeux baissés sur elle.

« Je crois. » Polly esquissa un sourire contraint. Tu ferais mieux de dégager, ma vieille, se dit-elle. Tu sais ce qui va arriver si tu ne le fais pas. « Bon, eh bien, merci pour toutes ces informations. » Elle se leva en prenant appui sur le dossier de sa chaise pliante. Pour une raison inconnue, elle se sentit les jambes en coton.

Insensiblement, Mac se rapprocha d'elle. « Tu sais, j'ai flippé comme une bête toute la journée », lui dit-il. Une de ses mains vint se poser sur la peau nue de son bras, juste au-dessous de l'épaule.

« Flippé ? » Polly tenta de se contraindre à reculer d'un pas, mais en pure perte.

« Absolument. J'avais tellement peur que tu ne viennes pas. » Il s'empara de l'autre bras de Polly et l'attira contre lui.

Holà ! Doucement, par pitié, se dit-elle. Tu t'étais bien juré que tu ne recommencerais pas, non ?

A voir la tournure des événements, elle avait dû se tromper...

« Pourquoi toi ? » Mac se releva sur un coude pour

regarder Polly, allongée sur le sac de couchage froissé posé sur un matelas pneumatique. « Je donnerais cher pour le savoir. »

« Que dis-tu ? » Polly garda les yeux clos. Dans un moment, elle serait capable de se rappeler qui elle était et où elle se trouvait, mais dans l'immédiat, elle flottait dans la tiédeur floue du plaisir. Comme une pile de crêpes baignant dans du sirop d'érable chaud, pensa-t-elle. La comparaison lui parut comique, mais elle se sentait trop ensommeillée pour aller jusqu'à sourire.

« Je me demande pourquoi tu me plais à ce point. Ça n'a pas de sens. Je veux dire, tu n'es pas du tout mon type de femme. D'habitude, je craque plutôt pour les dames du genre bohème. »

« Euh ? » Polly bâilla profondément, entrouvrit lentement les yeux. Elle se sentait en paix avec l'univers et toutes ses créatures. Exception faite de Lorin Jones, cette dame destructrice et haïssable avec son genre bohème.

« Et je parie que moi non plus, je ne suis pas du tout ton genre... » fit Mac en souriant.

Elle mit au point sur son visage. « Pas vraiment, non. » Pur mensonge : du temps où elle fondait pour les hommes, c'était pour des hommes comme lui qu'elle inondait. « Mais toi, au moins, tu n'es ni artiste, ni écrivain. »

« Comment ça, pas écrivain ? » Mac, au bord du rire, s'assit. « Qu'est-ce que ça veut dire ? »

« Ben... » Polly étouffa un second bâillement. « Je sais bien que tu écrivais des poèmes, mais j'ai l'impression que tu as tout laissé tomber, non ? »

« Ce que j'ai laissé tomber, c'est l'enseignement de la poésie, rien d'autre. Comment faire autrement ? Quand tu es poète, inutile d'espérer décrocher un poste universitaire si tu n'as pas réussi à t'imposer au niveau national avant quarante ans. Quelle jolie poitrine ça te fait ! » Il se pencha et posa un long baiser sur un de ses seins. « Je n'ai pas cessé d'écrire. Il m'arrive encore de publier à droite à gauche, et je suis en train de préparer un recueil. »

« Excuse-moi. J'ignorais... »

« Y a pas de mal. » D'un doigt, Mac caressait la courbure de son sein, l'air pensif. « Tu sais, j'ai quand même essayé d'arrêter, une fois. Après la mort de Lorin. A l'époque, j'étais marié, j'enseignais à Iowa City. Aucun éditeur ne voulait sortir mon second recueil et j'étais salement déprimé. Et puis je me suis dit "Enfin, bon Dieu ! Pourquoi est-ce que je devrais renoncer à un truc à quoi je prends plaisir et où je me débrouille pas trop mal ?" Et je n'ai jamais fait marche arrière. Je me dis aussi que j'aurai peut-être un jour un éclair de génie, que j'écrirai peut-être un poème vraiment bon, ou deux, qui sait ? avec un peu de chance. Alors que si je cesse d'écrire, je renonce même à cet espoir... Changement de côté ! » fit-il, en transférant toutes ses attentions sur l'autre sein de Polly.

« J'ai fait de la peinture dans le temps », annonça Polly tout à trac.

« Ah, bon ? » Mac releva la tête pour mieux la dévisager.

« J'ai même eu droit à une exposition. »

« Vraiment ? » Son regard s'attarda sur elle. « Et maintenant, tu écris des biographies. »

« Pas des biographies. J'écris cette biographie-ci... »

« Je suis sûr que je me régalerais avec ta bio à toi », fit Mac avec un sourire. « J'aimerais savoir comment tu es devenue aussi merveilleuse au lit. » Ses lèvres déposèrent une coulée de baisers palpitants le long de son ventre.

« Tu ne te défends pas mal, toi non plus, tu sais ! » rétorqua Polly. Ses hanches vinrent à la rencontre de la bouche de Mac.

« Tu sais quoi ? » fit Mac, beaucoup plus tard. « Pour un peu, ça pourrait devenir sérieux, nous deux. » Il passa un tee-shirt, bleu marine cette fois avec la même inscription : Résurrection Immobilière. « Qu'est-ce que tu en penses ? » insista-t-il, comme Polly, penchée sur ses laçets de chaussures, restait muette.

« Je ne sais pas trop », fit-elle.

« Ça veut dire : laisse tomber ? C'est ça ? »

« Non. Comment dire ? Ecoute, ça fait à peine deux jours qu'on se connaît. De toute façon, moi, j'habite New York et toi, tu vis ici... »

« Ça peut s'arranger », fit Mac d'une voix posée. Il lui sourit.

« Ah oui ? Et comment ? » Polly acheva de lacer ses souliers et leva les yeux vers lui. Il se fiche de moi, pensa-t-elle.

« Par exemple, je pourrais monter à New York. Ou alors, tu pourrais venir t'installer à Key West. »

« Pas les moyens », répondit-elle, souriante elle aussi.

« Bien sûr que si ! Tu sais, on vit pratiquement pour rien dans les Keys, du moment qu'on n'a pas de loyer à payer. Tu as quand même un appartement à toi sur Central Park West, non ? »

« M'oui », admit Polly.

« Combien de pièces ? »

« Trois, dont une minuscule. »

« Ça ne change rien. D'après ce que je sais des loyers new-yorkais, je parie que si tu y mettais un locataire, tu aurais largement de quoi vivre ici ! »

« Peut-être. Et qu'est-ce que je ferais à Key West, à part l'amour ? » demanda-t-elle en éclatant de rire.

« Je ne sais pas. Tu finirais ton bouquin. Ou tu pourrais te remettre à la peinture. » Il haussa les épaules. « Ton gosse pourrait te rejoindre. C'est pas la place qui manque, tu sais. Je suis sûr qu'il se plairait ici. »

L'espace d'un instant, Polly s'imagina à Key West, assise à côté de Stevie sur les marches usées de la maison de Mac, à l'ombre des orchidées. Mais comment imaginer qu'il parlait sérieusement ? C'était sa façon à lui de lui faire comprendre qu'elle lui plaisait.

« Tu y penseras, promis ? »

« Promis », fit Polly, avec la conscience aiguë que, bon gré mal gré, elle le ferait.

« De toute façon, tu restes dans... les parages... encore... quelques jours, non ? » fit Mac avec un léger bégaiement dû à l'émotion, qui démentait la banalité de sa question.

« Jusqu'à mardi sans doute. Si je réussis à faire reporter ma date de départ. » Polly lui jeta un regard et, chavirée par ce qu'elle sentait monter en elle, se rapprocha de lui pour masquer d'une légère caresse son émoi.

« Bonne nouvelle. Et j'espère que mes réponses ont comblé tous tes désirs ! » Sa main se posa sur le fond du jean de Polly.

« Ma foi, oui... » Polly se rappela péniblement à son devoir. « Il y a juste un truc... »

« Ah ? »

« Tu disais tout à l'heure qu'il arrivait à Lorin de s'absenter sans quitter la maison... »

« Oui. J'imagine que ça devait être à cause de la drogue. »

« La drogue ? » fit Polly en écho, s'efforçant – mais trop tard – de dissimuler sa surprise. Encore une chose dont Lennie n'avait rien dit. Pas plus que Jacky ou Garrett, d'ailleurs. Peut-être n'étaient-ils pas au courant ?

« Tu ne savais pas qu'elle se droguait ? »

« Non », dut admettre Polly. Et en plus toxico ! Cette fois-ci, c'est complet ! lui susurra une petite voix mauvaise. Ça aussi, tu vas pouvoir le crier sur les toits !

« C'est comme ça... » Il se racla la gorge. « En fait, on se droguait tous les deux. Tu sais, à l'époque, c'était plutôt courant. »

« Qu'est-ce que vous preniez ? »

Mac sourit « Ben, au début, au Cap Cod, on a surtout fumé. De l'herbe et du hasch, le plus souvent. Moi, même ici, je m'en suis tenu à ça. Tu sais, avec le genre de boulot que je fais, on a vite fait de tomber de l'échelle ou de se passer la main à la tronçonneuse. On prenait aussi un peu d'acide ou de mescaline, le week-end, pour voir si ça aurait de l'effet sur nos productions. »

« Alors ? »

« Ça n'a pas été très concluant. J'écrivais des textes qui me paraissaient formidables, mais sorti de mon trip, ça se révélait surtout plein de vide. Ça avait plus d'effet sur Lorin, mais elle n'arrivait pas à reproduire sur ses toiles ce qu'elle voyait quand elle planait... » Mac s'interrompit, fixant les gouttes de pluie qui ruisselaient sur la bâche de plastique au fond de la pièce.

« Et... » fit Polly, pour qu'il continue.

Il y eut un instant de silence. « Eh bien », reprit-il, « au bout d'un certain temps, Lorin est passée aux amphés. A l'époque, personne ne se doutait de l'effet que ça avait sur l'organisme. Ce qui lui plaisait, c'est que ça lui permettait de travailler longtemps sans ressentir les effets de la fatigue. De toute façon, au début, elle se contentait d'en prendre de manière épisodique, et seulement quand elle était lancée à fond sur un tableau. Elle a commencé à augmenter les doses pendant que j'étais dans le Maine. »

« Tu y étais en quelle année, dans le Maine ? »

« En 68-69. Je devenais cinglé parce que je n'avais plus une minute pour écrire. Alors un vieux copain m'a dégotté un poste à Colby. Il... »

« Mais c'est à ce moment-là que Lorin est morte ! en février 1969 ! » l'interrompit Polly.

« Oui, je sais », fit Mac, sans intention ironique.

« Je suis désolée, je... » Polly avala sa salive et se lança. « Tu enseignais à Colby Collège à l'époque ? »

« Eh oui ! Je suis descendu pour les vacances de Noël et je me suis rendu compte que ça tournait mal pour Lorin. Elle avait entrepris une série de toiles sous-marines. Elle ne prenait même plus le temps de dormir. C'est comme ça qu'elle a atterri chez une espèce de charlatan. Elle lui a dit qu'elle devait perdre du poids, qu'elle avait besoin de coupe-faim. Et ce salopard les lui a prescrits ! J'ai bien essayé de lui faire comprendre qu'elle était dingue, qu'elle était déjà bien assez maigre comme ça. Déjà qu'elle ne mangeait pas assez. Mais ce que je lui disais ou rien... »

« Lennie Zimmern m'a dit que Lorin était morte d'une pneumonie », fit Polly.

« Oui, si on veut. Médicalement, c'est de ça qu'elle est morte. Elle a attrapé une pneumonie en faisant de la plongée. Tous les étés, on allait à la nage jusqu'au récif, une ou deux fois. Cette année-là, Lorin y a vraiment mordu et a insisté pour y aller toutes les semaines. Elle se sentait défoncée rien qu'à se laisser flotter entre deux eaux et à regarder les fonds sous-marins. Et c'est vrai qu'en ayant pris quelque chose, ça devenait fantastique ! Je me souviens, il y avait une espèce de petit poisson qu'elle adorait observer. Ils sont presque transparents, avec de longues nageoires blanches qui ondulent, et ils se déplacent par bancs. Je ne me souviens plus de leur nom. Il doit y en avoir un ou deux sur la toile qui est au-dessus du canapé. »

« C'est comme ça qu'elle a attrapé sa pneumonie ? »

« Tu comprends, elle ne pouvait pas attendre, et elle a voulu aller sur le récif en plein mois de février, alors que la mer n'avait pas eu le temps de se réchauffer. Et puis, elle est restée trop longtemps dans l'eau. J'imagine qu'elle n'a pas dû s'en rendre compte parce qu'elle était trop raide. Elle a chopé un sale rhume. Mais comme elle ne pouvait pas encadrer les docteurs, quand elle s'est enfin décidée à consulter, il était déjà trop tard. »

« Et toi, tu n'étais pas là. »

« Non. J'aurais dû, mais je n'y étais pas. Jamais je n'aurais dû la laisser seule, vu l'état où elle était. Mais à l'époque, j'avais tout du petit garçon bien sage. Je tenais à assurer mes cours. » Son trop-plein d'amertume s'exprima dans un gémissement. « Je n'ai appris son hospitalisation que la veille de sa mort. Et quand je suis arrivé, tout était fini. »

« Je suis navrée », murmura Polly. En son for intérieur, elle lui adressa de muettes excuses pour tout ce que, depuis des mois, elle avait pensé ou dit de Hugh Cameron et de la façon dont il avait abandonné Lorin.

« C'est pas la peine. Tout ça est bien loin maintenant et, comme je le disais, à l'époque, ça ne collait plus très bien entre nous. »

Il le lui avait vraiment dit ? Polly en doutait, mais elle n'osa pas le lui faire remarquer.

« Sauf que dans ces conditions, c'était encore pire, tu comprends ? » Mac la regarda. « Hé, Polly ! » fit-il, en lui passant un bras autour des épaules. « Tu te sens bien ? »

« Ça va, ça va », articula Polly, pas du tout sûre de son fait. « A la vérité, je suis plutôt secouée. Je ne m'attendais pas... »

« Personne ne t'en avait parlé, c'est ça ? »

De la tête, Polly acquiesça. Elle voyait le corps de Lorin Jones porté par les eaux aigues-marines du Golfe, les bras et les jambes interminables dessinant une étoile blême, la chevelure d'algues brunes ondulant au rythme des vagues. Au-dessous, un banc de petits poissons pâles naviguait entre des branches de corail. Derrière la vitre du masque de plongée bordé de caoutchouc blanc, ses immenses yeux humides, cernés de longs cils noirs, étaient grands ouverts, mais elle ne cillait pas. Parce qu'elle était morte.

Mais qu'est-ce qui te prend, nom d'un chien ? se sermonna Polly. D'où te vient cette envie de pleurer ? Lorin Jones ne s'est pas noyée. Elle est morte au Mémorial Hospital des Keys, Floride. De toute façon, tu ne l'aimes pas. « C'est idiot, mais je... » La voix lui manqua. Elle se mit debout et se détourna.

« Ne t'en fais pas. » Mac s'approcha d'elle et l'enveloppa de ses bras.

« Je ne... » De nouveau elle s'étrangla mais elle se reprit. « Enfin quoi, je ne la connaissais même pas. » Non, lui dit une voix intérieure, mais tu es sur le point de ruiner sa réputation. D'ici peu le nom de Lorin sera traîné dans la boue, dans cette boue que tu t'apprêtes à étaler au grand jour, et tout ça par jalousie, par dépit, par frustration sexuelle. Elle sera morte et sa réputation perdue. C'est bien ça que tu veux ? Alors que toi, tu seras tout ce qu'il y a de plus vivante et tu seras célèbre. C'est bien ça que tu veux ? Un frisson d'autorépulsion la parcourut. Pardonne-moi, murmura-t-elle intérieurement à l'intention de Lorin. Je ne te trahirai pas, je ne te ferai aucun mal. Je n'aurais pas dû.

« Excuse-moi. Ça va aller maintenant », fit-elle en refoulant ses larmes.

Mac l'embrassa avec douceur puis jeta un regard circulaire au cadre vide et nu de la maison où l'obscurité s'épaississait. « Plutôt lugubre comme cadre, tu ne trouves pas ? » Il jeta un coup d'œil à sa montre. « Ce que je propose, c'est qu'on file d'ici et qu'on aille se manger une bonne bouillabaisse de fruits de mer quelque part. Okay ? »

« D'accord. Mais je ferais peut-être mieux de repasser d'abord à la pension, histoire de faire un brin de toilette », s'entendit-elle dire d'un ton hésitant qui la surprit.

« Si tu veux. Je reconnais que tu as tout de la fille qui vient de faire des galipettes sur le plancher. Pas que ça me gêne, remarque ! » Mac resserra son étreinte.

Polly se raidit un instant puis s'abandonna passionnément à son baiser. Tu ferais aussi bien d'en profiter, se dit-elle, au bord des larmes. Tu n'as pas beaucoup de temps devant toi.

RUTH MARCH

photographe

– Comme je le disais à mon père, j'ai eu envie de vous rencontrer. D'après lui, on vous a raconté pas mal d'horreurs sur tante Laurie, ces derniers temps, des racontars de bas étage, si j'ai bien compris. Alors disons que je voulais remettre les compteurs à zéro.

– A vrai dire, j'avais treize ans quand elle est morte. Et la dernière fois que je l'ai vue, je n'en avais que onze et demi. Mais j'en ai des souvenirs très nets. Et j'ai de bonnes raisons pour ça parce que, en un sens, elle a changé ma vie.

– Ce qu'elle a fait ? Si je veux que vous saisissiez bien comment ça s'est passé, il faut que je vous raconte tout de A à Z.

– Allons-y. C'était pendant les vacances de Noël, l'année d'avant le divorce de mes parents. On était tous montés à New York, chez Grand-père et Marcia. Je me souviens qu'on ne se sentait jamais vraiment à l'aise chez eux. On ne les voyait pas très souvent et on ne restait jamais longtemps. D'ailleurs, la plupart du temps, ils n'étaient pas là. Ils voyageaient beaucoup, toujours par monts et par vaux, en Europe ou ailleurs. Grand-père avait la bougeotte. Enfin, je le comprends, parce qu'à ce niveau, je tiens beaucoup de lui.

– Il me semble que j'ai toujours eu l'impression, même quand j'étais gosse, que mon père n'avait pas une vraie famille. Pas comme du côté de ma mère, en tout cas. Ses parents à elle ont vécu quarante ans à Brooklyn, dans la même maison, et il y débarquait toujours un tas d'oncles, de tantes, de cousins ou de voisins. En fait, les enfants aiment bien que leur famille ait un point fixe, je crois.

Moi, je vois mon fils, il est déjà comme ça et il n'a que trois ans...

– Vous comprenez, la mère et la tante de mon père étaient installées en Floride et la seule famille qu'il avait à New York, c'était son père et Marcia, et puis sa sœur, Laurie, qui n'était en fait que ma demi-tante. Je me souviens qu'à l'époque, cette demi-tante m'intriguait beaucoup. Il y a d'ailleurs une histoire qu'on raconte dans la famille à ce propos. Je devais être haute comme ça, et j'aurais demandé à 'Man quelle moitié de Laurie était ma tante.

– Je ne me rappelle plus. Dans ma tête, je devais m'imaginer que c'était le côté gauche, ou alors le morceau jusqu'à la taille. Et je crois que ça ne m'aurait pas paru autrement surprenant. Même un gosse était capable de se rendre compte qu'elle n'était pas comme les autres grandes personnes.

– Pour vous donner un exemple, elle n'avait rien de commun avec les autres femmes de la famille. Elle n'était pas vraiment juive, sauf pour la partie qui compte pour du beurre dans la loi hébraïque. D'ailleurs, elle ignorait tout des traditions juives. En plus, elle était très mince, pas du tout comme nous, et il y avait surtout ces longs cheveux, si luisants, on avait toujours l'impression qu'ils étaient humides. Elle ne parlait pas beaucoup et avait toujours l'air un peu vague, comme si elle n'était pas vraiment là. Les rares fois où elle a daigné nous remarquer, Celia et moi, elle ne nous a jamais parlé comme un adulte parle à un enfant. En fait, je me demande même si elle avait la moindre idée de ce que c'est qu'un enfant.

– Pour en revenir à mon histoire, cet après-midi-là, on était tous réunis dans l'appartement. Comme il tombait des hallebardes et qu'il n'était pas question de nous emmener au parc, Marcia a sorti du papier et des crayons de couleurs pour nous occuper, Celia et moi, pendant que les hommes regardaient la télé et qu'elle et maman préparaient le dîner.

– Vous avez remarqué comme on a tendance à cataloguer les enfants ? Celui-ci est très musicien, celui-là, par contre, il fait vraiment petite fille, enfin, je dis ça comme ça... Eh bien, chez nous, tout le monde avait une espèce de don naturel pour les mots sauf moi. Alors forcément, pour tout le monde, ça ne faisait pas un pli : comme j'aimais bien dessiner, je finirais sûrement artiste comme tante Laurie. Le seul problème, c'est que j'étais incapable de faire un dessin qui ressemble à quelque chose. Et à onze ans, je commençais à m'en rendre compte.

– J'étais donc là à m'escrimer à dessiner deux chevaux que j'avais vus passer au trot dans une allée du parc le matin même, mais ça ne venait pas comme je l'aurais voulu. Plus ça allait et plus je me sentais frustrée et j'ai commencé à écraser la mine de mes crayons sur ma feuille de papier. C'était un cahier de dessin à deux sous, le genre Prisunic... J'aurais sans doute eu plus de succès avec des pastels, mais les crayons que Marcia nous avait donnés étaient beaucoup trop durs. Dès que j'appuyais un peu, la mine passait au travers du papier, alors j'arrachais la feuille, je la roulais en boule et je la jetais à l'autre bout de la pièce. A la fin, j'en ai eu tellement marre que je me suis mise à me disputer avec ma sœur.

– Tante Laurie n'a même pas eu l'air de remarquer quoi que ce soit. Mais pendant que 'Man essayait de me calmer, elle a enfilé son duffle-coat et est sortie sans rien dire à personne. Au bout d'une heure, on l'a vue revenir, dégoulinante de pluie et elle m'a tendu un sac en plastique. A l'intérieur, enveloppé dans du papier-cadeau, j'ai trouvé un énorme appareil photo, un Leica.

– Pour vous dire la vérité, personne n'a vraiment été emballé... Pour maman, un appareil photo, c'était bien trop cher et bien trop beau pour une gamine de onze ans, et elle n'avait pas entièrement tort. Tout ce qu'elle a trouvé à dire, c'est : « Oh, Laurie ! Tu n'aurais pas dû ! » Et, à mon avis, elle le pensait vraiment.

Tante Laurie lui a dit que c'était son cadeau de Noël. Juste le genre de remarque qui jette un froid, parce qu'à la maison, personne ne célébrait plus Noël. Chez nous, on fêtait Hanukah. En plus, ils devaient se dire que tant qu'à m'offrir un cadeau, elle aurait pu acheter quelque chose pour Celia aussi. Et ça, Celia en était très consciente, bien qu'elle n'ait ni pleurniché ni manifesté quoi que ce soit. En fait, je crois que c'est surtout parce qu'un appareil photo, ça ne lui faisait pas du tout envie.

– A moi non plus d'ailleurs ! En fait, ça m'a plutôt vexée, je dirais même humiliée. C'était comme si tante Laurie, l'artiste de la famille, m'avait jaugée et avait décidé que comme dessinatrice, j'étais nulle, que je n'avais aucun don et que je ne la vaudrais jamais. J'avais l'impression de lui faire pitié, et c'est quelque chose que je supportais très mal à l'époque. Maintenant aussi, d'ailleurs !

– L'important, c'est qu'elle a su, Dieu sait comment... Quand elle m'a vue m'acharner sur mes chevaux, essayer de reproduire exactement ce que j'avais vu, pas à la façon d'un peintre, mais comme un photographe, elle a su ce qu'il me fallait. Sur le moment, je ne l'ai pas compris, bien sûr. Pour moi, le message implicite, c'était : pas la peine de t'entêter, mon petit ! Le reste m'est passé au-dessus de la tête, parce qu'à onze ans, la photo, ça ne représentait pas grand-chose pour moi. En fait, je ne savais même pas exactement ce que c'était.

– Bien sûr ! Quand on est rentré à la maison, j'ai chargé l'appareil et j'ai essayé de m'en servir, mais sans grande conviction. Je n'arrivais pas à comprendre à quoi servaient tous les réglages et puis l'appareil était beaucoup trop lourd pour moi. J'avais du mal à ne pas bouger. Inutile de vous dire que mes premiers clichés ont été catastrophiques et que je me suis empressée de reléguer l'appareil au fond d'un placard.

– Ce qui s'était passé ensuite ? Environ deux ans plus tard, j'allais avoir quatorze ans, tante Laurie est morte. Dad est allé à Key West pour récupérer ses affaires et il est tombé sur une douzaine de bouquins de photos, et pas que des contemporains. Il y avait tous les grands noms : Cartier Bresson, Steiglitz, Bourke-White, Walker Evans et même des numéros spéciaux de *Life,* première manière. Avant sa mort, tante Laurie avait rayé son nom de tous ces bouquins et l'avait remplacé par le mien. Tous les 'Laura Zimmern', 'Laura Jones' ou 'Lorin Jones', avaient été biffés d'un grand trait de plume et au-dessous, elle avait mis 'Ruth Zimmern', de sa belle écriture ronde, un peu comme la calligraphie du siècle dernier. Mais j'imagine que vous connaissez son écriture !

– A la suite de quoi, papa m'a fait parvenir le lot de bouquins. A l'époque, j'avais complètement abandonné l'idée de devenir artiste. Dans la famille, tout le monde pensait, moi la première, que je m'installerais à la campagne, dans une ferme, et que je m'occuperais d'animaux. Un peu comme mon beau-père, Bernie.

– Ces livres, pour moi, ça a été comme si je recevais un éclair de flash en pleine figure. J'étais loin de m'imaginer qu'on pouvait faire des photos pareilles, mais dès que je les ai regardées, j'ai décidé que c'était ce que je voulais faire. Alors j'ai exhumé le Leica. Comme j'avais grandi, je pouvais le tenir ferme et j'étais capable de comprendre le mode d'emploi. Voilà. C'est comme ça que tout a commencé. Des fois, je me dis que si tante Laurie n'avait pas été là, à l'heure actuelle, je serais une bonne grosse vétérinaire rurale sans problèmes.

– Grand Dieu, non ! Comme dit Marcia, je ne regrette rien ! Sauf peut-être de ne pas pouvoir revoir tante Laurie pour la remercier. Mais c'est tout.

15

Assise sur une banquette de bois dur, dans l'entrée mal éclairée d'un bâtiment universitaire dont le plafond se perdait dans la pénombre, Polly commençait à trouver le temps long. Leonard Zimmern, avec qui elle devait déjeuner, n'arrivait pas. De la salle de cours qui lui faisait face lui parvenaient des raclements de pieds et des murmures. Chaque fois que la porte s'ouvrait pour laisser le passage à des groupes d'étudiants bizarrement accoutrés et sur le visage desquels se lisait la lassitude désabusée propre aux périodes d'examens, un courant d'air glacial la cueillait en pleine figure.

Comme eux, Polly se sentait lasse et vaguement désabusée. Elle n'avait pas encore commencé ses achats de Noël et, ce même après-midi, elle avait un autre rendez-vous avec le Dr. Bebb. D'un jour à l'autre, Stevie rentrerait à la maison et, d'avance, elle s'en faisait une fête. Mais, à en croire Jim, il retournerait probablement finir l'année scolaire à Denver.

En fait, sa seule cause de satisfaction était d'avoir réussi à quitter Key West avant qu'il ne soit trop tard. Mais il s'en était fallu d'un cheveu. Une fois son billet transféré, Polly avait mis sa recherche sous le boisseau pour consacrer tous ses instants à Mac et au plaisir. Ensemble, ils avaient couru le long de l'Océan, dans les brumes du petit matin. Ensemble, ils s'étaient baignés dans des vagues que le soleil couchant teintait de rose et fait l'amour sur le sable, au clair de lune (ce qu'elle avait d'ailleurs trouvé plus romantique que confortable). Ils avaient dansé, s'étaient offert des chapeaux de palme tressée aux puces locales et avaient assisté au retour des pêcheurs de crevettes.

La mer était encore trop mauvaise pour aller jusqu'au récif. Ils avaient tout de même fait une sortie de pêche avec un ami de Mac et, le soir, avaient partagé un superbe poisson-lune de six livres, dûment farci et cuisiné par Lee, avec elle et deux de ses pensionnaires. Pendant ces trois jours, c'est à peine si Polly avait eu une pensée pour son livre. Pour tout travail, elle s'était contentée d'aider Mac et son équipe à poser, à grand renfort de ruban adhésif et d'enduit, le fameux placoplâtre.

Rétrospectivement, elle trouvait effarant d'avoir été si près de succomber au charme de Mac – ou plutôt, rectifia-t-elle, de Hugh Cameron – et d'accepter sa vision de Lorin Jones. Parce qu'à l'évidence, son récit était aussi peu impartial ou fiable que ceux de Jacky ou de Garrett. C'était peut-être même l'inverse. Comme disait Jeanne, Polly avait un problème : tout en se rendant compte que les personnes qu'elle interrogeait n'étaient pas toujours dignes de foi, elle ne pouvait se défendre, une fois qu'elle les connaissait un tant soit peu, de perdre tout esprit critique et de les trouver plutôt sympathiques. En ce qui concernait Mac, c'était même allé beaucoup plus loin.

En somme – Jeanne ne se privait pas de le lui faire remarquer – elle avait besoin de prendre du recul. De rester objective. « Ecoute, Polly... Je veux bien admettre que ton séjour en Floride t'ait emballée. Après tout, pourquoi pas ? Mais je crois que tu aurais tort de prendre ça trop au sérieux. Ce type-là t'a menti. Il l'a reconnu lui-même ! Et puis, quelqu'un qui trompe la fille avec laquelle il vit et qui fait main basse sur des toiles d'une certaine valeur... Oh ! Je ne te jette pas la pierre, remarque ! Je sais parfaitement jusqu'où je peux aller trop loin, moi-même, quand je suis en plein trip érotique. Dans ces cas-là, je mets mes œillères et, quoi que puissent dire les copines, je refuse de regarder la réalité en face... »

La réalité, vue par Jeanne, c'était que la Polly qui avait débarqué à Key West était dans un état de grande fragilité intérieure. Elle ne savait plus trop où elle en était et était prête à gober n'importe quoi. A croire qu'elle avait été victime d'un de ces sortilèges vaudous dont Ron et Phil lui avaient recommandé de se méfier. Alors, dès son retour à New York, elle avait complètement craqué.

Et c'était Jeanne qui l'avait aidée à recoller les morceaux. Jeanne avait été tout simplement merveilleuse. Elle s'était montrée compréhensive, elle avait su l'écouter et lui démontrer par A+B qu'elle n'était en rien responsable de ce qui s'était passé à Key West. Pour Jeanne, il était clair que Hugh Cameron l'avait sournoisement attirée chez lui et qu'il l'avait pour ainsi dire violée, elle qui était déjà si mal en point, si malheureuse, pratiquement au bout du rouleau. La preuve, c'est qu'elle était rentrée à New York avec un rhume carabiné et près de quarante de fièvre, non ? Et qui, sinon son tendre et dévoué Chat à Pois, l'avait expédiée au lit et l'avait aidée à recouvrer, à force de soins et d'attentions, sa santé et son équilibre ?

L'épisode Key West, du moins Jeanne l'insinuait-elle, n'avait été, somme toute, qu'un des effets secondaires de sa trop longue fréquentation de Lorin Jones. De son identification, d'abord consciente, puis obscurément subconsciente, avec l'objet de ses recherches. Elle avait même fini par revivre certaines expériences de Lorin : à preuve l'arnaque de son marchand de tableaux. Ainsi que Jeanne l'avait souligné, Jacky ne lui avait pas proposé de se rendre à Key West en personne ou même de participer à ses frais de déplacement. Et pourtant, si la Galerie récupérait les toiles qu'elle avait retrouvées et réussissait à les vendre, qui est-ce qui croquerait une commission plus que confortable ? Comme Lorin, elle avait dû subir les pelotages et le paternalisme de Garrett. Pour couronner le tout, comme Lorin, elle avait été séduite et trompée par Mac/Hugh.

Et même si, par la suite, Mac/Hugh avait prétendument fait amende honorable, il n'en restait pas moins que c'était un individu louche et un fieffé menteur. Jeanne n'en démordait pas : prétendre que Lorin Jones était accro aux amphétamines, par exemple. Quel tissu de mensonges ! La preuve, c'est que la propre belle-sœur de Lorin n'en avait jamais entendu parler. Pour Jeanne, il était évident que Cameron était un type malhonnête et dangereux. Charmant, et même charmeur au premier abord, intelligent sans doute, mais fondamentalement pervers. « Ça ne m'étonnerait qu'à moitié ! » avait d'ailleurs renchéri Betsy, que Polly avait trouvée un rien trop présente lors de leurs discussions.

« Tu y vas fort, il me semble ! Il n'est peut-être pas aussi noir que tu le fais... » Polly avait vaguement tenté de protester. Mais Jeanne et Betsy s'étaient contentées de la contempler avec le regard de commisération mi-indulgent, mi-inquiet, que prennent les gardes-malades dans les maisons de convalescence. L'air de dire : « Mmm, j'ai bien peur qu'il ne nous reste un petit foyer d'infection ! » Et le pire, c'est qu'elles avaient raison.

Bien sûr, si Polly adoptait leur point de vue sur Mac – ou plutôt sur Hugh Cameron..., décidément ! – elle aurait les coudées beaucoup plus franches. Rien ne l'empêcherait d'en revenir à sa première version de Lorin Jones, celle de la femme de génie maltraitée et, pour finir, détruite par les hommes et la société machiste. Cela lui permettrait de passer sous silence tout ce qui ne cadrait pas avec ses thèses. Conformément à ses intentions de départ, la biographie serait une attaque en règle, et fort bien étayée, sur les milieux artistiques. Et puis ce serait, en quelque sorte, une revanche personnelle sur tous les hommes qui les avaient fait souffrir, Lorin et elle, ce ramassis de menteurs, d'exploiteurs et de vils séducteurs. « J'en connais qui vont se mordre les doigts quand ton bouquin sortira », lui avait prédit Jeanne quelques jours plus tôt, avec un sourire carnassier.

Malheureusement, rien ne prouvait que ceux qui se mordraient les doigts ne sortiraient pas aussi leurs griffes. Garrett Jones, Jacky Herbert, leurs amis et toute leur clique se feraient un plaisir de dire pis que pendre du livre de Polly, elle n'aurait que de mauvais papiers dans la presse établie et le livre se vendrait mal, elle devait le savoir. Et puis, elle devait aussi s'attendre à des répercussions au travail, quand elle reprendrait son poste au musée : regards froids, mots réfrigérants, attitude glaciale de ses supérieurs. En un rien de temps, un véritable blizzard, semblable à celui qui sévissait dehors, couperait Polly de la scène artistique new-yorkaise, la confinant davantage encore au sein d'un cénacle cent pour cent féminin et en grande partie lesbien.

Mais, dût-elle en souffrir sur le plan professionnel ou financier, elle savait qu'elle pouvait compter sur les encouragements et le soutien de ses semblables, ses sœurs. Les journaux féministes prendraient son travail au sérieux. Ida, Cathy, et les autres copines de Jeanne, l'accepteraient enfin et lui accorderaient leur confiance, comme à une personne qui a fini, et pas trop tôt, par s'insurger contre le système patriarcal.

Le regard fixé sur le pan de mur dégradé qui lui faisait face, Polly se vit soudain projetée dans un moment de son avenir, comme un film d'anticipation. Assise en tailleur dans un cercle de femmes au beau milieu du living d'Ida, elle assistait à une de ces réunions auxquelles elle avait jusqu'à présent formellement refusé de participer. Le cheveu court, vêtue d'un ensemble de laine noir un peu défraîchi, on lisait sur son visage le sérieux et la détermination. Près d'elle, sur le tapis un brin rugueux mais tressé main par les membres d'une communauté féminine établie dans le Vermont, se trouvaient Jeanne et Betsy. De l'autre côté, lui tenant la main d'une étreinte à la fois chaude et possessive, se dessinait une autre présence féminine à la fois vague et rassurante : son amante à venir, encore sans visage. (« Quelque chose me dit que tu ne vas pas tarder à rencontrer l'âme sœur », venait de lui annoncer Jeanne, sans se douter qu'elle ne faisait que répéter un couplet cher à la mère de Polly.)

Pourquoi diable cette vision lui semblait-elle si plate, si terne ? Etait-ce un jeu de la grise lumière hivernale et du plâtre taché qui servait d'écran à cette projection privée ? Un effet de sa récente fatigue ? Pourquoi trouver déprimant un avenir dans lequel elle se voyait reconnue à sa juste valeur et entourée de l'affection de femmes intelligentes qui admiraient sans réserve ce qu'elle avait fait ?

« Navré de la qualité du décor », s'excusa Leonard

Zimmern une vingtaine de minutes plus tard, en faisant glisser un plateau en plastique de la couleur veloutée d'un champignon figé sur la table d'une cafétéria casher. « Mais, vous comprenez, c'est le seul restaurant des environs qui ne croule pas sous les guirlandes et le houx artificiel en cette période de l'année. » Il jeta à Polly un regard acéré avant d'ajouter : « N'allez surtout pas croire que je suis en train de renouer avec l'orthodoxie ! Je n'en suis pas là ! Simplement, plus je prends de l'âge et plus la Noël et tout le tralala me tapent sur les nerfs. J'espère que vous ne m'en tiendrez pas rigueur. »

« Pas le moins du monde. » Polly posa une tasse de café et un bagel au fromage sur la nappe humide.

Lennie s'assit et se mit à remuer son café. « Ainsi, vous êtes allée à Key West et vous avez retrouvé Hugh Cameron. »

« On ne peut rien vous cacher. »

« Et je me suis laissé dire que vous aviez aussi retrouvé bien d'autres choses », ajouta-t-il avec un sourire. « Jacky Herbert m'a appris que vous avez vu les deux tableaux de Laura. Y compris la grande toile de sa dernière exposition, celle qu'on croyait perdue. »

« C'est exact. Ils sont chez Cameron », fit-elle.

« Vraiment ! »

Polly jeta à Lennie un regard d'irritation mal contenue. Cela lui ressemblait de ne pas manifester plus de surprise que cela devant sa découverte. Et elle ne parlait pas d'enthousiasme, ni même de gratitude !

« Il semble qu'Herbert désire que ces tableaux fassent partie de sa prochaine exposition. » Il esquissa un sourire avec un haussement de sourcils, qu'il avait noirs, parsemés de gris.

« Mouais », fit Polly sans se dérider. La découverte des tableaux perdus de Lorin était, à ce jour, son plus grand titre de gloire. Elle aussi souhaitait qu'ils fussent exposés à la vue et à l'admiration de tous. De plus, elle voulait en faire des photos pour son livre. Mais cela dit, que se passerait-il ensuite ? S'il pouvait trouver un biais, Jacky refuserait probablement de les rendre à Mac et s'empresserait de les vendre à des collectionneurs qui n'avaient même pas connu Lorin. Oh, et puis, de toute façon, ce n'était pas ses oignons, comme disait Jeanne.

« Herbert est d'avis que nous devrions aller tous ensemble consulter son avocat. Il a l'intention d'envoyer une lettre à Cameron pour exiger la restitution des toiles, à moins, évidemment, que celui-ci ne puisse produire une preuve écrite qu'elles lui appartiennent en propre. »

« Mouais », fit Polly mal à l'aise. Tout cela, elle le savait déjà. Pas plus tard que la veille, Jacky avait insisté auprès d'elle pour qu'elle convainque Lennie d'entamer les démarches dès que possible.

« Vous pensez donc que c'est ce qu'il faut faire ? »

« Il me semble », fit-elle en s'efforçant de prendre un ton convaincu. Il ne fallait pas oublier que, légalement, ces tableaux étaient la propriété de Lennie et que leur restitution, qui, d'ailleurs, se justifiait moralement, ne pourrait qu'être bénéfique à sa carrière.

« Personnellement, j'hésite un peu à me lancer dans une procédure judiciaire. Ça a un côté *Bleak House,* à la Dickens, que je n'apprécie guère. »

« Euh. » Polly n'avait jamais réussi à lire ce Dickens, mais il était hors de question qu'elle l'admît publiquement. Il était évident, à la réflexion, que Lennie finirait par se résoudre à consulter un avocat. Il ne laisserait pas deux toiles qui valaient, au bas mot, vingt mille dollars pièce lui passer sous le nez. Il avait simplement décidé de jouer au chat et à la souris avec elle, histoire de s'amuser. En fait, il la faisait marcher, comme il avait dû faire marcher sa sœur dans le temps. « Excusez-moi, j'ai oublié le lait. »

L'ennui, pensait-elle en se frayant un chemin à travers les tables prises d'assaut, c'est que, moi non plus, je n'aime pas trop cette idée de procès. Si Mac doit perdre ces tableaux, je ne veux pas être complice. Elle plaça sa tasse sous le bec du robinet. Bien sûr, j'agis contre mes intérêts et en plus, ce n'est peut-être pas très légal, mais je me refuse à tremper là-dedans, se dit-elle.

« Hé ! regardez ce que vous faites ! » fit une voix à ses oreilles. Polly baissa les yeux. Autour de sa tasse débordante, une flaque de lait s'agrandissait.

« Je rêvais. » Ces toiles, Mac lui avait bien assuré que c'était un cadeau de Lorin, non ? pensa-t-elle en tournant le robinet. Et puis, même si ce n'était pas vrai, pour lui, ces tableaux représentaient quelque chose. Cela ne lui conférait-il pas un droit sur eux ?

« A propos des deux toiles... » dit-elle à Lennie, en posant sa tasse de lait tiédasse. « Il y a un petit problème. En fait, elles appartiennent bel et bien à Hugh Cameron. »

« Vraiment ? » Cette fois-ci, un seul de ses sourcils accepta de jouer son jeu spectaculaire.

« C'est que... Votre sœur les lui avait données, voyez-vous. »

« Ah bon ? Et qu'est-ce qui le prouve ? » demanda-t-il d'un ton soupçonneux, presque agressif.

Polly serra les dents. « La dédicace qui figure au dos de chaque toile », s'entendit-elle mentir. « "A Hugh, avec tout mon amour, Lorin". Je ne l'ai vu qu'après avoir appelé Jacky », improvisa-t-elle.

« Vraiment », fit Lennie pour la troisième fois, laissant tomber sa voix pendant que ses sourcils montaient se rejoindre au milieu de son front. « Je donnerais cher pour en connaître l'auteur. »

« A mon avis, c'est à cause de ça que Cameron n'a pas mentionné les tableaux quand vous êtes allé à Key West », s'enferra-t-elle, affolée par ce qu'elle était en train de faire mais décidée à parler de façon dégagée.

« C'est plausible. » Lennie eut un haussement d'épaules. « Il y a sûrement mille explications. Il m'avait fait l'impression d'être complètement perdu, à l'époque. » Il tournait sa tasse entre ses mains. « En fait, je ne peux pas dire que cela me contrarie vraiment. J'ai déjà assez de soucis comme ça avec les toiles de Lorin qui sont en ma possession. Entre les assurances et les frais de garde, c'est ahurissant, vous savez... En plus, depuis que vous avez organisé cette maudite rétrospective, je n'arrête pas d'être sollicité par le musée chose ou la galerie machin pour que je leur prête des tableaux. » Il eut un rire contenu. « Je n'ai pas la moindre envie de me lancer dans des querelles procédurières. Après tout, si Cameron veut ces toiles, qu'il se les garde ! »

Eh bien, tu vois, c'est fait, se dit Polly, scandalisée de son propre succès. « Je croyais que vous ne portiez pas Hugh Cameron dans votre cœur », lança-t-elle au hasard. Elle se souvenait que Lennie le lui avait décrit – elle l'avait noté noir sur blanc dans ses carnets – comme un "faux naïf typique qui se cramponne encore à son rôle d'artiste et d'adolescent prolongé au déni de toute plausibilité".

« Disons que je ne cours pas après... Mais je n'ai aucun grief à son égard : il a supporté ma sœur bien plus longtemps que d'autres ne l'auraient fait. En tout cas, pour autant que je sache, lui, au moins, ne l'a pas trompée, alors que Garrett... »

« Vous étiez au courant ? » demanda Polly.

« Hon hon. » Lennie haussa les épaules. « Comme la plupart de leurs relations, j'imagine... »

« Pourtant, Garrett était très amoureux d'elle », fit Polly. « Et je le soupçonne de l'être encore un peu, d'une certaine façon. »

« Certes », fit Lennie d'un ton âpre. « Lolly a toujours fait cet effet aux hommes. Depuis toute petite. » Il mordit sauvagement dans son sandwich. Deux longs filaments jaunes restèrent pris dans les poils de sa moustache, lui donnant soudain l'air d'un carnivore.

« Lolly... C'était le surnom de votre sœur quand vous étiez petits ? »

« Mmm. » D'un coup de langue, il récupéra les débris d'omelette et s'essuya soigneusement la moustache. De nouveau, son visage n'exprimait plus rien.

« Et vous vous souvenez de l'origine de son surnom ? »

« En fait, je n'en suis pas sûr. Probablement un diminutif du petit nom que mon père lui donnait quand elle était bébé. Il l'appelait Lollypop. » Il avala une gorgée de café. « Et qu'est-ce que Hugh Cameron vous a appris d'autre ? »

Le regard de Polly se posa sur Lennie puis se détourna. Ridicule d'imaginer qu'il pouvait être au courant de ce qui s'était passé à Key West. Sa panique, sa soudaine rougeur n'étaient dues qu'à l'attitude professorale, soupçonneuse, presque inquisitrice qu'il avait dû roder au fil des ans sur ses étudiants. Polly contre-attaqua : « Un certain nombre de choses dont vous n'aviez pas jugé bon de me parler. A moins que vous n'en ayez pas eu connaissance. »

« Vraiment. Et... peut-on savoir ? »

« J'ai découvert la façon dont Lorin est morte, par exemple. »

Lennie ne fit aucun commentaire. La tasse de grossière porcelaine blanche qu'il tenait s'immobilisa à deux doigts de ses lèvres minces et bien dessinées.

« Elle a attrapé un refroidissement, suite à un bain de mer trop prolongé à une époque où l'eau était encore très froide. Et n'est allée voir un docteur que lorsqu'il était déjà trop tard. »

« Exact. Cameron me l'avait raconté », fit Lennie d'une voix dure. « Cela ne m'a d'ailleurs pas beaucoup surpris », ajouta-t-il.

« Qu'est-ce qui ne vous a pas beaucoup surpris ? »

« Toute cette histoire. Lorin a toujours été fascinée par l'eau. Il est vrai aussi qu'elle avait un rapport bizarre avec les médecins et le monde médical. Toute petite, déjà... Elle ne supportait pas qu'on lui farfouille dans le corps. Dans la tête non plus, d'ailleurs. »

« Beaucoup de gens sont comme ça », dit Polly qui se demandait si Lennie n'était pas en train de faire allusion à elle et à son livre, en suggérant que Lorin n'aurait guère apprécié ce qu'elle faisait. « Evidemment, elle était très sensible. »

« Oui. Vous pouvez même dire hypersensible. » Lennie eut un demi-sourire. « De plus, je crois qu'elle s'intéressait beaucoup à la mort. »

« Que voulez-vous dire ? »

« Ma foi... » Lennie eut une hésitation, comme s'il souhaitait n'avoir rien dit, puis reprit : « A l'époque, voyez-vous, les rares personnes en qui elle avait eu pleinement confiance étaient mortes. Sa grand-mère, son père, sa mère, et même la gouvernante qui s'était occupée d'elle toute sa vie. Laura a un jour confié à mon ex-femme que, passé l'âge de dix ans, il devenait quasiment impossible de se fier entièrement aux personnes qu'on rencontrait. Elle le lui a dit comme s'il s'agissait d'une réaction humaine très ordinaire. »

« Quelle tristesse ! » s'exclama Polly, qui se demandait s'il n'y avait pas un peu de vrai dans l'opinion de Lorin.

« Il y a une chose, aussi. La dernière fois que je l'ai vue, quand elle est venue à New York après la mort de mon père, Laura m'a raconté un rêve qu'elle avait fait. » Il s'arrêta.

« Eh bien ? » fit Polly pour le relancer.

« Dans ce rêve, son père, Celia et tous ses parents ou amis disparus se tenaient à l'autre bout d'une pelouse, genre terrain de sports, qui disparaissait dans le brouillard, et ils l'appelaient. Ils lui disaient : "Baladin, baladin, on te montre le chemin". »

« Euh ! » Polly prit une inspiration. Il était en train de dire, ou au moins de suggérer, que la mort de Lorin a été une manière de suicide, pensa-t-elle. Ça n'a pas été le simple résultat de l'épuisement, de la confusion mentale, de la négligence ou de l'abandon. « D'après Hugh Cameron, pendant les dernières années de sa vie, elle s'était mise à la drogue », finit-elle par articuler. « Surtout aux amphétamines. Mais je ne sais pas si je dois croire... » Elle s'arrêta en surprenant un tic nerveux sur le visage de Lennie, dont la tête pivota soudain comme si une personne invisible venait de lui assener un soufflet retentissant.

« Vous n'en avez jamais entendu parler ? » fit-elle.

« Je... Non, absolument pas. Disons que je me doutais de quelque chose. » Il reposa sa tasse.

« Alors, à votre avis, ça pourrait être vrai ? » Si ça l'est, c'est que Mac m'a dit la vérité.

Lennie eut une hésitation. « C'est une hypothèse à ne pas écarter. La dernière fois que nous nous sommes vus, j'ai eu la très nette impression qu'elle prenait quelque chose. »

« Mais alors, c'est peut-être pour cette raison que... » fit Polly. « Je veux dire, si elle avait l'esprit pas très clair... Elle n'a peut-être pas délibérément recherché la mort. Et personne ne s'est inquiété, personne n'a cherché à l'aider. Quel gâchis ! » cria Polly. Dans la cafétéria, les têtes se tournèrent.

« Eh oui ! Vous pouvez le dire ! » Il hocha la tête.

« Avec tout le talent qu'elle avait... » Polly s'efforça de reprendre le contrôle de sa voix. « Quel gâchis stupide, bon sang de bonsoir ! Ça me met dans une colère ! »

« Oui, je sais. Moi aussi. » Lennie poussa un profond soupir. « Mais, à la vérité, nous sommes des coléreux, vous et moi. » Il décocha à Polly un sourire de complicité.

Il a raison, pensa-t-elle. Elle le regarda au fond des yeux. Et il est probable que tout cela remonte à l'enfance, comme la plupart des choses. Nous avons eu tous deux une belle-mère, des demi-frères ou une demi-sœur plus jeunes qui étaient les chouchous. Mon père est parti et m'a abandonnée pour fonder une autre famille, comme le sien. C'est à lui que je ressemble, pas à Lorin. L'espace d'un instant, elle considéra Lennie non plus comme un ennemi ou un obstacle à ses recherches, mais comme un allié et même un ami possible. Mais non. Elle ne tomberait pas une fois de plus dans ce panneau.

« Je suppose que ça se discute », fit-elle hors de propos.

Lennie changea de visage. « Comme tout le reste », fit-il. Il se redressa et redevint lui-même. Sur ses lèvres se jouait un sourire moqueur. « Bon ! Et je suppose que vous allez révéler dans votre biographie que ma sœur se droguait ? »

« Je n'en sais rien », reconnut Polly. Elle se sentait tout à coup très lasse. Dans la version de Jeanne, si Hugh Cameron n'avait pas tout bonnement inventé la toxicomanie de Lorin, c'était certainement lui qui l'avait initiée à la drogue. Mais est-ce qu'il aurait pu lui mentir aussi froidement, surtout vu les circonstances ? Malgré elle, une image s'imposa à Polly. Celle d'une maison vide, en travaux, quelque part à Key West, et du visage de Mac penché vers le sien, dans un chaud clair-obscur. Elle battit plusieurs fois des paupières pour la chasser.

« Je vous avais bien dit que vous risquiez de découvrir des vérités encombrantes », fit Lennie en la regardant. « C'est un problème qui se pose pour tous les livres, naturellement. Du moins, les vôtres et les miens. Moins on en sait, et plus le livre s'écrit facilement. »

Il attendit quelques secondes puis, devant son absence de réaction, il repoussa sa tasse et froissa sa serviette en papier. « Bon, eh bien, il est grand temps que je retourne travailler ! Mais, j'y songe, pourquoi ne pas m'accompagner ? »

« C'est que... » Polly hésitait.

« Ecoutez, si elle est là, je demanderai à la tête de linotte qui me sert de secrétaire de vous faire un vrai café. Je vois que celui qu'on sert ici n'est pas vraiment à votre goût. » D'un geste de la main, il désigna la tasse de Polly, pleine d'un lait tiède et grisâtre peu appétissant.

La remarque sexiste de Lennie l'avait ramenée à la réalité. « Non merci, je ne peux vraiment pas », fit-elle tout net. « J'ai des tas de courses à faire. »

Depuis quelques jours, le temps était à la neige. Un après-midi, transie de froid et d'humidité, Polly rentra chez elle, les bras chargés de paquets. Les grosses bottes fourrées qu'elle portait aux pieds lui semblaient peser une tonne. « Salut ! » cria-t-elle à la cantonade.

« On est là », fit Jeanne enfouie au creux du canapé qu'elle avait, à son habitude, métamorphosé en une sorte de nid. Entourée de coussins, de revues, de copies à corriger, vêtue d'un cardigan rose à torsades, armée de son canevas et de ses pelotons de laines, munie de ses cigarettes et de son cendrier de porcelaine préféré, celui en forme de cœur, elle trônait.

« Coucou ! » fit la voix de Betsy, haut perchée et pleine d'excitation contenue, comme celle d'un enfant. Il fallut quelques secondes à Polly avant de la localiser. Puis elle s'aperçut que la petite amie de Jeanne était installée sur le tapis, au pied du canapé, en posture yoga. Les fesses posées en équilibre sur les mains, elle s'était passé derrière la tête ses jambes revêtues d'un pantalon de jogging bleu lavande et regardait Polly, au milieu d'un curieux assemblage de chevilles assez fortes, couvertes de taches de rousseur, et de pieds blancs et calleux.

« Alors, comment ça va ? » Polly se débarrassa de ses paquets et se pencha sur le canapé mais, à sa grande surprise, Jeanne, loin d'offrir sa joue à ce baiser rituel, garda les yeux fixés sur la rangée de points de croix vert tendre qu'elle venait d'aligner sur son canevas.

« Ça va bien », fit-elle d'un ton qui informa instantanément Polly que ce n'était pas le cas.

« Et l'appartement de la 23e rue ? Racontez ! »

« On ne l'a pas eu », l'informa Betsy qui était vraiment maintenant tête en bas, pieds en l'air.

« Oh, zut ! C'est vraiment pas de pot ! » fit Polly. Depuis son retour de Key West, calcula-t-elle mentalement, ce devait être leur cinquième ou sixième fiasco immobilier. Immanquablement, les appartements qu'on avait signalés à Jeanne et à Betsy étaient impossibles, ou bien venaient juste d'être loués. Comme elle l'avait prévu, le mari abusif de Betsy avait refusé de libérer le logement de Brooklyn Heights. Il ne répondait même pas à l'avocat de Betsy, estimant que sa femme traversait une crise émotionnelle, qu'elle devait faire une psychothérapie et qu'une fois rétablie, elle lui reviendrait.

L'ennui, c'est que Stevie rentrait la semaine d'après. Normalement, Jeanne et Betsy devraient être parties : elles avaient prévu de passer les vacances de Noël dans une communauté de femmes dans le Vermont. Mais si, d'ici là, elles n'avaient pas trouvé d'appartement, où s'installeraient-elles à leur retour ?

Bien sûr, si Stevie décidait de rester chez son père à Denver, ce qui était de plus en plus probable, pensa Polly avec tristesse, elles se sentiraient sûrement autorisées à revenir chez elle. Et Polly n'aurait aucune raison de leur fermer sa porte, quelque désir qu'elle en eût.

C'était surtout de Betsy qu'elle souhaitait se débarrasser. Depuis le début des vacances, Betsy était pratiquement tout le temps fourrée à l'appartement. Insensiblement, elle grignotait de plus en plus d'espace et chaque jour qui passait la voyait devenir un peu plus enfantine et dépendante : il n'y avait qu'à la regarder se rouler sur le tapis à la seconde même, comme une enfant anormalement grande.

« Il y a eu... deux coups... de fil... pour toi », l'informa Betsy, entrecoupant le message d'exercices de respiration yoga plutôt bruyants. Ses pieds longs et maigres, presque osseux, pointaient en direction du plafond comme si c'était de là que les appels étaient parvenus.

« C'est vrai. Garrett Jones t'a appelée », fit Jeanne d'un ton pincé, faisant glisser son aiguillée de laine à tapisser par un trou du canevas. « Il a dit de te dire qu'il t'envoyait les photos, comme convenu. »

« Super ! » Polly ouvrit son duffle-coat. Il était évident que ce n'était pas seulement la déception d'avoir raté l'appartement de la 23e rue qui taraudait Jeanne. Il devait y avoir autre chose de beaucoup plus grave, mais quoi ?

« Et puis, tu as eu aussi un appel de ce type de Key West », dit Jeanne presque en réponse à la question que se posait Polly.

« Ah bon ? » A l'intérieur de sa poitrine, Polly sentit monter une sorte de hoquet d'excitation, qu'elle réprima. Tout était fini entre elle et Mac – et si elle frissonnait intérieurement à l'annonce de son coup de fil, c'était uniquement à cause de sa maudite faiblesse qui avait besoin de l'entendre lui redire, une fois encore : « Alors, quand est-ce que tu redescends à Key West ? » (« Si tu me préviens avant Noël, je donnerai la consigne à Tony de ne pas relouer la maison en janvier après le départ des actuels locataires », avait-il précisé la dernière fois qu'ils s'étaient parlé.)

« Il a appelé il y a à peine dix minutes », l'informa Betsy, toujours serviable, sans cesser de dessiner des ciseaux dans l'air avec ses jambes.

Zut de zut ! pensa Polly. « Et qu'est-ce qu'il voulait ? »

« Chais pas », fit Betsy, sans interrompre ni ses exercices de respiration ni ses ciseaux. « C'est Jeanne qui a décroché. »

« Il a laissé un message. Tu peux le rappeler chez lui ce soir, après vingt heures. Comme la dernière fois. » Jeanne avait mis des italiques dans sa voix.

« Enfin, bon sang », s'exclama Polly, « tu n'as pas besoin de me faire ces yeux-là ! Après tout, je ne l'ai appelé qu'une seule et unique fois. » Et uniquement pour le mettre au courant de ce que j'avais raconté à Lennie à propos des toiles, ajouta-t-elle en son for intérieur. Comment aurait-elle pu le dire à Jeanne alors qu'elle s'était bien gardée de l'informer de son mensonge éhonté ?

« A mon avis, il est indispensable que tu le rappelles », fit Jeanne. « Ne serait-ce que pour lui signifier de cesser de te téléphoner. »

« Mais je ne peux pas ! Imagine qu'il se soit souvenu de quelque chose qui puisse m'être utile. Ou qu'il ait subitement changé d'avis et qu'il accepte de prêter ses toiles pour l'exposition ! »

« Si c'est que ça, il peut toujours t'écrire », déclara Betsy. « T'as qu'à lui dire ! »

« Peut-être que je devrais, en effet », fit Polly d'un ton conciliant. Elle regarda Betsy qui s'était mise à pédaler la tête en bas sur une bicyclette imaginaire. A la voir faire, Polly ne put s'empêcher de penser que, se fût-elle trouvée sur une véritable bicyclette posée sur ses deux roues, elle en serait sûrement tombée, en se faisant très mal.

« Je crois que tu devrais », fit Jeanne. « Tu sais, ça me met dans tous mes états de devoir adresser la parole à un type de son genre, qui a profité de ce que tu étais vulnérable pour te tromper. »

« Je sais. »

« Et pour toi, ça doit être encore pire que pour moi ! »

Pour éviter un mensonge inutile, Polly préféra ne rien dire.

« Bon, eh bien, si on parlait un peu d'autre chose que de cette canaille », fit Jeanne d'une voix tout autre, beaucoup plus chaleureuse. « Allons, montre-nous ce que tu as trouvé chez Macy's. » Elle transféra une partie des papiers qui l'entouraient sur la table à apéritif et tapota le coin du canapé qu'elle venait de dégager. Elle était maintenant prête à écouter le récit de l'odyssée de Polly, sa lutte contre la neige et la grisaille, les grands magasins et les bus bondés. Elle était même prête à la prendre dans ses bras.

« Une seconde, tu veux ? Il faut que je fonce à la salle de bains. »

Polly emprunta le couloir mais, arrivée à destination, au lieu de relever l'abattant du siège des toilettes, se laissa tomber dessus et se mit très lentement à enlever ses bottes.

Oui, c'est vrai, ça devrait être une corvée de parler à Mac, pensa-t-elle. Elle devrait même avoir besoin de faire une croix sur tout ça. Elle n'avait pas encore réussi à oublier, ni Mac, ni le contact de son corps, ni sa façon de bouger, ni le large à-plat cubiste de son torse, ni ses longues jambes aux muscles durs, ni ses doigts carrés du bout. Mais il y avait pire. Elle n'arrêtait pas de penser à son sexe : sa taille, son teint vanille-framboise, sa forme légèrement incurvée.

Elle avait quand même eu deux semaines pour récupérer ! Et elle faisait de réels progrès. Dans quelques mois, elle aurait totalement oublié cette histoire. C'est d'ailleurs ce qu'elle avait dit à Jeanne pas plus tard que la veille. « Bien sûr que tu oublieras », avait répondu Jeanne. « Et peut-être même plus tôt que tu ne crois. »

Pourtant, parmi leurs connaissances, les avis différaient, Ida et Cathy, surtout. En apprenant de la bouche de

Jeanne les aventures de Polly à Key West, elles avaient été peu encourageantes. Une fois, Polly avait même surpris quelques mots qui ne lui étaient pas destinés. Ida avait dit qu'elle n'était pas du tout persuadée qu'il ne s'était agi que d'un égarement temporaire, d'une ultime poussée de fièvre.

« Polly est loin d'avoir viré sa cuti, ma petite chérie. Et je doute qu'elle la vire », avait lancé Ida d'un ton sentencieux. « Tu comprends, elle a ça dans le sang. » Sur quoi Cathy s'était empressée dc faire remarquer que c'était triste à dire, mais qu'on ne pouvait pas faire confiance à une bisexuelle.

Ida et Cathy se trompent, pensa Polly. Elle souleva l'abattant pour lequel Jeanne avait récemment acheté une housse pelucheuse d'un rose poussiéreux, et se rassit. Tout ce dont elle avait besoin, c'était d'un peu plus de temps, et peut-être d'un autre objet sur lequel reporter ses sentiments. Elle se releva, se lava les mains, ramassa ses bottes marbrées d'un dépôt de sel et de neige fondue. Elle se dirigeait vers le salon quand le téléphone sonna. Le cœur en chamade, elle décrocha dans sa chambre.

« Man ? C'est Stevie. »

« Oh ! Bonjour, mon chéri. » La voix de Polly exécuta un glissando d'une demi-octave. « Alors tu vas bien ? Tu es content ? »

« Sûr, sans problème ! Je voulais juste te dire... Je rentrerai le jour avant la date que papa avait mise dans la lettre. Le vingt-deux, quoi. Ça ira ? »

« Bien sûr que ça ira ! C'est formidable ! » Polly se mit à rire.

« Et puis, tu sais, Man, écoute... »

« Je t'écoute. »

« Je vais revenir avec plein d'affaires. Enfin, disons, toutes mes affaires. »

« Tu veux dire que tu t'es décidé, que tu ne veux pas retourner à Denver à la fin des vacances de Noël ? » Polly en avait le souffle coupé.

« Non. Enfin, oui. Je veux rester chez nous. »

Chez nous. Le mot retentit dans la tête de Polly comme un roulement de tambour triomphal pendant toute la fin de leur conversation, qui consista surtout en échange de numéros de vol, d'heures d'arrivée et de projets en tous genres.

« C'était Stevie », cria-t-elle en faisant irruption dans le living-room.

« Ah ? »

« Il rentre un jour plus tôt que prévu. »

« Oh. » A l'évidence, la date du retour de Stevie laissait Jeanne totalement indifférente.

« Et en plus, il ne retourne pas à Denver ! »

« Il n'y retourne pas ? » Jeanne planta son aiguille à tapisser dans le cœur d'une rose éminemment victorienne et se redressa sur son séant. « Eh bien », fit-elle, « j'imagine que ça doit te faire terriblement plaisir. »

« C'est terrible ce que tu dois être contente, pour Stevie, non ? » lui redit Jeanne, une heure plus tard. Elle attaquait une sauce hollandaise et battait un jaune d'œuf avec un filet de citron, tandis que Betsy, sur qui elle se déchargeait des basses besognes, épluchait les pommes de terre.

« Ça, tu peux le dire ! » répondit Polly. « Par contre, j'ai l'impression que toi... »

« Comment peux-tu dire ça ? » s'indigna Jeanne. Un petit chevrotement s'était glissé dans sa voix. « Je suis sincèrement heureuse pour toi. »

« Je n'en doute pas mais... je veux dire... je me rends compte que ça ne va pas être très pratique pour Betsy et toi, de devoir déménager aussi rapidement. Je suis vraiment désolée, mais je ne vois pas ce que je pourrais faire d'autre. »

C'était une question de pure rhétorique, et pourtant Jeanne y répondit. « A vrai dire... » Elle s'arrêta et incorpora dans sa préparation une grosse noix de beurre. « Je me disais que nous pourrions peut-être rester encore un peu. Juste le temps de trouver autre chose, bien entendu. »

« C'est que je ne saurais pas où vous faire dormir »,

protesta Polly. Atterrée, elle essaya d'imaginer Jeanne et Betsy en train de camper au milieu de son living en chantier, Jeanne sur le canapé et Betsy roulée en boule sur un matelas pneumatique, à ses pieds.

« Tu sais, cet appartement est bien plus grand qu'il n'en a l'air », fit Jeanne avec un sourire persuasif. « Si Stevie acceptait de s'installer dans la chambre de bonne, on serait toutes très confortablement installées. »

« Je ne peux quand même pas mettre Stevie à la porte de sa chambre ! » s'insurgca Polly.

« Ecoute, ce ne serait que pour très peu de temps », fit Betsy de son ton geignard. « Et je t'assure que ça ne te causerait aucun dérangement. Bien sûr, on devra décrocher tous ses posters et débarrasser ses affaires. Mais de toute façon, les nôtres sont déjà dans sa chambre. Et notre lit aussi... »

« Mon lit », rectifia Polly. Elle se vit en train d'expliquer à Stevie que sa chambre était maintenant celle de Jeanne et Betsy. Et, pour la première fois, elle se demanda comment elle pourrait lui faire comprendre la raison pour laquelle elles dormaient ensemble dans un grand lit. « Non, je ne peux pas faire ça », déclara-t-elle d'un ton sans appel.

« Jeanne l'avait bien dit, que tu ne serais pas d'accord », conclut Betsy d'une voix lugubre. « Mais écoute... J'avais pensé à autre chose... »

L'idée de Betsy, si elle avait bien compris, c'était qu'il fallait absolument expédier Stevie ailleurs, et ce, dès son arrivée. Selon elle, c'était une solution tout à fait logique : à New York, les établissements secondaires étaient au-dessous de tout. Quant au privé, c'était hors de prix et le recrutement était excessivement snob. De plus, l'environnement new-yorkais n'était pas des plus recommandés pour un adolescent.

L'idéal pour Stevie, ajouta Betsy, serait qu'il soit inscrit dans un pensionnat pas trop sévère mais qui aurait de bons résultats scolaires, et qui soit vraiment à la campagne – tiens pourquoi pas Putney, dans le Vermont ? C'est d'ailleurs là que Betsy avait fait ses propres études. Elle savait qu'on y prenait des nouveaux au début du deuxième trimestre. Et puis, Stevie serait emballé par le Vermont. Après son séjour dans le Colorado, il aurait besoin de faire de grandes balades, d'aller camper, de faire du ski. Betsy trouvait que c'était une idée du tonnerre.

« Eh bien, si tu veux mon avis, elle est débile ton idée », fit Polly qui avait du mal à garder son calme. « Ça fait quatre mois que Stevie ne m'a pas vue et je n'ai pas la moindre intention de l'expédier Dieu sait où. Même si j'en avais les moyens, ce qui n'est malheureusement pas le cas. » Elle regarda Jeanne, espérant qu'elle la soutiendrait, mais Jeanne se contenta de touiller sa sauce.

« Maman a eu exactement la même réaction que toi », s'entêta Betsy, de sa voix geignarde. Elle empoigna une autre pomme de terre. « Elle ne voulait pas que je parte en pension. Mais je t'assure que je ne me suis pas embêtée à Putney. Ce que je crois, c'est que tu fais passer tes propres désirs avant ceux de Stevie, et à ce propos... »

« Mais pas du tout ! » Polly commençait à bouillir intérieurement.

« ... et à ce propos, laisse-moi te dire que ça risque de lui créer un handicap considérable au plan émotionnel si tu continues à le couver dans tes jupes comme ça. En tout cas, c'est ce qu'on pense, Jeanne et moi. »

« Je ne vois pas du tout en quoi ça pourrait être un handicap pour Stevie de vivre avec moi ! » fit Polly. Elle était furieuse et se sentait trahie. « Ça fait quatorze ans que ça dure, tu sais ! » Faisant comme si Betsy n'existait pas, elle fusilla Jeanne du regard. « C'est vraiment ce que tu penses ? »

« Mais bien sûr que non, voyons. » Jeanne retira son bain-marie du feu et, tout en s'essuyant les mains sur son tablier à fleurs, lui fit face. « Betsy n'a rien compris du tout », fit-elle d'une voix caressante. « Bien sûr que ça ne peut pas nuire à Stevie de rester avec toi. D'abord, tu n'es pas une mère névrosée ou hyper-angoissée comme sa mère à elle ! » Son sourire les engloba l'une et l'autre. « Je ne vois absolument pas pourquoi tu devrais te séparer de Stevie. Je le lui ai déjà expliqué. Et il est tout naturel que tu veuilles le garder auprès de toi le plus possible. »

« A la bonne heure ! » fit Polly d'un ton satisfait. Elle écrasa Betsy d'un regard de mépris. Autant pour toi, espèce de minette demeurée, pensa-t-elle.

« Je sais que tu aimes Stevie et que tu ne veux que son bien. Mais moi aussi, tu sais », ajouta Jeanne avec un sourire débordant d'affection. « Tout de même, je ne vois pas en quoi cela t'empêche de lui demander de s'installer dans la chambre de bonne, rien que pour quelque temps. D'ailleurs, je ne pense pas que pour lui, ça fasse grande différence, tu sais. Il se pourrait même qu'il la trouve mieux que la sienne parce que là, il aura sa salle de bains à lui. »

« Mais... » tenta d'intervenir Polly. Les mots lui restèrent dans la gorge. La salle de bains en question avait été aménagée pour une bonne, à une époque où les bonnes devaient s'accommoder de tout et n'importe quoi. C'était une pièce étroite, déplaisante, pas chauffée, qu'on avait installée à l'économie. Tous les équipements étaient vétustes et l'émail de la baignoire-sabot était piqué. Depuis que Polly avait emménagé, quinze ans plus tôt, elle ne l'avait jamais utilisée sauf pour y entreposer un lot de vieilles toiles. « Si tu veux mon avis, il ne s'y plairait pas du tout », fit Polly qui gardait son calme à grand-peine. « Pour un gosse, c'est très important d'avoir sa chambre à soi. Bien plus que pour quelqu'un comme toi ou moi ».

« Tu as peut-être raison », concéda Jeanne. « En ce cas, le mieux serait qu'on s'installe dans ta chambre à toi. Bien sûr, elle est loin d'être aussi grande que celle de Stevie, mais on peut quand même y tenir à deux. »

« Je ne comptais pas vous proposer... » Est-ce que Jeanne avait réellement l'intention de la virer de sa propre chambre ? Polly regarda son amie, debout près de la cuisinière. Tout en Jeanne lui était familier, depuis la racine de ses cheveux aux boucles d'un blond pâle qu'elle avait relevés avec un ruban rose pour cuisiner, jusqu'à l'extrémité de ses ballerines noires éculées. D'où lui venait, alors, cette impression étrange qu'elle la voyait pour la première fois ? « De toute façon, cet appartement est beaucoup trop petit pour quatre. Et à trois, on est déjà les unes sur les autres. »

« Bien sûr, ce n'est pas grand grand... » commença Betsy. Mais aucune des deux autres femmes ne lui accorda la moindre attention.

« Allons, Polly, franchement... » murmura Jeanne avec un sourire. « Il ne faut tout de même pas exagérer. Cet appartement est largement deux fois plus grand que la maison où j'ai passé mon enfance, et nous étions quatre chez nous. A mon avis, tu es en train de faire une petite poussée d'égoïsme, tu sais... »

« La poussée d'égoïsme, je trouve que c'est toi qui la fais », répliqua Polly qui sentait monter la colère.

« J'ai à peine suggéré... » commença Jeanne, mais Polly lui coupa la parole.

« Et puis, si tu veux savoir, je crois que tu te moques éperdument de ce dont Stevie a besoin. Ce qui t'intéresse avant tout, c'est le petit confort personnel de Jeanne et de Betsy. »

« Oh, Polly ! » répondit son amie, d'une voix douce qu'un trémolo théâtral faisait trembler. « Comment peux-tu me parler sur ce ton ? »

Mais elle avait eu tort d'éveiller l'eau qui dormait. Rien ne pouvait plus arrêter Polly. « Je parle sur le ton qui me plaît, figure-toi ! » hurla-t-elle.

Jeanne eut un haut-le-corps, comme si on l'avait frappée, mais ne répliqua pas. Elle se pencha sur la cuisinière. Ses lèvres roses tremblaient et ses yeux papillotants étaient pleins de larmes. Betsy fixait Polly d'un regard lourd de reproches.

« Je te demande pardon », réussit à articuler Polly. « Je n'avais pas l'intention... Je voulais juste... Je suis à cran, c'est tout. »

« C'est pas grave », murmura Jeanne en la regardant

avec un air navré. « Je sais que pour toi, c'est un énorme enjeu affectif. »

« C'est vrai », reconnut Polly.

« Alors, on se donne le baiser de la paix ? » suggéra Jeanne avec un sourire.

« Si tu veux », fit Polly.

Jeanne s'essuya les mains sur son tablier, traversa la cuisine et serra bien fort Polly dans ses bras. « C'est'y pas mieux comme ça ? » demanda-t-elle en riant.

« Beaucoup mieux », fit-elle en lui retournant son étreinte.

« Et moi, alors ? » s'écria Betsy. Abandonnant la pomme de terre qu'elle épluchait, elle se rua vers elles. Polly s'effaça. Il n'était pas question qu'elle participe à une séance de gros câlins à trois avec Betsy.

« Essaie tout de même de penser à ce que je t'ai dit, hein ! » ajouta Jeanne en la regardant par-dessus l'épaule de Betsy. « Je suis persuadée que Stevie ne verrait aucun inconvénient à changer de chambre, même si ce n'est pas ton cas. »

« Entendu », fit Polly d'un ton bourru.

Un sourire lumineux s'épanouit sur le visage de son amie. Polly le lui rendit, mais c'est l'esprit troublé qu'elle s'assit à son bureau pendant que Jeanne regagnait ses fourneaux. Est-ce que je me comporte en égoïste, se demandait-elle. Ou bien est-ce Jeanne ? Pas seulement égoïste, mais aussi sournoise et de mauvaise foi ?

Elle fixait sa machine à écrire d'un œil mauvais. En venir à reprocher à une femme – surtout Jeanne – d'avoir les défauts que depuis des siècles les hommes attribuaient sans vergogne au sexe faible, c'était épouvantable, pire encore, foncièrement réactionnaire. Mais l'idée était là, présente, dans sa tête, et elle n'arrivait pas à la chasser. Elle devait admettre que Jeanne n'était pas toujours franche et directe. Que, plus d'une fois, Jeanne s'était comportée envers elle comme les femmes ont la réputation de se comporter envers les hommes : en ayant recours au charme, à la flatterie, en rouée. La même stratégie qu'elle avait conseillé à Polly d'utiliser avec les hommes qu'elle devait interviewer pour son bouquin.

Elle se retourna pour regarder son amie dont la queue de cheval et le tablier de calicot à volants lui parurent presque une parodie volontaire du rôle de la femme. Avec quels gestes rapides et délicats elle tournait la sauce qui épaississait ! Et que ses petites mains potelées aux ongles nacrés de rose soigneusement manucurés étaient ravissantes !

Polly prit soudain conscience que la scène qu'elle avait sous les yeux n'était que la caricature du couple traditionnel. Elle était le mari exaspéré, portant jean râpé et pull-over déformé, propriétaire des lieux, qui faisait tourner la maison et qui travaillait tard pendant que la bonne épouse, pleine de tact, charmante et manipulatrice, parée de son tablier à fleurs, préparait le dîner et que la belle-fille gâtée faisait semblant de l'aider.

Jeanne tient plus à Betsy qu'à moi, se dit Polly qui se sentait vidée, le moral à zéro. Quant à Stevie, elle n'éprouve rien pour lui. Tous ses arguments marqués au coin du bon sens, toute sa sollicitude pleurnicharde, c'était de la comédie.

Ce qu'elle espère, c'est que je vais le reléguer dans la chambre de bonne pour qu'il ne leur traîne pas dans les pattes. Ou, mieux encore, que ce sera moi qui m'y installerai. Eh bien, elle peut toujours se brosser. Pas question.

16

Le ciel était couvert et le temps maussade lorsque Polly Alter ouvrit la porte de son immeuble de Central Park West pour se rendre chez Jacky Herbert. Bien qu'il fût à peine quatre heures de l'après-midi, elle se sentait épuisée. La veille, Stevie était rentré. Jeanne et Betsy avaient finalement déménagé, mais ça ne s'était pas fait sans mal.

De scènes effroyables en crises de mutisme, et d'accusations hystériques en compromis boiteux, la semaine précédente avait été un enfer. Polly avait fini par dire à Jeanne qu'elle pouvait rester dans la chambre de bonne aussi longtemps qu'elle le voulait. Mais en apprenant la nouvelle, Betsy avait paniqué et s'était offert un accès de jalousie arrosé de larmes. A l'en croire, Polly essayait de les séparer, Jeanne et elle : d'ailleurs, où irait-elle ? Il était hors de question qu'elle s'installe toute seule chez Ida. Jeanne ne l'aimait plus. Personne ne faisait attention à elle. Si on la laissait seule avec son désespoir, elle n'aurait plus qu'à retourner chez son mari. Au bout d'une semaine d'argumentations aussi désespérées que contradictoires, Jeanne avait capitulé. Mais Polly avait refusé de désarmer : que Jeanne décide ou non de rester, il fallait que Betsy s'en aille, elle n'en démordrait pas.

Les jours suivants avaient vu Le Chien à Carreaux et Le Chat à Pois se tomber sur le poil et s'envoyer à la tête le genre de paroles qu'on n'oublie pas. Polly perdit son calme et lança à Jeanne que Betsy était un être totalement immature, une manipulatrice qui n'avait pas son pareil pour s'évanouir dans la nature au moment de régler les notes d'épicerie et qui laissait des cheveux dans le lavabo. De son côté, Jeanne informa Polly qu'elle la trouvait égoïste et dénuée de toute sensibilité, puis elle lui reprocha de découper les articles du *Times* avant que les autres ne les aient lus !

Il s'en était fallu de peu qu'elles n'en vinssent aux

mains. Un jour, en entrant dans la chambre de Stevie, Polly avait aperçu son dictionnaire thématique, une simple édition de poche, qui sortait d'une valise ouverte. Elle avait sauté dessus en protestant : « Dis donc, il est à moi, ce bouquin ! »

Mais Jeanne, avec un culot monstre, avait essayé de le lui arracher des mains. Dans la bagarre, la couverture s'était déchirée en deux. « Ce que tu peux être mesquine ! Tu pourrais au moins nous le laisser ! » avait-elle miaulé, comme si Polly les avait dépouillées, elle et Betsy, de toutes leurs autres possessions. « Je te laisse bien toutes mes plantes, moi. »

« J'en ai rien à foutre de tes sales plantes », avait aboyé Polly sans lâcher son dictionnaire. « Tu peux te les emporter, jusqu'à la dernière. »

« Comme si tu ne savais pas qu'on ne déménage pas des plantes quand il gèle », lui avait craché Jeanne à la figure. « Mais ça te ferait vraiment trop plaisir de les voir crever, hein ? Et puis d'abord, on en a besoin, de ce livre. »

« Je ne vois pas à quoi il peut vous servir », avait grondé Polly en s'y cramponnant. « Betsy et toi, vous ne l'ouvrez que pour tricher aux anacroisés. »

« C'est même pas vrai. » Jeanne qui tirait tant et plus sur le dictionnaire l'avait soudain regardée comme si elle allait éclater en sanglots.

« Oh, et puis tiens », avait jeté Polly, pas très fière d'elle, « t'as qu'à le garder, je m'en contrefiche. » Elle avait lâché prise si subitement que Jeanne était partie à la renverse.

« Ouille ! »

« 'Scuse-moi », avait marmonné Polly.

Agenouillée sur le plancher, Jeanne serrait le dictionnaire déchiré contre son sein, ou plutôt contre le cachemire de son pull bleu-œuf de grive. « C'est affreux », avait-elle gémi, « pourquoi est-ce qu'on se dispute comme ça ? » Elle lui avait tendu les bras et Polly, elle-même au bord des larmes, s'y était jetée.

« Tout ça n'arriverait pas s'il n'y avait pas ces foutues histoires d'appartements », avait dit Polly. Et pendant qu'elles se serraient très fort l'une contre l'autre, en riant à travers leurs larmes, tout avait été pardonné.

« Oh, ma Polly ! Je t'aime, tu sais », avait sangloté Jeanne.

« Moi aussi je t'aime », avait-elle soufflé en posant un baiser sur la joue douce et humide de larmes de son amie, « C'est fou ce que tu vas me manquer. »

« Toi aussi. Je veux dire... Tu comprends... ? » Jeanne eut un rire qui ressemblait à un sanglot... « Betsy a tellement besoin de moi ! »

Moi aussi, j'ai besoin de toi, pensa Polly, mais elle n'en dit rien : elle savait que cela ne servirait pas à grand-chose. L'instant d'émotion était passé. Jeanne s'était remise à ses valises.

Le problème, c'est que la Jeanne qu'elle avait vue partir la veille ne ressemblait en rien à celle qu'elle avait connue et aimée. Polly avait eu tout le temps de la regarder dans l'ascenseur pendant qu'elles descendaient ensemble, environnées d'une montagne de valises, de cartons et de sacs en plastique (dont l'un, comme elle l'avait découvert plus tard, contenait le dictionnaire de Polly, preuve, s'il en était besoin, que Betsy était bien l'enfant butée et possessive qu'elle se figurait). A la place de sa meilleure, de sa plus proche amie, elle avait vu une jolie petite femme blonde plutôt dodue, une créature couverte de fanfreluches, qu'elle ne reconnaissait pas, presque une étrangère. Elle avait aidé cette inconnue à entasser ses affaires dans le taxi qui devait les conduire, elle et son amante, chez Ida. Au moment de se séparer, elles s'étaient étreintes longuement en se jurant de se faire signe très bientôt. Etait-ce à cause de la présence de Betsy, qui les regardait l'air renfrogné, que rien de tout cela ne lui avait semblé très réel ? Quelque chose lui disait qu'à l'avenir, rien de vrai ne se produirait plus entre elles.

Ce qui compte, c'est que j'ai gagné, que j'ai réussi à virer Betsy, pensa Polly en regardant le taxi descendre

Central Park West sous un ciel bas et froid. Le taxi sembla rapetisser et se perdit dans une marée de taxis. Mais dans l'ascenseur qui la remontait chez elle, ce n'était pas l'impression d'avoir remporté une victoire, somme toute dérisoire, qui dominait en elle. Elle se sentait amoindrie, meurtrie, abandonnée.

Ce poème ridicule avait raison, pensa-t-elle. A la fin, le Chien à Carreaux et le Chat à Pois ne s'étaient pas contentés de s'entre-dévorer, au sens érotique du terme : ils s'étaient pratiquement détruits, annihilés. En fait tout les opposait : leurs goûts, leurs opinions, leurs tempéraments avaient fait d'eux des entités irréconciliables. Comme les chiens et les chats.

Ces échauffourées avaient fait une autre victime : le livre de Polly. Privée des encouragements et de la sympathie de Jeanne, de son inébranlable conviction qu'elle était sur la bonne voie, Polly piétinait. De jour en jour, la difficulté de faire de Lorin Jones une héroïne pure et innocente s'imposait à elle : dans le dossier intitulé DOUTEUX – NE PAS UTILISER, les piles de notes grossissaient. Polly avait perdu jusqu'au sentiment de connaître intimement celle qui était le sujet de son étude. Comment avait-elle pu s'abuser au point de croire à une ressemblance entre elles ? Elle devait se rendre à l'évidence : l'idée qu'elle s'en faisait au départ n'avait été qu'une illusion. Pire : une projection.

En fait, ce n'était pas Lorin Jones qui avait vu sa vie ruinée par les hommes. Elle avait eu un père qui l'aimait et qui était fier d'elle. Jacky et Paolo l'avaient soutenue financièrement et l'avaient lancée, jusqu'à ce qu'elle rende toute collaboration entre eux impossible. Garrett, vingt ans plus tard, était toujours obsédé par son souvenir. Et puis il y avait Mac, qui l'avait passionnément aimée sans être payé de retour. A la différence de Polly, Lorin n'avait été ni abandonnée, ni maltraitée par les hommes. C'était elle qui les avait détruits avant de les laisser tomber.

Si telle était la vérité, écrire le livre initialement prévu équivaudrait à couler de force la vie de Lorin Jones dans le moule de la sienne. Elle courait droit au désastre professionnel, et ce, au prix d'une falsification de la vérité.

« Que c'est gentil à vous de venir jusqu'ici ! » siffla Jacky Herbert d'une voix asthmatique. Il tendit à Polly une petite main blanche et grassouillette puis s'abandonna mollement sur le capiton crème rayé de pourpre de son canapé Empire. Perdu dans une mer de coussins ornés d'applications Art Nouveau, il avait l'air d'un phoque obèse qu'on aurait affublé d'une robe de chambre en cachemire Edouard VII. Son appartement, du moins les pièces que Polly avait eu l'occasion de visiter, était surchargé, plutôt que décoré, d'objets hétéroclites qui avaient été le comble du chic en matière de décoration intérieure au siècle dernier. Cette marée de meubles et d'objets s'arrêtait fort heureusement à mi-hauteur des murs, laissant libre leur moitié supérieure, blanc cassé, où Jacky avait accroché sa célèbre collection d'œuvres contemporaines.

« Je vois que vous admirez notre dernière trouvaille. » De la pointe du menton, Jacky indiqua une sorte de coquillage monstrueux d'où s'échappaient, en bouillonnés visqueux, des paquets d'algues dorées, et dans lequel Polly finit par reconnaître une petite table. « Ne vous méprenez pas, ma chère : tout ce que vous voyez à la maison est dû à Tommy. Il assure que j'ai besoin d'un décor coquet qui contrebalance l'austérité purement artistique de la Galerie Apollon. » Sa petite main blanche et grasse dessina des arabesques dans l'air, rendant plus caricaturales encore la tenue et la pose qu'il avait adoptées pour recevoir Polly – ou qui lui étaient coutumières lorsqu'il était souffrant. Un autre accès de toux et de râles le secoua.

« Je vous demande pardon. Mais n'ayez crainte, je ne suis plus contagieux. D'ailleurs, dès lundi, je me remets au travail. Il le faut, je ne peux pas faire autrement. Que voulez-vous, la période des fêtes bat son plein, les cartes de crédit ne demandent qu'à jaillir des portefeuilles, et c'est ce nigaud d'Alan qui a la galerie sur les bras.

Oh ! bien sûr, c'est un garçon exquis, mais il n'a aucun flair pour repérer les vrais collectionneurs. Même s'il s'en présentait un qui lui saute au cou. Pour le mordre, bien sûr ! » Jacky rit avec affectation. « Bon, eh bien, maintenant, dites-moi tout. Ensuite, Tommy nous servira le thé. »

« J'ai bien peur que mes nouvelles ne vous fassent pas très plaisir », fit-elle.

« Ah non ? »

« J'ai informé Lennie Zimmern que j'avais retrouvé les toiles de Key West. » Polly prit une inspiration. A moins d'y être contrainte, elle était fermement décidée à ne pas réitérer son mensonge à propos des pseudo-dédicaces. « Mais il n'est pas très partisan d'entamer une action en justice. Il prétend que les œuvres de Lorin dont il s'occupe déjà lui suffisent amplement. »

« Mon Dieu, mon Dieu ! » Le souffle oppressé de Jacky ressemblait à un jet de vapeur s'échappant d'une bouilloire qui fuit. « Que c'est contrariant ! En tout cas, voilà qui va nous mettre un gros gros bâton dans les roues... Dites-moi, savez-vous de quel genre de bâton il s'agit ? Pensez-vous qu'on puisse s'en procurer dans le commerce ? »

« Pas à ma connaissance », répondit Polly du tac au tac. « Du moins, n'en ai-je jamais vu. »

« C'est bien dommage. Il y a des jours où ce serait très agréable d'en avoir un à sa disposition. » Il eut un soupir sibilant.

« Dois-je comprendre que vous n'allez rien tenter pour récupérer les toiles ? » demanda Polly d'une voix qu'elle espérait neutre.

« Euh. » Jacky eut une quinte de toux. « Après tout. c'est Zimmern qui en est le propriétaire légal. S'il a décidé de ne pas bouger, il est évident que la galerie n'a plus grand-chose à faire. » Il regarda Polly, mais se méprit sur l'expression de son visage. « Je comprends que vous soyez terriblement déçue. Mais pour vous dire la vérité, nous disposons d'assez de matériel pour l'exposition. De plus, Garrett m'a donné carte blanche pour puiser à mon gré dans sa collection personnelle. A propos il m'a glissé l'autre jour que vous aviez pratiquement accepté de l'aider à rédiger ses mémoires. »

« Mais... il n'en est pas question ! » fit Polly avec emportement. « C'est quelque chose qu'il a en effet évoqué quand je suis allée le voir à Wellfleet, mais je lui avais clairement dit que cela ne m'intéressait pas. »

« C'est vraiment dommage », souffla Jacky. « Vous savez, vous y trouveriez certainement votre compte, ma chère. Je reconnais volontiers que Garrett est un vrai moulin à paroles, mais il connaît absolument tout le monde et il n'aurait aucun problème à se trouver un financier. Et je suis sûr que vous seriez très très bien payée. Si j'étais vous, j'y réfléchirais à deux fois avant de décliner son offre », fit-il en adoptant le ton dégagé qu'il affectait quand il parlait sérieusement.

« De toute façon, je me suis engagée à reprendre ma place au musée dès que mon livre sera achevé », déclara Polly qui se retenait à grand-peine de révéler à Jacky la nature très particulière des services annexes que Garrett Jones avait sollicités. Bien sûr, cela justifierait sa fin de non-recevoir, mais l'histoire – et probablement dans une version très améliorée – aurait fait le tour de New York en moins de vingt-quatre heures.

« Allons, ma chère, ne dites pas de bêtises ! Je suis sûr qu'ils peuvent se passer de vous encore un peu. Et j'imagine que, de son côté, Garrett a assez d'entregent pour vous obtenir une année sabbatique ou un emploi du temps aménagé. Autorisez-moi au moins à lui dire que vous allez réfléchir. »

« Si vous insistez... » fit Polly. Elle se disait qu'il serait peut-être prudent de rester en bons termes avec Garrett, au moins jusqu'à ce qu'elle ait mis un point final à son livre.

« Vous savez, il vaut toujours mieux éviter de faire des vagues inutiles », ajouta-t-il, comme s'il lisait dans ses pensées. « D'ailleurs, comme nous le savons vous et moi, personne n'arrive à faire son chemin dans la partie sans appuis financiers ni relations. L'idéal, c'est d'avoir les deux. »

« C'est vrai », admit-elle.

« C'est une chose que Paolo m'a dite au cours de ma première semaine de travail chez lui. A l'époque, j'avais trouvé ça d'un vulgaire ! C'est, hélas, lui qui avait raison. »

« A propos, comment va-t-il ? » demanda Polly.

Jacky hocha la tête, ce qui déclencha une nouvelle quinte de toux. « Pas très fort, malheureusement. J'ai la triste impression qu'il ne remettra jamais les pieds à la galerie. »

« C'est vous qui reprenez le flambeau, alors ? »

« Disons qu'il y a de grandes chances... La femme de Paolo me l'a demandé. Je ne lui ai pas caché que l'idée me tentait mais qu'il fallait envisager des changements du tout au tout. Franchement, mais que cela reste entre nous, la galerie n'a pas assez tenu compte des nouvelles tendances actuelles, et c'est un grand tort. »

« Ah ? »

« Vous savez, il y a un tas de jeunes artistes passionnants qui sont en train de monter. Et puis les collectionneurs se renouvellent, eux aussi. Pour eux, Lorin fait pratiquement figure de vieux maître. Peut-être devrais-je dire « vieille maîtresse », pour ne pas choquer la féministe endurcie qui sommeille en vous, mais l'expression a je ne sais quoi d'équivoque... » Jacky eut un rire de gorge qui s'acheva en sifflements déchirants.

« Quoi qu'il en soit », poursuivit-il quand il eut repris haleine, « j'aimerais voir la galerie Apollon prendre un peu plus de risques. J'ai même taquiné le projet de nous rapprocher du sud de Manhattan, mais à la réflexion, je me dis que c'est inutile. Vous savez, la plupart des acheteurs sérieux, surtout les étrangers, n'apprécient guère les excursions à Soho. Même en limousine, c'est l'enfer pour échapper aux monstrueux embouteillages du centre ville, et puis ces rues sordides pleines d'individus louches qui finissent de planer sur le trottoir les font littéralement mourir de peur. Si bien qu'en arrivant, ils sont dans un tel état d'énervement et d'irritation qu'ils ne sont plus d'humeur à prendre une option. Il vaut beaucoup mieux que ce soit les œuvres qui se déplacent vers le nord. »

Il sourit.

« Et vous avez découvert de nouveaux talents ? »

« Absolument. Par exemple, j'ai rencontré une jeune femme fascinante qui vient de Californie. O'Connor. Elle fait des décorations murales qui me rappellent étrangement l'art islamique. Vous voyez, le genre de compositions qui utilisent des éclats de miroirs enchâssés dans le stuc et qui dessinent des motifs abstraits ou floraux ? »

« En effet. »

« Eh bien, elle a entièrement repensé la technique pour en faire quelque chose de complètement contemporain. A mon avis, elle court droit au succès. Ce qu'elle fait est très fort, c'est d'une beauté... En outre, je trouve que c'est de l'excellent travail sur le plan métaphorique : l'artiste ordonne l'univers, et le regardant – Bon ! la regardante... Ne vous fâchez pas, ma chère ! – se projette au sein de la vision nouvelle qu'il en donne. Il faut absolument que vous passiez à la galerie. Je vous en montrerai des diapos, dès que vous aurez un moment. A propos, et ce livre, ça avance ? »

« Pas trop mal, ma foi. » Polly essaya de mettre un peu d'enthousiasme dans sa voix, mais sans grand succès.

« Je sais ce que c'est », fit Jacky d'un ton compréhensif. « C'est toujours le premier jet qui vous donne le plus de fil à retordre. Si vous voulez que je jette un coup d'œil à votre manuscrit, je suis à votre disposition, quand vous voudrez. »

« Merci », fit Polly, consciente que si Jacky voyait le livre qu'elle était en train d'écrire, il ne la réinviterait certainement jamais à prendre le thé.

« Croyez-le bien, j'en serais ravi, si cela peut vous aider... Oh ! Tommy ! Que tout cela a l'air délicieux ! Je vous sers ? »

C'était le lendemain de Noël et, seule dans son appartement désert, Polly Alter broyait du noir, en contemplant son bureau qui disparaissait sous les piles de notes, les transcriptions d'interviews, les chemises, les fiches 10 x 15, les revues et les catalogues hérissés de signets. Stevie était parti jouer chez un camarade avec les jeux vidéo qu'il avait reçus à Noël. Elle aurait dû profiter de cette plage de tranquillité pour travailler, mais elle avait l'impression que son livre était maintenant dans une impasse. Il suffisait qu'elle relise ses notes, dans l'espoir de se faire une vue d'ensemble de son projet, pour qu'elle sente ses idées se brouiller et la dépression la gagner. Elle avait l'impression que Lorin lui échappait, qu'elle se fractionnait en une multiplicité d'identités autonomes.

Il y avait Lolly Zimmern, la gamine farouche ; Laurie, la fragile jeune fille débarquant au Collège ; l'étudiante des Beaux-Arts qui cultivait le genre bohème ; la jeune femme ambitieuse et calculatrice qui avait reçu l'enseignement de Kenneth Foster ; et l'artiste confirmée, à la fois névrosée et presque évanescente qu'avait connue Jacky. Il y avait aussi Laura, l'enfant perdue si poétique, que Garrett Jones avait épousée, et l'artiste de génie, en proie à ses obsessions, qui était morte à Key West. Sa nièce en faisait une Lorin généreuse et sensible, mais sa belle-mère s'en souvenait comme d'un être égoïste et rancunier.

Le pire, c'est qu'apparemment, aucune des personnes qu'elle avait interviewées ne lui avait menti, du moins pas sur toute la ligne. Chacune d'elles lui avait dit la vérité, du moins telle qu'il (ou elle) la connaissait ou se l'imaginait. Les seuls points sur lesquels leurs déclarations concordaient, c'était que Lorin avait été belle et infiniment douée. (Ce que je ne suis malheureusement pas, se dit Polly avec amertume.) Ceci excepté, chacun semblait avoir connu ou fréquenté une Lorin Jones différente. Chacun d'eux se faisait en outre une idée différente des êtres qui avaient traversé la vie de Lorin. Polly devait admettre que Lennie Zimmern avait eu raison : elle en avait appris bien trop long. Et comment diantre allait-elle s'y prendre pour mettre un peu de cohérence dans tout cela ?

Après tout, le conseil qu'il lui avait donné en septembre dernier était peut-être judicieux, pensa-t-elle. Peut-être devrais-je me cantonner à son œuvre au lieu de m'acharner à écrire la bio d'une personne à laquelle je ne comprends rien, de quelqu'un qui n'aurait certainement ni apprécié, ni désiré que moi ou qui que ce soit d'autre, lui consacre une étude. Si ce que j'ai ressenti le dernier jour à Key West était vraiment du désespoir et de la culpabilité, c'est ce que je devrais faire. Cela me faciliterait d'ailleurs grandement la tâche, et Lennie m'en serait reconnaissant. Mais il y avait ces tonnes de notes et les mois de travail qu'elles représentaient... Polly eut un gémissement.

Si seulement Jeanne était là, pensa-t-elle, oubliant la façon dont leurs relations avaient tourné pour ne se souvenir que de l'intelligence et de la chaude sympathie de son amie. Elle se rappelait le temps où, bien avant que Jeanne ne vînt s'installer dans son appartement, elles habitaient à peine à trois pâtés de maisons l'une de l'autre et s'appelaient à n'importe quelle heure du jour ou de la nuit. « Jeanne, il faut absolument que je te parle », disait Polly, « je suis en pleine déprime. » Et elle entendait la voix de Jeanne lui murmurer : « Oh, ma pauvre chérie, qu'est-ce qui t'arrive ? Raconte-moi tout ça. »

Aujourd'hui Jeanne était dans le Vermont, mais Polly pouvait tout de même essayer de la joindre par téléphone. Ida avait sûrement son numéro. Elle recula sa chaise et se rendit à la cuisine.

« C'est impossible. Elle n'est pas à New York », fit Ida d'une voix lourde d'émotions contenues. « Elle est dans le Vermont avec Betsy... Je ne sais pas du tout quand elles ont l'intention de rentrer. Elles sont chez des amies. » Sa façon de prononcer le mot prouvait clairement que pour elle, Polly ne faisait plus partie de cette catégorie.

« Mais tu pourrais peut-être me donner son numéro ? »

« Non », fit Ida en exhalant tout l'air de ses poumons dans le combiné. « Je ne crois pas que ce soit possible. »

Polly retint in extremis le juron qui lui brûlait les lèvres. « C'est que Jeanne avait promis de m'appeler dès son arrivée, et comme elle ne l'a pas fait... » expliqua-t-elle.

« Evidemment. Ça m'aurait étonnée qu'elle le fasse. »

« Qu'est-ce qui te permet de dire ça ? » Elle sentit sa voix s'envoler dans les aigus.

« Incroyable ! Et c'est toi qui le demandes ! » fit Ida avec une légère, mais très nette insistance sur le pronom personnel.

Polly s'autorisa un soupir sonore qui traduisait son irritation croissante. « D'accord. Si jamais elle t'appelle, dis-lui quand même que j'aimerais avoir de ses nouvelles. »

« De ses nouvelles, voyez-vous ça... » C'était maintenant à la voix d'Ida de trembler. « Eh bien, figure-toi qu'il y a d'autres personnes qui s'en font vraiment pour Jeanne, elles, au cas où tu ne t'en serais pas encore aperçue », lui fit-elle. « Des personnes qui respectent ses choix affectifs, sa vie privée, son moi profond... »

« Je ne vois vraiment pas de quoi tu veux parler. »

« Ça ne m'étonne pas de toi ! » Elle mit une telle dose de sarcasme dans sa voix que Polly sortit de ses gonds.

« Oh ! et puis va te faire foutre, espèce de sale garce ! » hurla-t-elle avant de lui raccrocher au nez.

Encore plus perdue qu'avant son coup de fil, elle se mit à tourner dans l'appartement gagné par la pénombre. Dehors, la froide lumière hivernale déclinait. Mais il n'y avait rien qui retînt son regard. Fenêtre après fenêtre, c'étaient les mêmes arrières d'immeubles que la poussière de neige, qui n'avait pas cessé de tomber tout au long de l'après-midi, rendait indistincts. De sa chambre, pourtant, en se tenant tout contre la vitre glaciale et en regardant de biais, elle apercevait un mince ruban vertical de la 92e rue. Dans ce rectangle allongé, tout était noir ou gris cendre. On eût dit une eau-forte du début du siècle, de l'école dite « des cendriers » : un réverbère, deux voitures saupoudrées de neige, un chat émacié à la Peggy Bacon, la silhouette anonyme de deux passants courbant le dos pour mieux résister aux assauts du vent. Une vision de la 92e rue aussi limitée et aussi fallacieuse que chacune des transcriptions d'interviews qui encombraient son bureau l'était par rapport à la vie de Lorin Jones. C'était le seul aperçu de la rue dont elle disposât, tout comme, pour ses informateurs, le contenu de leurs interviews constituait l'entière vérité sur Lorin Jones.

Et chacune de ces personnes attendait d'elle qu'elle respectât leur propre perception étroite et personnelle de Lorin Jones. Qui plus est, si elle ne le faisait pas, les gens lui en voudraient. Quoi qu'elle écrivît, d'ailleurs, elle n'en satisferait que quelques-uns et s'attirerait les foudres de tous les autres.

En supposant, simple hypothèse, qu'elle écrive la biographie de Lorin Jones selon Jacky et Garrett, dans laquelle Lorin serait un génie excentrique et névrosé, alors qu'eux apparaîtraient comme des êtres généreux, sages et tolérants : ils seraient satisfaits et sauraient lui prouver leur reconnaissance. Ils veilleraient à ce que son livre ait de bonnes critiques dans les meilleurs journaux. C'était du moins ce que Jacky avait laissé entendre. Si elle était décidée à tout sacrifier à sa carrière, c'était le choix qui s'imposait.

A supposer, simple hypothèse toujours, qu'elle accepte de travailler pour Garrett... Etant donné qu'elle avait prétendu être lesbienne, il était probable qu'il ne l'importunerait plus, sexuellement, ou du moins qu'il ne s'y prendrait plus de façon aussi manifeste. Le statut de protégée lui vaudrait de nombreux privilèges : elle aurait l'occasion de côtoyer les artistes les plus en vue et les grands collectionneurs ; elle pourrait peut-être même se voir confier des articles pour des quotidiens ou des magazines.

Et il ne fallait pas non plus négliger l'aspect financier des choses. Si elle acceptait l'offre de Garrett, Polly pourrait se permettre de sauter dans un taxi pour peu que le temps soit mauvais ou les bus trop bondés. Finies les descentes dans les sordides catacombes du métro où le danger vous guette à chaque pas. Elle prendrait l'avion en classe Affaires et visiterait les grands musées américains. Elle irait peut-être même à l'étranger. Elle verrait enfin le

Prado, le Musée d'Orsay, l'Ermitage, les Offices... Partout, les grandes collections privées lui ouvriraient leurs portes, aux Etats-Unis comme en Europe.

Elle aurait intérêt à cultiver ses nouvelles relations de travail parce qu'à l'évidence, après ce qui s'était passé, les amies de Jeanne lui battraient froid. En fait, à en juger par le coup de fil de tout à l'heure, c'était déjà le cas. Même si elle réussissait à écrire son livre en respectant ses thèses de départ, jamais Ida ne lui pardonnerait. La presse féministe aurait beau l'accabler d'éloges et dire le plus grand bien de son livre, jamais plus elle ne serait conviée à participer au groupe de travail de Cathy et Ida. Même si, un jour prochain, elle se retrouvait assise en tailleur par terre dans un autre appartement, entourée d'un autre cercle de femmes, tenant la main d'une ténébreuse inconnue.

Mais peut-être n'en souffrirait-elle pas ? Car rien ne prouvait que c'était ce livre-là qu'elle écrirait, plutôt qu'une autre version, celle qui, si elle plaisait à Jacky et à Garrett, deviendrait sans doute un succès de librairie.

Sur l'écran grenu de la neige, Polly se vit soudain projetée dans un avenir alternatif. Elégamment vêtue de noir, maquillée avec art, les cheveux savamment décoiffés par un maître capilliculteur, elle assistait à une réception quelque part dans l'East Side. (Dans cette incarnation, Polly s'habillait chez Bendel's plutôt que chez Macy's et pouvait s'offrir une séance d'esthétique hebdomadaire.) Les autres invités la dévisageaient avec curiosité : non seulement elle avait l'air détendue et sûre d'elle, mais elle commençait, en outre, à avoir un certain poids, voire de l'influence, dans le tout New York artistique, que ce soit auprès des musées, des galeries, des artistes eux-mêmes, des marchands d'art ou des critiques. Elle était entourée d'hommes et de femmes qui avaient de l'argent et ne s'en cachaient pas, parmi lesquels on reconnaissait quelques personnalités en vue. Peut-être même entretenait-elle des relations intimes avec une personne ici présente, mais rien de très sérieux. Si sa carrière démarrait vraiment, elle n'aurait probablement ni beaucoup de temps, ni beaucoup d'énergie à consacrer à une relation durable : il était plus vraisemblable qu'elle s'en tiendrait à une vie de célibat, ou qu'elle n'aurait que des aventures sans lendemain avec des hommes (ou des femmes !) qu'elle aimerait bien, sans plus, en qui elle n'aurait pas totalement confiance, et qui le lui rendraient bien.

Peut-être était-ce pour cela que la figure centrale de cette fresque ne respirait ni la joie, ni la paix de l'âme. Elle paraissait au contraire méfiante, calculatrice et un rien imbue d'elle-même. Exactement le genre de personne que Polly n'aurait pas aimé rencontrer. Encore moins devenir.

A l'idée qu'elle était sur le point d'opter, non seulement pour une version précise du passé de Lorin Jones, mais aussi pour son propre avenir, si peu séduisant fût-il, elle éprouva un léger vertige. Comme si, au lieu d'observer les rafales de neige depuis une fenêtre de son appartement, elle s'était tenue debout au sommet d'une colline escarpée. Le pire était encore cette conscience vague qu'une fois qu'elle aurait choisi, elle oublierait qu'il y avait eu un autre choix possible. De la croisée des chemins, au sommet de la colline, la vue s'étend à l'infini dans toutes les directions, mais à peine s'engage-t-on sur un des chemins, que le champ visuel se restreint et que tous les autres paysages s'évanouissent.

La Polly qui se trouvait dans le cercle de femmes et la Polly qui assistait à la réception oublieraient qu'elles avaient été placées devant cette alternative. Elles se persuaderaient qu'elles avaient choisi la seule voie possible. Le livre qu'elles avaient écrit, la vie qu'elles avaient préférée, la personne qu'elles étaient devenues, leur sembleraient inévitables. Aussi inévitable, par exemple, que sa séparation d'avec Jim.

Mais cela avait-il réellement été aussi inévitable qu'il lui semblait ? A supposer qu'elle eût accepté de le suivre à Denver, il est probable qu'elle aurait très rapidement su se convaincre – ou plutôt, qu'elle n'aurait pas tardé à devenir cette femme qui croyait – que rien n'était plus important qu'une famille unie. Elle aurait continué à aimer Jim, à voir en lui un homme droit. Elle aurait peut-être trouvé du travail, dans le Colorado, ou se serait remise à la peinture et aurait élaboré une manière bien à elle, qui ne devait plus rien à Lorin Jones ; et cela aussi, elle l'aurait jugé tout à fait normal.

Maintenant, bientôt, la biographie de Lorin Jones qu'elle écrirait, la vie qu'elle choisirait, lui sembleraient les seules possibles. Elle deviendrait soit une féministe convaincue, homosexuelle, frustrée, déprimée, soit une carriériste d'un égoïsme sans bornes. Et, dans l'esprit du grand public, Lorin Jones serait, une fois pour toutes, figée soit dans le rôle de la victime innocente soit dans celui de l'artiste de génie, névrosée, infidèle et ingrate. Et tout cela ne serait que mensonges.

Accoudée à la barre transversale de la fenêtre, Polly regardait les flocons de neige virevolter et tourbillonner comme une cendre impalpable entre les immeubles. La seule chose qui la tentât vraiment, c'était d'écrire un livre où elle dirait la vérité, dans toutes ses troublantes contradictions. Un livre où elle pourrait inclure les différents récits qu'on lui avait faits et, comme son père se plaisait à le répéter, laisser Dieu y reconnaître les siens.

Mais que se passerait-il si Dieu ne la reconnaissait pas comme faisant partie des siens ? Qu'adviendrait-il de Polly Alter ? On trouverait que son livre manquait de rigueur, que ses arguments n'étaient pas étayés, et cela lui vaudrait la rancune tenace de personnes très importantes pour elle.

La sourde déprime poisseuse qui, toute la journée, avait plané au-dessus de sa tête, s'abattit sur Polly comme une serpillière crasseuse mal égouttée. De toutes ses forces, elle souhaita n'avoir jamais entendu parler de Lorin Jones, à qui elle devait toutes les catastrophes qui l'accablaient depuis un an. Jusques et y compris ce qui s'était passé entre elle et Mac.

A quoi bon ressasser le passé ? se dit-elle. Tu ferais mieux de prendre une décision et de te mettre à ton bouquin, quoi qu'il en résulte. Souviens-toi qu'à partir de mai, tu ne toucheras plus de subvention. Inexplicablement, elle se sentait trop abrutie et trop paresseuse pour esquisser un geste. De l'autre côté de la vitre, il tombait toujours de la cendre.

La sonnerie de l'interphone la tira de sa léthargie. Combien de temps cela avait-il duré ? Une minute ou vingt ? Elle eût été bien en peine de le dire. Lentement, elle s'écarta de la fenêtre derrière laquelle descendait un rideau de neige grise. C'est Jeanne ! pensa-t-elle de façon absurde. Ou, plus probablement, Stevie qui a oublié ses clés. Mais ce fut un coursier de Federal Express, avec un paquet pour elle, qui lui répondit. « Je descends », fit-elle dans l'interphone, heureuse de cette diversion inespérée.

Le paquet était beaucoup plus gros qu'elle ne s'y attendait. Elle fut surprise de découvrir, dans l'ascenseur qui la remontait chez elle, que l'expéditeur était son père. Ce devait être un cadeau de Noël pour Stevie. Pas le chèque que Carl Alter avait promis d'envoyer mais, pour une fois, son cadeau arrivait à temps. Pourtant, lorsqu'elle ouvrit la boîte sur sa table de cuisine, la première chose qui en tomba fut une enveloppe cachetée adressée à Stevie. Mazette ! Un chèque et un cadeau ! C'était à la fois déraisonnable et superflu. Comme d'habitude, le papier cadeau faisait beaucoup trop bébé pour Stevie. Et celui ou celle qui l'avait choisi avait fait une grossière erreur sur le sexe de son fils : ces ribambelles de fillettes cucu aux bras chargés de sapins de Noël miniatures, c'était d'un goût !

Elle jeta un coup d'œil à la carte, où figurait un volatile blanc, genre colombe de la paix – une colombe... je vous demande un peu ! bel effort de symbolisme religieux, mais à côté de la plaque, lui aussi... – et y lut : « Joyeux Noël Polly ! »

Nom d'un petit bonhomme ! Ça devait bien faire vingt ans que son père ne lui avait pas fait de cadeau. Elle arracha le papier et en sortit une boîte sur laquelle s'étalaient les mots : TÉLÉCRAN. Bordel ! C'était le foutu jouet qui avait été l'objet de toutes ses convoitises quand elle avait huit ans, celui que son père avait toujours promis de lui acheter et qu'il ne lui avait jamais offert. Polly éclata de rire, puis, sans trop savoir pourquoi, fondit en larmes.

Elle pleurait toujours quand elle alla déposer le chèque dans la chambre de Stevie, pour qu'il l'y trouve en rentrant dîner. La vue de ses livres et de ses posters qui avaient retrouvé leur place sur les étagères et le long des murs la rasséréna un peu. Quoi qu'elle ait vécu de son côté, Stevie était à New York. Mais qu'est-ce qui l'y attendait ? se demanda-t-elle, en fixant une vieille affiche zoologique qu'elle n'avait jamais pris la peine de remplacer par quelque chose de plus adapté à son âge. Probablement parce qu'elle était si haut perchée dans un coin de la pièce. C'était la photo agrandie d'un raton-laveur. Polly l'avait achetée des années auparavant, frappée par sa ressemblance avec Stevie qui devait, à l'époque, avoir quatre ou cinq ans. C'étaient les mêmes yeux ronds et noirs, entourés d'un cerne de peau plus sombre, presque transparente, le même petit museau pointu, le même air futé, la même expression interrogatrice. Stevie avait encore un peu cet air-là. De temps en temps.

L'école secondaire dans laquelle elle avait inscrit Stevie était, à en croire la vox populi, encore pire que les années précédentes. Deux de ses meilleurs copains l'avaient d'ailleurs quittée, l'un pour Ethical Culture et le second pour Exeter. Malheureusement, Polly n'avait pas les moyens de mettre Stevie dans un cours privé. Il faudrait qu'il reste où il était, dans des classes surchargées, à suivre des cours rasoirs, comme un petit raton-laveur en butte aux attaques et aux menaces d'une bande de pit-bulls adolescents. Sous peu, il demanderait sûrement à retourner à la vie sauvage. A Denver, dans la famille de Jim, si américaine et si normale. Et qui était sur le point de devenir encore plus « normale ».

Mais en supposant qu'elle accepte d'écrire le livre qu'attendait Garrett et qu'elle devienne son bras droit, songea Polly, elle pourrait se permettre d'inscrire Stevie dans une école privée. En un rien de temps, il deviendrait pareil aux petits snobs crâneurs des familles yuppies de Manhattan. Lui aussi aurait une maman très classe qui ne serait que rarement à la maison : à cause de sa brillante carrière, Polly serait souvent absente de New York et courrait les réceptions et les vernissages. Il lui faudrait engager une bonne pour qu'en rentrant de son école si chic, Stevie ait quelqu'un à la maison pour lui préparer ses repas.

Ces visions, et l'idée qu'elle était sur le point de choisir non seulement entre ses deux avenirs possibles, dont aucun ne la tentait vraiment, mais aussi entre ceux de Stevie, la terrifiaient. Malgré la chaleur qui régnait dans l'appartement, un frisson de fièvre la parcourut, comme si elle couvait une grippe.

Mais y avait-il une autre solution ? Sous l'effet de son imagination, le fond de l'affiche de Stevie, qu'elle n'avait pas quittée des yeux, se métamorphosa lentement. Les feuilles de l'arbre se firent plus grandes et plus luisantes, des fleurs tropicales aux couleurs éclatantes semblèrent éclore au bout des tiges. Le raton laveur à califourchon sur la branche se mua en un Stevie qui avait son âge d'aujourd'hui, mais un Stevie nu-pieds, hâlé, vêtu d'un tee-shirt et d'un jean coupé en bermuda. Au-dessous de lui, installée sur la terrasse d'une maison de Key West, Polly en personne (et, comme lui, bronzée) était assise devant une table de camping, en train de taper à la machine. Elle portait son vieux blue-jean et une chemise délavée. Les cheveux attachés sur la nuque avec un brin de laine rouge, elle souriait. Ce qu'elle tapait, c'était un récit véridique : la vérité, toute la vérité sur Lorin Jones. Rien que la vérité, avec toutes les contradictions que cela impliquait. Pendant qu'elle observait la scène, Mac émergea de la maison, deux boîtes de bière à la main.

Tu sais bien que ce n'est pas possible. Ce serait pure folie de placer sa confiance dans un être comme Mac, alors que tous les hommes qu'elle avait connus, à commencer par son père, l'avaient fait souffrir avant de l'abandonner.

Pourtant Carl Alter prétendait que c'était elle qui l'avait abandonné, elle qui avait refusé de le voir. Pour lui, la vérité c'était cela. Et il était probable que Jim le croyait aussi. A leurs yeux, elle était une de ces femmes qui font souffrir et qui vous rejettent, comme Lorin. Et maintenant, Mac lui aussi devait penser qu'elle n'avait aucune envie de le revoir. N'était-ce pas ce qu'elle lui avait plus ou moins laissé entendre ? Cela faisait plus d'une semaine qu'il n'avait pas appelée. Il avait dû faire une croix sur elle.

Comme mon père a fait une croix sur moi, se dit Polly.

Maintenant que je n'ai plus personne à interviewer, qu'est-ce qui m'empêche d'aller à Key West ? Je pourrais risquer le coup, c'est tout à fait faisable, pensa-t-elle. Elle prit une profonde inspiration et garda l'air dans ses poumons. Ce ne serait pas facile. Elle exhala comme on soupire. Elle imagina la colère et les désagréments qu'une telle décision lui vaudrait : les scènes, les explications, le déménagement, la recherche d'un locataire pour l'appartement... (Jeanne et Betsy seraient intéressées, bien sûr, mais est-ce qu'elles en auraient les moyens ?) Et puis, il lui faudrait prévenir Jim, sa mère, le musée et toutes ses connaissances. Tous, sans exception, se diraient que Polly était devenue dingue. Abandonner une carrière prometteuse, partir pour la Floride sur un coup de tête, comme Lorin Jones, et qui plus est, avec le même homme : est-ce que tout cela n'était pas plutôt bizarre, et même un peu morbide ? se demanderaient-ils. Voilà une fille qui se lance dans un livre sur Jones et qui finit par revivre la vie de Jones, faut pas exagérer ! Pour eux, elle courrait droit à l'échec et le pire, c'est qu'ils avaient peut-être raison.

Mais d'un autre côté, si elle n'essayait pas, elle ne saurait jamais.

« Et une fois ton bouquin achevé, que comptes-tu faire ? » interrogeraient les amis.

Ma foi, dirait-elle, je verrai bien. Peut-être que je remonterai à New York avec Stevie. Ou alors, on s'installera pour un petit bout de temps à Key West, avec le loyer de l'appartement et la pension alimentaire de Stevie. Avec un peu de chance, je trouverai du travail, dans une galerie ou ailleurs.

Bien sûr, la vie ne serait pas un jardin de fleurs tropicales. Comme Mac, Polly deviendrait une espèce de marginale entre deux âges, menant une existence marginale dans une villégiature. Elle ne connaîtrait probablement jamais ni la richesse, ni la célébrité.

Mais quoi qu'il puisse m'advenir par la suite, au moins je serais avec lui, pensa Polly, inspirant une énorme bouffée d'air, comme si elle émergeait du fond des eaux. Je pourrais écrire mon livre comme il faut qu'il le soit. Et rien ne m'empêcherait de me remettre à la peinture. Qu'importe si les débuts ne sont pas fameux : je pourrai peut-être m'améliorer avec le temps. Comme disait Mac, on ne sait jamais : moi aussi je pourrais avoir un éclair de génie. Et si ça marchait... Bien sûr, c'était pure folie d'y songer mais, si j'en avais vraiment le désir, je pourrais avoir un autre enfant.

Polly jeta un coup d'œil à sa montre. Cinq heures et demie. Dehors, il faisait nuit noire. A Key West aussi la nuit devait être tombée, même si là-bas le soleil se couchait un peu plus tard. Mac et ses ouvriers avaient fini leur journée de travail et en ce moment même, il devait être rentré dans la chambre qu'il louait à des amis.

Avant d'avoir le temps de perdre son calme ou de changer d'avis, Polly courut à la cuisine. L'espace d'un instant, elle fixa le téléphone mural d'aspect inoffensif, reprit sa respiration, et décrocha.

Du même auteur :

Liaisons étrangères, Rivages
Les Amours d'Emily Turner, Rivages
La Ville de nulle part, Rivages
Des gens comme les autres, Rivages
Conflits de famille, Rivages
Ne le dites pas aux grands, Rivages
Comme des enfants, Rivages

Heimito von Doderer

Un meurtre que tout le monde commet (n° 14)

Eva Figes

Lumière (n° 5)

Mavis Gallant

Les Quatre Saisons (n° 82)

Kaye Gibbons

Ellen Foster (n° 4)

Une femme vertueuse (n° 31)

Barry Gifford

Les Vies parallèles de Jack Kerouac (n° 81)

Christopher Isherwood

Le Condor (n° 28)

Henry James

Mémoires d'un jeune garçon (n° 27)

Owen Wingrave (n° 36)

Le Dernier des Valerii (n° 62)

Un épisode international (n° 97)

Elizabeth Jolley

L'Héritage de Miss Peabody (n° 87)

Rudyard Kipling

Le Miracle de saint Jubanus (n° 85)

David Lodge

Jeu de société (n° 44)

Changement de décor (n° 54)

Un tout petit monde (n° 69)

La Chute du British Museum (n° 93)

Alison Lurie

Les Amours d'Emily Turner (n° 7)

La Ville de nulle part (n° 21)

La Vérité sur Lorin Jones (n° 32)

Des gens comme les autres (n° 38)

Conflits de famille (n° 46)

Des amis imaginaires (n° 71)

Javier Marías
L'Homme sentimental (n° 24)

Steven Millhauser
La Galerie des jeux (n° 37)

Lorrie Moore
Des histoires pour rien (n° 8)
Vies cruelles (n° 61)
Anagrammes (n° 91)

Roger Nimier
Les Indes Galandes (n° 64)

Cynthia Ozick
Le Rabbi païen (n° 29)

Grace Paley
Les Petits Riens de la vie (n° 1)
Plus tard le même jour (n° 13)

Victor Paskov
Ballade pour Georg Henig (n° 33)

Walker Percy
Le Cinéphile (n° 18)
L'Amour parmi les ruines (n° 88)

Barbara Pym
Adam et Cassandra (n° 15)
Secret, très secret (n° 35)
Lorsqu'un matin d'orage (n° 47)

Umberto Saba
Couleur du temps (n° 6)
Comme un vieillard qui rêve (n° 17)

Lisa Saint-Aubin de Terán
Les Jours de l'Orénoque (n° 90)

Budd Schulberg
Un homme dans la foule (n° 76)
Le Désenchanté (n° 77)

Carl Seelig

Promenades avec Robert Walser (n° 65)

Natsumé Sôseki

Oreiller d'herbes (n° 2)

Clair-obscur (n° 22)

Robert Louis Stevenson

Fables (n° 20)

La Magicienne (n° 34)

Olalla (n° 56)

Italo Svevo

Le Destin des souvenirs (n° 12)

Elizabeth Taylor

Angel (n° 41)

Mrs Palfrey, Hôtel Claremont (n° 67)

Cher Edmund (n° 98)

Paul West

Le Médecin de Lord Byron (n° 50)

Evguéni Zamiatine

Seul (n° 16)

Le Pêcheur d'hommes (n° 19)

Rivages poche/Petite bibliothèque
Collection dirigée par Lidia Breda

Aristote

L'Homme de génie et la Mélancolie (n° 39)

Rhétorique des passions (n° 40)

Boèce

Consolation de la Philosophie (n° 58)

Chesterfield

Lettres à son fils (n° 99)

Hésiode

Théogonie, la naissance des dieux (n° 83)

Hippocrate

Sur le rire et la folie (n° 49)

Karl Kraus

La Littérature démolie (n° 92)

Lucien

Philosophes à vendre (n° 72)

Montaigne

De la vanité (n° 63)

Montesquieu

Essai sur le goût (n° 96)

Friedrich Nietzsche

Dernières Lettres (n° 70)

Ortega y Gasset

Le Spectateur (n° 80)

Pascal

Pensées sur la politique (n° 75)

Fernando Pessoa

Fragments d'un voyage immobile (n° 42)

Lettres à la fiancée (n° 43)

Pétrarque

Mon secret (n° 52)

Arthur Schnitzler

Lettres aux amis (n° 45)

Relations et Solitudes (n° 51)

La Transparence impossible (n° 68)

Schopenhauer

Douleurs du monde (n° 57)

Essai sur le libre arbitre (n° 66)

Sénèque

De la tranquillité de l'âme (n° 48)

De la brièveté de la vie (n° 53)

Consolations (n° 60)

Georg Simmel

Philosophie de l'amour (n° 55)

La Tragédie de la culture (n° 86)

Marina Tsvétaïéva

Après la Russie (n° 89)

Petite bibliothèque Rivages

Alfred Döblin

Sur la musique (n° 12)

Karl Kraus

Cette grande époque (n° 6)

Longin

Du sublime (n° 21)

Emanuele Severino

La Loi et le Hasard (n° 18)

Georg Simmel

Michel-Ange et Rodin (n° 13)

Achevé d'imprimer
le 8 juillet 1993
sur les presses
de l'imprimerie A. Robert
116, bd de la Pomme - 13011 Marseille
pour le compte
des Editions Rivages
106, bd Saint-Germain - 75006 Paris

6e édition

Dépôt légal : mars 1991